COLLECTION
FOLIO/HISTOIRE

Patrick Verley

La Révolution industrielle

Gallimard

Patrick Verley, maître de conférences d'histoire à l'Université de Paris I-Panthéon-Sorbonne, enseigne l'histoire économique.

AVERTISSEMENT

La notion même de « révolution industrielle » n'est plus une évidence pour les historiens. Depuis un siècle — de la parution des grands ouvrages classiques de l'historiographie britannique et du livre fondateur de Paul Mantoux, La Révolution industrielle au XVIIIe siècle, *aux travaux les plus récents —, historiens et économistes n'ont cessé de débattre de la réalité du phénomène, de ses causes et temporalités explicatives. Des débats qui ont tiré le plus souvent leur origine du contexte immédiat des grandes évolutions de l'économie internationale contemporaine. Au point qu'il n'est pas aisé d'assembler toutes les problématiques en un récit cohérent qui dirait ce que furent les diverses mutations que l'on regroupe sous l'expression « révolution industrielle », tant à l'époque où elles advinrent que dans la portée, variable avec le temps, qu'historiens et économistes leur ont depuis lors accordée.*

C'est la raison pour laquelle le lecteur trouvera ici une synthèse en deux parties. La première, intitulée « La Révolution industrielle : histoire d'un problème », permet au lecteur de comprendre comment, depuis la fin du siècle dernier, s'est peu à peu construit cet objet historique; elle propose également une trame histo-

rique explicative qui ordonne et hiérarchise les acquis actuels. La seconde partie, intitulée « La Révolution industrielle : acteurs et facteurs », présente l'ensemble des personnages, produits, processus et inventions qui, tour à tour, se sont vu accorder une importance causale majeure dans la Révolution industrielle. Nombre de ces acteurs ou facteurs étant par ailleurs devenus des objets d'étude en soi, le lecteur qui aura pu mesurer dans la première partie leur seule contribution à la Révolution industrielle, découvrira dans la seconde toute leur ampleur propre, qui souvent excède la période historique de cette révolution et les ouvre à d'autres champs historiques[1].

1. La première partie reprend largement notre étude *La Révolution industrielle,* publiée en 1992 sous les auspices de l'Association pour le développement de l'histoire économique. Que son président, Jacques Marseille, trouve ici l'expression de nos remerciements pour nous avoir permis d'en reprendre de larges extraits. La deuxième partie est la refonte de l'ouvrage *La Révolution industrielle (1760-1870),* paru en 1985 aux éditions MA.

Première partie

LA RÉVOLUTION INDUSTRIELLE : HISTOIRE D'UN PROBLÈME

Introduction

En 1910, un historien britannique, J.H. Clapham, écrivait déjà que bien que la Révolution industrielle fût « une orange trois fois pressée, elle contenait encore une étonnante quantité de jus ». Depuis lors, les historiens ont continué à chercher à la comprendre à partir de sources nouvelles, et à l'aide de systèmes ou de processus explicatifs plus élaborés. Les connaissances factuelles qui étaient exposées dans des ouvrages classiques comme *La Révolution industrielle au* XVIII*e siècle. Essai sur les commencements de la grande industrie moderne en Angleterre* de Paul Mantoux[1], ou *An Economic History of Modern Britain* de J.H. Clapham[2], ont été complétées et enrichies. Les problématiques ont évolué sous l'influence de nouvelles théories comme le keynésianisme, l'institutionnalisme ou le régulation-

1. Paul Mantoux, *La Révolution industrielle au* XVIII*e siècle. Essai sur les commencements de la grande industrie moderne en Angleterre*, Paris, 1906; cité dans la réédition Paris, éd. Génin, 1959.

2. J.H. Clapham, *An Economic History of Modern Britain, vol. I : The Early Railway Age (1820-1850)*, 1926; 2e éd., Cambridge, Cambridge University Press, 1930.

nisme, et sous celle de questionnements nouveaux sur le présent : problème du sous-développement, des sources de la croissance d'après-guerre et de son épuisement dans les années 1970, de la pénurie d'énergie. Mais les principaux éléments qui peuvent contribuer à expliquer la Révolution industrielle étaient déjà énumérés dès le début du XXe siècle. Ce qui a surtout varié, dans l'historiographie, c'est la manière de les organiser et de les pondérer.

Des questions multiples

Les questions principales ont toutes, du fait de l'ancienneté de l'historiographie et de l'abondance de la littérature sur ce thème majeur de l'histoire économique, déjà donné lieu à débats :

— Les conséquences et les coûts sociaux de la Révolution industrielle étaient la question principale que se posèrent les premiers auteurs, Engels, dans *La situation de la classe laborieuse en Angleterre*, ou Toynbee. Elle est passée aujourd'hui quelque peu au second plan, même si les préoccupations écologiques attirent l'attention sur les nuisances industrielles.

— Le progrès technique, avec son rôle créateur, mais aussi avec la nécessité d'expliquer la genèse de l'invention et de l'innovation, peut être appréhendé soit comme un phénomène autonome et premier, soit comme une réponse à une situation de blocage de l'économie.

— Le rôle des facteurs de production, le capital et le travail, a été mis au premier plan de l'analyse par une tradition aussi bien marxiste que libérale, avec l'idée qu'avant le démarrage de la Révolution industrielle devaient être disponibles des facteurs de production préalablement accumulés : capitaux en suffisance et main-d'œuvre libre.

— Le rôle stimulant de la croissance des demandes intérieure et extérieure suscite des interrogations sur l'évolution des pouvoirs d'achat à l'aube de l'industrialisation, sur l'influence de la démographie, sur la structure du commerce extérieur et sur les relations entre l'Europe et les mondes extra-européens.

— Le lien avec les mutations antérieures ou concomitantes de l'agriculture — conséquence des progrès de la production et de la productivité agricoles, rôle des transformations des structures de la propriété et de l'exploitation pour l'accumulation du capital, formation d'une main-d'œuvre industrielle — donne toujours lieu à controverse.

— On attache aujourd'hui une grande importance aux formes d'organisation de la production, dans la mesure où, ainsi que les contemporains l'avaient d'emblée perçu, la Révolution industrielle ne consistait pas seulement en l'utilisation de machines, mais impliquait aussi une nouvelle organisation, avec une division du travail accrue, une concentration de la main-d'œuvre et des rapports différents entre l'entrepreneur et les travailleurs ; l'attention est donc attirée vers les formes préindustrielles d'organisation de la production et sur les modalités du changement.

— Le lien avec le libéralisme, selon lequel le moteur de la Révolution industrielle aurait été la suppression des freins à l'épanouissement de rapports d'échange « libres », fut mis en avant dès le XIXe siècle par les historiens ; aujourd'hui l'attention est toujours portée sur les formes institutionnelles, qui conditionnaient le marché.

— On met aussi l'accent sur les mentalités, la culture scientifique, voire sur l'importance des convictions religieuses sur lesquelles Max Weber ou R.H. Tawney[1] insistèrent.

— Parmi de nombreux autres thèmes, on citera encore le poids des institutions et des pratiques qui concernent le commerce de l'argent, ou bien le rapport entre la Révolution industrielle en Angleterre et l'industrialisation des autres pays, phénomène commun à l'œuvre avec des variantes nationales ici et là, ou bien révolution britannique imitée ensuite ailleurs...

Sur chacune de ces grandes questions, qui ont déjà donné lieu à beaucoup de travaux et sur lesquelles des recherches nouvelles viennent constamment attirer l'attention, on peut, à quelques nuances près, exposer une information factuelle qui fasse un quasi-consensus et dégager les termes du débat, si débat il y a. Si l'étude de la Révolution industrielle en « pièces détachées » ne présente pas de difficulté insurmontable, il n'en va pas de même lorsque l'on s'essaie à leur assemblage.

Rupture ou continuité

Parmi les principaux facteurs explicatifs, la plupart des auteurs en ont privilégié un et, après avoir écarté tous les autres en montrant qu'ils étaient seconds et endogènes, lui ont attribué un statut de cause première. Très caractéristique de cette méthode est l'ouvrage classique de Paul Bairoch,

1. R.H. Tawney, *Religion and the Rise of Capitalism*, Londres, 1926.

Révolution industrielle et sous-développement[1]. Pour l'auteur, la croissance démographique résultait d'une production agricole accrue, le progrès technique n'était qu'une réponse à une demande accrue de biens dans un système productif qui peinait à la satisfaire, et la demande globale était surtout le fait de la consommation des paysans et de l'investissement agricole, les marchés extérieurs semblant avoir eu peu de poids. La conclusion en découlait : une révolution technique de l'agriculture était le facteur premier qui avait en outre permis de libérer les capitaux et les travailleurs indispensables à l'industrialisation. Mais comment expliquer cette révolution agricole sans recourir à d'autres variables, ce qui enferme le raisonnement dans la circularité ? Comme il est en effet impossible de concevoir le passage d'un système immobile à un système en mouvement sans recourir à une modification de son environnement, il faut soit considérer comme déterminante l'évolution entre l'Europe et le reste du monde, soit admettre que l'Europe de l'époque moderne n'était pas un monde immobile. Le concept de « société traditionnelle » englobant à la fois les peuples primitifs et la France de Louis XIV est évidemment dénué de sens, et Rostow qui l'avait proposé dans *Les étapes de la croissance économique*[2] a consacré dans un ouvrage ultérieur un long développement aux progrès de l'Europe à l'époque moderne. La Révolution industrielle est arrivée en tant qu'aboutissement d'un processus ancien de

1. P. Bairoch, *Révolution industrielle et sous-développement*, Paris, 1963.

2. W.W. Rostow, *The Stages of Economic Growth*, Cambridge, Cambridge University Press, 1960; trad. franç., Paris, Le Seuil, 1963.

croissance économique, de développement de l'industrie et, plus généralement, de « modernisation » de la société. Il ne faudrait toutefois pas déplacer le problème en se reportant à une révolution industrielle plus ancienne, du XVIe-XVIIe siècle selon John U. Nef[1], voire du Moyen Âge selon E.M. Carus-Wilson[2], ou l'ignorer en sous-estimant les mutations qualitatives qui intervinrent en Europe occidentale et aux États-Unis entre 1750 et 1870-1880. F. Crouzet écrit que la Grande-Bretagne, comme les Provinces-Unies, était, au début du XVIIIe siècle, « un pays préindustriel avancé[3] » ; cette expression concilie en effet, d'une part, l'idée que les pays préindustriels étaient susceptibles de progrès et que la Révolution industrielle fut la suite logique d'un degré ultime d'avancement ; et, d'autre part, celle qu'il y a bien une différence de nature entre les économies préindustrielles, si avancées qu'elles fussent, et les économies industrialisées. Un consensus semble se dégager aujourd'hui autour de l'idée que l'explication du changement ne se réduit pas à l'effet d'une cause unique mais réside dans l'interférence entre les modifications des facteurs économiques principaux et l'environnement dans lequel ils étaient à l'œuvre.

1. John U. Nef, « The Industrial Revolution Reconsidered », *Journal of Economic History*, vol. III, 1943.
2. E.M. Carus-Wilson, *Essays in Economic History*, vol. II, 1962.
3. François Crouzet, *De la supériorité de l'Angleterre sur la France. L'économique et l'imaginaire (XVIIe-XXe siècle)*, Paris, Perrin, 1985, p. 63.

L'approche en termes d'offre ou de demande

Deux lectures se sont imposées dans les dernières décennies comme des orthodoxies.

La première, issue de l'analyse de la croissance dans les années 1960, identifie en fait l'étude de la Révolution industrielle à celle de la croissance économique durant cette période, mettant l'accent sur les évolutions quantitatives et globales plutôt que sur les transformations qualitatives, perçues comme des modifications de la répartition de quelques variables stratégiques (production, population active, investissement...) entre les grands secteurs de l'économie. Cette approche globale conduit évidemment à valoriser les continuités, à gommer les irrégularités, puisque les changements, qui furent à l'échelle des secteurs et des régions, mirent longtemps à se diffuser dans tout le tissu économique. Elle conforte l'idée que l'industrialisation a été un phénomène lent, progressif, inachevé, et que le terme de révolution industrielle, dont beaucoup refusent l'emploi, est donc tout à fait inadapté.

L'autre approche, illustrée par l'ouvrage de D.S. Landes, *L'Europe technicienne, ou le Prométhée libéré*[1], qui reste la dernière grande synthèse publiée à ce jour, insiste sur une révolution technologique, fondement de la Révolution industrielle. L'argument de l'auteur peut être, très grossièrement, résumé ainsi : au XVIIIe siècle, une série d'inventions

1. David S. Landes, *The Unbound Prometheus. Technological Change and Industrial Development in Western Europe from 1750 to the Present*, Cambridge, 1969; trad. franç. : *L'Europe technicienne, ou le Prométhée libéré*, Paris, Gallimard, 1975.

auraient marqué « une rupture avec le passé beaucoup plus radicale que toute autre depuis l'invention de la roue[1] »; elles auraient été adoptées du fait de l'« insuffisance croissante des anciens modes de production », incapables de répondre à une demande intérieure et, surtout, extérieure en croissance; des facteurs favorables auraient permis une réponse rapide de l'économie britannique; les premières machines auraient démarré une chaîne de progrès techniques; à ce défi technique et économique lancé par la Grande-Bretagne, le continent allait répondre en essayant d'imiter; l'industrialisation du continent aurait donc dépendu plus d'une réaction aux nouvelles méthodes révélées outre-Manche, d'un processus de transfert technologique, que de forces endogènes de changement.

Bien que D.S. Landes écrive sans ambages : « En résumé, c'est dans une large mesure la poussée de la demande sur le mode de production qui suscita les nouvelles techniques en Angleterre, et la fourniture abondante et immédiate des facteurs qui permirent de les exploiter et de les diffuser rapidement. La chose vaut la peine d'être soulignée, d'autant plus que les économistes, et particulièrement les théoriciens, portent très volontiers et presque exclusivement leur attention sur l'offre[2]... », il met surtout l'accent sur l'étude de l'offre, de la production et de ses facteurs. Cette approche a été privilégiée par une historiographie qui a tendu à identifier la Révolution industrielle à une révolution technologique qui suffisait à l'expliquer : l'industrialisation serait intervenue lorsqu'on aurait su produire mieux avec de nou-

1. *Ibid.*, p. 64.
2. *Ibid.*, p. 112.

velles techniques, lorsque suffisamment de capitaux auraient été accumulés pour permettre de lancer le mouvement, lorsqu'on aurait disposé de la main-d'œuvre nécessaire. Pour les contemporains, Ricardo[1], qui fut le premier économiste à étudier les conséquences de l'utilisation des machines, Babbage[2], le théoricien du machinisme, et bien sûr Marx, la transformation révolutionnaire à laquelle ils avaient conscience d'assister reposait sur leur emploi, sur une combinaison productive plus intensive en capital, sur une concentration des travailleurs dans des usines.

Les recherches depuis les années 1970 ont nuancé la logique du raisonnement de Landes : l'adoption de la mécanisation, de la machine à vapeur fut lente, même en Angleterre; la Révolution industrielle, du moins dans une première phase, jusqu'au milieu du XIXe siècle, se fit largement sans modifier les formes anciennes d'organisation du travail : l'originalité britannique apparaît comme beaucoup moins affirmée par rapport aux pays du continent; les réponses aux sollicitations de l'environnement furent souples, variées, beaucoup plus « flexibles », si bien qu'aujourd'hui l'opposition brutale entre un système productif ancien et bloqué et un système moderne, fondé sur la machine à vapeur, le charbon et l'usine semble trop schématique. Si l'étude des facteurs de l'offre reste fondamentale, les travaux récents les plus novateurs portent plutôt sur les caractéristiques de la demande, sur les marchés, sur la consomma-

1. David Ricardo, *Principles of Political Economy and Taxation*, 1re éd. 1817, 3e éd. 1821 ; trad. franç. : *Des principes de l'économie politique et de l'impôt*, Paris, Flammarion, 1977.

2. Charles Babbage, *On the Economy of Machinery and Manufactures*, Londres, Charles Knight, 1832.

tion, d'une part, et sur les formes d'organisation de la production et de la commercialisation, d'autre part.

Le plan que nous avons adopté dans cette première partie d'assemblage, en quelque sorte, des facteurs divers proposés par les historiens, cherche à tenir compte de ces aspects nouveaux.

Si l'industriel se mit à produire en plus grande quantité et à imaginer des produits nouveaux, ce n'était peut-être pas uniquement parce qu'il disposait désormais des moyens de le faire. Peut-être était-ce plutôt parce qu'il avait des débouchés nouveaux qui lui permettaient de gagner plus d'argent en développant sa production, avec les techniques anciennes ou avec de nouvelles techniques, avec les formes d'organisation traditionnelles du travail ou dans de nouvelles formes. L'accroissement de l'échelle de la production et le progrès technique entraînèrent des gains de productivité qui dans un premier temps profitèrent relativement peu à la main-d'œuvre de l'industrie. Mais tout en maintenant des profits élevés en moyenne, ils permirent une baisse continue des prix industriels par rapport aux prix agricoles et aux prix des services sur une grande partie du XIXe siècle, à l'avantage de l'ensemble des consommateurs. Cette baisse des prix contribua à l'extension de la demande de produits de consommation tant que leurs marchés, socialement déterminés, conservèrent suffisamment d'élasticité. Un essoufflement de la première phase de l'industrialisation se fit ainsi dans l'Angleterre des années 1830. À ce moment le relais fut pris pour les biens de consommation par une extension géographique des marchés, tandis que sur le marché intérieur l'alanguissement de la consommation était compensé par la poussée de l'investissement consécutive à la construction ferroviaire.

CHAPITRE PREMIER

L'expansion des marchés

Aussi bien en Grande-Bretagne que dans les futurs États-Unis, ou qu'en France, et même que dans certaines régions germaniques, les marchés de consommation de produits manufacturés changèrent, entre la fin du XVIIe siècle et le milieu ou la fin du XVIIIe siècle, à la fois quant à leur homogénéité, la nature des marchandises vendues et le volume des ventes. Ces évolutions, sensibles partout, différaient selon les pays par leur chronologie et par leur intensité, beaucoup plus accentuées en Angleterre et aux États-Unis que sur le continent européen.

L'amélioration du réseau de transport et des réseaux commerciaux

Comme Adam Smith le notait pour la société préindustrielle dans laquelle il vivait, l'expansion du marché permettait d'augmenter le volume des ventes et donc l'échelle de la production des entreprises; condition d'une plus grande division du travail et donc d'une meilleure productivité, elle favorisa aussi une spécialisation régionale génératrice d'économies d'échelle externes. L'amélioration des transports, de leur rapidité, de leur débit, la baisse de leurs coûts furent des éléments déterminants de cette expansion des marchés. L'Angleterre, favorisée par son hydrographie et par l'ubiquité de ses accès sur la mer en un temps où le transport par bateau était le plus efficace, sut tirer parti de ses avantages par un investissement massif, dans la seconde moitié du XVIIIe siècle, dans la construction d'un réseau de canaux, qui servait aux transports régionaux de produits pondéreux, comme la houille; un réseau de routes à péage facilitait et accélérait les transports de marchandises et de voyageurs, donc aussi d'informations. La France, moins facile à pénétrer du fait de sa continentalité, se dota d'un excellent réseau de routes royales dès la seconde moitié du XVIIIe siècle. Bien avant la construction des chemins de fer, l'amélioration des transports a facilité l'homogénéisation des marchés, c'est-à-dire la réduction de la variabilité régionale des prix. Mais l'importance des ports dans la définition des réseaux favorisait plutôt le développement d'une économie internationale que l'intégration du marché intérieur. Cette caractéristique d'ouverture sur les échanges maritimes s'alliait à une polarisation des activités sur Londres ou Paris, deux gros marchés de consommation, cœurs commerciaux et financiers, centres d'élaboration puis de diffusion de nouveaux modèles de consommation. Si, dès avant 1750, en Angleterre, les marchandises étaient centralisées à Londres avant d'être envoyées en province aux commerces de détail ou exportées, en France les grandes villes de province jouèrent cependant jusque dans le premier tiers du XIXe siècle un rôle de centres commerciaux intermédiaires, parfois directement en relation avec les importateurs étrangers. La consommation était évidemment stimulée par une densification des points de vente, par l'augmentation de la fréquence des foires et marchés et par l'établissement d'un réseau permanent de boutiques de vente au détail (142 000 dans l'Angleterre de 1759). Dès le XVIIIe siècle en Angleterre tout un réseau de villes moyennes dont la croissance était plus rapide que celle de la capitale ont ainsi assuré une stimulation de la consommation et une diffusion de nouveaux modèles de consommation dans tout le pays ; l'unification des goûts a aidé à la constitution d'un marché de masse. En France, les modèles locaux et traditionnels de consommation résistèrent plus longtemps, soutenant une production locale circonscrite dans ses débouchés. Il faut attendre les années 1840 pour que les petites villes françaises assurent une fonction de diffusion des modèles de consommation de l'élite, à l'instar des *country towns* britanniques du XVIIIe siècle.

La naissance d'une société de consommateurs : les indiennes

La Révolution industrielle ne consista pas seulement en l'application de nouvelles techniques : elle reposa aussi sur le lancement de nouveaux produits dont le succès s'appuyait sur un changement de comportement du consommateur. La consommation, et plus particulièrement le vêtement, servait, au moyen de codes parfois complexes, de signe de reconnaissance sociale. Le processus d'imitation de modes vestimentaires éphémères, restées jusqu'alors limitées à une frange étroite de la haute société, témoignait d'une remise en cause d'un ordre social fondé sur la naissance. S'infiltrant des classes supérieures aux classes moyennes, il touchait déjà au XVIIIe siècle, surtout en Grande-Bretagne, les classes populaires des villes, effleurait même, mais avec de larges différences entre les pays et les régions, une paysannerie aux habitudes immobiles. Les cotonnades, plus légères et moins coûteuses que les solides et durables tissus de laine et que les toiles de lin, incitaient à diversifier et à renouveler plus fréquemment les garde-robes. Les indiennes aux couleurs chatoyantes, importées d'Asie, lancèrent la mode exotique. L'indiennage, à propos duquel S.D. Chapman et S. Chassagne écrivent : « Pour la première fois dans l'histoire européenne, le goût des consommateurs était presque uniforme [...]. Un tel marché homogène, sans précédent par sa taille, sa richesse, son extension, a stimulé la naissance d'organisations de production et de commercialisation à une échelle très grande[1] », fut, par un processus d'intégration vers l'amont, à l'origine de l'industrie moderne du coton.

Les fabricants de laine et de lin, percevant d'ailleurs le danger, obtinrent de leurs gouvernements, aisément enclins à prendre des décisions mercantilistes, des interdictions d'importer ces tissus. Ils parvinrent aussi à faire interdire l'impression des tissus de coton importés ou fabriqués sur place, en 1686 en France, en 1720 en Angleterre ou en 1721 en Prusse. Mais l'impression d'indiennes n'en fut que freinée, car elle profita de multiples dérogations, comme

1. S.D. Chapman et S. Chassagne, *European Textile Printers in the Eighteenth Century. A Study of Peel and Oberkampf*, Londres-Édimbourg, Heinemann Educational Books, 1981, p. 6.

l'autorisation d'imprimer des tissus à chaîne de fil de lin et à trame de coton telles les futaines, sur lesquelles se bâtit le précoce développement de l'industrie cotonnière anglaise, ou bien le droit d'imprimer des cotonnades à condition qu'elles fussent destinées à l'exportation comme en Grande-Bretagne, ou encore la franchise dont jouissait la ville de Marseille, berceau, avec la maison J.R. Wetter, de l'indiennage français. Enfin, l'interdiction, plus complète en France, plus limitée en Grande-Bretagne, n'était de toute façon pas toujours respectée. Alors qu'importation et fabrication sur place des indiennes étaient prohibées, l'inspecteur des manufactures de Champagne constatait à Provins et à Sens en 1727 : « Toutes les femmes en portent, depuis les femmes des juges jusqu'aux domestiques et même les enfants. J'en ai fait mes plaintes aux subdélégués de ces villes, on m'a répondu qu'il [*sic*] n'avait pas la vue bonne, et qu'il [*sic*] n'en voyait rien et qu'il fallait que je fisse de même[1]... » Du moins ces mesures favorisèrent-elles le développement de l'impression à Amsterdam, dans les cantons suisses, où les protestants français réfugiés contribuèrent à son succès, en Allemagne du Sud, en Saxe et jusqu'à Saint-Pétersbourg où une entreprise anglaise s'installa en 1753. Dans le Centre et l'Est européens, en effet, les régimes autoritaires, mais éclairés, étaient favorables à l'implantation d'une industrie qui permettait d'occuper une main-d'œuvre sous-employée et évitait l'extension de la misère. Les monarchies du XVIIIe siècle adoptèrent les unes après les autres des politiques industrialistes, qui visaient à substituer la production nationale aux importations. Lorsque les

1. Serge Chassagne, *Le coton et ses patrons*, Paris, 1991, p. 22.

interdictions légales furent levées, comme en France en 1759, une vague de créations d'entreprises accompagna le libre développement de l'impression. Certaines d'entre elles furent des établissements considérables, comme la manufacture Oberkampf à Jouy-en-Josas, celle de Jean Dollfus à Mulhouse ou les nombreux établissements des Peel dans le Lancashire. En 1806, environ 150 maisons étaient engagées dans le commerce des mousselines, des toiles et toiles peintes à Paris.

Les indienneurs, et à leur suite les autres fabricants de tissus de coton et de soie, surent renouveler assez rapidement les motifs et les couleurs pour inciter à consommer davantage. L'attrait de la modernité faisait considérer ce qui était nouveau comme éminemment désirable. La progression de la couleur et la domination de la rayure sur l'uni à la veille de la Révolution étaient le résultat de la concurrence des fabricants, pour lesquels la nouveauté en matière de couleurs, arme essentielle de la stratégie commerciale, reposait sur l'innovation technique ; le succès d'une entreprise dépendait largement de l'habileté du « coloriste », le chimiste chargé de préparer les colorants. Aussi Oberkampf avait-il, à Jouy, développé une véritable manie du secret par peur qu'un concurrent ne vînt à l'espionner ou qu'un de ses ouvriers, ayant percé quelque procédé de fabrication, ne le quittât.

La multiplicité des produits

En plus des éléments de l'habillement dont la variété croissait dans toutes les catégories sociales, la progression de la consommation portait sur nombre de modestes objets d'ameublement, d'équipement ménager, sur les miroirs, les rideaux, les faïences, le matériel culinaire, qui formaient une part non négligeable du produit industriel au début de l'industrialisation. Les fabricants comme Boulton, qui édifia sa fortune sur les boucles et les boutons bien avant de s'associer à Watt pour fabriquer des machines à vapeur, ou bien comme Wedgwood, surent, à la fin du XVIIIe siècle, faire naître un marché de masse en développant des méthodes de vente sur catalogue et de publicité, en suscitant des réflexes d'émulation et d'imitation, fondés sur l'engouement préalable d'une clientèle riche qui jouait le rôle de *legislators of taste*, « législateurs du goût ».

Pour la vaisselle, le changement de matériau, la terre, la faïence ou la porcelaine au lieu du fer, de l'étain ou de l'argent, manifestait un glissement du solide mais coûteux au cassable, l'évolution d'une consommation fondée sur la possession d'un stock de biens durables à une consommation liée à un flux d'achat de produits plus éphémères, très favorable à la production industrielle de masse. La diversification des consommations alimentaires entraînait aussi celle de la vaisselle ; la préparation du thé, devenu d'usage courant en Grande-Bretagne, même dans les classes populaires, tout comme celle du café au lait du matin à Paris, impliquait un minimum de récipients appropriés. On a aussi pu se demander, en songeant à la croissance des dépenses pour rendre l'habitation plus agréable, si le rôle de la femme dans les décisions de dépenses ne s'était pas renforcé, et si le développement du travail rémunéré chez les femmes au XVIIIe siècle n'avait pas contribué à modifier les habitudes de dépenses et de consommation. D'après une étude sur les inventaires après décès en Angleterre entre 1660 et 1740, la possession d'une nappe en lin était plus fréquente chez les femmes que chez les hommes dans les milieux populaires; les veuves ouvrières étaient souvent aussi bien équipées en rideaux, nappes, argenterie, livres, horlogerie... que les ménages des classes moyennes.

Ces évolutions, qui semblaient déjà bien engagées dans l'Angleterre de la fin du XVIIIe siècle, n'étaient en revanche qu'à peine amorcées dans la France de la même époque, bien que dans les classes populaires d'une ville comme Paris, des modes vestimentaires aux changements rapides fussent déjà suivies et que les intérieurs fussent déjà rendus plus attrayants. Si la valeur nominale des garde-robes et du linge des aristocrates parisiens était à la veille de la Révolution dix fois supérieure à celle des artisans boutiquiers et même des officiers ou professions libérales, vingt fois supérieure à celle des domestiques et soixante-dix fois supérieure à celle des salariés, il n'en restait pas moins que les salariés étaient cependant parvenus à augmenter en monnaie constante, entre 1700 et 1789, la valeur de leurs possessions vestimentaires de 150 %[1].

Alors qu'en France les modèles de consommation tendaient à rester plus diversifiés selon les régions, l'unification des goûts était aussi plus avancée en Grande-Bretagne. Sans la constitution de ce marché de masse, qui n'était pas seulement conditionné par une amélioration des transports mais aussi par une évolution des goûts, la production à grande échelle n'aurait guère pu s'imposer. C'est aussi parce que les

1. Daniel Roche, *Le peuple de Paris*, Paris, Aubier, 1981, p. 96.

pouvoirs d'achat étaient plus élevés qu'ailleurs que le marché intérieur britannique était plus capable, par sa demande, de stimuler la production industrielle. Mais une estimation du revenu moyen par tête ne suffit pas à apprécier la capacité d'absorption des marchés : la structure sociale, et partant les représentations mentales dominantes en matière de consommation, étaient aussi plus favorables à la naissance d'une « société de consommateurs » en Grande-Bretagne — une société où une grande partie de la population avait accès à la consommation, mais qu'il ne faudrait pas confondre avec la « société de consommation » du XXe siècle, dans laquelle la plupart des gens consomment beaucoup.

Classes moyennes et consommation

L'origine sociale des consommateurs britanniques de produits industriels au XVIIIe siècle est l'objet de controverses. Il semble que la demande des catégories sociales dont les revenus provenaient de l'agriculture ait été limitée, celle des paysans dont le pouvoir d'achat augmentait peu et dont l'importance numérique était déjà faible, et celle des propriétaires fonciers restés attachés à un modèle de consommation ancien plus centré sur des biens de luxe fabriqués artisanalement et sur les services (des domestiques par exemple) que sur la consommation de biens industriels fabriqués en plus grande série. Toutefois, que les paysans n'aient sans doute pas constitué un marché globalement très important pour les entrepreneurs ne signifie pas qu'ils ne pouvaient accéder à la consommation. L'activité des colporteurs en milieu rural était justement de leur vendre toute une variété de produits, tissus, rubans, peignes, cravates, outils, coutellerie, livres, images[1].

En revanche, dans un pays où, très précocement, la part de la population active était faible dans l'agriculture et la densité du réseau urbain forte, les classes moyennes constituaient le marché principal de la production industrielle : marchands, petits et moyens entrepreneurs, artisans aisés, hommes de loi, professions libérales... À leur expansion numérique s'ajoutait un pouvoir d'achat qui dépassait sensiblement le niveau de la simple consommation alimentaire. Leur modèle de consommation, tout en imitant partiellement le modèle ancien de consommation aristocratique ostentatoire, n'en était pas moins original. Elles créèrent une nouvelle valeur, le confort, qui fut ensuite adopté dans les classes supérieures. Les classes moyennes anglaises, comme celles des autres pays industriels, allaient ainsi devenir au XIXe siècle un débouché important pour les produits de demi-luxe, qui, copiant les biens consommés par les riches, s'en distinguaient par un matériau moins coûteux et par une fabrication moins chère : ainsi l'orfèvrerie plaquée, le tissu de soie mélangée, ou les faïences de Wedgwood qui commandait des dessins aux meilleurs artistes mais en amortissait le coût élevé par leur reproduction à de très nombreux exemplaires.

En Grande-Bretagne, jusqu'aux années 1860 la demande des classes moyennes continua de dominer le marché intérieur des biens de consommation industriels, la part des autres catégories sociales ten-

1. Margaret Spufford, *The Great Reclothing of Rural England. Petty Chapmen and their Wares in the Seventeenth Century*, Londres, Hambledon Press, 1984.

dant plutôt à diminuer. Les catégories les plus riches percevaient toujours une part très forte des revenus dans une société très inégalitaire : en 1867, les 30 000 Anglais les plus riches disposaient d'environ 23 % du revenu national, mais leur taux d'épargne était fort, et leur consommation comprenait toujours une forte part de services et de produits de luxe importés ou fabriqués artisanalement plutôt qu'industriellement. Les agriculteurs étaient une catégorie sociale qui déclinait numériquement et, s'ils achetaient environ 25 % du produit industriel en 1780, ils n'en achetaient plus que 15 % vers 1850. Les travailleurs salariés achetaient environ 20 % du produit industriel vers 1760 ; leur part s'abaissa à 10-11 % entre les années 1830 et le milieu du XIXe siècle[1]. En effet la consommation par tête s'accrut beaucoup plus vite que les salaires réels entre 1820 et 1850 ; son augmentation se fit au détriment de celle des classes populaires. Les classes moyennes, qui tiraient leurs revenus du profit industriel et commercial, furent en Grande-Bretagne les grandes gagnantes de la première industrialisation. S'y intégraient peu à peu les franges supérieures du monde des employés et des ouvriers, qui profitèrent d'une ouverture de l'éventail des salaires entre 1820 et 1850. Le marché populaire dut, à partir de 1830, avoir tendance à stagner ; la suppression des droits de douane sur les importations de céréales dans les années 1840 permit de différer les hausses de salaires. Alors que la demande intérieure était croissante pour des produits de milieu de gamme destinés aux classes moyennes, l'industrie se trouva

1. N.F.R. Crafts, *British Economic Growth during the Industrial Revolution*, Oxford, Clarendon Press, 1985, p. 103 et 132.

contrainte de développer de plus en plus ses débouchés extérieurs pour ses produits de grande série, de prix peu élevé, comme les cotonnades ordinaires.

Sur le continent, au XVIIIe siècle, le niveau plus faible des pouvoirs d'achat moyens, la faiblesse numérique des classes moyennes, même dans une ville comme Paris, la domination des modèles de consommation aristocratiques, diffusés par les domestiques des grandes maisons, dans des pays restés des monarchies absolues, étaient moins stimulants pour le développement des formes nouvelles de l'industrie. En schématisant fortement, le volume et la nature de la consommation dépendent de deux variables : le pouvoir d'achat par catégorie sociale et l'importance numérique du groupe social considéré. En France, à la veille de la Révolution, le marché était restreint par la faiblesse des catégories sociales intermédiaires dont les revenus ne provenaient pas de l'agriculture, et surtout par le bas niveau des revenus des paysans et des salaires. Le marché intérieur français était divisé en deux segments : un marché étroit et rigide de produits de haute qualité pour les classes supérieures, et un marché de produits ordinaires pour les classes populaires, comme les « siamoises », tissus mélangés de coton et lin, tissés dans le pays de Caux, bon marché et souvent de qualité médiocre[1]. En l'absence de classes moyennes, l'industrie française de biens de consommation, qui ne pouvait s'appuyer sur une demande populaire trop peu dynamique, dépendait de ses aptitudes à exporter. Or se posa à la fin du XVIIIe siècle, à la suite du traité de 1786, le problème

1. Maxine Berg (éd.), *Markets and Manufacture in Early Industrial Europe*, Londres et New York, Routledge, 1991, p. 208.

de la concurrence britannique dont le coût de revient était plus bas, grâce aux économies d'échelle obtenues par un marché intérieur plus large et par la croissance des exportations. Il en allait ainsi pour les cotonnades normandes, particulièrement touchées par l'avance technique des industriels cotonniers d'outre-Manche.

Des années 1820 aux années 1860, en revanche, la structure sociale et l'évolution des revenus créèrent en France un marché intérieur beaucoup plus large et plus dynamique, plus favorable à la croissance industrielle. Il pouvait s'appuyer sur les paysans, qui représentaient environ la moitié de la population active, et qui, selon MM. Lévy-Leboyer et Bourguignon[1], absorbaient 20-25 % des produits de l'industrie textile. La hausse de leur pouvoir d'achat résultait non seulement d'une augmentation de la production agricole mais surtout de son taux de commercialisation, ainsi que d'une évolution favorable des prix en longue durée, les prix agricoles restant plutôt stables alors que les prix industriels tendaient à baisser. Les classes populaires des villes ne constituèrent sans doute pas avant 1870 de marché véritablement important pour les produits industriels, auxquels elles n'accédaient souvent qu'au travers d'un marché de l'occasion, comme tendent à le montrer l'importance du commerce de la friperie et le caractère tardif du démarrage de l'industrie de la confection. Malgré la lenteur de l'urbanisation française jusqu'aux années 1850, l'importance des classes moyennes des villes s'accrut sensiblement

1. Maurice Lévy-Leboyer et François Bourguignon, *L'économie française au XIXe siècle. Analyse macro-économique*, Paris, Economica, 1985.

dans la première moitié du XIXe siècle. La statistique des créations de sociétés témoigne de la vigueur de la boutique et de la petite entreprise. La frontière entre ces classes moyennes et les classes populaires était fort difficile à tracer, du fait de la mobilité sociale, permise en particulier par la facilité qu'il y avait à tenter, souvent certes sans succès, de se « mettre à son compte » ; l'ouvrier qui réussissait, l'artisan ou le commerçant pouvaient jouir de revenus suffisants pour s'assurer une vie confortable appuyée sur un modèle de consommation petit-bourgeois.

On pourrait penser que c'est un faux problème de se demander si la Révolution industrielle a été stimulée par un accroissement de l'offre ou par un accroissement de la demande, puisque, si l'on suit la loi des débouchés de Jean-Baptiste Say, le revenu qui constitue la demande serait égal à la production qui l'a fait naître. Mais constater que l'industrialisation britannique fut stimulée par la demande de biens de consommation de la part de classes moyennes déjà numériquement importantes ne ramène pas au raisonnement circulaire précédent. Pour comprendre l'importance de la demande de ces classes moyennes, qui constituaient, au XVIIIe siècle, une spécificité britannique, on est conduit à formuler deux questions : pourquoi représentaient-elles déjà une catégorie sociale nombreuse et, en outre, en développement ? Pourquoi leur pouvoir d'achat était-il croissant ? L'existence d'un développement industriel et commercial précoce, dès la seconde moitié du XVIIe siècle, sur lequel John U. Nef s'était fondé pour essayer d'avancer d'un siècle la datation habituelle de la Révolution industrielle britannique, est un premier élément de réponse. Sans doute pourrait-on ajouter que l'importance de la marine et des transports maritimes dans l'économie et la société anglaises a contribué à développer des emplois tertiaires et secondaires; la multiplication des métiers et des qualifications qu'ils suscitaient a été relevée, par exemple dans le Liverpool du XVIIIe siècle. Enfin, les améliorations de l'agriculture anglaise entre 1650 et 1750 ne profitèrent que peu aux paysans et aux propriétaires fonciers, mais entraînèrent une baisse des prix des produits alimentaires, qui avantageaient les consommateurs et permettaient à ceux dont les revenus dépassaient sensiblement le niveau de la subsistance de consacrer plus d'argent à acheter des produits manufacturés.

Exportations et Révolution industrielle

Si 5 à 9 % seulement de la production britannique entre 1700 et 1790 était exportée, le rôle des exportations était cependant beaucoup plus important dans la croissance du seul produit industriel, dans la mesure où la spécialisation du commerce extérieur britannique était déjà très affirmée : dès la première moitié du XVIIIe siècle, les produits manufacturés représentaient 75 à 80 % des exportations, les matières premières et les produits alimentaires 70 à 80 % des importations. Les lainages à eux seuls constituaient 69 % des exportations en 1700, et encore 47 % en 1750. Évidemment, les marchés extérieurs étaient vitaux pour cette industrie. Ils le devinrent aussi pour l'industrie cotonnière à partir du milieu du XVIIIe siècle. Cette nouvelle industrie, dont la matière première était importée de pays lointains, était née en relation avec les milieux du négoce international et, dès 1760, la moitié de sa production était exportée. De 1780 à 1800, les cotonnades l'emportèrent sur les lainages comme premier poste des exportations. Si les objets en métal étaient beaucoup moins dépendants des marchés extérieurs, 20 % de leur production nationale était néanmoins exportée et ce débouché pouvait être vital pour certains industriels : il en était ainsi pour ceux de la petite quincaillerie, de la boutonnerie de Birmingham. La spécialisation du commerce extérieur britannique avait donc ceci de remarquable que les effets de demande qu'il suscitait étaient très concentrés sur quelques secteurs, ceux qui allaient croître le plus vite et manifester la plus grande propension à l'innovation. Cette caractéristique ne fit que s'affirmer dans la première moitié du XIXe siècle.

La distribution géographique des exportations britanniques permet aussi de mieux cerner les facteurs de la croissance des débouchés extérieurs comme moteurs de l'industrialisation. À une stabilité, voire une progression modérée des exportations vers les pays européens s'opposait le développement très rapide des marchés extra-européens, surtout américains. Pour les cotonnades, la prédominance de ces marchés lointains était écrasante dès 1770. Les marchés les plus dynamiques pour les produits industriels européens dans la seconde moitié du XVIIIe siècle étaient de deux types, l'un lié à l'économie coloniale de plantation, l'autre était les États-Unis.

Le développement de la consommation des produits tropicaux en Europe, du sucre en premier lieu, explique l'essor de l'économie esclavagiste de plantation. Il résultait de la hausse des pouvoirs d'achat et était stimulé par la baisse des prix de ces produits. Les ventes de sucre ou de tabac en Europe permettaient aux Américains d'acheter, outre des produits alimentaires, des toiles bon marché pour vêtir les esclaves, pour fabriquer des sacs pour les denrées, de l'outillage pour les plantations, des produits de luxe pour la société des planteurs. Vers le milieu du XVIIIe siècle, le centre de gravité de l'économie sucrière passa du Brésil aux Antilles, impliquant plus directement les négociants britanniques et français, qui fournissaient néanmoins déjà les colonies ibériques en vendant au Portugal et à l'Espagne des produits qui étaient ensuite réexportés. Ces échanges, qui formaient une grande part du commerce extérieur anglais aussi bien que français, furent très rémunérateurs, surtout dans la première moitié du siècle, d'autant qu'ils se complétaient souvent d'un trafic avec l'Afrique, où l'on vendait tissus, armes, quincaillerie pour acheter des esclaves.

Dans le dernier tiers du siècle, la Grande-Bretagne se dégagea partiellement de ces trafics coloniaux, contrairement à la France, pour développer principalement ses échanges avec les Treize Colonies, bientôt États-Unis d'Amérique. Bien qu'une part de leur économie reposât aussi sur la plantation tropicale, comme celle du tabac de la Chesapeake, elles constituaient un marché dont les caractéristiques étaient très différentes de celles des Antilles. Il offrait des débouchés en expansion aux industriels britanniques : la population américaine augmentait et les pouvoirs d'achat étaient à la hausse. Les historiens de l'Amérique coloniale ont mis en valeur un bond en avant de la consommation entre 1700 et 1750, plus précoce dans un Sud plus riche, plus tardif en Nouvelle-Angleterre. Une étude sur les inventaires après décès dans cette dernière région montre que l'équipement en biens « superflus » (fourchettes, poterie grossière, poterie fine, linge, argenterie, livres, horlogerie, perruques, gravures...) du tiers le plus pauvre de l'échantillon en 1760-1774 était, pour la plupart des articles, supérieur à celui du tiers le plus riche en 1650-1674. La baisse des prix des marchandises importées de Grande-Bretagne étendait beaucoup leur consommation grâce à l'élasticité de la demande américaine. Un réseau de boutiques de campagne, souvent tenues par des Écossais, diffusait les produits d'importation. Les comportements des consommateurs américains étaient identiques à ceux de leurs homologues anglais, si bien qu'on a pu parler de « colonisation du goût[1] », avec cependant deux légères nuances. Leurs goûts étaient plus standardisés, leurs sources d'approvisionnement leur offrant moins de variété de produits. Et comme, dans cette société beaucoup moins rigide, le statut social se définissait au milieu du XVIIIe siècle encore plus qu'ailleurs par le modèle de consommation[2], l'émulation sociale était un moteur beaucoup plus puissant de développement de la consommation.

Les exportations vers les États-Unis ne furent pas seulement essentielles en tant que stimulant pour l'industrie britannique, alors que celles des autres pays européens ne disposaient pas de débouchés comparables. Elles jouèrent aussi un rôle dans la diffusion, aux États-Unis, de cette industrialisation, par un processus de substitution d'importations, à l'origine d'une production manufacturière locale. Bien que leur économie fût essentiellement agricole et

1. T.H. Breen, « "Baubles of Britain" : The American and Consumer Revolutions of the Eighteenth Century », *Past and Present*, n° 119, 1988, p. 84, note 25.

2 *Ibid.*, p. 81

leur population rurale, les États-Unis étaient cependant, comme la Grande-Bretagne, un pays « préindustriel avancé ».

Ces exportations croissantes entraînèrent le développement agricole et industriel des hinterlands portuaires, par exemple l'arrière-pays de Bordeaux. Mais l'aire commerciale s'étendait beaucoup plus loin. Le textile rural, au sud d'une ligne Saint-Malo-Genève, travaillait largement pour l'exportation. La demande américaine était un moteur de la croissance proto-industrielle. L'économie tout entière était animée par le grand commerce. Mais il faut ici encore opposer France et Grande-Bretagne. Le commerce de réexportation des produits tropicaux, qui était particulièrement développé dans le cas de la France, permettait de faire des bénéfices, mais il n'avait aucun effet industrialisant, il n'avait aucun effet de développement sur l'économie intérieure. Alors que la Grande-Bretagne disposait d'un marché nord-américain qui induisait le développement de la production de cotonnades et de produits métallurgiques, la France avait des exportations textiles de plus en plus languissantes. Le déclin des marchés du Levant et de l'Espagne frappait par exemple la draperie languedocienne. Une crise du textile était patente dans les dernières années de l'Ancien Régime. La crise du commerce extérieur n'était pas visible à la veille de la Révolution, mais les symptômes d'étiolement des économies antillaises à laquelle la partie la plus dynamique du commerce et de la proto-industrie française était liée pouvaient la laisser prévoir. La Révolution et l'Empire allaient mettre au jour ces profondes faiblesses.

Les guerres européennes de 1792 à 1815 furent l'aboutissement de la rivalité commerciale franco-britannique depuis la fin du XVIIe siècle. La révolte de Saint-Domingue priva la France de sa principale colonie sucrière. La supériorité maritime des Britanniques anéantit le commerce américain de la France et ruina les ports de l'océan Atlantique et les centres textiles, qui, de la Bretagne au Sud-Ouest travaillaient pour l'exportation. Le Blocus continental fut une tentative d'ouvrir de nouveaux débouchés aux industriels français vers l'Europe moyenne, mais, inversement, l'annexion au territoire de l'Empire des territoires belges, allemands ou italiens ouvrait le marché français à des industriels, qui, à Gand, à Liège, à Verviers, à Aix-la-Chapelle, pouvaient se montrer des concurrents redoutables. Du moins en 1815, le commerce extérieur français était-il entièrement à recréer. Même si le Blocus ne fut rigoureux et à peu près étanche que durant quelques années, la fermeture des marchés du continent handicapa néanmoins les industriels britanniques. Dans l'industrie lainière, les entreprises étaient très dépendantes des exportations. Dans l'industrie cotonnière elles avaient achevé la mécanisation de la filature et se trouvaient avec des capacités productives accrues en un moment où les débouchés se rétractaient, et où la hausse des prix des céréales, conséquence du Blocus, grevait les budgets des habitants des villes. Elles furent poussées à trouver coûte que coûte des débouchés étrangers, cherchant même à exporter directement en se passant des services des maisons de commission. Heureusement pour elles, l'entrée des troupes françaises au Portugal amenait la sécession du Brésil, un grand marché qui ne fut cependant pas à la hauteur des espérances des industriels britanniques. Puis les difficultés des occupants français en Espagne rouvrirent à ces derniers les marchés méditerranéens. En 1815, les maisons de commerce britanniques avaient tissé un réseau de relations en Amérique latine et en Asie qui allait être utile dans l'expansion ultérieure. L'indépendance des anciennes colonies espagnoles et portugaises leur donna une position dominante dans cette partie du monde.

L'Europe des années 1820 était cloisonnée par de fortes barrières protectionnistes. Les États-Unis protégeaient aussi leurs industries naissantes en taxant fortement les cotonnades ordinaires. Le commerce extérieur britannique se développa selon trois axes. Il fournissait aux États-Unis un ensemble de produits très variés, tissus de laine, cotonnades fines, outils, produits sidérurgiques qu'ils ne fabriquaient pas encore. Il vendait en Europe des produits manufacturés dans les pays du Sud qui protégeaient peu leurs marchés et des demi-produits, filés de coton, fers, fonte dans les pays germaniques dont les industries correspondantes ne suffisaient pas aux besoins des entreprises de tissage ou de construction mécanique. Il vendait des cotonnades dans les pays extra-européens. L'Inde devint vite le principal marché. Pour une clientèle à très faible pouvoir d'achat, il fallait vendre le tissu le moins coûteux. L'industrie cotonnière du Lancashire, qui fut de plus en plus dépendante des débouchés asiatiques, se spécialisa donc dans la production de calicot ordinaire en grande série, au plus bas prix. Aucun autre pays ne pouvait rivaliser sur ce type de produit, n'ayant ni des débouchés suffisants ni une productivité assez élevée pour cela. Les industriels français tâtonnèrent dans les années 1820 pour trouver leur place dans le commerce international : il leur fallait trouver une spécificité qui ne les fît pas entrer en concurrence avec les produits anglais fabriqués en grandes séries.

Les dix premiers postes des exportations françaises en millions de francs (1847-1856)

Tissus de soie et de fleuret	274,7	22,4 %
Tissus de laine	122,1	10,0 %
Vins	109,2	8,9 %
Tissus de coton	62,6	5,1 %
Tabletterie, bimbeloterie, mercerie, parapluies, meubles et ouvrages en bois	60,2	4,9 %
Peaux ouvrées	48,7	4,0 %
Eaux-de-vie et esprits de toutes sortes	46,9	3,8 %
Papier et ses applications	25,3	2,1 %
Tissus de lin et de chanvre	18,9	1,5 %
Céramique, verrerie	18,4	1,5 %
Valeur totale des exportations	1 223,7	100 %

Le créneau qu'ils trouvèrent fut le demi-luxe, des produits qui étaient destinés à la consommation des classes moyennes et supérieures des pays industrialisés à pouvoir d'achat élevé, ou à la minorité aisée des pays d'Amérique latine, dont les modèles de consommation étaient européens. Les États-Unis étaient le premier débouché de la soierie lyonnaise, une industrie fortement exportatrice, qui développa ensuite de plus en plus ses ventes en Grande-Bretagne. L'industrie lainière inventa les *nouveautés*, tissus mélangés, aux matières ou aux dessins qui changeaient tous les ans, de manière à créer un effet de mode, qui décourageait les imitateurs et favorisait la consommation.

CHAPITRE II

Les facteurs de la croissance industrielle

La priorité donnée à l'analyse de la demande ne doit pas faire négliger l'importance des facteurs de production. Les facteurs de l'offre ne furent pas de simples réponses à des marchés en expansion. Ils étaient aussi créateurs. En augmentant la productivité, ils entraînaient des baisses de prix, qui suscitaient la demande, et l'étendaient à des catégories sociales nouvelles au travers d'un cycle de vie des produits qui commençaient par être réservés à une clientèle étroite avant de se banaliser. Ils avaient aussi leur logique de développement autonome, qui tendait à la croissance continue de la production et donc aussi à l'extension des marchés, par élargissement géographique et social de la clientèle ou par création d'une demande pour des produits nouveaux, reconnus peu à peu comme socialement indispensables.

Le changement qualitatif dont l'expression « révolution industrielle » cherche à rendre compte est habituellement décrit comme une triple mutation : 1) l'utilisation des machines, 2) le recours à des combinaisons productives plus capitalistiques, 3) la concentration des travailleurs dans des usines. Ces trois aspects sont difficiles à lier dans une interprétation synthétique, car ils s'expriment au travers de logiques qui ne se situent pas sur le même plan. Les historiens ont soit privilégié l'étude du progrès technique, soit ramené le machinisme et les aspects organisationnels à une croissance du facteur capital par rapport au facteur travail, avec l'idée que, d'une part, toute technique nouvelle est appliquée au travers d'un flux d'investissement et conduit à une combinaison de facteurs plus capitalistique et que, d'autre part, l'investissement est toujours l'occasion d'une amélioration qualitative du matériel productif et donc augmente la productivité du travail. Dans les faits, ces relations étaient beaucoup plus lâches. Des techniques plus élaborées pouvaient ainsi être économisatrices de capital et augmenter la productivité sans induire un investissement accru, comme la machine à vapeur par rapport au moulin à eau, souvent très coûteux en dépenses préliminaires d'aménagement hydraulique alors que son coût de fonctionnement ultérieur était faible. Inversement, le « taux » de progrès technique ne peut pas non plus être considéré comme directement corrélé au taux d'investissement. Aussi l'étude des facteurs de production mène-t-elle à trois domaines de recherches, interdépendants certes, mais néanmoins irréductibles : l'analyse des mutations technologiques, l'analyse de la combinaison capital/travail et l'analyse des organisations.

Le progrès technique

Le progrès technique est une variable difficilement quantifiable; les différentes tentatives qui ont été faites tombent sous le coup d'une critique aisée.

Faire le compte par période des inventions « importantes » est très subjectif. Estimer économétriquement la variable « progrès technique » à partir de fonctions de production ne donne guère de résultats satisfaisants. Faire un comptage des brevets d'invention enfin est quelque peu vain, dans la mesure où cela revient à attacher le même poids aux multiples inventions qui paraissent, avec le recul du temps, parfois saugrenues et à celles qui ont effectivement fait progresser l'économie. Dépôt de brevet ne signifie ni application effective de l'invention dans l'industrie, ni même mise au point de la technique d'une manière assez poussée pour qu'il ne subsiste plus de défauts incompatibles avec l'application effective : ainsi la fameuse navette volante de J. Kay, dont l'emploi demandait de l'habileté car elle avait une fâcheuse tendance à sortir de son guide, n'eut, pour un ensemble de raisons dont cette imperfection technique, qu'une diffusion lente[1]. Or, si l'historien des techniques s'intéresse au surgissement d'une conception nouvelle, l'invention n'acquiert de rôle économique qu'en devenant innovation, c'est-à-dire application à une échelle suffisamment large pour exercer une influence sur la productivité, la production, le marché, l'organisation du travail d'un secteur industriel important. Enfin, C. McLeod n'interprète pas l'étonnante ascension du nombre de brevets en Angleterre à partir de 1760 comme le signe du démarrage de l'industrialisation, mais plutôt comme celui de « la conscience croissante de l'existence du système des brevets et comme une réaction défen-

1. Akos Paulinyi, « John Kay's Flying Shuttle : Some Considerations on his Technical Capacity and Economic Impact », *Textile History*, vol. XVII, n° 2, 1986.

sive, ou opportuniste, à son égard. Le fait était en soi symptomatique de l'amélioration des communications, en particulier entre Londres et les provinces, et de la consolidation d'un marché national[1]... ». Il ne faudrait donc pas sous-estimer l'importance des progrès des XVIe et XVIIe siècles comme ceux des techniques minières ou comme l'invention du complexe métier à tricoter de William Lee (1589). Néanmoins il est certain que les hommes du XVIIIe siècle firent preuve d'une ingéniosité et d'une créativité accrues ; ils avaient eux-mêmes conscience de franchir le seuil d'un « âge scientifique ».

Pour tenter d'expliquer l'accélération du progrès technique, son rapport aux développements contemporains de la science a fait l'objet d'un débat historiographique très argumenté. Personne ne soutient des positions extrêmes, comme d'attribuer toutes les inventions à d'obscurs artisans illettrés et sans aucune connaissance scientifique ou au contraire d'appliquer avec anachronisme aux débuts de l'industrialisation une séquence génétique caractéristique du XXe siècle qui, des modifications de la recherche fondamentale, conduit à des retombées sur la science appliquée, puis sur les techniques.

Les relations étaient fréquentes entre scientifiques et praticiens. James Watt était fabricant d'instruments scientifiques, vivait dans un milieu universitaire, connaissait les travaux de Joseph Black sur la chaleur et n'aurait eu sans doute sans cela ni l'opportunité ni la capacité d'améliorer la machine à vapeur de Newcomen. Si certains industriels étaient

1. Christine McLeod, *Inventing the Industrial Revolution. The English Patent System (1660-1800)*, Cambridge, Cambridge University Press, 1988, p. 157.

des autodidactes, nombreux étaient ceux qui avaient fait des études, ou du moins s'intéressaient, comme d'ailleurs la plupart des gens éclairés de leur temps, au progrès des connaissances. La collaboration entre industriels et savants se trouvait favorisée par les contacts au sein de sociétés savantes, qui étaient parmi les principales institutions de diffusion du savoir dans l'Europe du XVIIIe siècle, depuis les très officielles *Royal Society* et *Society of Arts*, patronnées par le pouvoir royal, jusqu'à des cercles informels, comme la *Lunar Society* de Birmingham. Le dialogue était d'autant plus aisé que les savants s'intéressaient aussi à la technique, pénétrés qu'ils étaient d'une conception utilitariste et baconienne de la science. Les savoirs n'étaient pas aussi différenciés qu'ils allaient le devenir et la distinction entre recherche fondamentale et science appliquée n'avait alors pas de signification. Dès le début du XVIIIe siècle, des physiciens, disciples de Newton, tenaient des séries de conférences dans des cafés londoniens en insistant pour attirer le public sur l'utilité pratique de leur enseignement (un journal de Newcastle annonçait, en 1741, un cours « particulièrement utile aux gentlemen qui s'occupent de mines »); cela leur permettait de lier des relations avec le monde du commerce et de la finance et de se trouver des places d'experts techniques : Désaguliers par exemple était conseiller du duc de Chandos en ce qui concernait l'application de la machine de Newcomen, par exemple pour les sociétés de distribution d'eau de Londres[1]. La fin du mécénat privé, qui

1. Larry Stewart, « The Selling of Newton : Science and Technology in Early Eighteenth-Century England », *Journal of British Studies*, vol. XXV, 1986.

n'était pas relayé par une structure d'État d'aide à la recherche, conduisait en Grande-Bretagne à une rencontre entre les hommes d'argent et les savants, manière pour ces derniers de réaliser leur idéal de progrès. Même si la nature plus aristocratique des sociétés du continent faisait qu'en France, en Prusse, en Russie..., les savants cherchaient plus à obtenir des privilèges, des places officielles, des subventions de l'État qu'à commercialiser leur savoir, les mêmes relations existaient entre les hommes de science et les praticiens de l'industrie. Au XVIIIe siècle, à Paris, la société de l'abbé Baudeau s'inspirait de la *Society of Arts* britannique. Les sociétés savantes de province soutenaient les inventeurs. Berthollet sut mettre à profit ses découvertes scientifiques en développant leurs applications industrielles. La Société d'encouragement à l'industrie nationale, en relation avec l'Académie des sciences, sut, au XIXe siècle, regrouper grands propriétaires, industriels, savants et autres notabilités sociales, dans un projet de développement industriel, et susciter efficacement la créativité technique par ses concours et ses prix.

Mais la collaboration des hommes ne signifie pas que le savoir scientifique, en tant que tel, aida au développement des techniques : il n'était, d'une part, pas assez avancé pour permettre une formalisation des problèmes de la chimie, de la métallurgie, de la construction de machines; et, d'autre part, les techniques de mesure n'étaient pas assez précises pour décrire de manière utile les processus physiques et chimiques. Ainsi, pour réussir la fonte au coke, les chimistes ne savaient guère analyser la composition des charbons et des minerais et les hautes températures n'étaient qu'imparfaitement estimées. Les produits d'origine agricole, qui formaient la majeure

partie des matières premières de l'ind
n'étaient pas plus homogènes ; leurs propriét
siques et chimiques étaient, elles aussi, complexes : les fibres textiles différaient selon leur provenance, et le technicien devait faire preuve d'habileté pour adapter les machines à des conditions de fonctionnement changeantes. Aussi les progrès furent-ils plutôt le résultat de tâtonnements empiriques. Le succès de la production reposait largement sur le savoir-faire de l'ouvrier, acquis par un apprentissage répétitif plutôt que par une formation abstraite : la température de la fonte en fusion s'appréciait par exemple à son incandescence. Paradoxalement, la science apprit sans doute plus de la technique que la technique de la science. La réflexion sur la machine à vapeur conduisit ainsi les savants à concevoir la thermodynamique. Jusqu'à la seconde moitié du XIXe siècle, la science et la technique ne s'exprimaient pas par un langage commun qui aurait permis que les questions de l'une trouvent réponse chez l'autre. Ce qui a rendu possible l'épanouissement des innovations, ce fut moins un savoir scientifique précis qu'une attitude, une méthode scientifique pour aborder les problèmes. Ce qui était nouveau dans l'Europe du XVIIIe siècle, c'était la croyance dans le progrès, le glissement de l'attention du domaine spirituel à celui des choses matérielles, l'idée que la nature peut se comprendre et qu'il faut la comprendre, la curiosité et le parti pris favorable à la nouveauté : à une même attitude mentale ressortissaient le désir de consommer davantage, la mode, et la recherche de nouvelles techniques. Ces dispositions d'esprit étaient partagées par les élites de tous les pays européens et la communauté scientifique d'alors ignorait les frontières. Si la plupart des inno-

vations virent le jour en Grande-Bretagne, ce n'est donc pas parce qu'elle était scientifiquement en avance, mais parce que ces innovations résolvaient des problèmes économiques qui s'y posaient avec davantage d'acuité qu'ailleurs.

L'invention était rarement le fruit du hasard ; l'inventeur trouvait un nouveau procédé (ou un nouveau produit) parce qu'il le cherchait ; et s'il le cherchait, c'est parce que cela permettait de résoudre un problème posé par l'environnement socio-économique. Même si la motivation de l'inventeur, simple curiosité scientifique, était désintéressée, il ne pouvait que privilégier les questions évoquées autour de lui. Nul doute que l'aspiration à la renommée, la soif d'ascension professionnelle et sociale, l'espoir de remporter un prix à un concours officiel, de s'associer à de riches commanditaires pour exploiter fructueusement un brevet, bref de faire fortune, fussent des aiguillons plus puissants. L'influence de la législation des brevets, ancienne en Angleterre (statut de 1623), plus récente ailleurs (1791 en France, 1815 en Prusse), sur la créativité des inventeurs est discutée, car, si elle les incite à innover en leur garantissant la juste rémunération de leurs efforts, elle tend aussi temporairement à stériliser certains domaines de recherches en favorisant la constitution de chasses gardées. De toute façon, l'ardeur des recherches et le nombre des chercheurs étaient proportionnés à l'enjeu des questions posées, et il n'est pas étonnant que la même solution technique ait parfois été trouvée au même moment par deux techniciens qui travaillaient indépendamment, ce qui n'était pas sans susciter des imbroglios juridiques : l'invention simultanée du marteau-pilon par François Bourdon au Creusot et par Nasmyth en Angleterre en 1839 résolvait ainsi la même difficulté, le forgeage de pièces de grandes dimensions comme les arbres de transmission de navires à vapeur.

L'innovation était une réponse à un besoin économique; elle intervenait pour résoudre la difficulté qu'entraînait la raréfaction, c'est-à-dire l'enchérissement d'une matière première ou d'un facteur de production. Les guerres de la Révolution et de l'Empire entravèrent ainsi, durant un temps, les échanges entre la France et l'Espagne, et donc l'approvisionnement en salicorne, la plante dont les cendres étaient nécessaires à la production de la soude, indispensable aux industries du blanchiment, aux verreries et aux savonneries. La conséquence en fut la diffusion du procédé de fabrication de la soude à partir du sel marin et de l'acide sulfurique que Nicolas Leblanc avait mis au point et qu'il appliquait dès avant la Révolution dans sa fabrique de Saint-Denis. On se souviendra également que les maîtres de forges britanniques dans la première moitié du XVIIIe siècle ne parvenaient pas à couvrir leur marché national, dont la moitié était dominée par les fers suédois et russes. Ils produisaient trop cher, car leurs coûts salariaux, plus élevés, grevaient le prix du combustible (abattage du bois, carbonisation, transport du charbon de bois...). Aussi cherchait-on depuis longtemps à remplacer le charbon de bois par la houille. La solution technique fut trouvée par Abraham Darby qui réussit pour la première fois à produire de la fonte au coke à Coalbrookdale en 1709. Mais la généralisation du procédé ne se fit, et ce très rapidement, qu'après 1750, lorsque la différence de coût entre les deux procédés l'imposa. L'extension rapide de la demande d'un produit a pu pareillement donner l'impulsion à la recherche de nouveaux procédés de fabrication. Sans doute fut-ce le cas dans le textile, d'autant que les salaires avaient tendance à augmenter et que les limites d'extension du travail rural étaient peut-être atteintes. La mécanisation est ainsi généralement analysée comme un processus économiseur de travail, qui, au début, du fait de la grande simplicité et de la petite taille des machines, restait compatible avec le travail dispersé, mais qui, lorsque le nombre de broches des métiers à filer se mit à augmenter fortement, nécessita la concentration de la main-d'œuvre et l'usage du moteur, hydraulique ou à vapeur. Les motivations étaient néanmoins plus complexes qu'une analyse néo-classique en termes de substitution des facteurs le laisserait croire. La recherche d'économies au niveau du capital circulant (combustible, matières premières) et le désir d'améliorer la qualité du produit étaient des incitations à innover aussi importantes. Le gain en rapidité du processus productif accélérait la rotation du capital et abaissait les coûts financiers. La mécanisation enfin rendait la production plus régulière, le produit plus homogène, ce qui était un avantage commercial, et permettait de moins dépendre de la bonne ou mauvaise volonté d'une main-d'œuvre non encore disciplinée. Cette dernière raison s'exprima de plus en plus explicitement au XIXe siècle ; l'ingénieur Nasmyth écrivait : « L'irrégularité et le manque de soins des travailleurs [...] ont donné une incitation croissante à la demande de machines automatiques, grâce auxquelles il est possible de se passer du travail manuel dans lequel on ne peut avoir confiance. Les machines ne sont jamais ivres ; les excès ne font pas trembler leurs mains ; elles ne sont jamais absentes ; elles ne font pas la grève pour demander une hausse des salaires ;

leur précision et leur régularité sont sans faille[1]... » Ainsi, les raisons de la diffusion de la machine à vapeur étaient souvent plus complexes qu'un simple calcul de prix de revient : l'irrégularité des moulins à vent et à eau, parfois immobilisés pendant de longues périodes, la concurrence entre entrepreneurs pour disposer de l'eau des rivières et la pénurie d'animaux de trait du fait d'une demande en croissance très forte, en particulier lorsque la guerre venait à prélever une part des chevaux disponibles, incitaient aussi à son adoption.

La dynamique de développement autonome du progrès technique

Une fois lancés certains processus innovateurs importants, le progrès technique pouvait manifester une capacité de se développer de manière autonome, engendrant des grappes d'innovations. En venant corriger un déséquilibre entre offre et demande, il contribuait ainsi souvent à engendrer le déséquilibre inverse, stimulus à de nouveaux progrès. Le mécanisme des goulets d'étranglement dans la suite des processus techniques qui concourent à la fabrication d'un produit final est souvent observable. Au milieu du XVIIIe siècle, même si la navette volante de Kay, peu utilisée au début, n'en était guère responsable, les capacités de la production de tissus tendaient à dépasser celles d'approvisionnement en fil, dans la mesure où le travail de quatre à cinq fileuses au rouet était nécessaire pour alimenter le métier d'un seul tisserand ; le déséquilibre venait de la stricte

1. Cité par C. McLeod, *op. cit.*, p. 180.

spécialisation des deux activités selon le sexe et de l'extension de plus en plus grande du tissage rural. Lorsque le *water frame*, breveté en 1769 par Arkwright, puis surtout la *mule jenny* de Crompton (1779) permirent une considérable augmentation de la productivité et de la capacité de la filature, le tissage devint le nouveau goulet d'étranglement, qui ne fut qu'imparfaitement dégagé par le métier de Cartwright (1785), car la mécanisation d'une opération reposant sur un mouvement alternatif et non pas circulaire était techniquement beaucoup plus délicate et n'autorisait pas la même accélération du processus productif. Mais les goulets d'étranglement se situaient aussi aux très nombreuses autres étapes nécessaires à la fabrication du tissu, du cardage et du peignage au foulage, au blanchiment, à la teinture, aux différentes finitions. Le même phénomène se retrouvait entre secteurs industriels fournisseurs les uns des autres : l'industrie textile entraînait derrière elle l'industrie chimique et la construction mécanique, les trois bases de l'activité de la plupart des régions industrielles du XIXe siècle. Il en alla de même pour la construction ferroviaire. En Grande-Bretagne, elle pouvait compter sur les importantes capacités productives déjà installées dans la sidérurgie. En France, où la modernisation des équipements marquait le pas, elle allait être à partir des années 1840 un puissant moteur de développement. Lorsque les soucis de fiabilité et de sécurité conduisirent à substituer l'acier au fer pour les rails et pour la structure porteuse du matériel roulant, il fallut trouver de nouveaux procédés pour fabriquer un matériau que l'on ne savait jusqu'alors produire qu'à petite échelle et que l'on réservait surtout à la taillanderie et au petit outillage.

Il ne faudrait pas négliger l'importance, par

exemple dans la chimie, de la recherche de la valorisation des sous-produits : il fallait trouver un usage au produit existant. Ainsi l'industrie du gaz d'éclairage produisait en abondance des dérivés tels que le naphte, la créosote, le brai, le benzène... Certains trouvèrent rapidement un emploi, comme la dissolution du caoutchouc pour imperméabiliser les tissus (Macintosh), le traitement des bois, le revêtement routier ; d'autres devinrent un matériel d'expérimentation pour les chimistes, qui développèrent ainsi les rudiments de la chimie de synthèse[1]. Ils conduisirent indirectement à la naissance de l'industrie des colorants synthétiques.

Enfin, une dernière voie de l'extension de l'innovation dans le tissu industriel était l'adaptation d'un nouveau procédé déjà appliqué avec succès dans un secteur aux besoins d'un autre secteur proche techniquement. La mécanisation de la filature du coton incita évidemment de nombreux inventeurs à résoudre les problèmes spécifiques que posait le travail de la laine ou du lin. Ce type d'innovation latérale était d'autant plus favorisé que les entreprises spécialisées dans la construction de machines étaient encouragées à étendre leur marché en préparant la mécanisation de processus qui ne l'étaient pas encore.

L'institutionnalisation du progrès technique

Jusqu'au dernier tiers du XIXe siècle, il n'y eut guère d'organisation de la production du progrès technique par des institutions officielles de

1. *Histoire générale des techniques*, vol. III : *L'expansion du machinisme* par M. Dubuisson, J.-B. Ache, M. Audin *et alii*, Paris, PUF, 1968, p. 639.

recherches ou par des laboratoires d'entreprises. Cependant deux catégories d'agents économiques, dont les activités se recoupaient partiellement, avaient intérêt à son développement : les constructeurs de machines et les ingénieurs.

Les premières machines textiles, fort rudimentaires, étaient construites par des artisans habiles. La première étape de la mécanisation se fit le plus souvent en utilisant l'énergie du moulin à eau ou des manèges à chevaux. Les constructeurs de moulins suffirent à résoudre les problèmes de taille des engrenages en bois et de transmission de la force motrice[1]. Ce ne fut que peu à peu qu'en symbiose avec le développement de l'industrie textile, des mécaniciens fondèrent des entreprises de construction mécanique. La naissance d'un secteur des machines-outils fut particulièrement importante pour l'ensemble de la construction mécanique, car ses progrès conditionnaient la précision, la fiabilité et le coût des autres machines. Les principales machines-outils existaient déjà au XVIIIe siècle ; des horlogers, des fabricants d'instruments de précision étaient tout à fait capables de les fabriquer. Au tournant du siècle, il y eut floraison d'entreprises. Henry Maudslay, qui avait fait ses premières armes chez Joseph Bramah, fabricant de serrures, de presses hydrauliques et de machines à bois, mit au point de nombreuses machines nouvelles et forma dans ses ateliers une seconde génération d'ingénieurs, comme Richard Roberts, l'inventeur du métier automatique, James Nasmyth, ou Joseph Whitworth, qui laissa son nom au filetage normalisé. À Paris,

1. Jennifer Tann, « The Textile Millwright in the Early Industrial Revolution », *Textile History*, vol. V, 1974.

Étienne Calla fonda en 1788 sa manufacture de machines pour filature. Mais, n'ayant à leur disposition qu'un marché plus étroit, les constructeurs français furent en général moins spécialisés que leurs homologues britanniques. Ces constructeurs avaient intérêt à développer l'utilisation des machines soit à l'intérieur d'un même secteur en améliorant les équipements afin de rendre les précédents obsolètes, soit en élargissant la clientèle à plusieurs secteurs afin de ne pas dépendre de la conjoncture d'un seul, l'irrégularité des commandes des uns étant compensée par celles des autres. À une stratégie de spécialisation, seulement possible pour les entreprises anglaises au marché très large et assurées, de par la qualité de leurs machines, d'une prééminence par exemple dans l'équipement textile, s'opposait au contraire une stratégie de diversification qui était plutôt le fait de leurs concurrents du continent. La relation entre la créativité technique et les caractéristiques des marchés est trop complexe pour pouvoir être formalisée.

Il en va de même pour l'influence de la formation des ingénieurs et des entrepreneurs sur la production du progrès technique. S'il paraît plausible que la qualité du système d'enseignement ait été une des variables importantes influant sur les gains de productivité, il n'en reste pas moins que jusque vers les années 1840, en Grande-Bretagne, berceau de très nombreuses inventions, n'existait aucun cursus spécifique pour former des ingénieurs. Comme Maudslay, ils acquéraient leur savoir « sur le tas », en travaillant dans des entreprises réputées. En revanche, dans ce domaine, la France sut mettre au point plus précocement un système de formation des ingénieurs. L'École polytechnique formait davantage des hauts fonctionnaires, des agents de l'autorité de l'État dans l'économie, influents dans les mines et les chemins de fer, que des ingénieurs de production ou des entrepreneurs. Néanmoins, les polytechniciens contribuèrent beaucoup à la modernisation de la sidérurgie, tels Émile Martin, un pionnier de la technologie de l'acier, ou son beau-père Georges Dufaud. L'École centrale des arts et manufactures fut fondée en 1829 par deux savants, Dumas et Olivier, qui apportaient la caution de leur sérieux scientifique, et par un homme d'affaires qui veillait à ce que l'établissement correspondît aux besoins du monde industriel. Son enseignement joua sans doute, comme d'autres écoles régionales plus spécialisées, un rôle plus large dans les mille petites améliorations, qui, à côté des grandes inventions, faisaient elles aussi progresser le tissu économique moyen. Recrutant beaucoup d'élèves parmi les fils de patrons, elle aida à élever le niveau technique du patronat. S'amorçait peut-être déjà, vers le milieu du XIXe siècle, une évolution d'un patronat plus « commerçant » vers un patronat plus « technicien » et plus ouvert à l'innovation, mais il ne faudrait pas exagérer cette tendance, caractéristique surtout de la seconde industrialisation.

Apprécier le niveau technique moyen de l'industrie européenne ou américaine vers le milieu du XIXe siècle demande beaucoup de précaution. La vision cataclysmique de la Révolution industrielle qui fut celle de Toynbee n'a plus cours ; Clapham écrivait déjà en 1926 : « Comme aucune industrie britannique n'était passée par une complète révolution technique avant 1830, les anciens types d'organisation industrielle et tout un ensemble de types transitoires abondaient dans le pays... » Vers 1850 encore, la Révolution industrielle était un processus inachevé, la mécanisation était toujours partielle, la machine à vapeur ne s'était pas imposée dans tous les secteurs. La distinction est souvent faite entre les secteurs « révolutionnés » et les secteurs « non révolutionnés ». Ainsi, paradoxalement, un des secteurs d'activité les plus importants de la première industrialisation, l'extraction de la houille, fut un de ceux les moins touchés par le progrès technique. De fait, l'enquête britannique de 1850 montrait une inégale diffusion du moulin à eau ou de la machine à vapeur, dont la moitié était installée dans le secteur textile. Cependant, il serait erroné de croire qu'en dehors des secteurs vedettes, dont la modernisation a été largement étudiée par l'historiographie, industrie cotonnière, sidérurgie ou transports, la grande masse des autres activités — celles des secteurs dits, de manière exagérée, « non révolutionnés » — resta complètement imperméable au progrès technique. Si la fabrication des vêtements et des chaussures demeura, sauf aux États-Unis, longtemps artisanale, la mécanisation de la fabrication du papier modifia complètement l'échelle de sa production; les industries alimentaires, qui formaient une part importante du produit industriel, faisaient coexister des établissements traditionnels et artisanaux et des entreprises modernes dans la minoterie, l'huilerie ou la sucrerie. La modernisation était imparfaite et lente; des machines de Newcomen fonctionnèrent dans les houillères britanniques ou continentales jusqu'au milieu du XIXe siècle, car le souci d'économiser le combustible n'était pas, dans ce secteur, une incitation suffisante à changer d'équipement[1].

1. Eric H. Robinson, « The Early Diffusion of Steam Power », *Journal of Economic History*, vol. XXXIV, n° 1, 1974, p. 102.

En France le tissage, la bonneterie, la dentellerie, la petite quincaillerie à la main existaient encore massivement dans les campagnes. En Angleterre, si le tissage à main avait déjà presque disparu au cours de la décennie 1830, beaucoup de femmes et d'enfants travaillaient encore la paille, comme on le faisait deux siècles plus tôt, dans le comté de Bedford, dans ce Sud-Est rural, une des régions les moins touchées par l'industrialisation. La bonneterie, qui avait fait l'objet de progrès très précoces, n'évolua plus guère de 1750 à 1850. En fait, même dans l'Angleterre de 1850, la majorité des travailleurs industriels travaillaient dans des ateliers plutôt que dans des usines et la massive application de la machine à vapeur fut davantage le fait de la seconde moitié du XIXe siècle (2 millions de ch vers 1870; 10 millions en 1907)[1]. On a donc pu, non sans pertinence, remarquer qu'il vaudrait peut-être mieux dater la Révolution industrielle des années 1870-1900; c'est-à-dire paradoxalement de la période considérée habituellement comme la « Grande Dépression », au cours de laquelle la Grande-Bretagne et la France auraient été justement dépassées par les États-Unis et l'Allemagne... L'interprétation traditionnelle n'en est pas pour autant dévalorisée, car, malgré l'inachèvement de la révolution technologique, bien peu de processus, y compris artisanaux et manuels, n'étaient pas concernés par les changements dans les secteurs « révolutionnés » entre 1750 et 1850. La fabrication des meubles du faubourg Saint-Antoine faisait ainsi des progrès de productivité par le sciage mécanique — la force

1. A.E. Musson, *The Growth of British Industry*, Londres, B.T. Batsford Ltd., 1978, p. 167-169.

motrice était distribuée par un arbre de transmission qui longeait les ateliers, dans la rue —, par une standardisation des éléments et une spécialisation grossière des entreprises, par l'usage de vis et de ferrures, par un progrès des colles et des vernis.

La genèse du capital industriel

Pour Ricardo, il allait de soi que le niveau de la production et le nombre de travailleurs dont les industriels avaient besoin dépendaient du volume des capitaux dont ils disposaient, et en particulier de ceux que nécessitait le paiement du travail, le « fonds des salaires ». Marx prolongea cette analyse en lui donnant une dimension historique. Pour lui, le développement du capitalisme industriel était lié à la dynamique de croissance du capital. Le schéma de la « reproduction élargie » reposait sur une croissance par autofinancement. Selon Marx, l'accumulation primitive avait deux sources : d'une part, l'exploitation coloniale des mondes extra-européens et, d'autre part, le vaste mouvement d'expropriation, voire de spoliation, qu'aurait été, ainsi qu'on le pensait à cette époque, le mouvement des enclosures, concentrant la rente foncière dans les mains des grands propriétaires tout en chassant des campagnes les petits paysans, main-d'œuvre désormais libre et disponible pour les besoins de l'industrie naissante. Les capitaux auraient donc tiré leur origine du commerce extérieur et des mutations des structures agraires. L'interrogation sur le financement de l'industrialisation resurgit au lendemain de la Seconde Guerre mondiale avec le problème du sous-développement ; l'orthodoxie keynésienne attirait alors l'attention sur le rôle majeur de l'investissement comme moteur de la croissance économique. Lewis et Rostow furent les premiers à reposer la question et à y répondre. Pour eux comme pour Marx, des capitaux devaient être préalablement accumulés, car le démarrage, le *take-off*, supposait une soudaine hausse du taux d'investissement brut, qui devait, compte tenu de l'accroissement démographique des sociétés du XVIIIe siècle, dépasser un seuil d'environ 10 % du PNB. Pour Rostow, et d'autres auteurs comme Bairoch, ces capitaux ne pouvaient avoir été accumulés que grâce à une sensible augmentation de la productivité de l'agriculture. Ces hypothèses furent très stimulantes pour la recherche et incitèrent à reconstituer des séries rétrospectives de comptabilité nationale, qui, pour la plupart des pays, ne montrèrent pas de discontinuité étayant la théorie du *take-off*, mais tendirent plutôt à laisser penser à une évolution progressive du taux d'investissement, qui cependant n'aurait franchement dépassé le dixième du PNB qu'au terme de la phase initiale de l'industrialisation. Cette conclusion reste cependant fragile, car de nouvelles estimations statistiques peuvent toujours conduire à la nuancer. De fait, ce fut, dans la plupart des cas, la construction des chemins de fer qui marqua la véritable rupture dans l'histoire de l'investissement.

Cette constatation, à savoir que le taux d'investissement avait été assez faible au début de l'industrialisation dans le cas des pays au démarrage précoce (avant 1850), coïncidait avec les expériences des politiques de développement dans le tiers monde qui rendaient évidente l'inefficacité de fortes injections de capitaux dans des environnements mal préparés à en tirer parti. Ainsi se faisait jour l'idée qu'au

Taux d'investissement

Grande-Bretagne (Inv. brut en % du PNB)				France (Inv. brut en % du PIB)	
Estimations Crafts (1985)		Estimations Feinstein (1978)		Estimations Lévy-Leboyer (1985)	
1700	4,0 %				
1760	6,0 %				
		1761-1770	8 %		
		1771-1780	9 %		
1780	7,0 %				
		1781-1790	12 %		
		1791-1800	13 %		
1801	7,9 %				
		1801-1810	11 %		
1811	8,5 %				
		1811-1820	11 %		
1821	11,2 %				
		1821-1830	12 %	1821-1830	10,4 %
1831	11,7 %				
		1831-1840	12 %	1831-1840	10,7 %
		1841-1850	12 %	1841-1850	12,5 %
		1851-1860	10 %	1851-1860	12,3 %

Sources : N.F.R. Crafts, *British Economic Growth during the Industrial Revolution*, Oxford, Clarendon Press, 1985. Feinstein *in* Peter Mathias et M.M. Postan (éd.), *The Cambridge Economic History of Europe*, vol. VII : *The Industrial Economies : Capital, Labour, and Enterprise*, 2 vol., Cambridge-Londres-New York-Melbourne, 1978. Maurice Lévy-Leboyer et François Bourguignon, *op. cit.*

début de l'industrialisation, plutôt que d'investir beaucoup plus, on avait mieux utilisé le capital existant; le progrès technique était peut-être autant économiseur de capital que de travail. On remarqua aussi qu'il fallait distinguer l'investissement brut de l'investissement net et que, dans les sociétés préindustrielles, la fragilité et la courte vie des biens de production contraignaient à un gros effort pour amortir le capital. E.L. Jones remarquait que la construction des maisons anciennes en bois avait pour conséquence d'obliger à investir périodiquement pour réparer les dégâts occasionnés par les incendies ; la construction en matériau moins combustible, comme ce fut le cas à la suite du grand incendie de Londres de 1688, représentait un gros investissement sur le moment, mais permettait ensuite de libérer des capitaux pour des usages plus directement productifs.

Du moins semble-t-il que l'accumulation « primitive » du capital ne fut pas un problème majeur. Le bas niveau des taux d'intérêt montre une relative disponibilité des capitaux dans l'Europe moderne, voire une abondance d'argent en quête de placement dans les Provinces-Unies ou les cantons suisses. De plus, comme l'avait montré F. Crouzet[1], les débuts de l'industrialisation ne nécessitèrent que peu de capitaux. Comparé aux gros demandeurs de capitaux fixes, agriculture et bâtiment, l'investissement industriel ne représenta jamais qu'une petite part de l'investissement total : aussi ses variations apparaissent-elles très amorties dans l'agrégat global. Il était faible d'abord parce que les efforts de modernisation ne portèrent que sur un petit nombre de secteurs industriels, localisés dans quelques régions seulement, et que ce fut seulement peu à peu que s'opéra la diffusion de l'industrialisation. Par souci de clarté, on distinguera les besoins en capitaux longs, immobilisés en machines ou en équipements, qui étaient le fait d'entreprises qui se fondaient *ex*

1. François Crouzet, *Capital Formation in the Industrial Revolution*, Londres, 1972.

nihilo, de ceux qui correspondaient à des investissements de croissance d'entreprises fonctionnant déjà. Même le préfinancement qui accompagnait la naissance d'une entreprise n'était pas très important, car les machines étaient peu coûteuses et les bâtiments, dans les premières décennies de l'industrialisation, se trouvaient plutôt être des locaux déjà existants que des bâtiments construits spécialement pour l'usage industriel. En France la vente des biens nationaux fut une chance pour les candidats industriels qui purent ainsi acquérir des couvents, des abbayes, des châteaux à des prix avantageux. L'usine, dans sa spécificité architecturale, ne se développa que plus tard, à partir des années 1830. Même si les quelque 100 000 francs qu'il fallait réunir pour monter une filature de coton sous le Premier Empire représentaient déjà beaucoup d'argent, ces capitaux de démarrage restèrent cependant relativement modestes jusqu'au milieu du XIXe siècle, dans le textile, la construction mécanique, voire dans des secteurs lourds comme la sidérurgie.

Si l'industrialisation fut l'occasion d'un flux de création d'entreprises et d'un certain renouvellement du groupe des entrepreneurs, beaucoup de firmes familiales du XIXe siècle, dans la sidérurgie, mais aussi dans le textile, étaient héritières de maisons datant du XVIIIe, voire du XVIIe siècle. Le financement des investissements posait sans doute moins de difficulté aux entreprises déjà expérimentées, qui avaient passé le cap dangereux des premières années de fonctionnement, car les profits étaient très élevés et permettaient l'autofinancement. En effet les salaires étaient bas relativement au niveau de productivité des entreprises industrielles modernes. Dans la mesure où le salaire modal de référence se fixait en fonction d'une productivité moyenne de l'économie et où le salaire agricole, pendant longtemps, resta une norme admise, les entreprises industrielles, même lorsqu'elles payaient bien leur main-d'œuvre, jouirent donc d'une rente de situation, tant que les secteurs à basse productivité restèrent massifs. Les besoins en financement externe en étaient d'autant réduits.

Les capitaux de démarrage étaient souvent réunis dans un cercle étroit de parents, alliés et connaissances, sous forme de simples emprunts, ou par le biais de l'association. Une des raisons majeures de la création de sociétés était la recherche et la mise en commun de capitaux. Le drainage des épargnes se faisait au travers des réseaux de solidarités familiales et sociales, reposant sur la confiance que garantissait une relation personnelle. La stratégie matrimoniale y concourait, tout comme elle servait à créer des complémentarités et à résoudre les problèmes de concurrence entre entreprises. Dans les entreprises sociétaires, l'usage était aussi que les associés laissent leurs fonds en compte courant, ce qui, en leur garantissant un intérêt annuel, leur évitait d'avoir à chercher un autre placement, mais permettait aussi au gérant de disposer d'une réserve d'argent frais. Néanmoins il existait déjà au XVIIIe siècle des réseaux de financement qui servaient à fournir du crédit à long terme. Ces réseaux traditionnels étaient, en Grande-Bretagne, centrés autour des *attorneys*, les intermédiaires les plus écoutés, au niveau local, pour tout ce qui concernait les questions d'argent. En France, les notaires jouaient le même rôle d'intermédiaires entre clients désireux de placer des capitaux et clients emprunteurs. Mais, bien qu'officiers publics, ils pratiquaient aussi pour leur compte le commerce de l'argent jusqu'à ce que la loi le leur interdise. Nombre d'entre eux, dans la première moitié du XIXe siècle, abandonnèrent le notariat pour devenir banquiers à part entière. Dans une société préindustrielle ou peu industrialisée, le gage le plus apprécié en matière de prêt était le bien foncier ou immobilier : beaucoup des emprunts faits par les industriels étaient donc hypothécaires. Le comportement des premiers industriels, qui plaçaient une part de leurs gains en biens-fonds, ne témoignait donc pas seulement d'une attirance vers le genre de vie des élites anciennes, mais correspondait aussi à une logique de gestion : ils se ménageaient ainsi peut-être une source de revenus indépendante de la conjoncture industrielle, mais sûrement aussi la possibilité d'emprunter. L'efficacité de ces circuits anciens de l'argent explique que les premiers industriels aient eu relativement peu besoin des crédits bancaires pour investir. Il ne faudrait cependant pas sous-estimer en Grande-Bretagne le rôle des banques provinciales, qui, dès le XVIIIe siècle, parvenant à compenser leurs soldes au travers de la place de Londres, purent contribuer à mettre au service des industriels les épargnes des propriétaires fonciers des régions peu industrialisées ; en France, sous le Premier Empire, les banquiers parisiens étaient de même fortement impliqués dans le financement des filatures de coton, en Normandie, en Alsace, dans le Nord ; les banquiers de Bâle finançaient les industriels de l'Alsace du Sud. Mais le monde de l'industrie et du commerce avait beaucoup plus besoin des services des banquiers pour le crédit à court terme.

Il est habituel d'opposer les besoins de financement à long terme, qui n'auraient pas été énormes au début de l'industrialisation, et les besoins en capital circulant, pour payer les matières premières, les salaires, les frais courants, qui, eux, auraient été considérables. Jusque vers 1830, en Angleterre, le capital fixe n'aurait en effet pas dépassé un septième des actifs des entreprises en général, la moitié dans la sidérurgie, à peine plus dans les filatures de coton. Comme les techniques étaient simples, la transformation que l'on faisait subir aux matières premières était limitée, et le coût de ces dernières constituait une forte proportion du prix du produit fini. Le crédit à court terme était aisé à trouver au XVIIIe siècle, car les besoins du commerce avaient déjà développé l'usage des effets de commerce et la pratique de l'escompte. Un dense réseau d'escompteurs couvrait l'ensemble du territoire britannique ou français. Ce crédit, comme le crédit à long terme, reposait sur la confiance personnelle, sur la qualité de la « signature ». Le développement de l'industrialisation requit toujours plus de crédit à court terme, toujours plus d'escompte. Le réseau des banquiers et des escompteurs put longtemps le fournir, mais il montrait ses insuffisances à deux niveaux. Tout d'abord, en période de crise, il n'était plus capable de fournir le crédit qui était encore plus vital, car il n'avait guère de moyens de se refinancer; ensuite, la relation de confiance personnelle sur laquelle il reposait limitait l'ampleur de ses opérations. Les banques nouvelles, anonymes, qui, dans la seconde moitié du XIXe siècle, firent de l'escompte leur activité principale et quotidienne, répondirent à ce besoin sans cesse grandissant de crédit à court terme.

En fait, la réalité était moins simple que ces dichotomies analytiques le laissent supposer. Le crédit à long terme et le crédit à court terme étaient assez largement substituables. La frontière entre ces deux types de crédit n'était pas clairement évidente. Ainsi, les crédits à la clientèle étaient une lourde charge financière pour les industriels, qui, par exemple dans le textile, se faisaient parfois régler leurs ventes avec un an de retard. Un des atouts des industriels britanniques sur les marchés américains était, au XIXe siècle, qu'ils faisaient des crédits plus longs à la clientèle que ne pouvait se le permettre la concurrence. Si ce besoin constant de crédit est compté comme capital fixe et non pas comme capital circulant, la proportion traditionnellement admise par l'historiographie entre l'un et l'autre en est inversée. Mais la difficulté à percevoir les besoins financiers des entreprises vient surtout du fait que les sources permettent, au mieux, de faire une répartition selon les types d'instruments et non selon les types de crédits. L'avance en compte courant, le crédit interentreprises, les prêts personnels laissaient peu de traces. Le crédit à court terme, renouvelé, permettait aussi de financer l'investissement ; et rien n'interdit de penser qu'*attorneys* ou notaires pratiquaient aussi la transformation en nourrissant des emprunts industriels à long terme avec des prêts de clients à court terme.

Du fait de la complexité des circuits de l'argent, il n'est pas vraiment aisé de répondre à la question classique : dans quels secteurs de l'économie furent accumulés les capitaux qui servirent à l'industrialisation ? Au mieux, la réponse, fondée sur l'étude de l'origine des capitaux des premiers industriels, de leur famille, de leurs associés, n'est que partielle. Il n'est pas étonnant que ces capitaux soient, pour la plupart, issus des milieux du négoce, du commerce et de l'entreprise préindustrielle. Les marchands de tissus, de laine, de coton, les entrepreneurs en filage et en tissage à la main étaient évidemment les mieux à même de comprendre l'intérêt des nouvelles machines, et, grâce à leur connaissance des marchés, des produits, de la main-d'œuvre, d'y répondre. De même, les maîtres de forges français du XIXe siècle étaient les petits-fils de ceux du siècle précédent et, s'il y eut changement à l'occasion de la vente des forges possédées par les nobles émigrés durant la Révolution, les acheteurs furent les intendants qui les exploitaient déjà, ou bien les marchands de fer parisiens. La même logique faisait que les propriétaires fonciers avaient plutôt tendance à investir dans l'agriculture, comme ils le firent à l'occasion des enclosures dans la seconde moitié du XVIIIe siècle et les deux premières décennies du XIXe siècle en Angleterre, ou en France sous la Restauration ; s'ils ne le faisaient pas, c'était que la rentabilité espérée de cet investissement leur paraissait insuffisante, ce qui les incitait à trouver d'autres types de placements ou d'investissements. On voit aussi, dans les années 1840, en Suède, des fermiers aisés monter des ateliers de tissage pour utiliser des capitaux que leurs exploitations ne requéraient pas. Mais il est assez artificiel de vouloir apprécier la contribution de la rente foncière à la formation du capital industriel, car ces deux champs d'activité étaient trop imbriqués l'un dans l'autre pour qu'on puisse les dissocier. Les liens entre la sidérurgie et la verrerie, grosses consommatrices de bois, et la propriété forestière, entre les sucreries, la minoterie, les distilleries et les exploitations agricoles, dont elles ne faisaient que valoriser la production, étaient trop étroits pour que cela ait un sens de vouloir mesurer les flux de capitaux entre agriculture et industrie. La pratique du crédit hypothécaire, l'investissement foncier des industriels ajoutaient encore à cette imbrication.

L'origine de la main-d'œuvre industrielle

Cette question symétrique de la précédente a sans doute donné lieu à beaucoup de raisonnements artificiels tant qu'elle a été posée de manière trop globale et avec une dichotomie anachronique entre agriculture et industrie. En forçant le trait, la tendance fut longtemps de dire : dans les sociétés préindustrielles, l'agriculture avait une productivité très basse, donc le travail de 70-80 % de la population active était nécessaire pour assurer la subsistance de l'ensemble de la population, et seule une très petite partie de la population active pouvait travailler dans l'industrie ou les services; pour que l'industrie puisse se développer, il fallait qu'une main-d'œuvre disponible pût se former et donc qu'un transfert de population de l'agriculture pût s'opérer grâce à une forte augmentation de la productivité de cette dernière. Le raisonnement est logique tant qu'on ne s'interroge pas sur ses hypothèses implicites. Il suppose d'abord que la main-d'œuvre agricole travaillait tout le long de l'année dans l'agriculture et qu'elle n'y était pas sous-employée, qu'en conséquence l'emploi lié à la production de biens manufacturés était très réduit dans les sociétés préindustrielles, que les activités agricoles et industrielles étaient exclusives, qu'un marché unifié du travail existait et qu'enfin le commerce extérieur n'avait pas pour résultat de permettre une relative spécialisation internationale.

La croissance démographique suffit à expliquer

comment la main-d'œuvre industrielle put se former sans priver l'agriculture de bras. À l'exception des États-Unis et de la France, dont la faible natalité occasionna un recours précoce aux travailleurs des pays voisins, loin de manquer de main-d'œuvre, les pays en cours d'industrialisation furent au XIXe siècle des pays d'émigration, car l'industrie ne créait pas d'emplois assez rapidement pour absorber le surplus démographique. Que les premiers travailleurs industriels fussent pour la plupart d'origine rurale n'est pas étonnant, puisque l'industrialisation se fit dans des sociétés qui, même pour les plus urbanisées comme la société anglaise, étaient à majorité rurale. Mais ils n'en étaient pas pour autant sans expérience du travail industriel. La question de l'origine et de la gestion de la main-d'œuvre industrielle renvoie directement à celle de la succession des types d'organisation de la production.

CHAPITRE III

Les formes d'organisation de la production et la question de la « transition » vers l'industrie moderne

Marx s'était demandé quelles formes préindustrielles d'organisation du travail avaient été le plus favorables à la transition vers l'industrie moderne[1]. Les historiens s'étaient particulièrement intéressés à la manufacture concentrée, qui regroupait déjà une main-d'œuvre abondante sans cependant recourir à la mécanisation (on l'appelle souvent aujourd'hui « proto-fabrique »), une forme de transition vers le système usinier moderne (*factory system*), même s'ils connaissaient la très grande variété des formes d'organisation, de l'artisanat urbain, rural, aux ateliers des villes, au travail à façon fait dans les campagnes pour le compte de marchands ou d'entrepreneurs des villes. Aujourd'hui, on tend à mettre en avant deux modèles de passage à l'industrie moderne.

1. Karl Marx, *Le Capital*, livre III, chap. XIII, Paris, Gallimard, Bibliothèque de la Pléiade, t. II.

La théorie de la proto-industrialisation

Franklin Mendels, inventeur de ce terme nouveau, a soutenu que le maillon transitoire, dont la présence permettait de comprendre le passage à l'industrie moderne, était une forme précise d'organisation mixte, à la fois rurale et urbaine, en plein développement au XVIIIe siècle. Elle se distinguait de l'ensemble des industries rurales par une imbrication complexe entre le travail à façon rural et celui effectué dans des ateliers urbains sous la direction d'un entrepreneur de la ville, par une commercialisation de la production qui, dépassant le niveau local, s'étendait au marché national, voire aux marchés internationaux, et enfin par sa complémentarité avec d'autres régions d'agriculture commerciale.

Pour augmenter la production, en l'absence de progrès technique, les entrepreneurs eurent recours à la main-d'œuvre rurale; ils y étaient incités pour plusieurs raisons. D'abord ils cherchaient à diminuer leurs coûts de fabrication, en employant des paysans qui acceptaient une rémunération inférieure aux salaires des ouvriers des villes, car pour eux ce travail fournissait un revenu d'appoint. Une logique de gestion conduisait ainsi à diviser le travail en confiant les travaux qui ne demandaient pas de qualification à une main-d'œuvre peu expérimentée à bas coût de revient, et en réservant le travail qualifié à des ouvriers mieux payés, plutôt que de donner à faire l'ensemble du processus productif à une main-d'œuvre qui aurait été surqualifiée pour une partie des opérations. Il était par exemple possible, comme dans le filage, de recourir au travail des paysannes, particulièrement bon marché, alors que, par exemple, les opérations d'apprêt, de finition, de teinture restaient le fait des ateliers urbains. Mais cette solution permettait aussi parfois d'échapper à des règlements corporatifs qui s'appliquaient aux villes *intra-muros*, ou d'éviter les problèmes sociaux que les entrepreneurs et les administrateurs redoutaient avec la croissance d'une population ouvrière urbaine. La main-d'œuvre rurale était d'autant plus disponible qu'elle n'était pas occupée toute l'année à un travail agricole largement saisonnier. Si, majoritairement rural par sa main-d'œuvre, ce type d'organisation pouvait entraîner une « désindustrialisation » des villes, il contribuait en revanche à leur développement en stimulant leurs fonctions commerciale et financière, et en accroissant leur rôle de centres de consommation.

La proto-industrie se distinguait de l'artisanat rural traditionnel en ce qu'elle produisait, au travers d'un processus de spécialisation régionale, pour des marchés qui dépassaient le niveau local, pour un marché de taille nationale, voire internationale. Les toiles de lin bretonnes étaient ainsi vendues dans les colonies espagnoles et portugaises d'Amérique. L'importance de ces débouchés lointains pour la proto-industrie vient d'abord de ce qu'ils ont été un des éléments de la croissance de la demande qui a suscité le développement de ces « nébuleuses » régionales proto-industrielles, et ensuite de ce que les circuits d'échange trouvaient appui sur des ports très prospères grâce au trafic des produits coloniaux plutôt que sur un réseau homogène quadrillant un territoire national unifié commercialement beaucoup plus tardivement. Selon Mendels, l'association se faisait aussi au niveau de régions géographiquement déterminées, entre d'une part une région proto-industrielle à forts densité et dynamisme démographiques, et non autosuffisante quant à sa subsistance, et d'autre part une région de grande agriculture commerciale, pouvant fournir des surplus alimentaires en échange d'un apport de travailleurs saisonniers pour les grands travaux de la moisson.

Mendels avait enfin émis l'hypothèse que la proto-industrie se développait particulièrement là où une forte natalité se conjuguait avec une agriculture pauvre, incapable d'assurer emploi et subsistance à une population en croissance, ainsi que les exemples de la Flandre intérieure ou de la Suisse le laissaient penser. Accroissant en revanche les revenus, donnant une indépendance financière plus grande aux jeunes, elle aurait contribué à une hausse des taux de natalité, en particulier parce qu'elle aurait favorisé un avancement de l'âge du mariage et parce que les enfants auraient rapidement fourni des bras supplémentaires à l'atelier familial. Elle aurait ainsi été un des éléments explicatifs de la croissance démographique du XVIIIe siècle. Fournissant capitaux, main-d'œuvre, réseaux commerciaux, elle se serait transformée progressivement en industrie moderne, au terme d'un processus dualiste faisant coexister parfois longuement certaines phases du processus productif déjà mécanisées et effectuées en usine comme la filature, avec des phases restées manuelles et rurales comme le tissage. Une continuité lierait ainsi la géographie proto-industrielle et la géographie industrielle de la seconde moitié du XIXe siècle européen.

Les recherches suscitées par ces premières hypothèses ont nuancé leur caractère systématique. Les implications démographiques ont été largement contredites par les études, natalité, fécondité, nuptialité apparaissant comme indépendantes de la présence ou de l'absence d'activités proto-industrielles. Le contexte dans lequel les activités proto-industrielles trouvèrent les conditions de développement les plus favorables présente lui aussi une certaine variabilité. Il est vrai que la forte densité du peuplement se retrouvait dans beaucoup de régions proto-industrielles ; mais elles n'étaient pas les seules à souffrir de la pression démographique. Des exemples permettent de conforter la thèse d'une relation entre la pauvreté des sols, la spécialisation pastorale et le développement proto-industriel. Mais l'industrie textile du pays de Caux était greffée sur une agriculture céréalière riche. S'il y avait activité industrielle, c'est parce que la terre était louée à de grands fermiers qui employaient au moment de la moisson la main-d'œuvre locale, mais ne lui procuraient pas d'emploi le reste de l'année. Enfin, la continuité géographique ne fut pas toujours assurée ; les cas de « désindustrialisation » sont nombreux, comme ceux du Perche, de la Bretagne, du Languedoc, du Calvados pour la France. Sur dix grandes régions proto-industrielles anglaises, quatre seulement — Yorkshire, Lancashire, Trent et Midlands occidentaux — réussirent le passage à l'industrie moderne, alors que les six autres n'y parvinrent pas[1]. Ces « ratages » s'expliquent par une rupture des courants commerciaux, par une marginalisation par rapport aux marchés, par la perte d'une rente de situation due à l'isolement lorsque les moyens de transport s'améliorèrent, ou par le coût trop important de l'énergie lorsque, dans un deuxième temps de

1. D.C. Coleman, « Proto-Industrialization : a Concept too Many », *Economic History Review*, vol. XXXVI, 1983, p. 443.

l'industrialisation, le moulin à eau céda peu à peu la place à la machine à vapeur comme moteur. Bien qu'il existât dans d'autres activités (petite métallurgie rurale, fabrication de pièces d'horlogerie, travail du bois), le modèle proto-industriel était surtout caractéristique du textile. Mais comme le textile était le secteur le plus important de l'industrie manufacturière, la proto-industrie était, au début de l'industrialisation, la forme d'organisation de la production qui occupait la plus grande partie de la main-d'œuvre.

Cependant la continuité entre une activité préindustrielle et l'industrie moderne fut aussi souvent le fait d'autres types d'organisation. Le *Kaufsystem*, c'est-à-dire un système de producteurs à domicile indépendants, qui achetaient leurs matières premières et vendaient eux-mêmes leur production, put évoluer peu à peu vers la grande industrie. Dans le Yorkshire, si la fabrication des tissus de laine peignée était le fait d'une organisation de type proto-industriel, la draperie était tissée par des artisans organisés de manière coopérative. Dans les villes, les ateliers et petites entreprises, qui étaient plus actifs dans les secteurs dont la production ne reposait pas sur une masse de travail peu qualifié comme le textile, mais plutôt sur l'habileté et la créativité technique ou esthétique, se transformèrent en petites et moyennes entreprises au cours du XIXe siècle.

Un modèle de créativité technique : Birmingham

Les villes de l'époque moderne n'étaient pas toutes étouffées par une accumulation de règlements corporatifs, obstacles à l'innovation. Birmingham était une ville relativement nouvelle, qui n'était pas soumise au système corporatif. Le travail du métal se développa à partir de la fabrique d'armes blanches et à feu, puis se diversifia dans la fabrication d'un très grand nombre d'objets en acier, en laiton, en bronze, en fer-blanc, en étain : boutons, broches, chaînes, colliers, châtelaines, boîtes, chandeliers..., dont la demande était particulièrement vive avec la diffusion des nouveaux modes de consommation ; une bonne part en était exportée, en particulier vers les Treize Colonies/États-Unis.

Certains établissements concentrés pratiquaient la production en série à grande échelle, avec une division du travail poussée. Ainsi John Taylor ou Matthew Boulton dirigeaient de grandes entreprises dépassant le millier d'ouvriers à la fin du XVIIIe siècle. En 1783, 84 industriels avaient un capital qui dépassait 5 000 livres, et 17 d'entre eux 20 000 livres. Cependant, l'entreprise moyenne, de 50 à 150 ouvriers, était beaucoup plus caractéristique du tissu industriel de la ville. Son efficacité tenait à une grande division du travail, comme dans la fabrique d'épingles décrite par Adam Smith. M. Berg cite ainsi la description de Lord Shelburne[1] de 1766 : « Là un bouton passe entre cinquante mains, et entre chaque main il en passe peut-être un millier par jour. Par ce moyen, le travail devient si simple que cinq fois sur six des enfants de six à huit ans peuvent le faire aussi bien que des hommes[2]. » La division du travail était aussi très poussée entre entreprises : M. Berg a relevé une vingtaine de spécialisations chez les fabricants de boutons. Cette

1. Il devait être Premier ministre en 1782-1783.
2. Maxine Berg, *The Age of Manufactures*, Londres, 1985, p. 293.

spécialisation permettait à de petites entreprises d'accéder à des marchés lointains, d'autant qu'elles se groupaient pour vendre en commun. Mais dans la mesure où la spécialisation concernait un type de production soumis à des modes changeantes, les entreprises devaient faire preuve d'une grande flexibilité et d'une évidente capacité d'innovation de produits. Les contemporains reconnaissaient l'inventivité des artisans, techniciens, ingénieurs de Birmingham. La qualité de la production, qui leur permettait de s'imposer sur les marchés étrangers, reposait sur l'habileté de la main-d'œuvre et sur de nombreuses petites améliorations techniques, dont certaines donnaient lieu à dépôt de brevet et dont beaucoup, modestes individuellement, assuraient, en se combinant et en ajoutant leurs effets, la supériorité technique des ateliers de la ville. Lord Shelburne décrivait ainsi la combinaison entre division du travail et habileté technique de certaines phases du processus productif : « [...] au lieu d'employer la même main pour donner au bouton sa finition ou pour toute autre opération, ils divisaient le travail en autant de mains qu'il était possible [...]. Il y avait en outre une infinité de petits perfectionnements que chaque travailleur connaissait et qu'il gardait soigneusement secrets. Ils avaient ainsi tellement réduit le prix que désormais la petite quantité d'or utilisée pour le bouton constituait la principale dépense [...]. Et même, ils ont découvert récemment une méthode de trempage dans l'eau-forte, qui leur donne la couleur de l'or[1]... ».

Le passage à une forme d'industrie moderne, moins fondée sur la flexibilité et plus orientée vers

1. *Ibid.*, p. 301.

une production en grande série moins diversifiée, dont Boulton avait été un des précurseurs et propagandistes, se fit progressivement au cours du XIXe siècle, dans le cadre des entreprises moyennes. En 1815, il y avait environ 40 machines à vapeur dans la ville ; dans les années 1830, de nombreuses entreprises moyennes s'équipèrent. Ce n'était pas là une révolution technique, mais une étape supplémentaire dans un processus progressif d'amélioration des techniques existantes, une révolution industrielle silencieuse.

Ce modèle d'industrialisation discrète peut être retrouvé dans d'autres villes où l'inconvénient que représentaient pour l'entrepreneur des salaires plus élevés était compensé par la présence d'un grand marché de consommation, par une situation au centre d'un réseau de commercialisation ou par la disponibilité d'une main-d'œuvre très habile. Par exemple la coutellerie de Sheffield, qui avait derrière elle une longue tradition, produisait des articles de première qualité, alors que la production ordinaire était effectuée dans les campagnes. Bien que secondairement ville industrielle — du fait du niveau élevé des salaires, l'impression de tissus de coton l'avait par exemple déjà quittée dans la seconde moitié du XVIIIe siècle au profit du Lancashire —, Londres comptait aussi nombre d'ateliers spécialisés. En général, il existait dans les villes portuaires comme Liverpool une main-d'œuvre qualifiée et inventive, formée dans les multiples techniques qui concouraient à la fabrication et à l'entretien des navires, ainsi qu'aux besoins de la navigation.

La ville de Paris pourrait, elle aussi, être rapprochée du modèle de Birmingham. Certes, le Paris du

Premier Empire était par certains aspects proto-industriel, puisque nombre de ses capitalistes faisaient filer et tisser le coton par des milliers de ruraux du Bassin parisien. Il abritait aussi des filatures et des tissages, 150 environ selon Louis Bergeron ; mais un mouvement de délocalisation s'amorçait déjà, qui allait d'une certaine façon contribuer ensuite à désindustrialiser la capitale, en la privant des activités qui ne requéraient qu'une main-d'œuvre peu qualifiée disponible à moindre coût en province. Plus spécifiquement parisiennes, en revanche, étaient les différentes entreprises de produits chimiques, à la création desquelles étaient associés certains des plus grands noms de la science, tel Chaptal. Sous la Restauration, continuant la tradition des mécaniciens habiles qui, comme les frères Périer, les introducteurs de la machine de Watt en France, existaient déjà sous l'Ancien Régime, différentes entreprises de construction mécanique se créèrent pour utiliser une main-d'œuvre qualifiée, plus difficile à trouver en province, et pour réunir plus facilement des capitaux. Parmi les techniciens lanceurs d'affaires se trouvait une proportion non négligeable d'Anglais, comme Manby, ancien fabricant de machines à Birmingham, qui s'associa à Wilson en 1821 (fonderie et fabrique de machines à Charenton). Parmi les fondateurs de sociétés à Paris, dans la première moitié du XIXe siècle on trouvait beaucoup d'inventeurs, de techniciens, qui avaient ou croyaient avoir découvert un produit ou un procédé nouveau. Après avoir déposé un brevet, ils cherchaient des associés ou des commanditaires qui apporteraient les capitaux. Ce profil d'entreprise, fondé sur l'inventivité et la compétence technique plutôt que sur le volume des capitaux, la production en grande série, la standardisation et les économies d'échelle permises par la grande taille, était sans aucun doute bien représenté à Paris, dont il vivifiait le tissu industriel. L'*Enquête sur l'industrie parisienne* de 1860 recensait ainsi 23 270 ouvriers travaillant dans 2 733 entreprises fabriquant des « objets en métal », 2 494 dans « l'optique, les articles pour photographie, pour télégraphie, les règles, chevalets, châssis... », etc. Qu'à la fin du siècle, Paris ait été un des lieux privilégiés de naissance de la construction automobile française marquait la permanence, à côté des ateliers liés à la mode, à l'article de Paris, à l'ameublement, d'une tradition de petites et moyennes entreprises qualifiées, alors que la « grande industrie », comme Derosne et Cail, les constructeurs de la rapide locomotive Crampton, ou, autre constructeur ferroviaire parisien, la maison Gouin (Société de construction des Batignolles), était toujours restée exceptionnelle et atypique.

Le système usinier[1]

L'historiographie a principalement expliqué le développement du système usinier par les mutations techniques. Elle posait comme axiome que l'usine était une forme supérieure dans l'évolution de l'organisation du travail parce qu'elle permettait une meilleure division des tâches. L'emploi de machines plus complexes aurait imposé la concentration des travailleurs dans un même bâtiment ou plutôt un

1. Cette expression pour traduire *factory system* est peu élégante, mais présente, par rapport à « système de la fabrique », l'avantage de ne pas prêter à confusion.

même ensemble de bâtiments. (C'est le cas par exemple de la machine à vapeur qui apportait une force mécanique importante, que l'on pouvait diviser ensuite pour mouvoir, avec cet ensemble de courroies qui encombraient de manière dangereuse l'espace de l'usine du XIXe siècle, toute une série de machines particulières.) De même, le remplacement de la *spinning jenny*, petite machine qui pouvait fonctionner dans le cadre du travail à domicile, par le *water frame* qui exigeait un moteur puissant, est considéré comme la raison de l'apparition de l'usine-filature de coton. Si, sans aucun doute, des caractéristiques proprement techniques rendent compte du développement de la grande usine dans la sidérurgie et dans la filature, il faut se garder d'un déterminisme technologique trop simpliste. Les premières importantes concentrations de travailleurs, antérieures à la période de l'industrialisation, ne résultaient pas d'impératifs techniques, mais plutôt d'une logique de gestion de la main-d'œuvre. Par ailleurs, dans certains secteurs, le travail à domicile rural ou urbain et la petite ou moyenne entreprise coexistèrent aussi au XIXe siècle avec la grande usine, révélant ainsi que cette dernière n'était pas obligatoirement et à tous points de vue une forme d'organisation supérieure. Enfin, l'usine de la première industrialisation, qu'il ne faudrait pas, sous peine d'anachronisme, confondre avec la grande usine du XXe siècle, présentait toute une variété de traits intermédiaires avec les autres modes d'organisation[1].

Mis à part les mines de charbon et de grands éta-

1. Patrick Verley, *Entreprises et entrepreneurs du XVIIIe siècle au début du XXe siècle*, Paris, Hachette, 1994.

blissements sidérurgiques comme celui de Crowley, qui devait employer quelque huit cents ouvriers dans la seconde moitié du XVIIIe siècle, les premières grandes usines apparurent dans le travail de la soie, sur le modèle du « moulin » de John Lombe; la présence de machines (moulins à organsiner) expliquait partiellement la concentration, mais une grande partie du travail était faite à la main. Dans le tissage de coton, d'autres « proto-fabriques » regroupaient dès le milieu du XVIIIe siècle des tisserands à bras qui faisaient, avec la même productivité, sans division supplémentaire des tâches, le même travail que celui qui était concurremment fait à domicile. Le développement de l'indiennage allait se faire soit dans des ateliers artisanaux, soit dans des unités beaucoup plus grosses, sans cependant que l'importance des machines justifiât la concentration de la main-d'œuvre. Si Oberkampf débuta modestement en 1760 à Jouy, dans la maison du Pont-de-Pierre avec trois salles au rez-de-chaussée et une chambre à l'étage où travaillaient trois imprimeurs, l'entreprise prit rapidement de l'ampleur pour atteindre le millier d'ouvriers à la Révolution. Certes, une division du travail conduisait à distinguer des ouvriers très qualifiés comme les dessinateurs, les graveurs, les coloristes, d'autres qui l'étaient moins comme les imprimeurs, les picoteuses ou les pinceauteuses, d'autres enfin qui étaient de simples journaliers. Mais la juxtaposition d'activités manuelles identiques l'emportait largement sur la complémentarité des tâches : au rez-de-chaussée du nouveau bâtiment de 1791 s'affairaient les imprimeurs autour des 132 tables à imprimer; au premier, les dessinateurs, les graveurs; au second, près de 300 ouvrières retouchaient les toiles au pinceau par tables d'une douzaine[1]. Le souci de protéger le secret des techniques de fabrication, des dessins, des couleurs était sans doute pour Oberkampf une raison de ne pas laisser ses toiles circuler dans un système productif décentralisé qui en aurait fait des proies faciles pour les concurrents, et au contraire de faire de la manufacture une forteresse dont le portier surveillait les entrées et les sorties de personnel et de marchandises. Mais la raison principale de ces concentrations de main-d'œuvre semblait bien être surtout de discipliner un travailleur difficile à contrôler lorsqu'il était à domicile, de le contraindre à l'exactitude des horaires, à la régularité du travail, à l'obéissance, c'est-à-dire à de nouveaux comportements dont l'acquisition, au travers du système usinier, n'allait vraiment être faite qu'avec la seconde industrialisation.

Lorsqu'une nouvelle technique imposait la concentration des travailleurs en usine et permettait une très importante augmentation de la productivité par rapport au travail manuel, ou bien pouvait être à l'origine de fortes économies d'échelles, le *factory system* l'emporta très rapidement sur les autres formes d'organisation, comme dans la filature ou la sidérurgie. Lorsque la différence de productivité était moins grande entre les différents types d'organisation du travail, le système proto-industriel ou le petit atelier purent continuer à fonctionner, car leurs coûts salariaux étaient inférieurs. Mais, dans ce cas, la concurrence de la fabrication mécanique conduisait les petits entrepreneurs à concentrer tous

1. Alain Dewerpe et Yves Galupeau, *La fabrique des prolétaires. Les ouvriers de la manufacture d'Oberkampf à Jouy-en-Josas (1760-1815)*, Paris, Presses de l'École normale supérieure, 1990.

leurs efforts sur la compression des coûts, c'est-à-dire surtout sur celle de la rémunération du travail qui en constituait la plus grande part. C'était dans ces structures anciennes, en train de se marginaliser économiquement, que l'on avait le plus volontiers recours au travail des femmes et des enfants, vulnérables victimes des difficultés de leurs employeurs et de la misère du milieu rural dont elles étaient issues. Mais, mis à part cette survivance préindustrielle, qui devait encore exercer ses ravages à la fin du XIXe siècle sous la forme du *sweating system*, le travail à domicile et le petit atelier purent rester longtemps des formes de production viables, lorsqu'ils n'entraient pas en concurrence directe avec le système usinier, soit que la nature du produit fabriqué, soit que les caractéristiques des marchés leur donnent l'avantage, ou du moins des atouts. L'uniformité du produit fabriqué poussait à la fabrication en usine qui se prêtait en revanche moins bien à la fabrication d'un produit divers ou changeant. Si le demi-produit que le progrès technique permettait de fabriquer en continu (fonte, fer, fil) était le terrain d'élection de la production usinière, le produit de consommation plus personnalisé lui convenait moins bien, à moins qu'un marché suffisamment large et suffisamment stable existât. Au contraire, dans le cas d'un marché plus étroit et surtout plus segmenté, les deux autres formes d'organisation pouvaient garder toute leur efficacité. Les tissus britanniques au milieu du XIXe siècle étaient bon marché et fabriqués en grande série. Sur les marchés internationaux, ils n'entraient pas directement en concurrence avec la production française, dont une part reposait encore sur un travail beaucoup plus artisanal, rentable pour des séries plus petites et capable d'exécuter plus rapidement les commandes. De même, la fabrication des vêtements et des chaussures resta longtemps artisanale en Europe, où la production industrielle démarra pour répondre aux besoins de l'équipement militaire. Lorsqu'une véritable industrie de la confection commença — par exemple en France à la fin du XIXe siècle — à exister dans le cadre de petites entreprises plutôt que dans celui de grandes usines, elle était surtout spécialisée dans le vêtement masculin, plus uniformisé que le vêtement féminin. En revanche, aux États-Unis, où, d'une part, le goût des consommateurs était plus précocement uniformisé et où, d'autre part, la taille du marché de consommation était considérable, les industries de la confection et de la chaussure prirent leur essor dès le milieu du XIXe siècle. Mais même aux États-Unis, l'existence de formes d'organisation concurrentes de la grande usine montrait bien que, dans ce pays considéré habituellement comme le lieu d'élaboration précoce de la grande entreprise moderne, une stratégie de diversification et d'innovation de produits et de flexibilité de la production laissait toutes leurs chances à des petites et moyennes entreprises. Au « modèle de Lowell » (du nom de la fabrique textile de Nouvelle-Angleterre), qui dès le début du XIXe siècle concentrait dans de très grandes usines une main-d'œuvre peu qualifiée, composée surtout de jeunes filles venues des campagnes environnantes avant que des immigrantes irlandaises ou québécoises tendent à les remplacer, il convient en effet d'opposer ce que Ph. Scranton[1]

1. Philip Scranton, *Proprietary Capitalism. The Textile Manufacture at Philadelphia (1800-1885)*, Cambridge-Londres-New York, Cambridge University Press, 1983.

appelle l'« alternative propriétaire », ce monde de petites et moyennes entreprises textiles de Philadelphie, dirigées par leur propriétaire, en général ancien ouvrier immigré. On pourrait rapprocher ce modèle philadelphien du Birmingham étudié par Maxine Berg. Dans des secteurs enfin dont la demande était fluctuante, comme dans l'article de demi-luxe, la ganterie, la mode en général, le fabricant pouvait trouver un grand avantage à employer des travailleurs à domicile, car il reportait complètement sur sa main-d'œuvre le risque conjoncturel. Aussi ce type de travail, en France par exemple, fonctionna-t-il pendant une grande partie du XIXe siècle, plus complémentaire de la grande industrie que vraiment concurrent, pour ne décliner vraiment qu'avec la Grande Dépression. Les petites et moyennes entreprises urbaines avaient beaucoup plus d'atouts grâce à leur flexibilité, que Piore et Sabel appellent « spécialisation souple[1] ». Ces auteurs pensent qu'il a existé au XIXe siècle une alternative de développement industriel, soit par l'usine et la production en série, soit par la petite et moyenne entreprise, et que la voie adoptée fut moins le résultat d'un déterminisme technologique ou économique que celui d'un choix de société. Ils insistent sur le contexte politico-social dans lequel la petite et moyenne entreprise put se développer, qui aurait été le « municipalisme », par lequel les dirigeants des villes, comme Birmingham, Sheffield, Solingen, Saint-Étienne, Lyon, auraient cherché à protéger des incertitudes du marché une communauté des entrepreneurs, plus unie par des liens de

1. M. J. Piore et C. F. Sabel, *Les chemins de la prospérité. De la production de masse à la spécialisation souple*, Paris, 1989.

solidarité que divisée par la concurrence. Ces petites et moyennes entreprises furent très touchées par la dépression de la fin du XIXe siècle durant laquelle beaucoup disparurent, par fermeture ou par faillite. Ce fut alors qu'à Birmingham elles évoluèrent, en fabriquant des bicyclettes, vers la production en série. Mais, grâce à une recréation permanente, favorable peut-être à une réallocation des capacités de production aux besoins en évolution de l'économie, elles allaient, au XXe siècle, contribuer de manière importante à la production et à l'innovation dans les secteurs où la production de masse n'avait pas totalement imposé la grande usine.

Par ailleurs, la distinction entre atelier, petite ou moyenne entreprise et usine était, dans la première moitié du XIXe siècle, une question de degré et de nuance. Les géants industriels étaient rares. McConnel et Kennedy, Ashworth, Dollfus et Mieg, Motte et Bossut dans le textile, les Guest de Dowlais, les usines de Cyfarthfa, celles du Creusot dans la sidérurgie étaient des exceptions. Dans le textile dans les années 1860, la taille moyenne de l'entreprise était en France d'environ 10 ouvriers, de 330 ouvriers dans les mines de charbon de la Loire, de 192 dans la sidérurgie. La construction mécanique était en général en France plutôt du domaine de l'atelier que de l'usine.

Les entrepreneurs industriels ne firent souvent que prendre progressivement le contrôle de tous les aspects de la production, ce qui évitait de heurter dans ses habitudes une main-d'œuvre accoutumée à travailler de manière indépendante. Le travail des femmes et des enfants à l'usine n'était pas une nouveauté qui aurait brisé la cellule familiale. Le développement de la production proto-industrielle reposait justement sur la participation de toute la famille, selon une division du travail entre sexes et entre âges, à une tâche commune. Ainsi ce fut la cellule familiale qui alla à l'usine, assurant une continuité plutôt qu'une rupture dans les comportements. L'ouvrier était d'ailleurs payé pour le travail fait par lui et par ses aides, souvent sa famille, comme il l'était précédemment en tant que producteur en apparencc autonome dans le *putting out system.*

Mais, rapidement, les industriels dissocièrent le travail des femmes et des enfants de cet aspect familial et recoururent à une échelle jusqu'alors inconnue à cette main-d'œuvre qu'ils pouvaient exploiter sans limite jusqu'à ce que, dans les années 1840, en France comme en Angleterre, le législateur commence à édicter un début de réglementation du travail des enfants. La fiction de l'indépendance économique de l'ouvrier fut longtemps maintenue, alors qu'on cherchait à le discipliner pour ce qui était des horaires de travail. Ainsi, on pouvait considérer que l'industriel mettait à la disposition du travailleur une machine et des locaux, pour lui permettre de produire une quantité de filés, qui lui était, comme auparavant, payée à façon. Dans cette logique, il n'était pas absurde de réclamer à l'ouvrier un coût de location de la machine, comme c'était le cas lorsqu'un métier lui était prêté à domicile, et de considérer que c'était à lui d'assumer par exemple le coût de son éclairage, ce que l'on observe encore dans les années 1830. Ces retenues sur le salaire à la tâche ne furent que peu à peu ressenties comme des abus du pouvoir patronal pour rogner sur la rémunération du travailleur. En règle générale, cette dernière dépendait de la tâche effectuée, ce qui fait que le gain pouvait fortement varier entre ouvriers selon la vitesse avec laquelle ils exécutaient leur travail. Mais comme l'industriel ne pouvait admettre que l'amélioration de la productivité du travailleur obtenue par un investissement dans de nouvelles machines profitât à ce dernier, il était amené à diminuer les tarifs, ce qui n'allait pas sans provoquer des réactions ouvrières et sans occasionner de grosses inégalités de rémunération selon le type de machine sur lequel l'ouvrier travaillait. La solution consistait en général en cotes mal taillées, en systèmes de paiement complexes qui combinaient un paiement de la tâche effectuée et un paiement du temps passé.

Du moins tant que l'ouvrier vendait la marchandise qu'il avait fabriquée plutôt que son travail mesuré par sa durée en fonction d'une échelle de qualification, la rémunération n'était pas un salaire au sens moderne de ce terme. Pour W. Reddy[1], le processus d'acquisition d'une « culture de marché » au terme de laquelle le travail devint vraiment une marchandise ne s'acheva dans le textile de Normandie ou du Nord qu'à la fin du XIXe siècle. Ce ne fut peut-être que lors de la seconde industrialisation, avec les tentatives d'organiser plus rationnellement le travail, que les entrepreneurs allaient désormais contrôler complètement le processus productif.

Ces évolutions vers la grande usine du XXe siècle se firent à des vitesses différentes selon les secteurs, selon les régions, selon les pays. Cette absence de coïncidence absolue entre l'industrialisme et le capi-

1. William M. Reddy, *The Rise of Market Culture. The Textile Trade and French Society (1750-1900)*, Cambridge, Cambridge University Press et éditions de la Maison des sciences de l'homme, 1984.

talisme industriel, entre l'utilisation de machines avec une division organique poussée du travail et l'émergence d'un type nouveau de relations du travail, fut sans doute une des raisons, parmi d'autres, de la diversité des voies nationales d'industrialisation.

CHAPITRE IV

Voies nationales d'industrialisation

Depuis un siècle et demi, la tradition historiographique a envisagé le processus d'industrialisation dans le cadre des États-nations, en opposant la Grande-Bretagne aux autres pays. Les ouvrages, qui ont sédimenté le premier âge géologique des traditions universitaires, furent publiés entre 1880 et les années 1930, période marquée par l'effervescence des nationalismes, et cela explique que fut conçue comme évidente une approche nationale, insistant sur les grandes puissances, en une trilogie Grande-Bretagne, l'initiatrice, Allemagne, surprenante par la rapidité de son industrialisation à partir de 1848, et une France, inventive techniquement, douée pour la création artistique dans l'industrie, mais trop fantaisiste pour la discipline de la grande industrie. Lorsque, avec les outils du keynésianisme, les économistes du développement vinrent, dans les années 1950 et 1960, renouveler la problématique, l'attention fut désormais portée sur les facteurs macro-économiques de la croissance. Du fait que, dans ce second XXe siècle, la croissance était une affaire d'État, les historiens se sentirent justifiés à analyser les réalités économiques anciennes dans le cadre de la comptabilité nationale. Toute une génération a ainsi analysé l'industrialisation dans ses différences et ses ressemblances nationales. Entre les interprétations extrêmes, difficiles à soutenir, dont l'une soutient que l'industrialisation se serait développée selon des processus identiques dans tous les pays, alors que l'autre conclurait à l'irréductible différence de ses manifestations, deux systèmes explicatifs ont essayé d'expliquer les différences comme de progressives déviations par rapport au modèle originel et original de la Grande-Bretagne. Par évidence, ce dernier a présenté des traits particuliers parce que l'Angleterre fut la première à développer l'industrie moderne dans un monde qui ne la connaissait pas encore.

Première explication : des industrialisations décalées du fait de la difficulté du transfert technologique à partir de la Grande-Bretagne

Dans la mesure où la Révolution industrielle était perçue avant tout comme une révolution technique, elle pouvait sembler un phénomène identique quel que soit le pays, reproduisant successivement avec décalage les étapes parcourues par la Grande-Bretagne, pour parvenir à un même état final, étant admise l'hypothèse d'une identité des structures de toutes les sociétés industrielles modernes. Ce processus imitatif aurait été centré sur un transfert de technologie entre le pays qui avait été la source des nouvelles techniques et les autres. Du succès plus ou moins affirmé de ce transfert, des moyens plus ou moins importants qui le soutinrent, aurait dépendu la prise ou le rejet de la greffe technologique.

L'adoption des nouvelles techniques fut laborieuse, en particulier dans la sidérurgie, car elles n'étaient guère susceptibles d'être formalisées dans le langage scientifique et donc décrites abstraitement : la réussite industrielle reposait sur le savoir-faire, sur la familiarité du technicien avec le matériau et la machine. Loin de déqualifier l'ensemble de la main-d'œuvre et d'enlever toute valeur aux métiers anciens, le succès de l'industrialisation dépendit pour beaucoup de la disponibilité d'une main-d'œuvre qui possédait les qualifications requises.

Aussi l'adoption des techniques anglaises nécessita-t-elle le déplacement des hommes : voyages officiels ou privés de continentaux pour visiter la Grande-Bretagne, depuis les missions officielles comme celle de l'ingénieur des mines Jars en 1764-1765 jusqu'aux voyages, quasi initiatiques, des entrepreneurs du continent dans la première moitié du XIXe siècle. Nombre d'entrepreneurs d'ailleurs travaillèrent — on dirait aujourd'hui : firent un stage de formation — en Angleterre. En période de guerre, ces voyages pouvaient mal se terminer : un pionnier de la diffusion des techniques anglaises en Alsace, le Français Charles-Louis Albert, arrêté pour espionnage industriel en 1791, fut emprisonné jusqu'en 1796.

Car la politique britannique visait, au début, au secret technologique. La loi de 1719 interdisait déjà l'émigration des artisans et ouvriers ; elle allait rester en vigueur jusqu'en 1825. L'exportation de machines fut interdite jusqu'en 1843.

Pourtant nombre d'Anglais s'expatrièrent, attirés évidemment par des avantages spécifiques. Au XVIIIe siècle, les États offraient des situations considérables aux entrepreneurs et aux techniciens britanniques et créaient les conditions de leur intégration dans les sociétés du continent : ainsi John Holker, qui démarra la Fabrique royale de coton de Rouen, en faisant, en 1754, passer en France vingt-quatre ouvriers, un mécanicien et des machines, était « inspecteur des Manufactures étrangères ». Après 1815, le transfert fut plutôt lié soit à l'essaimage volontaire d'Anglais venus tenter leur chance outre-Manche comme lanceurs d'affaires ou entrepreneurs, soit à l'immigration d'équipes d'ouvriers, sous la conduite de contremaîtres, organisée par les patrons français. Les premières coulées de fonte au coke furent réussies grâce à des Anglais, William Wilkinson au Creusot en 1785, Wilkinson et Baildon à Gleiwitz en 1796 et Königshütte en 1801. Beaucoup d'entrepreneurs continentaux étaient même d'origine britannique, comme Waddington, filateur de coton à Saint-Rémy-sur-Avre (beau-fils de Henry Sykes qui fonda la filature en 1792) ; ils étaient très nombreux dans le patronat normand. Dans la construction mécanique, on citera Manby et Wilson, qui furent propriétaires du Creusot de 1826 à 1833, ou William Cockerill, mécanicien gallois, qui se fixa en 1799 à Verviers pour équiper en machines la fabrique lainière, et dont les fils allaient constituer, à Seraing, un empire industriel intégré, de la mine de charbon et de fer à la construction mécanique. De véritables organisations clandestines de recrutement et d'immigration existaient à la fin du XVIIIe siècle, qui jouèrent par exemple un rôle important dans les débuts de la mécanisation textile aux États-Unis. Après 1815, la loi britannique ne fut plus guère appliquée dans sa rigueur. Les entrepreneurs du continent se reposaient sur un Anglais, contremaître et homme de confiance, chargé d'aller recruter chez lui des ouvriers compétents, travailleurs et sobres. Ces qualités étaient en effet souvent difficiles à trouver, en particulier la dernière. Le rôle de ces ouvriers était double : à la fois faire fonctionner l'entreprise selon une technique nouvelle, mais aussi jouer un rôle d'instructeur pour permettre à la main-d'œuvre locale d'acquérir le savoir-faire nécessaire. Ces Anglais furent en France nombreux dans la sidérurgie, ils étaient au contraire plutôt rares dans le textile. On ne sait pas bien combien il y avait d'ouvriers anglais en France vers 1820-1830. Clapham avait avancé le chiffre de 16 000, mais il paraît exagéré et correspond plutôt au nombre total d'Anglais émigrés en France. W.O. Henderson proposerait plutôt le chiffre de 1 300-1 400 ouvriers. Le même phénomène se retrouve dans les autres pays, avec certes des variantes. Ainsi, en Norvège, la main-d'œuvre britannique était très importante même dans le textile, et à tous les niveaux hiérarchiques, depuis le directeur de production jusqu'à l'ouvrier[1].

Il ne suffisait pas de s'être procuré une machine britannique, par achat ou contrebande, pour savoir soit s'en servir, soit la reproduire. Comme le manque de mécaniciens était un trait permanent de la fin du XVIIIe siècle et de la première moitié du XIXe siècle, les constructeurs de machines étaient obligés de fournir une assistance technique à leur clientèle. Boulton et Watt ne vendaient une machine que s'ils fournissaient le technicien ; comme la loi n'était pas très claire sur le fait de la légalité ou non d'exporter une machine à vapeur, Boulton et Watt, qui avaient

1. K. Bruland, *British Technology and European Industrialization*, Cambridge, Cambridge University Press, 1989.

de l'influence, parvenaient à obtenir des passeports pour leurs employés[1]. Les premières machines furent vendues à des clients nobles et importants ; on leur envoyait donc un employé distingué. Le neveu de Boulton monta ainsi la première machine à vapeur à la Monnaie de Saint-Pétersbourg en 1802. Le contrat de vente prévoyait habituellement de fournir un mécanicien très bien payé sur trois ans ; ce dernier en profitait souvent pour établir des contacts, se mettre à son compte ou trouver un excellent emploi, et ne revenait plus en Grande-Bretagne. L'un d'entre eux monta une machine aux Pays-Bas en 1793, puis disparut ; on le revit plus tard en Espagne, puis aux États-Unis chez le constructeur Roosevelt, mais il avait sans doute une raison personnelle de s'expatrier, à en croire la correspondance de Watt qui écrivait : « Il avait toujours exprimé le désir d'être employé loin de chez lui sans doute pour être à une distance suffisante de sa femme qui lui porte une affection immodérée, la conduisant parfois à des excès de violence[2]. »

Watt et Boulton étaient aussi amenés à jouer un rôle d'experts, pour l'application de la vapeur en particulier à la minoterie : renseignements sur la productivité, sur le plan du moulin, sur l'architecture. À Nantes ou à Cadix, les Anglais envoyèrent ainsi un *package* comprenant l'ensemble de la mécanique. Un demi-siècle plus tard, la même stratégie se retrouvait, plus systématiquement développée, en Norvège où elle a été récemment étudiée. En effet, les

1. Concernant tout ce paragraphe, voir Jennifer Tann, « Marketing Methods in the International Steam Engine Market : The Case of Boulton and Watt », *Journal of Economic History*, vol. XXXVIII, n° 2, 1978.

2. Lettre de J. Watt Jr. à C. Matthews, octobre 1794.

constructeurs de machines anglais, une fois le marché britannique équipé, eurent des perspectives de croissance plus limitées ; ils obtinrent alors l'abrogation de l'interdiction d'exporter des machines en 1843 et se lancèrent résolument dans une politique de création de débouchés à l'étranger. Ils fournissaient tout ce dont le candidat industriel avait besoin, car le succès du transfert technologique, qui n'était pas seulement une importation d'équipement, reposait sur un large ensemble de conditions. Ils faisaient l'expertise technique, renseignaient sur les performances, les caractéristiques des machines ; ils fournissaient la main-d'œuvre, du directeur à l'ouvrier ; ils se chargeaient même de payer une pension à la famille de l'ouvrier anglais émigré ; ils renseignaient sur les prix et les débouchés des produits. On ne sait s'il faut généraliser cette politique des constructeurs de machines anglais, de l'exemple de la Norvège aux autres pays. En fait, à en juger par les ventes à l'étranger d'une grande maison comme Platt Brothers d'Oldham vers 1870, la Russie était un très gros client, alors que la France, l'Allemagne, les États-Unis achetaient beaucoup moins. Dans ces trois derniers pays en effet, dès avant les années 1840, des constructeurs nationaux de machines avaient pris le relais, des ingénieurs avaient été formés, et l'expertise britannique n'était donc plus nécessaire. On n'y avait plus recours que pour les technologies très nouvelles où les Britanniques possédaient une avance, comme la construction des navires transatlantiques en fer dans les années 1860 ; ainsi, les Pereire passèrent en 1862 trois contrats avec la compagnie écossaise John Scott pour fournir les machines et l'équipement nécessaires à la construction de cinq paquebots et pour envoyer quinze ouvriers spécialisés et contremaîtres aux chantiers de la Compagnie générale transatlantique à Penhoët, dans le but de former la main-d'œuvre locale[1]. En revanche, après 1840, dans les pays qui s'industrialisèrent plus tardivement, les fabricants de machines britanniques furent des vecteurs importants du transfert technologique. Platt Brothers d'Oldham joua par exemple un rôle essentiel au Japon, par l'intermédiaire de ses agents, Mitsui & Co[2].

Vers le milieu du XIXe siècle, les constructeurs et les ingénieurs belges et français, qui désormais étaient aussi compétents que leurs homologues britanniques, jouèrent à leur tour un rôle dans la diffusion du savoir-faire technique vers l'intérieur du continent. Les ingénieurs français allaient contribuer à construire les réseaux ferroviaires continentaux, à équiper la sidérurgie russe, à réaliser des travaux publics en Italie, en Espagne[3], en Amérique latine. Les techniciens suivaient les capitaux, que les groupes financiers français exportaient dans les pays voisins. Les ingénieurs responsables des chantiers commandaient les matériels auprès des entreprises de leur pays avec lesquelles ils avaient l'habitude de travailler. D'ailleurs, la technologie britannique ne jouissait plus d'une supériorité incontestée dans tous les domaines. Grâce à l'extrême spécialisation

1. D. Sicard, in *Saint-Nazaire et la construction navale*, Nantes, Écomusée de Saint-Nazaire, 1991.

2. G. Saxonhouse, « A Tale of Japanese Technological Diffusion in the Meiji Period », *Journal of Economic History*, n° 39, 1974, p. 149-165.

3. Rondo Cameron, *La France et le développement économique de l'Europe (1800-1914)*, Paris, Le Seuil, 1971.

du travail entre constructeurs, permise par l'ampleur des débouchés, elle la gardait cependant pour les machines textiles. Mais l'Exposition universelle de Crystal Palace (1851) avait prouvé que les États-Unis avaient développé des techniques originales et que, dans le domaine de la machine-outil, leur supériorité était évidente.

Si le transfert technologique entre pays est un thème privilégié par les historiens, il n'en faudrait pourtant pas conclure que l'acquisition d'une technologie nouvelle par une entreprise modèle signifiait sa diffusion dans l'ensemble de la branche. L'existence de quelques entreprises modernes n'est nullement une preuve d'industrialisation. Dans chacun des pays de l'Europe centrale, orientale ou méditerranéenne existaient quelques entreprises modèles sans que pour autant le pays fût vraiment industrialisé. Moins bien étudié, le processus de diffusion interne du progrès technologique fut sans doute aussi lent et difficile. Un laps de temps considérable s'écoula entre les premières coulées de fonte au coke et la banalisation des méthodes à l'anglaise en France ou dans les pays germaniques. Les modalités du transfert interne sont, elles, mal connues. L'une reposait sans doute sur la mobilité de la main-d'œuvre. À en croire les plaintes des patrons du textile lors de l'*Enquête sur le traité de commerce avec l'Angleterre* de 1860, la formation de la main-d'œuvre leur coûtait cher, et lorsque l'ouvrier était formé et commençait à leur rapporter, il s'en allait, souvent d'ailleurs à l'occasion du service militaire : cela signifierait que la main-d'œuvre qualifiée, une fois formée chez les industriels les plus en avance dans leur branche, tendait à aller s'embaucher ailleurs, à moins qu'elle ne tente de s'établir à son compte ; du moins l'effet était-il d'homogénéiser le niveau technique général. Le marché de la machine d'occasion fut sans doute une seconde modalité du transfert technologique interne. En Norvège par exemple, les industriels qui avaient introduit des machines anglaises étaient conduits, lors d'une extension ou d'un renouvellement de l'équipement, à céder leur premier matériel à des collègues à l'esprit d'innovation moins développé ou à la trésorerie moins large. Ils étaient alors obligés de fournir à leurs acheteurs l'assistance technique que le constructeur britannique avait initialement apportée. Ils étaient aussi amenés à prêter des ouvriers anglais ou un personnel de confiance pour monter les machines et servir d'instructeurs.

Le problème de cette diffusion des nouvelles techniques entre régions pose peut-être des questions plus intéressantes qu'entre pays et renvoie à la capacité d'innovation du tissu industriel moyen. Des obstacles plus ou moins importants pouvaient ainsi retarder le progrès, voire entraîner le rejet de la greffe technologique. La réflexion est donc orientée vers une explication des différences entre les industrialisations nationales par le caractère plus ou moins avancé des structures économiques, sociales, politiques et mentales d'accueil.

Seconde explication : des retards échelonnés plus que des voies différentes d'industrialisation

Lorsque, à la fin des années 1950, des économistes du développement essayèrent de poser le problème du sous-développement en tirant des leçons de la première industrialisation, l'amalgame entre les deux situations historiques parut, surtout aux historiens, très artificiel. Les pays du continent n'étaient pas, dans la première moitié du XIXe siècle, dans le même rapport avec la Grande-Bretagne que les pays du tiers monde l'étaient en 1950-1960 vis-à-vis du monde développé. Mis à part le cas du Japon, il existait entre tous les pays qui commencèrent à s'industrialiser avant 1914 une communauté culturelle, scientifique et technique. Des scientifiques de haut niveau existaient dans tous les pays. Le système d'enseignement technique et de grandes écoles était meilleur en France jusqu'aux années 1870, où il allait être dépassé par l'Allemagne, alors que dans ce domaine l'Angleterre manifestait plutôt des lacunes. Pour certaines techniques le savoir-faire britannique n'était pas le meilleur; les Allemands avaient depuis le XVIe siècle une éminente tradition de l'exploitation minière. Les Français faisaient progresser les techniques du bâtiment, des travaux publics, de l'hydraulique des moulins à eau; ils furent à l'origine de matériaux nouveaux comme le ciment et le béton, de techniques nouvelles de construction qui allaient se développer très vite outre-Atlantique. Les Américains étaient des pionniers pour les machines appliquées à l'agriculture et pour la production standardisée. Les difficultés inhérentes au transfert technologique furent parfois supportées par les industriels britanniques, cherchant à adopter des techniques étrangères. Matthew Boulton copia les méthodes françaises d'argenture et de dorure[1]. Plusieurs manufacturiers de Birmingham achetaient, à la fin du XVIIIe siècle, des machines étrangères,

1. A.E. Musson et E. Robinson, *Science and Technology in the Industrial Revolution*, Londres, 1969, p. 216 *sq.*

comme des tours français, et employaient des ouvriers étrangers, avec des salaires élevés parce qu'ils permettaient l'introduction de techniques nouvelles. En 1788, Boulton et Watt faillirent s'associer à un Américain, Rumsey, pour pouvoir lui emprunter sa chaudière tubulaire[1]. Il n'en reste pas moins que les Britanniques eurent longtemps une supériorité sur les trois techniques qui étaient au centre des transformations de la première industrialisation : les machines textiles, la sidérurgie au coke et la machine à vapeur.

La diversité était aussi évidente. On ne retrouve pas dans les autres pays un modèle anglais, défini parfois un peu schématiquement. En dehors de la Belgique qui présente beaucoup de ressemblances, chacun semble montrer des traits originaux dans son industrialisation. Ainsi en France, le coût élevé du charbon aurait ralenti l'emploi de la machine à vapeur et l'énergie mécanique aurait été pendant longtemps surtout celle du moulin à eau; dans ce pays caractérisé par une forte population rurale, les entreprises auraient été s'installer sur les bassins de main-d'œuvre; le travail rural à domicile y persista longtemps. Pour l'Allemagne, un délai important sépara la modernisation des industries textiles en Saxe et en Rhénanie, fondées sur une tradition séculaire, et le démarrage rapide mais tardif d'une industrie lourde très concentrée et épaulée par un massif appui bancaire : le bassin de la Ruhr était encore une région agricole au milieu du siècle. Pour les États-Unis enfin, on évoquera l'utilisation de la force hydraulique des rivières de Nouvelle-Angle-

1. Eric H. Robinson, « The Early Diffusion of Steam Power », *Journal of Economic History*, vol. XXXIV, nº 1, 1974, p. 104.

terre et les spécificités d'une main-d'œuvre rare et coûteuse, qui conduisirent à recourir beaucoup au travail féminin, puis immigré...

Alexander Gerschenkron[1], un historien de l'industrialisation de la Russie, a proposé une manière de concilier ces deux images contradictoires de l'unité et de la diversité, qui allait marquer profondément l'historiographie jusqu'à aujourd'hui. Il conjuguait deux idées clés. La première idée était que la rapidité du changement technologique dépendait du degré de modernisme de la structure sociale et institutionnelle qui favorisait ou défavorisait la satisfaction de « préalables » indispensables à l'industrialisation, comme la capacité d'investir, ou l'existence d'entrepreneurs. Tout obstacle à la réalisation de ces préalables devait être écarté pour que l'industrialisation puisse démarrer. Ces obstacles pouvaient être aussi divers qu'une structure sociale largement précapitaliste comme en Russie, qu'un manque d'homogénéité de l'espace économique comme dans les pays allemands ou italiens ou qu'un régime politique tourné vers le passé comme au Japon. Les historiens marxistes partageaient la même idée : pour eux, l'industrialisation était l'aboutissement et la maturation d'un phénomène de développement du capitalisme et ne pouvait donc se produire que dans une société où les formes précapitalistes avaient suffisamment régressé pour qu'un marché libre de la main-d'œuvre et des marchandises existât et qu'une accumulation suffisante de capitaux fût réalisée. Les dernières traces de féodalisme devaient d'abord disparaître, en particulier dans l'agriculture. Cette

1. Alexander Gerschenkron, *Economic Backwardness in Historical Perspective*, Cambridge, Cambridge Mass., 1962.

approche est celle de Berend et Ranki dans leur étude de l'industrialisation des pays de la périphérie européenne[1]. Mais Gerschenkron convergeait aussi avec un second courant de pensée, idéologiquement très différent, qui insistait sur l'urbanisation, sur les marchés, sur les attitudes sociales et culturelles, sur un ensemble de facteurs regroupé sous le concept assez mal défini de « modernisation » ; il était issu d'une réflexion sur les échecs de certains pays du tiers monde où la greffe du phénomène d'industrialisation n'avait pu prendre faute d'une « modernité » sociale suffisante.

La seconde idée clé de Gerschenkron était que les handicaps particuliers de chaque pays, qui expliquaient son retard, pouvaient être compensés par des substituts. Parmi ces derniers, on notera ainsi le rôle de l'État, le rôle des banques d'investissement pour financer des immobilisations de plus en plus lourdes, ou la dépendance technologique et financière vis-à-vis de l'étranger, qui seraient donc des traits caractéristiques des pays d'industrialisation tardive. Plus le retard était grand, plus la déviation des formes prises par l'industrialisation allait être marquée par rapport au modèle originel. Le retard n'était par ailleurs pas uniquement un inconvénient, car le pays retardataire, au lieu de refaire tout le cheminement de l'industrialisation britannique, profitait de l'expérience de ses prédécesseurs. Cet avantage spécifique expliquerait les changements successifs de hiérarchie dans les niveaux de développement industriel.

Le modèle de Gerschenkron apportait donc aux

1. I. Berend et G. Ranki, *The European Periphery and Industrialization (1780-1914)*, Cambridge, 1982.

historiens le moyen de rendre compte de l'apparente diversité des cas nationaux par une déviation progressive par rapport au modèle britannique. En France ou en Belgique, pays à industrialisation précoce, les entreprises étaient relativement petites et familiales, la banque allait se désintéresser de la promotion industrielle, mais il était possible de mettre en avant l'aspect volontariste de la politique économique du Second Empire et le caractère de banque de promotion industrielle de la Société générale de Belgique ou du Crédit mobilier. Avec les pays allemands, le modèle de croissance parvenait à un degré supérieur de déviation ; on insistait alors sur le rôle plus important de la grande entreprise, sur la symbiose entre banques et entreprises industrielles. Avec le Japon et la Russie, on atteignait le degré maximal de déviation avec le rôle le plus fort de l'État, et, dans le cas du second pays, avec l'importance des capitaux étrangers qui compensait l'insuffisance des capitaux nationaux.

Ce modèle a donné un cadre d'analyse aux chercheurs pendant près de trente ans. Il est aujourd'hui en fissuration. Le résultat des recherches tend en effet à mettre en valeur les ressemblances entre les pays au lieu d'insister sur les dissemblances. L'historiographie récente sur la Grande-Bretagne reprend les vues anciennes de Clapham : lenteur de la mécanisation, usage important du moulin à eau, vigueur des formes d'organisation de la production autres que le *factory system*. Mais elle souligne également le rôle de l'État, que l'on avait un peu hâtivement assimilé à l'État central en négligeant les collectivités locales. Elle souligne aussi le rôle des financements bancaires en Grande-Bretagne comme en France, d'autant mieux perçus que l'on envisage mieux les financements informels. Et, autre vérité qui chancelle, d'aucuns mettent en doute le caractère dynamique des structures bancaires allemandes et vont jusqu'à écrire qu'elles ont freiné le développement industriel.

Incertitudes actuelles

Aussi assiste-t-on aujourd'hui à un retour à des tentatives modestes et limitées de typologies. Pour expliquer l'origine et la diffusion de la Révolution industrielle, certains, comme Rondo Cameron[1], insistent de nouveau sur quelques éléments fondamentaux comme la disponibilité de charbon, car les *late-industrializers*, qui démarrèrent entre 1870 et 1914 (Pays-Bas, Suisse, Danemark, Norvège, Suède), en étaient dépourvus, comme la qualité de ce que l'on appelle le « capital humain », mesurée par le taux d'alphabétisation ou de scolarisation, élevé dans des pays pauvres à industrialisation rapide comme la Suède, faible dans les pays d'Europe méridionale et orientale dont le démarrage fit long feu, enfin comme l'existence ou l'absence d'une réforme agraire et d'une agriculture de marché. Ces constatations sont simples et peu contestables, mais leur vertu explicative reste limitée. Le cas de la France s'accorde néanmoins mal avec elles.

D'autres auteurs considèrent qu'une des voies prometteuses, qui n'a encore abouti qu'à peu de résultats, consiste à envisager le cadre régional plutôt que le cadre national. On entend en effet souvent répéter

1. Rondo Cameron, « A New View of European Industrialization », *The Economic History Review*, vol. XXXVIII, n° 1, 1985.

depuis quelques années, en particulier depuis la publication de l'ouvrage innovateur de S. Pollard[1] et la multiplication des études sur la proto-industrialisation, que l'industrialisation est un phénomène régional et non pas national. Mais si l'analyse régionale est indispensable, le progrès ne consiste sûrement pas à remplacer une accumulation d'histoires nationales par une plus grande accumulation d'histoires régionales. En revanche, les relations entre les niveaux national, régional et local, leur articulation, sans aucun doute différente selon chaque type de phénomène économique, doivent être au cœur d'une meilleure compréhension.

Il serait évidemment absurde de nier la pertinence du niveau national d'analyse à une époque où les historiens redécouvrent le rôle de l'État et consacrent plus d'attention à l'autonomie du champ politique. Le cadre national a une homogénéité juridique (largement réalisée déjà dans la France de 1789, par exemple), monétaire, douanière, fiscale et diplomatique. La taille du territoire national détermine celle du marché intérieur et les contraintes de la politique internationale pèsent sur les conditions d'accès aux marchés extérieurs. Les petits pays qui, comme la Suisse, la Belgique, les Pays-Bas, ne pouvaient développer leur industrialisation sur leur marché intérieur, furent très dépendants des aléas de la politique européenne. Ainsi, l'industrialisation belge se fit sous trois régimes différents, autrichien d'abord, français, puis hollandais, avant l'indépendance nationale. Chacun de ces changements obligea à modifier les débouchés étrangers, au prix de

1. Sidney Pollard, *Peaceful Conquest. The Industrialization of Europe (1760-1970)*, Oxford, Oxford University Press, 1981.

reconversions difficiles. Après 1830 par exemple, lorsque le marché de l'Indonésie fut perdu pour le textile belge, la condition de la survie fut d'essayer de pénétrer le marché du Zollverein et de capter par Anvers, au détriment de Rotterdam, le rôle de plaque tournante du commerce britannique vers l'Europe germanique et centrale.

Plus généralement, la localisation de l'industrialisation continentale jusque vers 1860-1870 fut largement conditionnée par les conditions créées par l'époque révolutionnaire et par les péripéties du Blocus continental. Les différences entre la Grande-Bretagne et le continent, qui étaient plus limitées avant 1789, s'accrurent fortement dans les trente années qui suivirent, années durant lesquelles s'affirmèrent, d'une part, l'originalité et l'avance britanniques en matière de technologie et de stratégie commerciale et, d'autre part, certaines caractéristiques communes des pays du continent. La géographie industrielle du XIXe siècle fut en grande partie fixée par les hasards du découpage politique de l'espace européen dans ces années décisives des débuts de la mécanisation. Mais bien qu'indispensables à la compréhension des évolutions économiques, les grands changements politiques, qui rompirent des relations économiques antérieures et aidèrent de nouveaux espaces économiques à naître, n'expliquent pas tout. La zone d'industrialisation rhénano-belgo-lotharingienne allait ainsi conserver une unité économique même après sa fragmentation par de nouvelles frontières politiques. Roubaix devait être au XIXe siècle une agglomération de main-d'œuvre en majorité belge. De même, une communauté historique de développement continua tout au long du XIXe siècle à lier Mulhouse, le Bade et la région de Bâle. Ces espaces transnationaux s'articulaient sur des économies nationales qui elles-mêmes s'articulaient de manière complexe sur des économies régionales.

La région fut sans doute le cadre privilégié de l'industrialisation des XVIIIe et XIXe siècles, elle-même largement héritière de développements préindustriels antérieurs. La perception systématique des phénomènes de développement régional dans le cadre national a créé et entretenu un ensemble de faux problèmes, comme celui de la datation du début de l'industrialisation. Il y a ainsi un anachronisme à vouloir dater la Révolution industrielle allemande, alors que durant les deux premiers tiers du XIXe siècle n'existait qu'un ensemble de pays liés par une communauté linguistique et par le sentiment de constituer une nation plus que par une unité économique : dans la première moitié du siècle, malgré l'union douanière, malgré les rapprochements monétaires qui allaient aboutir à la formation de deux zones, la mine et la sidérurgie silésiennes, le textile saxon, l'industrie des royaumes de Bavière ou de Wurtemberg, l'industrie rhénane ou berlinoise étaient des pôles d'industrialisation largement indépendants les uns des autres ; la banque colonaise, par exemple, limitait ses activités à la Rhénanie. Le démarrage date-t-il de la mécanisation de l'industrie textile saxonne au tournant du siècle ? ou de la brutale poussée d'industrialisation en Rhénanie-Westphalie dans les années 1850 ? C'est un faux problème, car la réalité est très simple : comme l'écrit H. Kiesewetter, « les révolutions industrielles dans les régions allemandes ont démarré à des dates différentes et montrent des développements différents[1] ». Même faux problème pour les mêmes raisons concernant l'Autriche-Hongrie : certains historiens tchèques montrent qu'une révolution industrielle est terminée entre 1800 et 1870, d'autres se demandent si l'Autriche a commencé son industrialisation en 1914. Il est également vain de s'interroger sur la date de l'industrialisation des États-Unis ou de l'Italie en général.

La perception macro-économique nationale est donc mal adaptée pour saisir un phénomène polarisé à la fois spatialement et sectoriellement. Point n'est besoin de s'étonner du caractère partout graduel des transformations appréhendées par les agrégats économiques, car les évolutions régionales et sectorielles sont noyées dans une moyenne nationale. Si la voie française d'industrialisation est si difficile à caractériser, c'est peut-être parce qu'elle n'a pas d'unicité. La France du Nord était sans aucun doute comparable à une Grande-Bretagne, dont les historiens soulignent aussi le « dualisme régional ».

Les pays européens qui sont considérés comme peu industrialisés ou comme ayant raté leur industrialisation à la fin du XIXe siècle étaient tous caractérisés par de très gros problèmes d'inégalités régionales : Mezzogiorno italien, inégalités de développement balkanique ou ibérique, etc. Ces déséquilibres régionaux furent-ils un facteur majeur de blocage de l'industrialisation ? Ou bien l'homogénéisation de l'espace national, en particulier par la construction ferroviaire, hâta-t-elle un processus déséquilibré de développement/sous-développement, lorsqu'elle mit brutalement en contact des régions

1. Hubert Kiesewetter, *Industrielle Revolution in Deutschland (1815-1914)*, Francfort-sur-le-Main, Suhrkamp Verlag, 1989, p. 18.

dont les niveaux de développement différaient fortement ? L'unification politique de territoires hétérogènes ne fut peut-être pas toujours un facteur positif. Une étude plus attentive des difficultés de développement de la périphérie méridionale ou orientale de l'Europe pourrait sans doute faire progresser la compréhension de l'ensemble de l'histoire européenne.

Un chantier toujours ouvert

Il n'est donc pas possible d'apporter de conclusions définitives concernant un dossier toujours ouvert et controversé. On a souvent répété que l'expression « révolution industrielle » était tout à fait impropre : d'abord parce qu'il ne s'agissait pas d'une révolution, et ensuite parce que les transformations ne se limitaient pas à l'industrie. Les continuités avec des évolutions et des progrès en gestation dès les débuts de l'ère moderne sont évidentes et les approches quantitatives ont mis en valeur à la fois le caractère progressif des mutations du milieu du XVIIIe siècle jusqu'au milieu du XIXe siècle et l'inachèvement de l'industrialisation. On sait depuis longtemps que la « Révolution industrielle » ne fut pas seulement une révolution technologique, ni un simple changement de structure économique, décrit souvent par les historiens quantitativistes, d'une part, comme une modification de la répartition de la population active entre le secteur primaire et le secteur secondaire et, d'autre part, comme un remplacement du facteur travail par le facteur capital conduisant à une hausse de la productivité du travail. On sait qu'il est exagéré d'opposer les secteurs

« révolutionnés » et un reste de l'économie sans évolution ; toute la société et toute l'économie, dont l'agriculture et les services, furent directement ou indirectement concernées. Les révolutions bancaire, ferroviaire ou agricole (la « vraie », celle de la motorisation et des engrais chimiques) furent les conséquences de la Révolution industrielle. Les modalités régionales du développement, l'évolution des relations avec les pays non industrialisés, les relations sociales et le partage du pouvoir de contrôle dans l'entreprise, la division du travail entre hommes et femmes sont autant d'aspects indispensables à une compréhension globale de l'industrialisation.

Il en découle qu'appréhender un phénomène aussi complexe par la seule approche en termes de croissance économique, par des agrégats aux bases toujours fragiles, appauvrit beaucoup la réalité. Aujourd'hui nombre d'historiens ne se satisfont plus de l'approche quantitative qui est devenue la nouvelle orthodoxie. Ils insistent sur les mutations qualitatives, en particulier sur le plan des relations sociales, ce qui permet de réhabiliter l'expression « révolution industrielle[1] ». Il n'y a en fait pas de contradiction entre une approche en termes de croissance, qui se fonde sur l'interprétation d'évolutions quantitatives, et des approches structurelles, qui s'intéressent aux ruptures dans les techniques, dans les organisations du travail, dans les circuits de financement, dans les systèmes juridiques, dans les comportements de consommation, dans la culture matérielle et les mentalités, à condition que l'on parvienne à les articuler logiquement.

1. M. Berg et P. Hudson, « Rehabilitating the Industrial Revolution », *The Economic History Review*, vol. XLV, n° 1, 1992.

L'orientation qui semble aujourd'hui la plus prometteuse est de comprendre qu'un grand mouvement de croissance des activités manufacturières — on pourra les appeler déjà industrielles — s'affirma et se confirma dès la fin du XVIIe siècle et le début du XVIIIe siècle, avec des nuances chronologiques selon les pays, faisant apparaître toute l'Europe comme débordante d'« industrie », d'activités très différenciées, riche d'innovations, saisie par un esprit nouveau de progrès, d'industrialisme et de consommation. Dans tous les pays, la production industrielle augmenta diversement, selon le caractère plus ou moins favorable des pouvoirs d'achat de leurs habitants et de leurs structures sociales, selon la disponibilité de débouchés extérieurs, qui dépendaient du jeu des relations internationales. Cette croissance, dont le moteur était le dynamisme de la demande de biens de consommation, prenait place dans des organisations du travail et avec des techniques traditionnelles. Elle eut pour effet de les modifier à long terme. On innova pour produire davantage, on fit des progrès de productivité. Durant un temps, cela permit d'élargir socialement la demande, mais la croissance ne pouvait que se heurter à la faiblesse des revenus populaires dans des sociétés encore très inégalitaires. Cela conduisit ensuite à essayer de développer un marché à la taille du monde, ce que rendait désormais possible le progrès des transports grâce aux acquis techniques de la première industrialisation[1].

1. Sur cette nouvelle approche, voir Patrick Verley, *L'échelle du monde. Essai sur l'industrialisation de l'Occident,* vol. I : *Les marchés,* Paris, Gallimard, 1997.

Seconde partie

LA RÉVOLUTION INDUSTRIELLE : ACTEURS ET FACTEURS

Agriculture ancienne *(Stagnation de l')*

E. Le Roy Ladurie présentait en 1973 sa leçon inaugurale au Collège de France sous le titre « L'histoire immobile ». Par là il désignait « l'économie-société, ou bien l'éco-démographie traditionnelle d'un monde aujourd'hui disparu tel qu'il a fonctionné, si l'on peut dire, du XIVe au XVIIIe siècle ». La stagnation de cette économie-société était avant tout celle de la production agricole, puisque le produit agricole représentait quelque trois quarts du produit physique en France au début du XVIIIe siècle. Dans son étude sur le Cambrésis, H. Neveux a construit une série de la production de froment à base 100 en 1370 :

1320	140-150	1520-1540	90-95	1750	110
1370	100	1610-1620	85-90	1840	160-170
1450-1460	80	1700	100		

Ces résultats sont sans doute généralisables à l'ensemble du Bassin parisien, si ce n'est aux grandes plaines et plateaux à blé du Nord-Ouest européen. La production du XIVe siècle finissant aurait été la même que celle de 1700, puis une amélioration serait intervenue à partir du milieu du XVIIIe siècle, trop modeste pour correspondre à l'idée de révolution agricole qui fut souvent avancée : ce serait plutôt une récupération, car la série témoigne de l'existence de vastes fluctuations séculaires atteignant leurs minima au milieu du XVe siècle et au début du XVIIe siècle. Si l'on compare le point d'arrivée, 1840, avec le point de départ, 1320, force est de conclure que le progrès fut quasi nul.

Cette agriculture stagnante avait une productivité très basse. On ne peut apprécier la productivité du travail, mais seulement les rendements. Les travaux concordent : dès le XIIe siècle, les pays d'Europe occidentale avaient atteint des rendements céréaliers qui ne furent vraiment dépassés qu'avec les innovations techniques du XIXe siècle. Les différences régionales étaient fortes : 2 à 3 pour 1 en Europe orientale et dans les terroirs de montagne, 6 ou 8 pour 1 dans le Bassin parisien, et même plus de 10 pour 1 dans les Flandres. Variation dans l'espace, mais aussi selon les années, car la production, outre ses fluctuations séculaires, était soumise à de fréquentes crises. Le système ancien butait, semble-t-il, sur des blocages qu'il était impuissant à écarter. Il n'y a pas d'explication simple, mais plutôt convergence et combinaison complexe d'un ensemble de phénomènes dont la responsabilité de chacun est difficile à préciser.

D'abord la stagnation démographique. Les paramètres démographiques et céréaliers semblent aller de pair, au rythme des mêmes fluctuations. Tout se passe comme si l'Europe avait fait son plein d'hommes dès la fin du XIIIe siècle et que toute velléité de croissance ultérieure se fût ensuite heurtée à des limites; le système se serait alors autorégulé par de dramatiques crises démographiques engendrées par les trois malheurs du temps, la mauvaise récolte et sa conséquence la famine, la peste et la guerre. À propos de cette corrélation entre production des céréales et démographie, les historiens hésitent entre deux interprétations. Les uns insistent sur le comportement malthusien de la population, qui ne pouvait dépasser les limites de la production de subsistance, les autres sur la dépendance de l'économie, qui se serait pliée aux rythmes de la démographie, c'est-à-dire aux interventions des deux facteurs qui seraient exogènes au système : l'épidémie et la guerre. « Du XIVe au XVIIe siècle inclusivement, l'économie est servante plutôt que maîtresse, et menée plutôt que meneuse. Si importante qu'elle ait été pour le défrichement de nos études, elle s'avère en dernière analyse assez docile aux grandes forces de la vie et de la mort » (Le Roy Ladurie).

Le caractère rudimentaire de l'outillage, le plus souvent en bois, fabriqué à la ferme, était un autre facteur de blocage. Il n'avait guère évolué depuis le Moyen Âge. La stagnation de la production s'accompagnait d'une stagnation technique. Le matériel lourd était cher, et donc rare. Pour retourner la terre, on utilisait dans les régions méditerranéennes et en Europe orientale l'araire en bois, avec un soc renforcé en fer, qui grattait superficiellement le sol plus qu'il ne le retournait. Dans les plaines du Nord-Ouest existaient de solides charrues à roues, avec coutre, soc et versoir en fer, qui nécessitaient pour leur traction jusqu'à huit chevaux... C'était un matériel très coûteux. La possession de l'attelage et de la charrue déterminait un clivage social dans la communauté paysanne entre les quelques gros paysans, les « laboureurs », qui en disposaient, et les autres. Dernière cause d'inertie, la rigidité des systèmes de culture, surtout l'assolement triennal qui dominait sur les grandes plaines et plateaux du nord-ouest de l'Europe, du Bassin parisien à la plaine russe. Il correspondait à la prédominance de la culture céréalière et faisait se succéder sur chacune des trois soles qui constituaient le finage une céréale d'hiver, une céréale de printemps et une année de friche, dite de jachère. Ce système cultural supposait des pratiques et des contraintes communautaires, dont l'interdiction de clore, l'obligation de culture, la vaine pâture, les droits d'usage sur les forêts, etc. Il ne laissait guère de place à l'élevage : faute d'engrais, les rendements étaient faibles, et donc l'essentiel des terres était consacré à la culture. Dans le bocage de la façade atlantique et dans le domaine méditerranéen, les systèmes culturaux étaient moins rigides et reposaient sur des productions plus diversifiées.

Cette première approche se limite aux facteurs endogènes au système démographie-agriculture ; mais on ne peut isoler ce dernier du reste du système socio-économique. Le bas niveau de la production et de la productivité agricoles n'était pas un obstacle au développement général de l'économie, mais une conséquence du manque de développement. Les facteurs de blocage déjà cités étaient en fait moins rigides qu'on ne l'a cru ; ils n'étaient des freins qu'en fonction de l'environnement social.

La crise démographique frappait différentiellement pauvres et riches : seules la structure sociale et l'inégalité de la distribution du revenu aggravaient la mortalité. La pauvreté tuait plus que le déficit des récoltes ou la maladie : la peste allait reculer au

XVIIIe siècle en Europe occidentale sans qu'il y ait eu progrès de la médecine. Le frein principal n'était pas non plus l'absence de progrès technique : c'était plutôt parce que la plupart des paysans n'avaient pas la possibilité financière de posséder ou de louer une charrue et des chevaux que les terres étaient mal labourées.

Les systèmes culturaux eux aussi pouvaient faire preuve de souplesse. Une réflexion agronomique s'était développée depuis le milieu du XVIe siècle et avait trouvé de meilleures solutions qui étaient appliquées dans des régions pionnières comme les Flandres et l'Italie du Nord. Or l'assolement triennal, économiquement peu productif, résistait solidement, parce que la jachère, les communaux et les différentes pratiques communautaires assuraient la survie des communautés paysannes, en évitant l'éviction des plus pauvres de ses membres.

Mais ces dernières, déjà affaiblies par l'endettement, subirent très tôt l'« offensive des dominants » (J. Jacquart), seigneurs, grands propriétaires avides de s'approprier les communaux et de limiter les droits d'usage. Ceux qui avaient rassemblé de grandes superficies cherchaient à les réserver à l'usage de leur propre bétail. Ils essayaient de clore timidement en France; ils y parvenaient massivement en Grande-Bretagne. La montée de l'individualisme agraire et le développement des fermes capitalistes renforcèrent ces ferments de dissolution.

En dernier ressort l'agriculture ancienne était condamnée à la stagnation par manque de surplus commercialisable et de disponibilités financières. Elle était étouffée par l'ampleur des prélèvements exercés par d'autres catégories sociales, propriétaires, féodaux, clergé, État. Le plus important était la rente foncière, qui fut la grande gagnante dans le partage des fruits de la croissance agricole du XVIIIe siècle : déflatée de la hausse des prix agricoles, elle a augmenté en France d'environ 50 %. En même temps que leur taux, la masse des fermages s'accroissait par suite de la tendance à la concentration foncière. Si le prélèvement féodal était devenu résiduel en Europe occidentale, la dîme représentait en moyenne quelque 8 % de la production, mais elle profita moins que la rente de la croissance du XVIIIe siècle. Les impôts enfin, fortement alourdis au XVIIe siècle, mais apparemment allégés au XVIIIe siècle en France, à la différence de la Grande-Bretagne, frappaient très inégalement les exploitations agricoles. La noblesse terrienne en était pratiquement exemptée, et si leurs propriétaires étaient influents, les gros fermiers pouvaient obtenir de fortes réductions de taille. La fiscalité favorisait donc le développement des grandes exploitations et celui de l'agriculture capitaliste, et faisait porter le plus lourd du fardeau aux petites et moyennes exploitations.

Impôt par tête en pourcentage du revenu

	Grande-Bretagne	France		Grande-Bretagne	France
1730	16 %	15 %	1780	21 %	12 %
1750	18 %	12 %	1790	24 %	12 %

Source : P. Mathias et O'Brien, *op. cit.*

Mais plus que le poids moyen de l'imposition, ce qui comptait était sa répartition. Cela expliquerait qu'elle aurait été en France un facteur de stagnation, mais n'aurait pas bloqué le progrès en Grande-Bretagne, plus supportable économiquement du fait d'une croissance plus précoce de la productivité et d'une répartition moins inégalitaire.

Orientation bibliographique

Goldsmith J.L., « The Agrarian History of Preindustrial France. Where do we go from here ? », *The Journal of European Economic History*, vol. XIII, n° 1, printemps 1984.

Le Roy Ladurie E., « L'histoire immobile », *Annales ESC*, 1974.

Mathias P. et O'Brien P.K., « Taxation in Britain and France (1715-1800). A comparison of the social and economic incidence of taxes collected for the central governments », *The Journal of European Economic History*, 1976.

Neveux H., *Les grains du Cambrésis (fin* XIV*e-début* XVII*e siècle). Vie et déclin d'une structure économique*, Paris, 1973.

Cf. Agronomie. Crise économique de type ancien. Enclosures. Proto-industrialisation et préindustrialisation. Révolution agricole au XVIIIe siècle en France : un mythe ? Révolution agricole en Angleterre : une réalité ?

Agriculture et révolution industrielle

La plupart des analyses théoriques mettent l'accent sur l'importance des antécédents agricoles. Le progrès de l'agriculture aurait été nécessaire pour nourrir une population non agricole. Il aurait permis de dégager une population active excédentaire ; et en particulier les enclosures auraient aidé à constituer une « armée de réserve » à la disposition de l'industrie (Marx). L'accumulation préalable de capital se serait faite en partie dans l'agriculture, soit grâce aux gains de productivité (Rostow, Bairoch), soit par expropriation de la petite paysannerie (Marx). Le progrès agricole aurait enfin, grâce à l'augmentation des revenus, suscité une demande nouvelle de biens de consommation, comme le textile, ou de production, comme les outils en fer.

Tous ces raisonnements supposent un net progrès

de la productivité agricole, sauf celui de Marx, qui repose sur un transfert de la propriété et de l'exploitation. Ce dernier, très lent là où l'influence de la Révolution française et du Code civil se fit sentir, n'exista qu'en Grande-Bretagne ; mais l'interprétation « dramatique » du rôle des enclosures que faisait Marx n'est pas confirmée par les faits : leur phase d'intensité maximale fut de toute façon postérieure aux débuts de l'industrialisation. L'antériorité d'une révolution agricole sur la Révolution industrielle se vérifie mal, même si des progrès de la production et de la productivité sont repérables avant ou pendant la première phase de l'industrialisation. Évidents en Grande-Bretagne au XVIIIe siècle, ils sont aussi sensibles dans les pays germaniques de la première moitié du XIXe siècle. En France, si l'Empire fut une période de relative stagnation agricole, la production par travailleur aurait augmenté de 20 % sous la Restauration, avant de faire un bond de 37 % sous la monarchie de Juillet. Globalement, dans ces trois pays, l'agriculture fut capable de nourrir la population pendant la première phase de l'industrialisation. Mais les grands progrès de la productivité agricole furent postérieurs à la Révolution industrielle. Quant à la Suisse, elle est un contre-exemple : on peut interpréter son industrialisation comme la conséquence de la médiocrité de son agriculture.

En Grande-Bretagne, les premiers ouvriers de l'industrie furent moins des agriculteurs quittant leur emploi que des jeunes amenés sur le marché du travail par la croissance démographique. Jusque vers 1815, il y aurait eu pénurie de main-d'œuvre, pénurie qui aurait engendré une tendance à la hausse des salaires, considérée habituellement comme un des facteurs favorables à l'extension du machinisme. Ce serait là une liaison inverse de celle proposée par Bairoch : comme l'agriculture ne pouvait mettre assez de main-d'œuvre à la disposition de l'industrie, cette dernière dut adopter des procédés *labour-saving*. En revanche, après 1815, l'offre devint excédentaire sur le marché du travail. Sur le continent il y aurait eu au contraire constamment surabondance de main-d'œuvre pauvre et sous-employée. Le surpeuplement des campagnes atteignit son maximum en France sous la monarchie de Juillet; un début d'exode rural s'amorça dès 1830, qui ne s'accéléra qu'après la crise de 1846-1848; en Allemagne il ne prit des proportions importantes qu'après 1870. L'industrie ne puisa donc largement dans la main-d'œuvre rurale qu'après les débuts de l'industrialisation : l'exode rural fut conséquence et non cause ou facteur permissif.

En fait ces raisonnements opposant main-d'œuvre agricole et industrielle sont doublement viciés à la base : d'une part, les marchés du travail n'avaient guère de fluidité ni spatiale ni sectorielle, le surpeuplement rural en France n'était pas incompatible, dans la première moitié du XIXe siècle, avec la difficulté qu'avaient les patrons de recruter des ouvriers; d'autre part, il existait une forte population rurale non agricole, ou semi-agricole, occupée à la proto-industrie : elle aussi fournit à l'industrie une partie de ses premiers ouvriers. En revanche l'emploi agricole, en France, continua d'augmenter durant tout le XIXe siècle.

La terre fut une source primordiale d'accumulation, d'autant que la hausse de la rente foncière et la tendance à la concentration augmentaient les revenus des propriétaires; mais ces derniers n'investirent que peu dans l'industrie. En Grande-Bretagne, au XVIIe siècle, ils avaient placé beaucoup d'argent dans les mines de charbon et les hauts fourneaux, mais ils tendirent ensuite à se désengager, en faveur d'autres placements plus rémunérateurs ou plus sûrs : les enclosures et les améliorations de domaines au premier chef, qui s'intensifièrent en même temps que la Révolution industrielle s'affirmait, les parts de sociétés de canaux ou de routes à péage, et les titres d'État. P. Bairoch fait allusion aux *yeomen* qui vendirent leurs terres et se lancèrent dans l'industrie : ce phénomène eut son importance dans les débuts de l'industrie cotonnière du Lancashire, mais fut cependant globalement très limité. En France, le transfert de la rente foncière à l'industrie fut plus appréciable avant la Révolution. Faute d'enclosures et de modernisation, l'agriculture n'avait que peu besoin de capitaux. En outre la présence aristocratique était plus forte dans les mines, la sidérurgie et la verrerie; mais dans les autres secteurs le capital foncier était plus rare : le cas du duc d'Orléans qui investissait dans la chimie et le textile était exceptionnel. Avec la Révolution la part de la rente foncière dans la formation du capital industriel diminua encore; et, avec le retour des nobles sur leurs domaines, entre 1830 et 1850, elle devint très faible. Dans les pays germaniques, dans la première moitié du XIXe siècle, la noblesse disposait de gros capitaux, grâce aux revenus de ses domaines et au rachat des droits féodaux. Mais elle ne les plaçait pas dans l'industrie, si ce n'est dans des sucreries ou des distilleries pour valoriser la production agricole. Seuls les magnats de Haute-Silésie investirent massivement dans les mines et les hauts fourneaux dont ils étaient propriétaires.

Des intermédiaires, banques ou États, purent cependant transformer le capital foncier en investissement industriel. Les *country banks* britanniques jouèrent ce rôle, par compensation entre régions industrielles déficitaires en capital et régions agricoles excédentaires. La haute banque parisienne employa aussi des dépôts d'origine foncière dans des engagements industriels, à la différence des *Privatbanken* allemandes, qui, sauf en Rhénanie, les plaçaient en fonds d'État. Les seuls exemples qui confortent la thèse de Bairoch sont la Russie et le Japon, où le revenu foncier alimenta, par l'intermédiaire de la ponction fiscale, l'investissement industriel : industrialisations tardives qui ne transformèrent sans doute pas à court terme la structure économique.

Au lieu de financer l'industrialisation, la propriété foncière a plutôt détourné à son profit des capitaux, car beaucoup de profits industriels ou proto-industriels furent employés à acheter des châteaux, des domaines ou des terres : le prestige social l'exigeait. La balance des capitaux entre agriculture et industrie fut probablement défavorable à cette dernière. Et même les enclosures et les améliorations agricoles, considérées souvent comme favorables à l'industrialisation, purent au contraire être un frein à la formation du capital industriel. De 1761-1770 à 1791-1800, en Grande-Bretagne, l'agriculture absorba 30 à 37 % de l'investissement total. Si les besoins en capital de la première industrialisation n'avaient pas été très modestes, cette ponction massive aurait plutôt été une concurrence néfaste.

La demande de l'agriculture ne stimula sans doute que peu la croissance de la sidérurgie. « Les calculs fort ingénieux auxquels P. Bairoch s'est livré pour établir l'augmentation de la consommation de fer à usage agricole au XVIIIe siècle semblent vraiment généreux » (F. Crouzet). Le fer ne remplaça que lentement le bois dans l'outillage. Et l'argumentation de P. Bairoch est une pétition de principe : il y a révolution agricole, donc la demande de fer augmente beaucoup, et comme elle est massive, elle entraîne la sidérurgie. Mais l'importance de la demande agricole de fer, 30 à 45 % de la consommation totale, n'est pas un argument décisif; il faudrait prouver qu'elle a augmenté notablement. Or les entreprises qui travaillaient pour le marché rural étaient les petites forges traditionnelles; les grandes unités modernes s'orientaient plutôt vers l'exportation ou le marché intérieur non agricole.

En revanche, en Grande-Bretagne, si l'impulsion que le commerce extérieur a exercée fait l'objet d'une controverse, la croissance du marché intérieur, en partie rural, fut un stimulus majeur pour l'industrie textile. La croissance démographique et la hausse des revenus en furent cause. En France l'importance du marché rural pour le textile au XVIIIe siècle fut peut-être plus faible que le modèle d'E. Labrousse le laissait croire; sous l'Empire encore son élasticité était faible. Mais après 1815, la hausse de la productivité et des revenus a soutenu le développement des industries de consommation.

On pose mal le problème en étudiant la relation entre agriculture et industrialisation, car on oublie l'industrie rurale qui a fourni largement la main-d'œuvre, les entrepreneurs et une partie des capitaux : la filiation de l'industrie moderne avec elle est souvent repérable. Or la proto-industrie fut un phénomène plutôt caractéristique des régions agricoles pauvres. Serait-ce un paradoxe de renverser la relation, comme le cas suisse y invite : l'industrialisation, réponse à une médiocrité de l'agriculture ?

Orientation bibliographique

Bergeron L., « Problèmes économiques de la France napoléonienne », *Revue d'histoire moderne et contemporaine*, vol. XVII, 1970.

Crouzet F., « Agriculture et Révolution industrielle. Quelques réflexions », *Cahiers d'histoire*, vol. XII, 1967.

—, *La formation de capital en Grande-Bretagne pendant la Révolution industrielle*, Deuxième conférence internationale d'histoire économique, Paris-La Haye, 1962.

—, Mathias P. et Postan M.M. (éd.), « Capital Formation in the Industrial Revolution », *in The Cambridge Economic History of Europe*, vol. VII, Ire partie. Cambridge-Londres-New York-Melbourne, 1978.

Hudson P., *The Genesis of Industrial Capital. A Study of the West Riding Wool Textile Industry (1750-1850)*, Cambridge, Cambridge University Press, 1986.

Cf. Bairoch (Modèle explicatif de). Capital et Révolution industrielle. Enclosures. Proto-industrialisation et Révolution industrielle. Révolution agricole au XVIIIe siècle en France : un mythe ? Révolution agricole en Angleterre : une réalité ? Rostow et les étapes de la croissance.

Agronomie

La curiosité des hommes de la Renaissance leur fit redécouvrir l'agronomie au même titre que les autres sciences. Des ouvrages comme *La maison rustique* de C. Estienne et J. Liébault (1564) et *Théâtre d'agriculture* d'O. de Serres (1600) décrivirent les pratiques agricoles. Les innovations du XVIIIe siècle vinrent de praticiens anglais qui adaptèrent les techniques flamandes. Jethro Tull inventa le semoir et préconisa des labours multipliés qui permettaient d'éviter la jachère ; il publia en 1733 *The New Horse-Houghing Husbandry*. À la même époque, le vicomte

Townshend pratiquait un assolement quadriennal faisant une place au navet, au trèfle et au sainfoin : ce système, dit du Norfolk, ne comprenait pas de jachère et produisait de la nourriture pour le bétail. Robert Bakewell parvint, vers le milieu du siècle, à améliorer le rendement en viande du mouton en créant par sélection la race Dishley et en nourrissant les animaux avec des fourrages artificiels et des cultures sarclées.

L'ouvrage de Tull fut traduit en français et adapté avec l'aide de Duhamel du Monceau, qui allait exposer systématiquement la « nouvelle culture » dans son *Traité de la culture des terres* (1751-1756). Cela coïncidait avec un renouveau de l'intérêt pour l'agronomie, en rapport avec le souci des grands propriétaires de mieux mettre en valeur leurs terres rendues plus rémunératrices par la hausse de la rente foncière. L'école physiocratique concourut aussi à attirer l'attention des spécialistes et du public éclairé sur l'agriculture. Féru d'agronomie, le ministre Bertin prit des mesures pour faciliter la circulation des grains et le partage des communaux, faire des expériences et diffuser l'information. Le jardin du Roi et l'école d'Alfort enseignaient les nouvelles méthodes que de nombreuses académies et sociétés provinciales faisaient connaître aux grands propriétaires et au public cultivé. Certains, comme le marquis de Turbilly ou le duc de La Rochefoucauld-Liancourt, les expérimentaient sur leurs domaines. Bien que l'influence de l'agronomie eût largement dépassé le cercle étroit des « agriculteurs en chambre », elle n'entraîna pas de transformation de l'agriculture française, car l'absence de capitaux et l'inertie des structures économiques et sociales constituaient des freins trop importants.

La même mode agronomique se répandit dans toute l'Europe éclairée. En Allemagne, la science allait faire de nouveaux progrès après le tournant du siècle. A. Thaer fonda l'agronomie comme science : il analysa systématiquement les sols et posa les principes de la sélection animale. De 1820 à 1850, de nombreuses académies, écoles et sociétés furent créées, dont l'influence s'étendait jusqu'aux fils de paysans et aux régisseurs de domaines. En 1852, les 361 sociétés prussiennes comptaient plus de 30 000 membres. En 1840, l'ouvrage de Liebig, *La chimie organique dans son application à l'agriculture et à la physiologie*, qui reprenait les travaux de Saussure, ouvrait la voie aux recherches scientifiques de la seconde moitié du siècle.

En France, après la révolution de 1830, de nombreux nobles légitimistes se retirèrent sur leurs domaines : grâce à leurs capitaux, ils essayèrent d'en améliorer l'exploitation. L'agronomie jouit d'un renouveau d'intérêt. Déjà, M. de Dombasle avait publié différents ouvrages, perfectionné la charrue et fondé en 1822 une école d'agriculture à Roville. Mais, malgré ces efforts, la pratique et l'enseignement agricoles restaient, au milieu du siècle, en retard en France par rapport à la Grande-Bretagne, l'Allemagne ou le Danemark.

Orientation bibliographique

Augé-Laribé M., *La révolution agricole*, Paris, 1955.

Bourde A. J., *Agronomie et agronomes en France au XVIIIe siècle*, Paris, 1967.

Cf. Révolution agricole au XVIIIe siècle en France : un mythe? Révolution agricole en Angleterre : une réalité?

ALLEMAGNE *(Révolution industrielle en)*

Les historiens ne s'accordent pas pour situer son apparition : soit les années 1830 pendant lesquelles une vague d'innovations intervint dans une économie déjà préparée par des progrès antérieurs (Hoffmann), soit la période 1850-1873, celle du « Kondratieff des chemins de fer » qui fit démarrer la grande industrie lourde (Borchardt). Deux raisons expliquent cette incertitude. D'abord l'industrialisation se fit progressivement depuis la fin du XVIIIe siècle, en trois phases successives suivies d'une accélération continue de la croissance de 1850 à 1914, à peine interrompue par la dépression des années 1870-1880. D'autre part, elle fut plus encore qu'ailleurs centrée sur quelques pôles régionaux de développement : Silésie, Saxe, Rhénanie, puis Berlin et Westphalie. Des types d'industrialisation différents opposent la Saxe et la Rhénanie où des débuts d'industrialisation dans les secteurs de consommation naquirent précocement d'une intense proto-industrialisation, et la Ruhr, région purement agricole de grande propriété, où l'industrie lourde démarra tardivement, après 1840, à partir du gisement houiller. Ces contrastes économiques étaient accentués par le morcellement politique. Il est artificiel de traiter globalement de l'industrialisation des pays germaniques jusqu'aux années 1860-1870 ou de généraliser à partir d'un modèle « prussien », qui est un cas particulier, tout comme celui du Bade que l'on comparerait plus volontiers aux expériences suisse et alsacienne. Selon le pôle de croissance que l'on étudie, l'impression de révolution industrielle sera plus ou moins précoce. Mais si l'on tente une appréhension globale, des signes de « retard » sont encore perceptibles dans le dernier quart du siècle : la part de l'industrie dans le produit physique était de 49 % en 1880 en Allemagne contre 41 % en France et 78 % en Grande-Bretagne, et en 1882 un tiers des travailleurs du textile œuvraient encore dans le système domestique. Ce jugement de « retard » est subjectif, il signifie plutôt différence avec le modèle britannique : en Prusse, l'industrie lourde, déjà la plus puissante d'Europe, coexistait avec les grands domaines agricoles de l'Est. Cela peut éclairer l'apparente contradiction entre une Révolution industrielle qui ne fut pas si tardive, puisque dès les années 1860 la technologie allemande s'imposait et innovait dans les secteurs sur lesquels allait porter la deuxième Révolution industrielle, et d'autre part des caractéristiques de retard d'après la typologie de Gerschenkron. En effet le rôle des banques et de l'importation des techniques fut sans doute plus important qu'en Grande-Bretagne et qu'en France, et le textile ne s'imposa pas comme *leading sector* : c'est le chemin de fer qui, à partir des années 1840, fit démarrer l'extraction de charbon, l'industrie lourde et la construction mécanique.

Les économies allemandes étaient, à la fin du XVIIIe siècle, fort différentes de celles de la France et de la Grande-Bretagne. Elles étaient restées en dehors de la croissance des échanges maritimes ; les ports ne les impulsaient pas ; la proto-industrialisation y était ancienne, travail du lin et du métal, mais localisée dans l'intérieur ; la classe commerçante, et plus généralement la bourgeoisie, était peu développée, si ce n'est dans quelques villes, Francfort, Cologne, Leipzig... Devant la carence de l'initiative individuelle, l'État prussien, dans la tradition mercantiliste, chargea deux hauts fonctionnaires d'équiper la sidérurgie haute-silésienne selon les techniques anglaises. Les premières coulées de fonte au coke réussirent avec l'aide de John Wilkinson et de l'Écossais John Baildon à Gleiwitz en 1796 et à Königshütte en 1801. Mais ce début de modernisation était isolé : d'autres tentatives en Saxe et en Thuringe eurent moins de succès. Dans les autres États, l'activité industrielle était restreinte, ou, si elle se développait, elle le faisait dans des formes proto-industrielles, comme en Saxe, où seulement 20 % de la population était occupée à plein temps dans l'agriculture. La motivation de l'État prussien était moins d'industrialiser que de promouvoir les industries nécessaires aux besoins de l'armée. Les autres secteurs n'étaient pas concernés.

Sous la Révolution et l'Empire, certaines régions furent ravagées par la guerre ; les pays occupés souffrirent des impositions, de l'inflation et des soubresauts conjoncturels. Mais l'occupation brisa des structures retardataires, apporta un code rationnel et une administration efficace, répandit l'enseignement du français et suscita dans les autres États un éveil du nationalisme et une impulsion vers la modernisation ; cependant l'émancipation paysanne et la liberté d'entreprise devaient mettre encore un demi-siècle avant d'être totales. Le Blocus produisit aussi un double effet. L'industrie du lin perdit ses marchés d'exportation et la sidérurgie silésienne fut isolée de la technologie britannique. Mais d'autres régions profitèrent de marchés nouveaux et protégés. La manufacture textile saxonne se développa vite, et dès 1801 deux grandes filatures mécanisées avaient été fondées à Chemnitz, avantagées ensuite par la proximité de Leipzig, où arrivait le coton venu de l'est. Le tracé de la ligne douanière désavantageait les pays de la rive droite du Rhin : des entrepreneurs passèrent la frontière et contribuèrent à développer le travail du coton dans la région d'Aix-la-Chapelle. Cependant la sidérurgie rhénane, grâce au bas niveau des salaires, produisait avec des méthodes traditionnelles un acier de haute qualité, et dans la Ruhr, la première machine à vapeur fut installée en 1801, avant que les frères Dinnendahl n'eussent commencé en 1807 à en construire. En revanche les régions intégrées à l'Empire profitèrent de ce nouveau marché de 40 millions de personnes : textiles d'Aix, de Juliers et de Krefeld.

Après 1815 la reconversion fut beaucoup plus difficile qu'en Belgique et qu'en France, car il n'y avait pas de marchés intérieurs en expansion. Les produits britanniques envahirent l'Allemagne du Nord et les courants d'exportation étaient coupés non seulement pour les produits industriels, mais même pour les produits agricoles. Les marchés intérieurs étaient étroits et morcelés régionalement : les classes moyennes étaient peu nombreuses, et le marché rural était déprimé depuis la crise de 1817. La structure sociale a sans doute joué un rôle de frein au niveau de la demande de biens de consommation. La croissance démographique, loin de stimuler l'industrie, faisait baisser les salaires, ce qui était avantageux au niveau des coûts, mais pas à celui de la demande; elle accentuait la misère populaire des États du Sud, les plus surpeuplés, et fit naître un intense courant d'émigration. Les rapports des prix des facteurs n'étaient pas non plus favorables : travail abondant et bon marché, capital non pas rare, mais orienté vers le foncier et la rente d'État, haut prix du combustible, car les bassins houillers avaient alors une situation périphérique. Les filatures utilisaient la force hydraulique ; les machines à vapeur, sauf dans les mines, se répandirent lentement. Les efforts de modernisation dans la sidérurgie ne furent pas couronnés de succès, que ce soit en Haute-Silésie ou en Rhénanie, où de nombreux fours à coke et à puddler furent construits entre 1822 et 1826 : la reconversion de l'exportation d'acier de haute qualité à la production de masse était difficile, faute de marchés. Les industries qui progressèrent le plus étaient, comme la soierie berlinoise, liées à un marché traditionnel de luxe.

Beaucoup d'historiens ont attaché une grande importance à la constitution du Zollverein comme moteur de l'industrialisation. En fait, le marché intérieur ne devait pas avoir de cohésion véritable avant les années 1860, et la construction des canaux, puis des chemins de fer, fut plus décisive. Ces derniers jouèrent en outre un rôle de *leading sector* beaucoup plus fortement que dans les pays voisins. De 1835 à 1847, les bases de l'expansion future furent mises en place. La demande de locomotives suscita une vague de création d'entreprises : Borsig à Berlin, Maffei à Munich, Klett à Nuremberg, Kessler à Karlsruhe... Paradoxalement le morcellement politique avait l'avantage d'éviter la concentration de la construction mécanique dans une seule ville. La sidérurgie fut stimulée : en 1847, 70 % du fer prussien était puddlé. La substitution de la production nationale à l'importation se fit rapidement à l'abri des tarifs protecteurs. En 1850, 25 % des rails seulement étaient importés et les dernières locomotives étrangères devaient être achetées en 1853. La même vague de création d'entreprises eut lieu dans le textile, mais il n'était pas un *leading sector*, même s'il contribuait au développement de la construction mécanique.

Le rôle de l'État et du capital étranger fut dans cette période plus limité qu'on ne l'affirme souvent. Dans les États du Sud, les gouvernements se sont substitués à l'initiative privée lorsqu'elle faisait défaut, surtout pour éviter l'arrivée massive du capital prussien, en particulier dans les chemins de fer. En Prusse, l'État était propriétaire de nombreuses mines, mais il existait déjà, en Rhénanie, un groupe d'entrepreneurs actifs et de banquiers qui investissaient dans les chemins de fer et l'industrie. Le gouvernement a eu plutôt un rôle d'encouragement au niveau du transfert technologique et du système éducatif. Quant au capital étranger, il ne faut pas surestimer son importance. Dans la sidérurgie, les mines et les chemins de fer, il a permis d'aider pendant une décennie au financement avant la mise en place d'un système de banques mixtes par lequel le capital allemand allait rapidement prendre le relais.

Après la crise agricole de 1848-1849, qui a révélé les traits encore évidents d'immaturité de l'industrie allemande, le boom conjoncturel de 1850-1857 intensifia la construction ferroviaire avec un plein effet d'entraînement sur la sidérurgie, la construction mécanique et l'extraction minière. Les productions de fonte, de charbon et de lignite furent multipliées par 2 ; la productivité du travail dans la sidérurgie crût de 40 %. En 1860, 91 % de la fonte était produite au coke, et l'Allemagne devenait exportatrice de machines. L'industrie lourde se développa sur les bassins houillers, avec de très grosses unités de production, comme dans la Ruhr. Ces progrès reposaient sur un énorme effort d'investissement rendu possible par les profits élevés que les bas salaires autorisaient, par un système bancaire désormais efficace et par un développement des formes sociétaires anonymes. La décennie 1860, qui culmina avec l'emballement spéculatif de l'« ère des fondateurs » (1871-1873), accéléra cette évolution. L'Allemagne de 1870 peut être analysée comme retardataire encore, car le textile a évolué plus lentement. En revanche, dans l'industrie lourde, les caractères qui allaient se développer à l'occasion de la dépression étaient déjà perceptibles : forte concentration, tendance à l'organisation des marchés, relation entre banque et industrie. Et dans les technologies nouvelles, l'Allemagne avait déjà pris une avance sur la Grande-Bretagne. Dans la chimie des colorants, en 1863 furent fondées les entreprises Meister et Lucius (plus tard Höchst) et Bayer. La BASF, en 1870, employait déjà 500 ouvriers. Pour les câbles télégraphiques sous-marins, la firme Siemens et Halske avait déjà quasiment un monopole. Ayant à peine achevé sa Révolution industrielle et son unification politique, l'Allemagne était en position de force sur les secteurs de pointe de la deuxième Révolution industrielle.

Orientation bibliographique

Deux contributions allemandes dans Léon P., Crouzet F. et Gascon R. (éd.), *L'industrialisation en Europe au XIXe siècle*, Paris, 1972.

Benaerts P., *Les origines de la grande industrie allemande*, Paris, 1932.

Cipolla C.M. (éd.), *The Fontana Economic History of Europe*, Londres, 1973.

Henderson W.O., *The State and the Industrial Revolution in Prussia*, Liverpool, 1958.

Kiesewetter H., *Industrielle Revolution in Deutschland (1815-1914)*, Francfort, Suhrkamp Verlag, 1989.

Kitchen M., *The Political Economy of Germany (1815-1914)*, Londres, 1978.

Milward A. et Saul S.B., *The Economic Development of Continental Europe (1780-1870)*, Londres, 1973.

Pietri N., *Évolution économique de l'Allemagne du milieu du XIXe siècle à 1914*, Paris, 1982.

Trebilcok C., *The Industrialization of the Continental Powers (1780-1914)*, Londres-New York, 1981.

Cf. Banque et industrialisation au milieu du XIXe siècle. Borsig, August (1769-1827). Chemins de fer et croissance économique. Entreprise industrielle et concentration vers le milieu du XIXe siècle (Taille de l'). État et industrialisation en Prusse. Gerschenkron (Modèle d'*economic backwardness* de). Krupp (Alfred) et la Révolution industrielle dans la Ruhr. *Leading sectors*. Régions et désindustrialisation. *Take-off*. Transfert de la technologie.

ARCHÉOLOGIE ET ARCHITECTURE INDUSTRIELLES

L'archéologie industrielle est l'étude du patrimoine industriel dans le site qui fut le sien et dans ses rapports avec l'environnement; elle s'intéresse non seulement aux usines, mais aussi aux ponts, aux canaux, aux gares, aux halles, aux logements ouvriers. Une de ses finalités est de protéger ces témoignages de la destruction. C'est une discipline récente, née en Grande-Bretagne. La démolition de l'ancienne gare d'Euston à Londres en 1962 a agi comme un stimulus pour faire prendre conscience de l'importance de ce type d'architecture. Cet intérêt nouveau a permis de sauver des monuments de grande valeur, menacés de démolition, comme l'un des premiers ponts à chaînes construit par Telford sur l'estuaire du Conway. En France, la démolition des Halles de Baltard n'a pas suscité aussitôt la même prise de conscience.

L'intérêt pour l'archéologie industrielle naît au début des années 1970. Durant cette décennie, des entreprises, des municipalités et l'État ont protégé quelques sites en les transformant en musées. En 1973, les Houillères du Nord créèrent sur le siège de la fosse Lewarde, près de Douai, un centre historique minier; en 1974 fut fondé l'écomusée du Creusot, qui comprend un chevalement, des galeries de mines, des ateliers, une collection de machines et d'outils, et qui est un centre de recherches et d'activités. Les premiers recensements du patrimoine ont été entrepris à partir de 1975 par une équipe animée par M. Daumas et J. Payen, du Conservatoire national des arts et métiers.

Les témoignages de l'industrie humaine remontent aux temps les plus anciens et s'étendent au présent le plus proche. Mais les débuts de l'archéologie industrielle ont été centrés, en Grande-Bretagne, sur la période de la Révolution industrielle. En France, en revanche, il existe encore un patrimoine très riche datant de l'époque proto-industrielle. À Villeneuvette (Hérault), on peut voir un bel exemple de manufacture royale, édifié à partir de 1725, qui comprend la maison du maître et les logements-ateliers des ouvriers. À Abbeville (manufacture Van Robais) et à Sedan (manufacture du Dijonval), les bâtiments du XVIIIe siècle conservent encore leur élégance monumentale et classique. Les forges de La Chaussade (Guérigny, Nièvre) ou de Buffon (Montbard, Côte-d'Or) sont des exemples d'établissements proto-industriels sis au bord d'une rivière. Dans cette énumération rapide, on ne peut oublier les constructions originales et fonctionnelles de Nicolas Ledoux aux Salines royales de Chaux (Arc-et-Senans, Doubs).

L'industrie de la fin du XVIIIe et du début du XIXe siècle se pratiquait dans des bâtiments anciens de style austère rappelant l'architecture nobiliaire ou militaire. La Révolution mit à la disposition des entrepreneurs des biens nationaux vendus à bas prix. De nombreux châteaux, couvents ou abbayes furent ainsi réemployés, puis agrandis par adjonction de nouveaux bâtiments, classiques et sévères.

La première filature mécanique de coton, à Wesserling, s'installa dans un château ; l'abbaye de Royaumont fut rachetée en 1791 par le manufacturier Bourguet-Travenet, qui y établit aussi une filature de coton. Au début du XIXe siècle donc, le bâtiment industriel se fondait encore dans l'environnement architectural, dont il cherchait à conserver le style.

Lorsque la machine à vapeur remplaça le moulin à eau, et que la technique des charpentes en fer fut maîtrisée, naquirent des formes architecturales nouvelles, d'abord en Grande-Bretagne, puis avec quelque retard sur le continent. La haute cheminée est devenue, au cours du siècle, le signe de reconnaissance et le symbole de l'usine. Dès le milieu du siècle, certaines atteignirent de grandes hauteurs, comme celle des établissements Morel à Rive-de-Gier, avec 108 mètres, en 1865. Le deuxième élément architectural de l'usine du XIXe siècle était le toit en « shed », larges verrières, soutenues au début par une charpente en bois, puis de plus en plus par des poutrelles en fer. Ce type de couverture permettait de bien éclairer les ateliers ; plus léger, il pouvait couvrir de plus grandes surfaces avec moins d'éléments porteurs ; enfin, lorsqu'il était réalisé en fer, il diminuait les risques d'incendie.

La mine imposait au paysage son empreinte, non seulement par ses terrils et ses corons, mais aussi par ses chevalements visibles au loin. Tant que l'énergie utilisée pour la remontée des cages était fournie par les chevaux, les molettes étaient abritées dans des bâtiments ordinaires. Avec l'arrivée de la machine à vapeur, l'ensemble gagna en élévation : au début, de fortes tours de maçonnerie, d'aspect militaire, courantes jusque vers 1880. Mais, dès le milieu du siècle, l'originalité architecturale s'affirma avec l'emploi du fer, comme à la fosse n° 1 de Courrières (chevalement de 1859) : les molettes étaient enfermées dans des cages métalliques largement vitrées, supportées par une haute tour métallique.

Dans la seconde moitié du siècle, avec la croissance industrielle et l'arrivée de l'entrepreneur aux premières places de la hiérarchie sociale, l'architecture industrielle tendit à créer sa propre esthétique et même à s'affirmer triomphalement. Le souci décoratif n'était pas absent; les cheminées d'usines étaient souvent tulipées et baguées, comme celle construite à Anzin en 1863; des faïences y dessinaient des motifs; les cages de chevalement étaient ornées, ce qui les transformait en belvédères : celles de la fosse Dejardin d'Aniche avaient « un air de pagode exotique » (M. Daumas). La bourgeoisie industrielle du Nord était fière de sa richesse et de sa puissance : les établissements Motte et Bossut de Roubaix, inscrits à l'inventaire supplémentaire des Monuments historiques en 1978, ressemblent à une massive forteresse du Moyen Âge, flanquée d'une cheminée crénelée et d'une puissante tour, construites en 1865. Le même triomphalisme s'observe dans les gares, dont les plus grandes s'affirment orgueilleusement dans des formes architecturales classiques (Limoges, Tours), à moins qu'elles n'innovent avec un emploi systématique du fer, de la fonte et du verre (gares parisiennes).

Avec le début du XXe siècle, le style devint plus fonctionnel. L'ornementation inutile tendit à disparaître. Les chevalements de mine se dépouillèrent, exposant à la vue les molettes; le béton armé et les ossatures d'acier allaient imposer une architecture plus sobre, dont les États-Unis montraient l'exemple dès 1880.

Orientation bibliographique

Cipolla C.M. (éd.), *The Fontana Economic History of Europe*, Londres, 1973.

Daumas M., *L'archéologie industrielle en France*, Paris, 1980.

Payen J. (éd.), *Les bâtiments à usage industriel aux XVIIIe et XIXe siècles en France*, Centre de documentation et d'histoire des techniques, Paris, 1978.

L'architecture industrielle, n° 3 de *Monuments Historiques*, Paris, 1977.

Encyclopaedia Universalis, Supplément. Organum, articles « Archéologie industrielle » et « Architecture industrielle », Paris, 1980.

L'Inventaire général des monuments et des richesses artistiques de la France a publié différents *Cahiers de l'Inventaire* consacrés à des sujets d'archéologie industrielle : *La Manufacture du Dijonval et la draperie sedanaise (1650-1850), Les forges du pays de Chateaubriant, La métallurgie du fer dans les Ardennes (XVIe-XIXe siècle), L'ancienne métallurgie dans le département des Vosges, etc.*

ARTISANAT URBAIN PRÉINDUSTRIEL

Dès le Moyen Âge, pour faire face aux besoins croissants des villes, un artisanat urbain s'est développé, en partie organisé en jurandes, guildes, corporations. L'emprise de ces dernières était beaucoup plus forte en Allemagne et aux Provinces-Unies qu'en France, malgré la réglementation de Colbert, et surtout qu'en Grande-Bretagne.

Au XVIIIe siècle encore, la plupart des ateliers étaient petits : moins d'une dizaine d'ouvriers dans le textile sous la direction d'un maître fabricant. La situation la plus fréquente était celle du maître travaillant avec sa famille, deux ou trois apprentis, dans sa propre maison où les métiers occupaient une partie du volume d'habitation qu'ils restreignaient. Les conditions de vie du fabricant ne différaient souvent guère de celles de ses compagnons.

En suivant les critiques des économistes du XVIIIe siècle, imprégnés de libéralisme, on considère généralement que le système corporatif était un frein à l'innovation et un facteur d'immobilisme. Il était cependant compatible avec une très haute qualité technique, à en juger par l'ébénisterie parisienne ou l'horlogerie genevoise. Mais il s'est en effet opposé à l'introduction de nouvelles technologies, surtout dans le coton.

Ce système a été très tôt miné par des forces d'éclatement : la tendance à la concentration qui prolétarisait certains maîtres et en enrichissait d'autres, l'emprise grandissante du capitalisme marchand et la concurrence de l'industrie rurale. À Sedan, entre 1731 et 1774, le nombre de fabricants diminua de moitié ; à Lyon, sur 400 marchands-fabricants, une cinquantaine dominaient entièrement la fabrique à la fin du XVIIIe siècle. Les maîtres ne formaient pas un groupe social homogène. Les plus petits, s'ils avaient des difficultés, s'endettaient auprès du marchand qui fournissait la matière première, risquaient soit de redevenir compagnons chez autrui, soit de passer sous la coupe du marchand et de devenir en fait travailleurs à façon. En revanche, les maîtres fabricants qui réussissaient s'intégraient de plus en plus à la classe marchande, car c'était dans le commerce qu'on gagnait vraiment de l'argent. Ils devenaient fabricants-marchands, et même, ascension sociale supérieure encore, ils abandonnaient la production et se contentaient de faire travailler d'autres fabricants ou des travailleurs à domicile. Si les fabricants étaient un groupe social proche des compagnons, les marchands étaient des bourgeois. La fabrique lyonnaise était ainsi caractérisée par le travail de très nombreux petits artisans, les canuts, indépendants, mais sous la coupe de quelques négociants capitalistes. La naissance du grand marchand commanditaire à la fin du Moyen Âge et son développement ont fait progressivement éclater les cadres de l'économie urbaine et corporative qui évoluait vers deux formes nouvelles et non incompatibles : le marchand-fabricant employant des travailleurs urbains et ruraux, et l'entrepreneur réunissant dans sa fabrique un nombre croissant d'ouvriers.

Cette désagrégation de la forme corporative, attaquée en outre par l'individualisme et le libéralisme ambiants, conduisit à sa suppression. Turgot abolit les corporations en 1776. Mais, devant la résistance, l'édit d'août 1776 dut les rétablir, avec certes des améliorations. L'institution était encore vivante, ou du moins elle constituait un groupe de pression encore efficace. La loi d'Allarde de mars 1791 les supprima définitivement. En Grande-Bretagne, la royauté, malgré ses efforts, n'était jamais parvenue à empêcher le développement de l'industrie rurale et à généraliser le système des guildes. Après la révolution de 1688, ce dernier tomba en décadence, et les progrès économiques du XVIIIe siècle lui portèrent le dernier coup. La Révolution française et l'Empire furent des propagateurs du libéralisme économique. Ainsi, la liberté d'établissement fut proclamée en République helvétique en 1798. Il en fut de même dans tout le Grand Empire, où le Code civil fut appliqué progressivement de 1806 à 1812, à l'exception de l'Allemagne du Sud. Les corporations dont la réglementation avait été très assouplie, ne furent abolies en Bavière qu'en 1868.

Cf. Manufacture. Préindustrialisation et proto-industrialisation. Proto-industrialisation et Révolution industrielle.

BAIROCH P. *(Modèle explicatif de)*

Le dessein de P. Bairoch, dans *Révolution industrielle et sous-développement*, était la « détermination des mécanismes économiques » de la Révolution industrielle, pour pouvoir, à partir de cet acquis, « chercher à fournir une explication aux difficultés de démarrage des pays actuellement sous-développés ». Il écartait d'abord les « pseudo-facteurs du développement ». Les progrès techniques ne sont pas venus en premier, car ils ont été « fortement, sinon totalement, déterminés par des impératifs économiques ». La croissance démographique n'est pas non plus première, car, au XVIIIe siècle, elle s'explique non par les progrès de la médecine, mais par l'accroissement des disponibilités agricoles. Le mouvement de hausse des prix ne lui paraît pas non plus explicatif, puisque les dates de *take-off* des différents pays, selon Rostow, se répartissent alternativement sur des périodes de hausse et de baisse. Enfin l'accumulation préalable du capital commercial aurait joué « un rôle mineur ». Pour le prouver, Bairoch insiste sur la « localisation discordante des aires géographiques d'accumulation du capital », Hollande, Italie, Espagne, Portugal, et des premiers foyers d'industrialisation, Grande-Bretagne, France, Allemagne. Les capitaux nécessaires au début de l'industrialisation étaient très modestes et ne sont pas venus du grand capital commercial.

Dans un article postérieur, Bairoch écarte l'idée que l'expansion du commerce extérieur a été une condition nécessaire de la Révolution industrielle, même dans le cas britannique : ni au niveau du capital, ni à celui de la demande occasionnée par les besoins de la navigation, ni par l'incitation que la croissance de la demande extérieure de produits fabriqués aurait exercée. De 1700-1709 à 1730-1739, l'exportation de produits en fer n'aurait représenté qu'environ 6 % des débouchés totaux. « Durant cette période importante, car elle est celle de l'introduction de l'innovation la plus importante dans ce secteur, le marché extérieur n'a joué qu'un rôle marginal. » Pour le coton, le marché extérieur additionnel aurait absorbé 17 % de l'accroissement de la production entre 1760 et 1787-1789 — ce qui est loin d'être négligeable —, mais pour Bairoch, « cela signifie qu'il n'est pas possible d'imputer au marché international une place significative dans l'accroissement de la demande des textiles qui a conduit à une des plus importantes mutations technologiques de la Révolution industrielle anglaise ». En résumé, « la thèse traditionnelle qui voyait dans l'expansion commerciale des XVIe et XVIIe siècles une cause importante, sinon la cause de la Révolution industrielle, ne résiste pas à un examen objectif ».

Il ne resterait donc qu'une cause première, l'agriculture. « La Révolution industrielle a vraiment été, en premier, une révolution agricole qui a permis et favorisé, dans les pays où elle est intervenue, un développement sans précédent des secteurs industriels et miniers. »

L'industrie n'aurait pu se développer sans hausse préalable de la productivité agricole, car sinon elle aurait soustrait une partie de sa main-d'œuvre à l'agriculture, désormais incapable de nourrir l'ensemble de la population. En outre, le marché intérieur pour les produits industriels, constitué pour l'essentiel de la demande des paysans, se réduirait d'autant. Bairoch estime que l'importation de produits agricoles n'aurait pu, au début de l'industrialisation, débloquer la situation.

Du fait des coûts de transport très élevés, l'exportation de produits industriels contre des produits agricoles supposerait une très forte disparité des productivités agricoles et industrielles entre les partenaires ; or les fortes rentabilités agricoles n'existèrent pas avant le développement des agricultures extensives des pays extra-européens à peuplement d'origine européenne, comme celle des États-Unis. À partir de 1850, ces conditions furent satisfaites, la Grande-Bretagne se mit à importer massivement du blé.

Par-delà cette nécessité logique, Bairoch énumère un ensemble de mécanismes qui lieraient hausse de la productivité agricole et développement industriel.

La révolution agricole permettrait la révolution démographique en accroissant les ressources alimentaires : le marché intérieur en expansion serait un premier stimulus pour le démarrage industriel.

Comme tous les revenus agricoles, à l'exception peut-être du salaire des journaliers, augmenteraient, les gains supplémentaires seraient consacrés à acheter des produits manufacturés, au premier chef des tissus. Puisque l'offre de laine est peu élastique, la demande se porterait principalement sur le coton. Ce dernier est une fibre plus facile à travailler, ce qui faciliterait la mécanisation.

Mais la révolution agricole accroîtrait aussi fortement la demande de fer : remplacement des outils en bois par des outils en fer, croissance du volume de l'outillage, grosse consommation pour le ferrage des chevaux. Un calcul global prouverait l'importance de la demande agricole (entre 30 et 45 % de la consommation totale) comparée à la faiblesse de la demande de l'industrie et du commerce extérieur.

Enfin le financement de la Révolution industrielle aurait pour source le capital agricole. La plupart des premiers entrepreneurs britanniques serait d'origine paysanne, ou du moins rurale. Ils auraient aisément réuni le capital de démarrage, car, du fait de la simplicité des techniques, il était très modeste. Bairoch estime le capital par emploi créé à quatre ou cinq mois de salaire en Grande-Bretagne vers 1800. En revanche, le capital par travailleur supplémentaire dans l'agriculture aurait été huit à neuf fois plus élevé. Cela veut dire que la vente d'une ferme employant un actif produirait assez de capital pour mettre au travail huit à neuf ouvriers dans l'industrie. Et le passage de l'agriculture à l'entreprise textile se serait aisément réalisé, car du fait de l'existence de l'industrie rurale, il y avait déjà symbiose entre ces deux activités.

Cette théorie mérite une vérification systématique dans les faits. Il faut d'abord que soit clairement établie la réalité d'une révolution agricole dans tous les pays avant la Révolution industrielle. Rien n'est moins sûr pour la France. Mais cette théorie, comme la plupart des explications mono-causales, soulève aussi un problème logique, car elle rompt, non sans arbitraire, un cercle de variables interdépendantes. Elle ne propose pas de cause pour la révolution agricole. On ne peut faire intervenir l'application de nouvelles techniques, puisque Bairoch pense que ces dernières sont déterminées par des impératifs économiques, comme l'accroissement de la demande. Si l'on considère qu'elle est une réponse à une demande croissante, on est alors renvoyé à une révolution démographique, à un développement des marchés extérieurs ou à une hausse des revenus préalables. La causalité devient circulaire.

Orientation bibliographique

Bairoch P., *Révolution industrielle et sous-développement*, Paris, 1963.

—, « Le rôle de l'agriculture dans la création de la sidérurgie moderne », *Revue d'histoire économique et sociale*, 1966.

—, « Agriculture and the Industrial Revolution », in Cipolla C.M. (éd.), *The Fontana Economic History of Europe*, vol. III : *The Industrial Revolution*, Londres, 1973.

—, « Commerce international et genèse de la Révolution industrielle anglaise », *Annales ESC*, mars-avril 1973.

Cf. Agriculture et Révolution industrielle. Capital et Révolution industrielle. Modèles théoriques de la révolution industrielle. Révolution agricole au XVIIIe siècle en France : un mythe ? Révolution agricole en Angleterre : une réalité ?

BANQUE ET FINANCE AU XVIIIe SIÈCLE

Les financiers étaient ceux qui maniaient les « finances », c'est-à-dire les deniers du roi. Leur fonction était de recouvrir les revenus publics, de payer les dépenses de l'État et de lui prêter de l'argent. La finance était donc liée à la fiscalité dans une société où celle-ci n'était pas assurée par une administration étatique, mais concédée à des particuliers. Le rôle de banquier de l'État était assumé par les financiers parce qu'il n'y avait pas, en France, de banque d'État. Avec le développement des dépenses publiques et de l'endettement des États, leur importance s'accrut au cours du siècle en même temps que leur fortune. Car ils étaient avant tout de gros capitalistes qui s'intéressaient aussi aux grandes affaires, comme le commerce maritime. Ils travaillaient avec les banquiers, et on les vit peu à peu prendre le contrôle de la Caisse d'escompte fondée en 1776. Mais, malgré cette adaptation, leur sort était indissolublement lié à celui des institutions d'Ancien Régime. Souvent anoblis, ils se mêlaient à la haute aristocratie. Symboles d'un régime détesté, ils devaient être éliminés par la Révolution. Sur le reste du continent, la finance de cour, la *Hoffinanz* des pays germaniques, ne disparut pas aussi brutalement ; elle s'adapta progressivement et se transforma en haute banque. En Grande-Bretagne, la finance traditionnelle n'existait plus, parce que, depuis la fin du XVIIe siècle, une fiscalité de type moderne et une banque d'État la rendaient inutile.

L'activité bancaire dérivait de l'activité commerciale. Elle évitait de laisser dormir des capitaux momentanément sans emploi. L'habitude de payer par lettres de change, du fait de la faiblesse du numéraire et de l'inexistence de la monnaie fiduciaire, entraînait aussi certains négociants dans des opérations de type bancaire, comme l'escompte qui devint courant dès le milieu du XVIIe siècle en Grande-Bretagne, dès le début du XVIIIe siècle en France. De très nombreux marchands locaux, petits ou grands, avaient donc une activité de banquiers. Mais, sur les grandes places commerciales, les opérations des marchands-banquiers, *merchant-bankers*, avaient une tout autre ampleur. Elles étaient liées aux besoins du grand commerce international : paiements internationaux par compensation de lettres de change, spéculation sur les différences de valeur des monnaies selon les places (arbitrage). Ils étaient à la fois négociants, hommes d'affaires et banquiers, et leurs activités étaient multiples : achat et vente de marchandises, escompte, financement du négoce, armement et assurances maritimes, spéculation sur métaux précieux ou titres privés, commissions sur emprunts publics, affaires industrielles...

Leur dimension internationale les obligeait à entretenir tout un réseau de correspondants sur les places importantes, et à avoir des relations suivies avec eux, car, en matière d'arbitrage, la rapidité de l'information est un facteur déterminant de succès. Des liens familiaux unissaient les banquiers par-delà les frontières. À Amsterdam, où l'on traitait particulièrement des emprunts d'État (trois septième de la dette britannique était détenue par les Hollandais), opéraient de puissantes maisons anglaises comme Clifford ou Hope. La présence de la banque protestante suisse s'affirma partout au cours du siècle, une « internationale huguenote » (H. Lüthy) qui tissait un réseau sur toute l'Europe. À Paris s'étaient établis dès le début du XVIIIe siècle des banquiers genevois, comme Mallet, Thelusson, qui devait s'associer avec Necker, Tourton. À partir de 1780, avec le développement des affaires financières parisiennes, la multiplication du nombre de valeurs privées, et donc l'activité croissante de la Bourse, s'installèrent de nouvelles maisons d'origine suisse, comme Rougemont et Perregaux, chez qui Laffitte allait débuter, ou Hottinguer. L'arrivée de Necker, protestant et étranger, à la Direction générale des finances, atteste la puissance de la banque suisse. Mais à Paris travaillaient aussi des maisons françaises, comme les Lecouteux, armateurs-négociants de Rouen. Le réseau protestant était le plus important, mais il existait aussi un réseau juif portugais, représenté à Bordeaux, Londres et Hambourg.

Les bouleversements révolutionnaires accrurent l'importance de ces banquiers, indispensables à l'État et à l'économie, sur lesquels ils étendaient leur emprise. Ils allaient être les plus forts actionnaires de la Banque de France naissante. Dans les pays germaniques, les « juifs de cour » (*Hofjuden*), qui travaillaient pour les princes, comme Oppenheim, Bethmann ou Rothschild, s'adaptèrent aux conditions nouvelles et se transformèrent en marchands-banquiers, tout en tissant un réseau international. James de Rothschild débuta à Gravelines et à Dunkerque en 1810 pour résoudre les problèmes de change avec l'Angleterre, où s'était déjà établi son frère Nathan. Les banquiers du XVIIIe siècle allaient devenir la haute banque du XIXe siècle ; les maisons s'adaptèrent aux transformations économiques, mais la continuité l'emporta. Leurs activités allaient être de plus en plus axées sur les soumissions d'emprunts d'État, mais l'aspect commercial devait subsister très longtemps. La banque genevoise fut la première à innover, en se dégageant complètement, dès la fin du XVIIIe siècle, du négoce.

En ce qui concerne les structures et les opérations bancaires, l'Angleterre et l'Écosse avaient à la fin du XVIIIe siècle une avance évidente sur le continent. La Banque de Londres, fondée en 1694, assurait quatre fonctions essentielles d'une banque centrale moderne : dépôts, escompte des effets de commerce, monopole d'émission des billets, prêts à l'État. Elle exerçait déjà un rôle régulateur sur l'économie, bien que son influence fût limitée par le fait que jusqu'en 1830 elle n'eut pas de succursales. Son billet avait donc une aire géographique de circulation qui ne s'étendait pas à tout le pays. D'autres banques publiques, municipales ou nationales, existaient sur le continent, Banques d'Amsterdam, de Hambourg, de Copenhague, de Prusse, mais elles avaient un rôle plus limité ; elles étaient surtout des banques de « change » qui effectuaient les règlements entre négociants. En France, l'expérience malheureuse de

Law suscita de la méfiance à l'égard de l'émission de billets. Il fallut attendre 1779 pour qu'une institution de type semi-public à vocation de banque centrale voie le jour : la « deuxième » Caisse d'escompte (la première, fondée en 1776, était traditionnelle). Le projet de son fondateur Panchaud était de pratiquer l'escompte des lettres de change avec comme contrepartie l'émission de billets de banque; en outre la caisse devait prêter au Trésor 10 millions sur les 15 de son capital initial. En fait le projet fut rapidement détourné. La haute banque et les financiers mirent la main sur la caisse, qui devint une banque des banquiers pratiquant le réescompte. Mais la Caisse d'escompte a cependant été une préfiguration de la Banque de France, qui, à partir de 1800, devait assurer les différentes fonctions d'une banque centrale.

Les *merchant-bankers* anglais ressemblaient à leurs homologues du continent. Ils s'occupaient d'emprunts publics, de transferts de fonds d'État à l'étranger, etc., mais avec toutefois plus de spécialisation. Ainsi, à Londres, les banquiers du West End travaillaient avec les grands propriétaires fonciers et la *gentry* (dépôts et prêts sur hypothèques) et investissaient dans les grandes compagnies par actions, alors que le groupe de Lombard Street pratiquait l'escompte et était en relation avec le grand commerce.

Mais l'innovation principale de l'Angleterre en matière bancaire fut la naissance des banques provinciales, dont la première fut fondée en 1716 à Bristol, mais qui se multiplièrent après 1760 : leur nombre était de 400 en 1793, de 900 en 1815. En créant de la monnaie scripturale, elles pallièrent la rareté du numéraire, et plus généralement la pauvreté des moyens de paiement. Elles émanaient du tissu régional et de ses besoins. Leur taille était modeste, car elles n'étaient pas constituées en sociétés anonymes, dont la création était, depuis le *Bubble Act* de 1720, soumise à autorisation par charte royale. Elles étaient particulièrement nombreuses dans les régions rurales, ainsi qu'en Écosse, où elles collectaient les dépôts et les investissaient systématiquement en fonds publics. Les régions industrielles étaient moins bien équipées : le Lancashire-Cheshire et le pays de Galles avaient une densité bancaire, par rapport à la population, qui était la moitié de celle de l'ensemble du pays. Elles ont pu pratiquer le prêt aux entreprises sous forme de billets à ordre, qui, sur leur aire provinciale, devenaient une véritable monnaie. En cas de besoin, elles se refinançaient à Londres auprès des *bill brokers* qui escomptaient leur papier commercial. Elles n'étaient pas très adaptées aux besoins de l'industrie ; beaucoup disparurent avec la crise qui suivit la fin des guerres napoléoniennes. La continuation de l'industrialisation devait exiger des capitaux beaucoup plus importants que seules des sociétés par actions pouvaient réunir.

Orientation bibliographique

Bouvier J. et Germain-Martin H., *Finances et financiers de l'Ancien Régime*, Paris, 1964.

Chaussinand-Nogaret G., *Gens de finance au XVIIIe siècle*, Paris, 1972.

Lévy-Leboyer M., « Le rôle historique de la monnaie de banque », *Annales ESC*, 1968.

Lüthy H., *La banque protestante en France, de la révocation de l'Édit de Nantes à la Révolution*, 2 vol., Paris, 1959-1961.

Cf. Banque et industrialisation au milieu du XIXe siècle. Capital et Révolution industrielle. Paiements internationaux : un système bipolaire ?

Banque et industrialisation au milieu du XIXe siècle

La relation entre banque et industrialisation est complexe : son sens et sa nature posent problème. La banque fut-elle nécessaire à l'industrialisation, comme un centre nerveux omniprésent, et le type de banque est-il un des éléments explicatifs des différences nationales ? Ou bien les besoins de l'industrialisation entraînèrent-ils la formation d'une superstructure bancaire, reflet de la structure socio-économique et phénomène second ? Et, dans ce cas, les systèmes bancaires les plus développés ont-ils correspondu aux systèmes socio-économiques les plus avancés, ou au contraire aux moins avancés, jouant, selon Gerschenkron, un rôle de substitut ? Une dernière relation pourrait encore être envisagée, l'indifférence : la banque n'aurait eu que peu de rapports avec l'industrialisation. Les études statistiques et monographiques ne sont pas assez nombreuses pour permettre une réponse tranchée. Mais la réalité a été sûrement complexe et ambiguë : « En même temps qu'élément moteur, la banque se trouve être un rouage conditionné et dépendant des mécanismes économiques et sociaux dans lesquels elle s'insère. Elle a un pouvoir mais non le libre arbitre. On pourra donc soit en faire un *Deux ex Machina* et l'accuser de bien des péchés — ou la porter au pinacle —, soit souligner ses faiblesses et dire son rôle fort secondaire » (J. Bouvier).

Les historiens ont remarqué la coïncidence entre les périodes de rapide croissance de la masse monétaire et celles de plus intense industrialisation au XIXe siècle. Sans se poser la question de la pertinence du quantitativisme, il faut remarquer que l'offre de monnaie n'est jamais autonome : elle est réponse à une demande. Sans demande de crédit commercial et industriel, ou d'avances de la part de l'État, il ne peut y avoir d'émission fiduciaire ou scripturale. Les particularités socio-économiques de chaque pays et la politique des gouvernements expliquent ensuite la répartition de la masse monétaire selon ses trois composantes. La Banque d'Angleterre suivit toujours une politique d'émission fiduciaire très restrictive, doublée cependant par les émissions des banques ordinaires jusqu'à l'*act* de monopole de 1844. Les banques ordinaires suppléèrent à cette faiblesse des moyens de paiement par rapport à l'importance de la demande, par un développement précoce de la monnaie scripturale, qui dès 1844 représentait 55 % de M1. En France, la quantité beaucoup plus grande de monnaie métallique et les besoins plus limités de crédit expliquent qu'en 1845, cette dernière représentait 82 % de M1 contre 8 % pour la monnaie fiduciaire et 10 % pour la monnaie scripturale. Ces chiffres ne rendent pas vraiment compte de la réalité, car la part, non évaluable, de la monnaie privée de type ancien (lettres de change...) était encore un élément important de la circulation. En Prusse, la faiblesse du système monétaire public faisait qu'en 1845, les espèces représentaient 30 %, le papier-monnaie 5 % et la monnaie et les substituts bancaires 65 % d'un total plus extensif que M1 qui ne comprend pas les substituts bancaires, comme le *Trockenwechsel*, sorte d'effet de commerce portant intérêt, tiré sur les banques privées et circulant comme monnaie, ou comme les *Pfandbriefe*, titres hypothécaires utilisés aussi dans la circulation. Il y avait certes pénurie monétaire dans l'Allemagne de la première moitié du XIXe siècle, mais cet exemple prouve l'extrême capacité d'adaptation des structures existantes, fussent-elles insuffisantes ou inadéquates, pour accompagner la croissance.

Le financement de l'industrie par la banque est aussi à la rencontre d'une demande et d'une offre. Les débuts de la Révolution industrielle exigèrent peu de capital fixe, mais beaucoup de capital circulant que les structures commerciales et bancaires étaient très capables de fournir. Les *country banks* en Grande-Bretagne aidèrent cependant l'industrie, mais de manière limitée car les entrepreneurs n'avaient pas de gros besoins. Dans l'entreprise familiale du XIXe siècle, le financement interne était la règle, et le financement bancaire ou le recours au marché financier l'exception. L'entrepreneur mettait son point d'honneur à ne rien « devoir » ; il se méfiait souvent des banques et avait peur d'entrer dans des liens de dépendance.

La haute banque parisienne sut répondre aux besoins industriels. Elle conservait ses activités traditionnelles, mais elle s'adapta, participa à la fondation des compagnies d'assurances, de travaux publics et des sociétés industrielles. La banque Seillère fut à l'origine de la renaissance du Creusot. Mais les principales maisons de Paris sentaient la nécessité de spécialiser leurs structures, de passer de l'entreprise personnelle du banquier à la banque, et de fonder des établissements actionnés pour drainer plus largement les capitaux : dès 1825, elles déposèrent un projet de Société commanditaire de l'industrie, au capital de 100 millions, que le Conseil d'État n'autorisa pas. À la fin des années 1830, des banquiers, dont Laffitte, fondèrent des Caisses en commandite dans la même intention. À côté de ces grandes maisons existaient des banquiers provinciaux qui purent apporter un soutien aux entrepreneurs auxquels ils étaient souvent apparentés ou liés par des liens d'amitié ou d'estime. Dans les pays germaniques, les *Privatbanken* furent plus réticentes devant l'engagement industriel. Les principales places financières, Francfort au premier chef, n'étaient pas situées dans des régions s'industrialisant, et la promotion industrielle présentait des risques importants dans un pays au marché mal unifié. Les seuls à s'engager furent les banquiers de Cologne, moins habitués à traiter les grandes affaires internationales, et souvent liés aux entrepreneurs rhéno-westphaliens : Schaaffhausen était ainsi intéressé dans les mines et la sidérurgie de la Ruhr.

L'innovation bancaire est à chercher en Belgique : elle résulta de la politique industrialiste de l'État, de son désir d'éviter l'immixtion étrangère et de l'insuffisance des structures bancaires. Les rois suscitèrent deux établissements semi-publics, la Société générale (1822) et la Banque de Belgique (1835), dont ils fournirent une partie du capital. L'État nommait les dirigeants. Ces deux établissements, et leurs filiales, constituèrent un vaste réseau de participations croisées dans la métallurgie, les charbonnages, la chimie, les assurances et les chemins de fer. Ils pratiquaient toutes les opérations : dépôts, escomptes, participations, émissions, prêts à l'État; ils étaient des banques mixtes, des « transformateurs », car ils opéraient la transformation des dépôts à court terme en crédits à long terme; en effet, les déposants ont le plus souvent une préférence pour la liquidité, alors que les besoins de l'industrie lourde impliquent des immobilisations.

En France et en Allemagne, ce fut l'énorme besoin

de capitaux pour la construction des chemins de fer qui fit naître les banques nouvelles. La date de la construction ferroviaire dans le cours de la Révolution industrielle influa fortement sur le type du système bancaire. En Grande-Bretagne, la première phase de la révolution se fit avant les chemins de fer, commençant par le textile, puis relayée par l'industrie lourde. Le système bancaire antérieur fournit aux besoins, et les *joint stock banks*, nées à partir des années 1830, se spécialisèrent dans les dépôts et le crédit commercial, alors que d'autres établissements s'occupaient du négoce ou du crédit international. Un marché financier se développait et la première phase de la Révolution industrielle avait dégagé suffisamment de capitaux pour que la construction des chemins de fer ne posât pas de problème. Le système bancaire contribua donc médiocrement, mais non nullement, à la deuxième phase de l'industrialisation. En revanche, dans les pays où la construction ferroviaire se fit avant, pendant ou peu après la première phase d'industrialisation, elle nécessita l'adoption de structures bancaires nouvelles. Le cas belge est exceptionnel, car les banques nouvelles furent fondées avant le chemin de fer.

Les grandes banques nouvelles françaises furent fondées entre 1848 et 1872 : elles furent toutes des banques mixtes. L'idée de secteur semi-public, comme en Belgique, n'était pas absente lors de la naissance du Crédit mobilier, qui formait un ensemble avec les Comptoirs d'escompte et le Crédit foncier : il était conçu comme un instrument de la politique ferroviaire et industrielle du gouvernement, mais leurs relations devinrent vite distantes. Les établissements nouveaux drainèrent l'épargne dans des proportions jusqu'alors inconnues. Ils n'étaient pas des concurrents de la haute banque, car parmi leurs fondateurs il y avait les grands banquiers. Ils offraient plutôt à ces derniers des formes juridiques plus appropriées aux nouveaux types d'opérations : financement ferroviaire français et européen, et financement de l'urbanisation (immobilier, transports publics, gaz...). Leur engagement proprement industriel resta en retrait par rapport à ces deux emplois principaux. Le Crédit lyonnais cependant, qui n'était pas au niveau des grandes batailles ferroviaires européennes, se lança dès sa fondation dans l'aide à l'industrie : sidérurgie et mines de la Loire, compagnies locales de chemins de fer, Société La Fuschine... Il faut dire que les industriels utilisateurs avaient parrainé la naissance de la banque, et que les fondateurs utilisèrent d'abord l'établissement à leur propre profit. Les déboires rencontrés devaient amener dès 1870 le Crédit lyonnais à une tendance à la spécialisation vers la banque de dépôts. Mais, globalement, en 1880 encore, le système français restait mixte.

En Allemagne, les grandes banques de la fin du XIXe siècle naquirent en deux phases, pendant la décennie 1850, puis pendant les *Gründerjahre* 1870-1873. Elles furent aussi mixtes, mais contrairement au cas belge, elles se fondèrent contre les États plutôt qu'avec leur aide. Malgré leurs programmes de développement industriel, elles s'orientèrent surtout vers la construction ferroviaire et le placement d'emprunts publics. Continuant la tradition de la haute banque colonaise, le Schaaffhausenscher Verein fut le seul à se lancer hardiment dans la promotion industrielle. Mais, jusqu'au milieu des années 1860, les *Kreditbanken* n'eurent qu'une importance secondaire puisque le total de leurs avoirs ne dépassait pas le dixième de ceux des *Privatbanken*. Il fallut attendre les années 1870-1872, c'est-à-dire la fin de la Révolution industrielle, pour qu'elles prennent leur essor.

Entre les exemples anglais et belge de faible et de fort rôle de la banque dans l'industrialisation, les cas français et allemand montrent qu'au milieu du XIXe siècle les banques nouvelles contribuèrent moins au développement industriel qu'à la création des infrastructures nécessaires à l'industrialisation. Les choix bancaires sont dans la logique de l'économie, au carrefour des demandes des entrepreneurs et des occasions de profit, qui dès le milieu du siècle rendirent plus attractifs les investissements dans les pays moins développés où les taux d'intérêt étaient plus élevés.

Orientation bibliographique

Born K.E., *Geld und Banken* im 19. *und 20. Jahrhundert*, Stuttgart, 1977.

Bouvier J., *Les Rothschild*, Paris, 1967.

—, *Un siècle de banque française*, Paris, 1973.

Cameron R. *et alii, Banking in the Early Stages of Industrialization*, New York-Londres-Toronto, 1967.

Landes D., « Vieille banque et banque nouvelle : la révolution financière du XIXe siècle », *Revue d'histoire moderne et contemporaine*, 1956.

Van der Wee H., « Politique d'investissement de la Société générale de Belgique (1822-1913) », *Histoire, économie et société*, 4e trimestre 1982.

Cf. Banque et finance au XVIIIe siècle. Capital et Révolution industrielle. Chemins de fer, capital et capitalistes. Paiements internationaux : un système bipolaire ?

Bauwens, Liévin *(1769-1827)*

Liévin Bauwens n'est pas venu comme d'autres grands filateurs cotonniers gantois, comme les Lousbergs, de l'indiennerie. Son père était tanneur, et lorsqu'il mourut en 1789, les frères Bauwens continuèrent d'exploiter l'entreprise familiale. La réussite industrielle de Liévin Bauwens a reposé sur ses réels talents d'inventeur, mais aussi sur son attitude de collaboration avec les occupants français, qui n'était pas partagée par l'ensemble de la bourgeoisie gantoise. Il devint fournisseur aux armées, à qui il vendait du cuir, mais aussi du drap ; fermier des revenus des domaines nationaux, il acheta des biens nationaux en Belgique ainsi que dans la région parisienne, comme le couvent des Bonshommes de Passy ; c'était sans doute une précaution au cas où l'évolution militaire l'aurait contraint à quitter son pays. Il accepta la fonction de maire de Gand, dont personne ne voulait pour ne pas se commettre avec les occupants. Vers 1800, les Bauwens avaient de nombreuses activités, outre le tannage : ils faisaient tisser et blanchir des cotonnades à la prison, dont Liévin était le directeur, ce qui lui permettait de disposer de cette main-d'œuvre quasi gratuite, que se partageaient les industriels ; il faisait aussi filer le lin mécaniquement, ce qui prouverait que ses recherches auraient donné des résultats avant l'invention décisive de Girard.

Pour monter une filature de coton, il fit venir d'Angleterre, où il avait déjà fait de très nombreux voyages, un « assortiment » de machines : l'envoi était en contrebande, les difficultés furent nombreuses ; il put en récupérer une partie, dont sans doute une machine à vapeur. Ses capacités techniques lui permirent de reconstituer les éléments manquants. Il exposa ses *mule jennies* à l'Exposition industrielle de Paris en 1801.

L'occupation française suscitait alors des réactions, la « guerre des Paysans » ; cela explique que, par prudence, Bauwens ait envoyé ses machines au couvent de Passy, pour y monter sa première filature. Les troubles s'étant apaisés, il monta la première filature mécanisée de Gand en 1801, puis, comme la production était insuffisante, une deuxième fabrique, non loin de la ville, à Tronchiennes, en 1803. Ces trois établissements possédaient des machines à vapeur. Il vendit alors l'usine de Passy et laissa la tannerie à ses frères pour concentrer ses activités sur le textile gantois, dont il couvrait toutes les phases successives : fabrication de machines pour ses ateliers (il ne les vendait pas pour se réserver les « secrets » de fabrication), tissage à la prison et dans des structures rurales proto-industrielles, blanchiment, indiennerie. Mais ces activités restaient séparées, à la différence de celles des frères Lousbergs, qui étaient alors les seuls à avoir monté, en 1803, une unité de filature et tissage intégrée, au château de Renaix. Avec le Blocus continental, Liévin Bauwens profita, comme tous les filateurs gantois, des poussées de demande et de la spéculation sur l'évolution des marchés. Mais ce développement n'avait pas des bases saines, et après un coup d'avertissement en 1808, une dure crise de crédit vint en 1810 balayer plusieurs maisons comme celle des Lousbergs. Bauwens en subit le contrecoup ; il était déjà fortement endetté. Grâce à ses excellentes relations avec l'administration française, il en obtint un prêt hypothécaire de

300 000 francs en 1811. Mais, malgré la reprise relative des affaires en 1812, sa situation financière ne se rétablit pas. En 1814, ses biens furent saisis par ses créanciers. Les frères Bossaert récupérèrent la filature des Chartreux de Gand, pendant que son beau-frère, De Vos, indienneur, reprenait Tronchiennes. Liévin Bauwens se fixa à Paris en 1819, et travailla jusqu'à sa mort au problème de la mécanisation de la filature de bourre de soie, grâce à laquelle il pensait sans doute pouvoir reconstituer sa fortune.

Orientation bibliographique

Desplechin A., *Liévin Bauwens et sa famille*, Bruges, 1954.
Dhondt J., « L'industrie cotonnière gantoise », *Revue d'histoire moderne et contemporaine*, vol. II, 1955.
Lebrun P., Bruwier M., Dhondt J. et Hansotte G., *Essai sur la Révolution industrielle en Belgique (1770-1847)*, Bruxelles, 1979.
Leleux F., *Liévin Bauwens*, Paris, 1969.

Cf. Belgique (Révolution industrielle en). Entrepreneurs. France et Grande-Bretagne II : Révolution, Empire et industrialisation. Innovations dans le textile et la chimie.

BELGIQUE *(Révolution industrielle en)*

L'histoire de l'industrialisation belge est dominée par deux faits majeurs : la présence abondante du fer et du charbon, et l'instabilité de la définition territoriale jusqu'à la constitution définitive de l'État belge en 1830.

Les Pays-Bas autrichiens étaient à la fin du XVIIIe siècle un des centres les plus actifs de proto-industrialisation : les Flandres étaient une immense filature de lin, mais à cela s'ajoutait une habitude séculaire du travail du métal et du verre, ainsi que de l'emploi du charbon. Si l'extraction houillère était freinée dans le pays de Liège par une législation défavorable, elle était en plein essor dans le Borinage, le Centre et le pays de Charleroi. Plus de trente machines de Newcomen furent installées avant 1790 pour l'exhaure. L'importance de l'investissement conduisait déjà à la formation de sociétés capitalistes, dirigées principalement par les marchands de charbon.

L'annexion à la France, puis le Blocus continental, qui donna à l'industrie belge l'accès à un vaste marché, tout en la protégeant de la concurrence anglaise, déclenchèrent la première phase de la Révolution industrielle dans quelques pôles régionaux de développement. Les charbonnages furent stimulés, car ils produisaient moins cher que les français. Les lois de 1791 et 1810 et l'action du corps des mines favorisèrent la modernisation. Dans le bassin du Centre, la production progressa beaucoup. Si l'armurerie traditionnelle liégeoise était en déclin, la Manufacture impériale d'Armes allait profiter des commandes de l'armée. Mais durant cette période, ce fut dans le secteur textile, entraînant derrière lui la construction de machines, que le décollage se fit.

À Gand existaient depuis 1770 des indienneries concentrées : l'ouverture des marchés rhénan et français leur fit faire de gros profits. Et, comme à Mulhouse, les indienneurs, De Vos ou Lousbergs, innovèrent en se lançant dans la filature du coton, bien que la première impulsion fût venue de Liévin Bauwens qui n'était pas issu de leur milieu. Les capitaux de l'indiennerie irriguèrent la modernisation de la filature. Jusqu'au Blocus continental, les deux activités étaient séparées : les indienneries travaillaient des cotonnades des Indes, les filatures fournissaient la matière première au tissage rural.

Avec le Blocus qui rompit les approvisionnements, elles devinrent complémentaires; mais, sauf dans quelques établissements, le tissage ne fut pas intégré à la filature. À la suite des quelques grandes filatures mécaniques fondées au début du siècle, d'autres, plus petites, virent le jour entre 1806 et 1810, dans un climat spéculatif, pour profiter du boom de demande dû à la disparition temporaire des filés anglais. Les crises de 1808 et 1810 allaient assainir le secteur. La reprise en 1812 se fit lentement, mais sur des bases plus saines. En quelques années, la révolution technique s'était affirmée dans l'industrie cotonnière gantoise. Dans la région de Verviers, l'industrie lainière était traditionnelle. L'arrivée d'un mécanicien anglais, W. Cockerill, fut le stimulus qui déclencha la mécanisation de la filature à partir de 1800 : en 1810, la région était le premier centre continental de la laine cardée. En symbiose, la construction de machines textiles prit son essor grâce aussi à la famille Cockerill, qui s'installa à Liège en 1807 et devait fournir en « mécaniques » tout le continent.

Avec la fin de l'Empire, les cotonnades anglaises envahirent le marché, les faillites furent nombreuses. Le roi Guillaume Ier établit un tarif protectionniste, mais les conditions étaient complètement nouvelles : les marchés européens, français en particulier, étaient fermés par une barrière douanière, mais le marché hollandais, avec son prolongement colonial, était désormais ouvert. Après une période de marasme, l'industrie gantoise se mit à travailler pour les Indes orientales. Timidement jusqu'en 1825, résolument ensuite, elle s'équipa en machines à vapeur, pendant que le tissage commençait à se mécaniser. L'industrie verviétoise faisait de même.

Mais la Révolution industrielle démarra alors sur d'autres secteurs et d'autres régions. Dans la sidérurgie quelques grandes entreprises modernes et pionnières furent créées.

Dans la région de Liège, John Cockerill passa à la construction de machines à vapeur, et à la sidérurgie lourde, grâce à un prêt de l'État, puis intégra vers l'amont en investissant dans les charbonnages et les mines de fer. Orban monta en 1821 son usine à Grivégnée, et Lamarche, en 1829, la sienne à Ougrée. Dans le deuxième pôle sidérurgique, la région de Charleroi, Huart Chapel construisit le premier haut fourneau à coke en 1824 à Marcinelle. Une caractéristique de l'industrie lourde belge apparaissait dès sa naissance : la forte intégration entre houillères et sidérurgie à l'intérieur de très grosses unités de production.

Avec l'indépendance de la Belgique, puis la fermeture des marchés hollandais et colonial, une grave crise de reconversion se déclara. Les Indes orientales n'achetaient pas le même type de cotonnades que l'Europe. De 1830 à 1835, le nombre de broches de la filature gantoise baissa de 17 % ; il fallut attendre 1839 pour retrouver le niveau d'avant 1830. Désormais la vente était limitée au marché intérieur, dont la croissance lente dépendait de la hausse des revenus. En 1840, 96 % des cotonnades étaient consommées sur place. Dans un souci de reconversion face au marasme cotonnier, deux puissantes sociétés anonymes fondèrent en 1835 et 1838 des filatures mécaniques de lin, qui travaillèrent pour le marché français. Le filage domestique de la Flandre occidentale allait s'effondrer malgré les efforts de soutien du gouvernement. Toute la région devait se désindustrialiser. Les lainages de Verviers résistèrent mieux, car ils continuaient de s'exporter vers le Zollverein et les États-Unis. Mais le textile avait perdu dès les années 1830 son rôle de *leading sector* au profit de l'industrie lourde.

Cette dernière connut aussi la crise de reconversion. Les usines de Seraing furent quasiment arrêtées en 1831-1832 ; les Cockerill avaient déjà étendu leurs activités à la Prusse. Car la sidérurgie et les charbonnages ne pouvaient se développer sur le seul marché intérieur et devaient exporter sur les pays voisins. La Belgique était partie intégrante d'un ensemble industriel couvrant le nord de la France, le Luxembourg et la Rhénanie-Westphalie, à l'intérieur de laquelle s'effectuait l'essentiel des trafics.

La France se protégeait avec des tarifs élevés, mais faisait exception pour le charbon belge dont les industriels avaient besoin : un bon réseau de voies navigables l'amenait jusqu'à Paris. Dès 1821, le charbon du Borinage représentait les trois quarts des importations houillères françaises. Entre 1830 et 1840, la Révolution industrielle put se consolider dans les charbonnages. Pour la sidérurgie et la construction mécanique, deux solutions étaient envisageables. Un projet d'union douanière avec la France fut discuté en 1836, mais échoua devant l'opposition des maîtres de forges français et de la Grande-Bretagne. L'autre solution s'imposait : exporter dans le Zollverein où les droits de douane étaient inférieurs. La construction des chemins de fer fit repartir la sidérurgie belge, directement par les commandes de machines et de rails, et indirectement en lui facilitant l'accès au marché allemand. Le réseau fut construit pour capter le trafic Angleterre-Zollverein, et pour desservir les régions industrielles : un axe Anvers-Bruxelles-Liège-Cologne, avec une perpendiculaire vers Charleroi, le Borinage et la France. Le réseau avança très vite : 334 kilomètres en 1840, 1730 en 1860 ; la Belgique était alors le pays où la densité ferroviaire était la plus forte. La Révolution industrielle s'était consolidée dans la sidérurgie, avec des manifestations de ce que P. Lebrun considère comme un trait de l'attitude belge devant la technique, « l'obsession technicomaniaque » conduisant à des cas de gigantisme, comme l'empire Cockerill.

À partir des années 1830, s'affirmèrent aussi trois traits qui différenciaient alors l'industrialisation belge de celle des autres pays. L'État était intervenu de manière massive sur le plan financier pour aider au développement industriel : sur les huit millions de francs investis chez Cockerill jusqu'à 1840, sept avaient été fournis par le gouvernement hollandais, puis belge, et par le Fonds de l'industrie nationale. La banque avait eu la même fonction, intensément et précocement, avec deux grands établissements pionniers, la Société générale et la Banque de Belgique qui menèrent une politique de participations industrielles à partir de 1830-1835. En 1842, la Société générale contrôlait six sociétés de transport, dix charbonnages, cinq établissements métallurgiques... Enfin, de 1830 à 1840, la forme sociétaire anonyme s'imposa dans les charbonnages et la sidérurgie avec un mouvement de concentration financière et d'intégration entre les deux secteurs se prolongeant dans la construction mécanique, comme la SA des Charbonnages et hauts fourneaux d'Ougrée (1835) ou la SA des Charbonnages et hauts fourneaux de l'Espérance (1837), toutes deux soutenues par la Banque de Belgique. Malgré les instances du gouvernement, Cockerill avait refusé de transformer les établissements de Seraing en société anonyme pour trouver de nouveaux capitaux : dès sa mort, ses héritiers y recoururent.

Orientation bibliographique

Craeybeckx J., « Les débuts de la Révolution industrielle en Belgique et les statistiques de la fin de l'Empire », in *Mélanges offerts à G. Jacquemyns*, Bruxelles, 1968.

Devleeshouwer R., « Le Consulat et l'Empire : période de *take-off* pour l'économie belge », *Revue d'histoire moderne et contemporaine*, vol. XVII, 1970.

Lebrun P., Bruwier M., Dhondt J. et Hansotte G., *Essai sur la Révolution industrielle en Belgique*, Bruxelles, 1979.

Milward A. et Saul S.B., *The Economic Development of Continental Europe*, Londres, 1973.

Mokyr J., *Industrialization in the Low Countries (1795-1850)*, New Haven-Londres, 1976.

Van Der Wee H., « Politique d'investissement de la Société générale de Belgique (1822-1913) », *Histoire, économie et société*, 4e trimestre 1982.

Cf. Bauwens, Liévin (1769-1827). Cockerill (La famille). Petits pays : Belgique, Pays-Bas et Suisse. Proto-industrialisation et préindustrialisation. *Z-goods model* de transition entre proto-industrialisation et industrialisation.

BORSIG, AUGUST *(1804-1854)*

Fils d'artisan comme beaucoup de fondateurs d'entreprise des deux premières générations, il suivit les cours de l'Institut technique de Charlottenburg à Berlin. Il appartient à la catégorie des fondateurs techniciens, car il travailla ensuite treize ans dans la fabrique de machines d'Eggels, qui avait été envoyé, par le directeur général des services de l'industrie et du commerce au ministère des Finances Beuth, en Angleterre pour étudier les machines, et qui, en 1825, avait construit la première machine à vapeur allemande. Borsig s'éleva au poste de directeur technique, avant de fonder en 1837 une petite usine de construction de machines à la porte d'Oranienburg à Berlin. Il démarra avec un petit capital de 67 000 thalers, dont 8 000 économisés sur ses appointements antérieurs et 59 000 empruntés à 3 % à des amis. Ce type de préfinancement est très caractéristique des entreprises fondées avant 1850. L'entreprise grossit alors rapidement. En 1841, elle sortit sa première locomotive, une des premières construites en Allemagne. Sa production s'avéra aussi bonne que celle de la concurrence britannique ; en 1843, une de ses locomotives gagna une course organisée contre une machine anglaise. Borsig employait 50 ouvriers au début, 1 100 en 1847 et il produisait 67 locomotives par an. Une fois la crise de 1847-1848 terminée, pendant laquelle il dut licencier 400 ouvriers, il étendit ses activités par intégration verticale : il ouvrit une fonderie à Moabit en 1849, avant d'acquérir une mine de charbon. Il se lança aussi dans la construction de machines à vapeur pour bateaux. À sa mort en 1854, il avait fourni aux chemins de fer prussiens 1885 des 2 512 locomotives en circulation, alors que le deuxième fournisseur par ordre d'importance, le constructeur berlinois Wohlert, n'en avait livré que 201. L'entreprise fut alors reprise par son fils Albert ; elle continua d'innover (elle fut la première à installer un four Martin en Allemagne) et à se développer dans des structures familiales qui étaient encore les siennes au début du XXe siècle.

Orientation bibliographique

Benaerts P., *Borsig et les débuts de la fabrication des locomotives en Allemagne*, Paris, 1933.

Henderson W.O., *The State and the Industrial Revolution in Prussia (1740-1870)*, Liverpool, 1958.

Matschoss C., *Männer der Technik*, 1925.
Neue deutsche Biographie, *Historische Kommission bei der Bayerischen Akademie der Wissenschaften*, Berlin, 1955.
Pierson K., *Borsig, eine Name geht um die Welt. Die Geschichte des Hauses Borsig und seiner Lokomotiven*, Berlin, 1973.

Cf : Allemagne (Révolution industrielle en). Entrepreneurs. Krupp (Alfred) et la Révolution industrielle dans la Ruhr.

Capital et Révolution industrielle

Nombre d'auteurs, depuis Marx, ont insisté sur la nécessité d'une accumulation primitive de capital. Le capital était abondant dans l'Europe de la fin du XVIIIe et de la première moitié du XIXe siècles, avant et pendant la première phase de l'industrialisation, en Grande-Bretagne, en France, et plus encore dans les Provinces-Unies et en Suisse. Dans les pays germaniques, il y eut excès de l'offre de capital par rapport à la demande jusque vers 1840. La disponibilité du capital dépendait beaucoup de l'attitude des États qui pompent le marché lorsqu'ils empruntent (car les rentes sont un placement privilégié), mais l'alimentent ensuite par le versement des intérêts. À la fin des guerres napoléoniennes pendant lesquelles ils avaient beaucoup emprunté, les États anglais et français eurent tendance à se désendetter, ce qui contribua à accroître le capital offert. Le gouvernement anglais amortit ses *consols* : sa dette passa de 844 à 788 millions de livres entre 1819 et 1839, ce qui accrut l'offre non seulement en Angleterre, mais aussi sur le continent. Jusqu'à la construction des chemins de fer qui allait constituer un emploi considérable, le capital fut donc excédentaire. Il était par conséquent bon marché ; les fonds d'État anglais étaient à 3 %, les taux d'intérêt privés de l'ordre de 3 à 4 %. Mais l'équilibre macro-économique ne suffisait pas. Encore fallait-il que le capital accumulé s'investisse dans l'industrie, soit directement, soit par l'intermédiaire des banques, du marché financier ou de l'État. En fait les capitaux sécrétés par les trois sphères principales d'accumulation — la rente foncière, le profit commercial et proto-industriel et l'État — ne se transférèrent que de manière limitée et inégale dans l'industrie naissante. La contribution de l'agriculture, en particulier au niveau de la formation du capital, fut faible.

Le grand commerce maritime fut une source d'accumulation massive. Des négociants travaillant avec l'outre-mer investirent dans l'industrie, comme ceux de Londres ou de Bristol dans la métallurgie du pays de Galles, comme les marchands de tabac de Glasgow dans l'équipement de la vallée de la Clyde, ou comme les armateurs bordelais dans les raffineries de sucre qui étaient un prolongement naturel de leur activité. Mais, le plus souvent, ce capital se dilapida dans des dépenses ostentatoires ou se plaça en fonds d'État et en foncier : châteaux, hôtels particuliers, terres, vignobles, plantations...

Le négoce non colonial fut plus ouvert aux besoins industriels. Les marchands de charbon investirent dans les mines en Grande-Bretagne. Mais cette intégration vers l'amont fut surtout le fait des marchands-manufacturiers, qui, pour assurer leur approvisionnement, placèrent leurs capitaux dans l'industrie du coton et de la laine. Ils étaient déjà des entrepreneurs aptes à saisir l'importance des formes nouvelles de la production et donc capables d'y investir. Ils firent la transition entre proto-industrialisation et industrialisation.

Le troisième investisseur potentiel était l'État, qui,

dans un cadre mercantiliste, avait eu un rôle d'entrepreneur, ou du moins de promoteur, comme dans le cas des manufactures en France, en Prusse, en Autriche, en Russie. Cette activité perdura en Prusse, où, au début du XIXe siècle, l'État utilisait la *Seehandlung* comme une sorte de société holding avant la lettre, pour financer des mines, des filatures, des tissages... Mais la *Seehandlung* fut peu à peu mise en veilleuse, car le libéralisme l'emportait. En Grande-Bretagne, l'État ne joua aucun rôle de financement industriel. En France, par un reste de mercantilisme, il s'engagea, par l'intermédiaire de différentes caisses, dans de grandes entreprises comme le Creusot. Mais cette attitude était liée à l'Ancien Régime : l'État bourgeois fut libéral. Son action sur l'économie ne se situa plus qu'au niveau de la réglementation et des cadres généraux de fonctionnement. Dans deux cas marginaux et tardifs seulement, l'État joua un rôle primordial dans le financement industriel : en Russie et au Japon.

En fait, les débuts de l'industrialisation nécessitèrent peu de capitaux : le préfinancement fut rarement un problème. En Grande-Bretagne, la part de l'investissement industriel serait d'environ 25 % du total de 1770 à 1830. Deux raisons expliquent cette modération des besoins en capital fixe : l'étroitesse des secteurs concernés par la Révolution industrielle, le coton et la métallurgie, et la faiblesse des capitaux de départ d'une entreprise nouvelle. Vers 1770-1780, il fallait environ vingt-cinq livres par actif à mettre au travail dans le textile, soit quatre mois de salaire, et guère plus de trente livres dans la métallurgie. Les entreprises étaient petites et démarraient souvent avec moins de dix ouvriers. Les bâtiments étaient souvent un réemploi : fermes, maisons, granges achetées ou louées; en France, après 1790, nombre de biens nationaux acquis à bas prix furent convertis en locaux industriels. Même les machines étaient quelquefois en location. Le préfinancement put donc souvent se faire avec des capitaux familiaux augmentés des économies de quelques amis ou associés. Certes, le capital fixe de démarrage variait selon les secteurs et la période. La métallurgie ou la mine exigeaient de plus gros capitaux : mais, dans ces secteurs, il s'agissait moins de création d'entreprises *ex nihilo* que d'investissement sur un établissement déjà existant ou d'extension d'unités déjà en fonctionnement. Le problème n'était plus celui du démarrage, mais celui de la croissance de l'entreprise, et là il n'y avait plus de difficultés, car les profits étaient très élevés : une moyenne de 20 à 30 % sur le continent. Les entreprises qui n'avaient pas fait faillite dans leurs premières années d'existence se développaient ensuite rapidement : les frères Walker démarrèrent en 1746 avec 600 livres; en 1780 leur capital atteignait 122 000 livres. La première génération d'entrepreneurs réinvestit systématiquement. En règle générale, les entreprises grossirent par autofinancement, et même, loin d'investir tous leurs profits, elles produisirent souvent un surplus disponible pour aider à la création de nouvelles entreprises ou à la croissance d'autres secteurs (chemins de fer, par exemple).

Cela explique que parfois la masse des profits réalisés ait pu dépasser les possibilités d'investissements industriels, comme dans les pays germaniques jusque vers 1840. La Révolution industrielle put en effet économiser du capital : au lieu d'en consommer beaucoup plus, elle l'utilisa de manière plus productive.

Le niveau du capital de démarrage s'accrut au cours du XIXe siècle à cause de la complexité croissante des techniques et de l'augmentation du seuil minimal de rentabilité de l'entreprise ; l'accession au patronat devint de plus en plus difficile. Déjà sous l'Empire, en France, une filature moyenne pouvait coûter 100 000 francs : peut-être parce que l'industriel français dépensait plus que son homologue britannique pour les bâtiments. Mais, jusque vers 1860, les capitaux restèrent en général modestes. De toute façon l'entreprise familiale dominait. Ainsi Borsig fonda en 1837 son entreprise de construction de machines avec 67 000 thalers, dont 8 000 économisés dans son emploi antérieur de directeur technique et 59 000 empruntés à des amis : cela ne l'empêcha pas de sortir sa première locomotive en 1842. Mais dans la seconde moitié du siècle, avec la deuxième Révolution industrielle, les capitaux devinrent énormes pour démarrer une aciérie ou une entreprise chimique. Le problème du préfinancement allait se poser très différemment pour les pays à industrialisation tardive.

Lorsque l'entreprise se fondait, elle avait donc besoin de peu de capital fixe ; en revanche, il lui fallait beaucoup de capital circulant pour les matières premières, les salaires et les frais divers. Jusque vers 1830, en Grande-Bretagne, le capital fixe ne dépassait pas un septième des actifs des entreprises ; dans la métallurgie, il atteignait la moitié ; seules les filatures dépassaient de peu cette proportion. Mais les structures commerciales et bancaires existantes permettaient d'accorder ce crédit à court terme. Les négociants acceptaient en paiement des fournitures et en avance sur les ventes du papier commercial escomptable.

Dans les pays germaniques où les structures bancaires étaient moins développées, des solutions originales résolvaient le problème du crédit à court terme. Par le *Trockenwechsel,* les industriels tiraient des effets sur leurs banques, couverts par des dépôts ou à découvert. Ils recouraient aussi au crédit hypothécaire par *Pfandbriefe* gagées sur les terrains de l'entreprise ou sur leurs maisons. Ces deux types d'effets étaient couramment utilisés comme moyens de paiement.

Mais, même pour le crédit à long terme, les banques aidèrent. Tout d'abord, il est impossible de distinguer le crédit vraiment à court terme du crédit à court terme renouvelé qui est en fait du long terme. Ainsi l'entreprise sidérurgique Gutehoffnungshütte fut dans les années 1830-1840 constamment débitrice en compte courant de 100 000 thalers envers ses banquiers colonais. Mais les banques prêtèrent aussi à long terme.

Les *country banks* anglaises, dont certaines furent fondées par des industriels, pratiquaient l'investissement dans les zones industrielles, où certes, elles étaient moins nombreuses que dans les régions rurales. Le système bancaire anglais a pu, dans une certaine mesure, faire financer indirectement l'industrie par le capital foncier; Londres jouait un rôle d'intermédiaire entre régions excédentaires et déficitaires en capital. Boulton, Carron, le Creusot, les fabriques textiles de Normandie, du Nord et d'Alsace obtinrent ainsi des prêts bancaires. Le capital bâlois aida au démarrage du textile mulhousien. Mais si les grandes banques prêtaient plus volontiers aux entreprises qui avaient déjà fait leurs preuves, les banquiers locaux, liés souvent aux entrepreneurs par la parenté, l'amitié ou l'estime, ont pu leur apporter un soutien appréciable.

Il en allait de même pour le recours à l'épargne sociétaire qui ne fut permis qu'à peu d'entreprises, les plus grandes. En Grande-Bretagne, comme en France depuis le Code de commerce, et comme en Prusse, la société anonyme était soumise à autorisation gouvernementale, rarement accordée. Les commandites étaient en revanche libres. Dans cette première phase d'industrialisation, les formes juridiques qui convenaient le mieux aux entreprises étaient, outre la forme familiale, la société en nom collectif et la commandite simple qui ne réunissaient les capitaux que de quelques personnes. Le marché financier fut donc une source mineure du financement industriel. En règle générale, l'industrie finança l'industrie.

Orientation bibliographique

Cottrell P.L., *Industrial Finance (1830-1914). The Finance and Organization of English Manufacturing Industry*, Londres-New York, Methuen, 1980.

Crouzet F., *La formation de capital en Grande-Bretagne pendant la Révolution industrielle, Deuxième conférence internationale d'histoire économique*, Paris-La Haye, 1962.

—, « Capital Formation in the Industrial Revolution », *in* Mathias P. et Postan M.M. (éd.), *The Cambridge Economic History of Europe*, vol. VII, Ire partie, Cambridge-Londres-New York-Melbourne, 1978.

Cf. Agriculture et Révolution industrielle. Banque et finance au XVIIIe siècle. Banque et industrialisation au milieu du XIXe siècle. Commerce maritime au XVIIIe siècle. Marx et la Révolution industrielle. *Take-off*.

Chemins de fer, capital et capitalistes

L'investissement ferroviaire a présenté des fluctuations qui semblent de caractère cyclique. En Grande-Bretagne, le premier cycle atteignit son maximum entre 1833 et 1837 et se termina par une crise financière et économique; le deuxième. entre 1844 et 1847, atteignit son maximum en 1847, année où l'investissement ferroviaire s'éleva à 6,7 % du revenu national; après 1850, une stabilisation se produisit à moins de 2 % du revenu national, signe de maturité, mais avec des cycles mineurs (des maxima décennaux, 1864, 1874...). En France, il y eut trois ou quatre cycles, en retard d'une décennie sur la Grande-Bretagne : le premier maximum, en 1847, se brisa sur la crise financière et économique, puis, après une dépression, les plus hauts niveaux du siècle furent atteints entre 1854 et 1857; une reprise se fit sentir en 1862, mais le dernier cycle, beaucoup plus net, démarra à la fin des années 1870 pour culminer en 1884. En Allemagne, il n'y a pas d'estimation globale pour l'avant-1850, mais l'exemple prussien montre un même maximum en 1846-1847, qui se brisa sur la crise, puis en 1855-1859. Dans les trois pays, après 1880-1884, l'investissement ferroviaire baissa nettement du fait de la dépression économique générale.

Ces cycles d'investissement correspondent à ceux de la conjoncture générale. La question est de savoir s'ils la suivent, ou s'ils l'impulsent. « Les chemins de fer ont joué un rôle primordial à la fois dans les cycles de long et de court terme de l'économie française » (F. Caron). Les irrégularités de la phase initiale de construction dépendirent beaucoup de l'état du marché financier, lui-même reflet des émissions des compagnies. Les maxima cycliques étaient atteints lorsque les cours étaient élevés et donc les taux d'intérêt bas; les cours s'envolaient alors dans une atmosphère spéculative qui facilitait le lancement de projets quelquefois peu réalistes et dont on sous-estimait les coûts. Puis, les difficultés financières arrivant, certaines compagnies devaient baisser leurs dividendes, ce qui affectait les cours, les milieux d'affaires n'avaient plus confiance, et les compagnies ne pouvaient plus faire appel au marché financier car les titres se plaçaient mal. La spéculation à la hausse avait engendré la crise financière. « La crise de 1847 a été une crise de l'investissement ferroviaire », affirme F. Caron. La crise économique suivait. En France, le cycle suivant a correspondu aux années 1851-1857, qui furent pour toute l'économie une période d'exceptionnelle croissance. Beaucoup de valeurs ferroviaires furent émises, qui à partir de 1857 se placèrent mal, d'autant que les compagnies ne pouvaient plus verser les hauts dividendes des années antérieures. L'État dut intervenir, et avec la garantie d'intérêt les obligations ferroviaires devinrent des titres que le public assimila de plus en plus à des fonds d'État. Le marché en fut stabilisé, et il n'y eut plus d'emballement spéculatif, d'autant plus que la conjoncture générale se retourna à la baisse en France dès 1865. Les chemins de fer entraient dans une deuxième phase, celle de l'exploitation des réseaux et des profits limités. Quant au cycle de 1880, il fut volontariste, lié à la politique de l'État. Un schéma comparable pourrait être développé pour l'Allemagne, avec une chronologie différente, par exemple celle de la grande poussée spéculative de l'« ère des fondateurs », 1871-1873.

L'investissement ferroviaire n'a jamais représenté plus du quart de l'investissement total.

Mais il a joué sur le marché du capital un rôle beaucoup plus important que ces évaluations le laisseraient supposer. Car la plus grande partie des

Investissement ferroviaire en pourcentage de l'investissement total

	Grande-Bretagne	France	Allemagne	
Décennie 1830	9 %	0,8 %		
Décennie 1840	28 %	6,75 %		
Décennie 1850	15 %	12,7 %	1851-1854	11,9 %
			1855-1859	19,7 %
Décennie 1860		12,0 %	1860-1864	11,8 %
			1865-1869	17,5 %
Décennie 1870		12,0 %	1870-1874	18,6 %
			1875-1879	25,8 %
Décennie 1880		10,3 %	1880-1889	8,4 %

Sources : P. Mathias et M.M. Postan (éd.), *The Cambridge Economic History of Europe*, *op. cit.*, et R. Fremdling, *op. cit.*

autres types d'investissement se faisait sans recours au financement externe, comme la construction de logements ou l'investissement agricole (28 % du total en Grande-Bretagne en 1841-1850) à partir d'une épargne antérieure, ou comme l'investissement industriel et commercial (29 %) en général autofinancé. La construction des chemins de fer exigea un énorme capital investi pendant plusieurs années avant que les bénéfices ne commencent à apparaître. Quelques capitalistes ne pouvaient le réunir ; toutes les compagnies adoptèrent, pour drainer l'épargne, la forme sociétaire anonyme. Le volume des valeurs en circulation, parmi lesquelles les rentes d'État prédominaient jusqu'alors, en fut brutalement très augmenté. En Grande-Bretagne, les sociétés de canaux avaient déjà habitué le public aux actions : celles des compagnies de chemins de fer se placèrent facilement dans la décennie 1840, suscitant un grand engouement. Les banques n'eurent guère à intervenir pour préfinancer. Les activités des Bourses de Londres, Manchester et Liverpool s'accrurent fortement ; d'autres Bourses provinciales apparurent, dont beaucoup ne survécurent pas à la fin du boom de construction. Les dividendes baissèrent alors, l'action devint moins sujette à la spéculation, et les compagnies durent recourir à l'emprunt ou à l'émission de titres plus attractifs comme les actions de priorité. En même temps, les titres ferroviaires se classaient et changeaient de public. Au début, les commerçants représentaient 52 % des souscripteurs et les industriels 15 % ; leur part baissa ensuite à 38 et 7 %, alors qu'augmentait celle de groupes sociaux plus intéressés par la sécurité, comme la *gentry* et les *gentlemen* (22 à 37 %) ou les femmes (2 à 8 %).

Sur le continent, le marché financier était plus étroit et plus dominé encore par la rente. Lorsque l'État n'assumait pas la construction, les compagnies durent avoir recours au capital étranger et à des intermédiaires bancaires. En 1847 en France, sur un milliard de francs investi, 600 millions avaient été fournis par les Anglais. Les grandes compagnies furent fondées en sociétés par actions avec le soutien de la haute banque parisienne, qui avait l'habitude de la soumission d'emprunts en syndicats et de l'introduction de valeurs en Bourse. La Compagnie du Nord avait été suscitée par un groupe Rothschild-d'Eichtal-Mallet : son capital en 1845 était de 200 millions, elle avait plus de 20 000 actionnaires. Pour relancer la construction ferroviaire, le Second Empire favorisa, en partie par hostilité contre Rothschild, en partie parce que, malgré son adaptation, la haute banque ne semblait pas l'outil le plus convenable, la naissance d'une grande banque mixte par actions, le Crédit mobilier des frères Pereire. Il allait se battre avec le groupe Rothschild et le groupe du PLM pour se partager les réseaux. L'actionnaire d'avant 1848 était peu stable, il spéculait sur les variations de cours. Pour toucher un public plus large, mais plus timoré, les compagnies se mirent à partir de 1852 à émettre massivement des obligations 3 % de 500 francs. Après les quelques années d'intense construction qui se terminèrent par la faillite du Grand Central et les Conventions de 1858 par lesquelles l'État, pour aider les compagnies à placer leurs obligations sur un marché déjà très sollicité par les emprunts d'État, apporta sa garantie d'intérêt, actions et obligations ferroviaires devinrent comme en Grande-Bretagne des placements de père de famille, sûrs, réguliers, mais peu rémunérateurs.

Les groupes bancaires français, à la recherche de profits plus élevés, se lancèrent alors, dès le milieu des années 1850, dans la construction des réseaux européens (Italie, Autriche, Suisse, Espagne, Russie) et dans le placement sur le marché français des titres des compagnies étrangères, aux dividendes ou aux intérêts plus élevés que ceux des compagnies françaises. Les chemins de fer avaient conduit à importer des capitaux anglais en France avant 1848 : dix ans après, la logique du profit conduisait les capitalistes français à mettre leur épargne à la disposition des chemins de fer étrangers. En même temps, pour drainer les épargnes locales, les groupes financiers français suscitaient ailleurs la naissance de banques mixtes, dont le but était de prendre en charge la construction des réseaux, comme la Bank für Handel und Industrie de Darmstadt, ou le Credito Mobiliaro espagnol... L'investissement ferroviaire avait trouvé sans grande difficulté des sources nationales de financement, avec quelquefois une aide provisoire de l'étranger dans les pays qui avaient déjà fait ou étaient en train de faire leur révolution industrielle; en revanche, lorsque la construction des réseaux se fit avant l'industrialisation, le financement devait susciter une dépendance vis-à-vis du capital étranger : elle contribua donc à mettre en place la géographie des zones d'influence, sinon de domination, que les grands pays industriels exportateurs de capitaux étendirent au monde dès avant 1914.

Orientation bibliographique

Caron F., *Histoire de l'exploitation d'un grand réseau, la Compagnie du chemin de fer du Nord (1846-1937)*, Paris, 1973.

—, *in* O'Brien P., *Railways and the Economic Development of Western Europe (1830-1914)*, Oxford, 1983.

Crouzet F., *L'économie de la Grande-Bretagne victorienne*, Paris, 1978.

Floud R. et McCloskey D. (éd.), *The Economic History of Britain since 1700*, Cambridge, 1981.

Fremdling R., « Railroads and German Economic Growth : A leading Sector Analysis with a comparison to the United States and Great Britain », *The Journal of Economic History*, septembre 1977.

Mathias P. et Postan M.M. (éd.), *The Cambridge Economic History of Europe*, vol. VII, Ire partie, Cambridge, Londres-New York-Melbourne, 1978.

Cf. Banque et industrialisation au milieu du XIXe siècle. Chemins de fer et croissance économique. Chemins de fer, États, initiatives privées. Entreprise industrielle au milieu du XIXe siècle (Formes juridiques de l'). Révolution des transports au XIXe siècle.

CHEMINS DE FER, ÉTATS, INITIATIVES PRIVÉES

La part de l'État et du secteur privé dans l'initiative et le financement ferroviaires a varié selon les pays et les périodes en fonction de différents critères. L'idéologie générale était dominée par deux thèmes qui pouvaient s'opposer : le libéralisme, en vertu duquel l'État n'avait pas à intervenir directement dans la vie économique si ce n'est pas un souci de réglementation et de contrôle dans un but d'intérêt public, et la peur du « monopole », c'est-à-dire de la puissance exagérée de grandes compagnies. Mais différentes motivations poussèrent à l'intervention : une tradition mercantiliste encore vivace (Belgique, pays germaniques), l'habitude d'une administration puissante et compétente de s'occuper de l'infrastructure (France), la carence du capital privé et le désir d'éviter le recours aux compagnies étrangères (Belgique), la nécessité du chemin de fer comme préalable à l'unification politique (pays germaniques), le fait de le considérer comme symbole de la modernisation et comme clé de l'industrialisation (Russie). Entre les cas britannique et belge, exemples extrêmes d'intervention minimale et maximale, les autres pays suivirent toute une gamme de solutions intermédiaires. La variable temps introduit une deuxième dimension dans le problème, car la construction des grandes lignes fut une affaire fructueuse pour les intérêts privés, alors que les travaux ultérieurs et l'exploitation furent moins rentables : la notion de service public tendit à l'emporter.

En Grande-Bretagne, la construction des réseaux fut laissée entièrement à l'initiative individuelle, ce qui n'allait pas sans quelques aberrations : lignes parallèles, en concurrence sur les lignes les plus rentables, mais certes là où le trafic était le plus important ; mauvaise coordination, bien que, par exemple, dès 1832, plusieurs compagnies eussent déjà harmonisé leurs billets ; multiplication de très petites compagnies, au capital très faible, exploitant quelques kilomètres. En 1850, elles étaient plus de 200.

Mais déjà un mouvement de concentration se faisait sentir avec la formation de quelques grands ensembles comme les North Western et North Eastern Companies. Il se renforça dans les années 1860 avec l'apparition d'autres géants : Great Western, Great Eastern... En 1885, neuf compagnies exploitaient les deux tiers du réseau, abandonnant les lignes locales aux petites compagnies. Dès avant 1850, une partie de l'opinion, par peur du « monopole », avait réclamé la nationalisation. La loi de 1844 avait autorisé l'État à racheter les concessions à venir, mais il n'en fit jamais usage, et la commission réunie par le Parlement en 1872 repoussa toute idée de nationalisation, tout en considérant la concentration comme inévitable et même souhaitable. Les seules obligations imposées par l'État étaient d'obtenir une autorisation par un *act* du Parlement, qui avait à examiner le tracé et l'utilité de la ligne, un accord préalable des inspecteurs du *Board of Trade* avant ouverture de l'exploitation, et enfin des contraintes mineures, comme l'obligation de faire circuler chaque jour sur chaque ligne un train de voyageurs de troisième classe, s'arrêtant à toutes les gares, au tarif de un penny par mile, et la conformité à des normes de sécurité sévères, qui firent, à la fin du siècle, du réseau anglais un des plus sûrs d'Europe. Jusqu'en 1914, les compagnies furent rentables et n'eurent pas à demander de subventions à l'État.

En Belgique, l'étatisme domina d'une part par nationalisme, pour symboliser par une grande entreprise nationale l'accession à l'indépendance du pays et éviter, devant l'insuffisance du capital national, l'ingérence des compagnies étrangères. L'État se procura les ressources par des emprunts, dont une partie fut couverte par les Français par l'intermédiaire de Rothschild. Mais, d'autre part, la construction du réseau était aussi un élément de la politique industrialiste du gouvernement. Le réseau cruciforme adopté, qui avait Malines pour centre, mettait en relation Anvers, les zones industrielles, la France et le Zollverein, pour aider les industriels à exporter, attirer les marchandises en transit et éviter qu'elles ne passent par Rotterdam. Ce monopole d'État fut critiqué par les intérêts privés, et à partir de 1842 les lignes secondaires leur furent concédées : le capital et les ingénieurs anglais s'y introduisirent, puis furent relayés après 1850 par les Français et la puissante Compagnie du Nord. En 1850 les chemins privés ne faisaient que 150 kilomètres ; en 1870, cinquante compagnies contrôlaient 2 500 kilomètres. Mais l'État changea alors de politique et commença à racheter les lignes privées pour rationaliser le réseau et éviter la fermeture des lignes peu rentables.

En France, quelque 560 kilomètres de lignes dispersées avaient été construites en 1841, pendant qu'en commission on discutait du rôle respectif de l'État — qui s'était déjà fort endetté dans les travaux publics — et des compagnies privées. La loi de 1842 définit un réseau en étoile autour de Paris et adopta le principe mixte de la demi-concession. L'État devait acheter le terrain et construire l'infrastructure, les gares et les ouvrages d'art. Les compagnies devaient fournir le matériel et exploiter. Mais l'État, ressentant la demi-concession comme un abandon du domaine public, multiplia les concessions de courte durée pour permettre une nationalisation ultérieure que la loi prévoyait. Beaucoup de compagnies étaient trop petites et n'avaient pas assez de ressources, la structure du système bancaire était mal adaptée, les travaux avancèrent lentement. De grosses difficultés intervinrent avec la spéculation sur les actions puis la crise économique. L'État dut racheter le Paris-Lyon, ce qui constituait un précédent. Le problème du financement se posait de nouveau. Après juin 1848, l'idée de nationalisation, qui avait été évoquée, fut définitivement écartée parce qu'elle avait désormais une connotation socialiste. À partir de 1852, la politique fut au désengagement de l'État et on donna la préférence aux grandes compagnies. Ce que le ministre Bineau résumait ainsi en s'adressant au prince-président : « Vous avez voulu que lorsque l'assistance de l'État serait nécessaire, cette assistance au lieu d'être une participation en travaux ou une subvention en argent, fût donnée surtout sous forme de garantie d'intérêt, qui n'est qu'un appui moral, sous forme de temps, qui, en dégrevant le présent, ne fait que laisser à l'avenir sa part dans l'exécution des grands travaux dont il recueillera les fruits. » L'État usa de son pouvoir pour imposer une politique de fusion en grandes compagnies, qui en 1857 n'étaient plus que onze, dont six grands ensembles régionaux, et le régime de la concession pure et simple, par lequel les compagnies devaient assumer tous les frais, y compris ceux d'expropriation. En contrepartie de cette lourde charge, les concessions étaient longues (99 ans), l'État autorisait les émissions d'obligations, et leur garantissait un intérêt de 3 %. Mais sauf quelques exceptions, l'État n'accorda pas de subventions. La rentabilité ne fut pas à la hauteur des espérances ; les obligations se vendirent mal : la Banque de France dut intervenir pour les placer. Avec la crise, l'État dut s'engager davantage. Les Conventions de 1858 distinguaient l'ancien réseau, et les 8 500 kilomètres du nouveau réseau à construire ; comme ce dernier serait sûrement déficitaire et le resterait après reversement (clause dite du « déversoir ») des bénéfices de l'ancien réseau, l'État acceptait de payer jusqu'à 4,65 % sur l'intérêt des obligations nouvelles. Pendant cette décennie, il n'a que peu contribué financièrement (de 20 à 30 millions par an) sur des dépenses annuelles de 300 à 400 millions mais son rôle de garant fut essentiel. Le programme impérial du 5 janvier 1860 annonçait la reprise des travaux ferroviaires ; les compagnies ne voulaient plus financer des lignes peu rentables ; pour qu'elles en assument la construction, l'État dut leur verser d'importantes subventions (272 millions) dans le cadre des Conventions de 1863. L'État était de plus en plus associé à la gestion des compagnies. Ce trait fut encore renforcé lors de la dernière et plus grande phase de construction ferroviaire (1880-1884), dans le cadre du plan de relance conjoncturelle de Freycinet, puis des Conventions de 1883.

En 1870, 10 590 kilomètres de chemins de fer appartenaient à l'État dans les pays germaniques, 8 210 aux compagnies privées. En Bavière, en Wurtemberg, en Bade, en Hanovre..., ils avaient été d'emblée construits par l'État, mais en Prusse, l'attitude de ce dernier en matière ferroviaire a varié. Faute de moyens, le gouvernement, malgré sa tradition d'étatisme, ne s'engagea pas ; ce furent les industriels et les banquiers colonais qui suscitèrent les premières lignes. La loi de 1838 ne donnait à l'État qu'un droit de contrôle et l'autorisait à percevoir une taxe à cause du manque à gagner sur les péages routiers. La loi de 1842 prévoyait en revanche des formules d'association souple, où l'État pouvait fournir un septième du capital et garantissait un intérêt de 3,5 %. De 1848 à 1862, les ministres Hansemann, puis von der Heydt, n'accordèrent que peu de concessions privées et développèrent le réseau d'État en se procurant des ressources par emprunt. Puis leur successeur, von Itzenplitz, privilégia de nouveau la construction privée, qui connut un boom entre 1871 et 1873, grâce à l'aisance du marché financier alimenté par les amortissements massifs des emprunts d'État. Après la faillite de quatre compagnies lors de la crise de 1873, Bismarck mena une politique de rachat des compagnies prussiennes financièrement en difficulté : pour des raisons militaires, mais aussi pour utiliser les tarifs préférentiels comme instrument de politique économique. En 1880 dans l'Empire, 26 414 kilomètres étaient réseau d'État, et 5 884 appartenaient aux compagnies privées.

Ainsi, malgré les craintes exprimées par Jacqmin dans son ouvrage de 1868 : « substituer l'action de l'État à l'initiative privée, c'est arriver rapidement à la réalisation de certaines idées socialistes », cette tendance générale l'emportait partout en Europe sauf en Grande-Bretagne.

Orientation bibliographique

Caron F., *Histoire économique de la France (XIXe-XXe siècle)*, Paris, 1981.

—, *Histoire de l'exploitation d'un grand réseau : la Compagnie du Nord (1846-1937)*, Paris, 1973.

Crouzet F., *L'économie de la Grande-Bretagne victorienne*, Paris, 1978.

Girard L., *La politique des travaux publics du Second Empire*, Paris, 1952.

Henderson W.O., *The State and the Industrial Revolution in Prussia (1740-1870)*, Liverpool, 1958.

Jacqmin F., *De l'exploitation des chemins de fer. Leçons faites en 1867 à l'École impériale des ponts et chaussées*, Paris, 1868, t. I, p. 32.

Tilly R., *Kapital, Staat und sozialer Protest in der deutschen Industrialisierung*, Göttingen, 1980.

Cf. Chemins de fer, capital et capitalistes. Chemins de fer et croissance économique. État et industrialisation en Prusse. Révolution des transports au XIXe siècle.

Chemins de fer et croissance économique

L'historiographie a toujours considéré la contribution du chemin de fer à la croissance économique du XIXe siècle comme importante et évidente. Il aurait provoqué une relance de l'industrialisation en Grande-Bretagne et sa construction aurait accompagné, si ce n'est suscité, la Révolution industrielle dans les autres pays. La *New Economic History* américaine est venue remettre en question ce postulat de l'« indispensabilité » des chemins de fer avec les travaux de R. Fogel (1964) et A. Fishlow (1965) qui ont tenté de quantifier leur contribution à la croissance.

La première approche proposée par ces auteurs est la mesure de l'économie sociale, *social saving*, qui est la somme, pour une année postérieure à la construction ferroviaire, des dépenses supplémentaires qu'occasionnerait une situation imaginaire où les chemins de fer n'existeraient plus, toutes choses restant égales par ailleurs. Les transports devraient se faire par voie d'eau et par route; des exploitations agricoles seraient abandonnées, car leur production ne pourrait plus, à cause des coûts de transport, être compétitive; des frais de stockage s'ajouteraient; la sidérurgie et les autres industries produiraient moins... Des travaux récents ont calculé le *social saving* pour d'autres pays.

Ces estimations, toutes comparables, sont des minima, qui ne portent que sur le coût des trans-

Estimation du social saving
sur les marchandises transportées

	Date	*Social saving* en % du PNB	Auteur de l'estimation
Angl. et Galles	1865	4,1 %	G.R. Hawke
—	1890	11,0 %	—
États-Unis	1859	3,7 %	A. Fishlow
—	1890	8,9 %	R. Fogel
Russie	1907	4,6 %	J. Metzer
France	1872	5,8 %	F. Caron
Allemagne	années 1890	5,0 %	R. Fremdling
Espagne	1878	11,8 %	A. Gomez-Mendoza
—	1912	18,5 %	—
Belgique	1865	2,5 %	M. Laffut
—	1912	4,5 %	—
Mexique	1910	25 à 39 %	J.H. Coatsworth

Source : P. O'Brien, *op. cit.*

ports de marchandises. Pour tenir compte du transport de voyageurs, il faudrait ajouter 1,5 % pour les États-Unis en 1859, de 2,6 à 7,1 % pour l'Angleterre et le pays de Galles en 1865, selon la manière d'apprécier l'amélioration du confort, et 1,7 % pour la France. La différence de taux entre pays s'explique par la répartition antérieure des trafics entre voie d'eau, moins chère que les chemins de fer, et réseau routier, plus cher. Lorsqu'il y avait un bon réseau navigable (États-Unis, Belgique, Grande-Bretagne), le *social saving* est bas, au contraire de l'Espagne : pour y nourrir, en 1878, les animaux de trait nécessaires pour remplacer les chemins de fer, il aurait fallu leur consacrer de 30 à 40 % des terres emblavées. À cela s'ajoute l'influence de la vitesse antérieure des transports, qui détermine le volume des stocks nécessaires et donc celui du capital circulant immobilisé.

Fogel et Fishlow avaient conclu que les chemins de fer n'avaient que peu contribué à la croissance des États-Unis, car 10 % du PNB représentait une faible part réparti sur la durée entre le début de leur construction et la date de l'estimation (soit 0,48 % annuel sur vingt ans). Sauf pour l'Espagne et le Mexique, la plupart des estimations sont inférieures à 10 %. Elles ont pu être critiquées, mais cela a peu d'importance. Car, tout d'abord, le jugement porté sur le taux est subjectif. 10 % n'est pas une quantité si négligeable. Pour l'apprécier, il faudrait la comparer au *social saving* dégagé par d'autres grandes innovations de la Révolution industrielle : machine à vapeur, métiers textiles, canaux... Mais la critique doit être plus fondamentale, car cette approche suppose, et elle ne peut faire autrement, que sans chemins de fer, le trafic aurait crû de la même manière. Or il est sûr que la demande de transport variait en fonction des coûts qui ont diminué rapidement grâce à la croissance de la productivité, ainsi que de la souplesse et de la rapidité plus grandes du chemin de fer : ce dernier a contribué à augmenter fortement les trafics. On remarquera que, le plus souvent, les trafics par eau et par route continuèrent à croître : les chemins de fer créèrent des trafics nouveaux.

Enfin cette approche statique ne constitue qu'un premier temps de l'analyse, car il faut se demander dans quelle mesure la construction des réseaux ferrés ne fut pas, dans sa période d'intensité maximale, un *leading sector* entraînant le bâtiment, la métallurgie, la construction mécanique...

De nombreux travaux ont mesuré pour chaque

type de produits (fonte, acier, charbon, briques, bois, matériel de transport) l'importance de la demande ferroviaire. La sidérurgie britannique était dans une phase de maturité lors de la construction des chemins de fer; entre 1844 et 1851, ces derniers n'absorbèrent donc que 15 % de la production de fonte, ce qui fait conclure à G. Hawke qu'ils n'ont pas été « essentiels à l'existence de la sidérurgie ». Mais la Grande-Bretagne fournissait alors rails et matériels à tous les autres pays, Belgique exceptée; en tenant compte de cette demande étrangère, on constate que les chemins de fer achetèrent près de 30 % de la fonte britannique, ce qui leur confère plus nettement un rôle de *leading sector.*

En France, en Allemagne et aux États-Unis, après une phase d'importation, la production nationale prit rapidement le relais, ce qui fut un stimulant à l'adoption des technologies nouvelles. Les commandes ferroviaires donnèrent en France une impulsion aux grands établissements sidérurgiques, languissants depuis la crise de 1830, et firent naître une industrie de la locomotive. En Allemagne, 90 % de la fonte était au charbon de bois en 1835; en 1850, la plupart des rails et des locomotives étaient d'origine allemande, et de puissants ensembles sidérurgiques s'édifiaient dans la Ruhr.

En revanche, en Italie ou en Espagne, la production nationale profita moins de l'effet d'entraînement de la phase de construction, car elle ne fut guère capable de se substituer à l'importation, favorisée par la politique tarifaire : les intérêts des sidérurgistes et des compagnies étaient opposés dans la phase initiale : les uns désirant une protection, les autres des rails bon marché. En France et en Allemagne, la protection a permis à la sidérurgie de répondre peu à peu à la nouvelle demande ; en revanche, de bas tarifs expliquent l'importance des rails importés dans les années 1840 aux États-Unis, puis la sidérurgie américaine fut fortement stimulée. La place des groupes financiers étrangers — parmi lesquels les intérêts industriels étaient souvent représentés — dans les compagnies put aussi faire pencher vers l'importation : ils eurent tendance à imposer leurs équipements, soutenus par les ingénieurs habitués à travailler avec le matériel de leur pays d'origine.

Mais la raison profonde de la mauvaise substitution fut plutôt pour l'Italie et l'Espagne l'incapacité de la sidérurgie nationale à répondre à la demande. Une politique protectionniste aurait ralenti la construction ferroviaire et en aurait augmenté le coût. Les chemins de fer ne purent donc pas amorcer une industrialisation ; mais si celle-ci était suffisamment démarrée, ils constituèrent une puissante stimulation. De toute façon, ces estimations apprécient mal les effets d'entraînement, car elles ne tiennent pas compte des effets induits que seule une analyse en termes de tableau d'échanges interindustriels pourrait mesurer.

Ces analyses quantitatives ne suffisent pas pour mesurer la contribution des chemins de fer à la croissance. Ils transformèrent les marchés des capitaux, les systèmes bancaires et les flux internationaux de capitaux. Ils posèrent en de nouveaux termes le problème de l'intervention de l'État dans l'économie. Ils exercèrent une pression continue sur l'innovation en matière sidérurgique, mécanique et électrique, et poussèrent à la diffusion technologique. Un nombre d'emplois considérable fut créé, non compensé par une diminution dans les autres types de transport : 141 000 employés en France en 1871, 250 000 en Grande-Bretagne en 1875. Là encore, un effet multiplicateur dut s'exercer sur toute l'économie à partir de l'accroissement de revenu qui en fut la conséquence. La mobilité des hommes en fut accrue, les migrations interrégionales et l'urbanisation furent facilitées. Enfin, la baisse des coûts de transport due à de constants progrès de productivité contribua à la réduction des écarts interrégionaux de prix et à l'unification du marché national en France et en Allemagne. L'unification des marchés a dégagé des régions industrielles au niveau européen : la Belgique fut ainsi intégrée à une région allant du nord de la France à la Rhénanie-Westphalie. Les rentes de situation furent amoindries par les chemins de fer, et un processus de relocalisation, concernant plutôt les activités agricoles qu'industrielles, en découla. La spécialisation viticole du Languedoc en est un exemple. Pour les produits périssables comme la viande, les fruits, les laitages, l'accroissement de la vitesse du transport modifia les conditions de production et d'échange. Mais dans ce processus de relocalisation, les effets purent être négatifs sur certaines régions, en facilitant le départ des hommes et en accentuant les inégalités de croissance. L'opposition entre l'Italie du Nord qui s'industrialisait et le Mezzogiorno en fut ainsi accrue. Le chemin de fer eut donc aussi un rôle dans le processus de sous-développement de certaines régions du Sud et de l'Est européen.

Orientation bibliographique

Caron F., *in* Léon P., Crouzet F. et Gascon R. (éd.), *L'industrialisation en Europe au XIXᵉ siècle*, Paris, 1972.

Fishlow A., *American Railroads and the Transformation of the Ante-Bellum Economy*, Cambridge, Mass., 1965.

Fogel R.W., *Railroads and American Economic Growth*, Baltimore-Londres, 1964.
Fremdling R., « Railroads and German Economic Growth : A Leading Sector Analysis with a Comparison to the United States and Great Britain », *The Journal of Economic History*, septembre 1977.
Hawke G.R., *Railways and Economic Growth in England and Wales (1840-1870)*, Oxford, 1970.
O'Brien P. (éd.), *Railway and the Economic Development of Western Europe (1830-1914)*, Oxford, 1983.

Cf. Chemins de fer, capital et capitalistes. Chemins de fer, États, initiatives privées. *Leading sectors*. Révolution des transports au XIXe siècle.

COCKERILL *(La famille)*

William Cockerill était un « mécanicien » anglais : il savait fabriquer les nouvelles machines textiles. Comme nombre de ses homologues, il passa sur le continent dans l'espoir de trouver un commanditaire, État ou industriel. On le vit en Suède et dans les pays germaniques. En 1799, il arriva à Verviers, le centre lainier belge, où la firme Simonis et Biolley l'employa à équiper leur entreprise. En 1805, il monta sa propre entreprise de construction de machines, avec ses fils, William Jr., John et James, et son beau-fils Jacques Hodson. En 1807, de nouveaux ateliers étaient fondés à Liège. Les marchés furent prospectés avec efficacité. Les fils voyageaient en France, où en 1810 un atelier et un comptoir de vente furent ouverts à Paris, et en Allemagne où leurs machines équipèrent des filatures de laine à Berlin, en Brandebourg et en Saxe. En 1813, le père se retira. Les fils continuèrent à construire des machines, mais allaient peu à peu intégrer vers l'amont et vers l'aval, vers la filature et vers la sidérurgie. En 1814, ils furent invités officiellement en

Prusse. John monta à Berlin une filature de laine et un atelier de construction de machines textiles; il acheta aussi des filatures à Cottbus, Grunberg et Guben. Le gouvernement lui proposa de s'installer définitivement, ce qu'il refusa; mais son frère William devait rester à la filature de Guben, et James créa une entreprise de construction de machines à Aix-la-Chapelle.

John se lança alors, semble-t-il, dans la construction de machines à vapeur en copiant des modèles anglais. Grâce à un prêt d'État, il acheta le palais épiscopal de Seraing, y installa une entreprise de construction mécanique, puis une fonderie en 1819. En quelques années, durant lesquelles les conditions furent très favorables au démarrage de la sidérurgie, il constitua un énorme ensemble intégré et réunit dans ses mains tout un réseau de participations. Dès avant 1825, il avait déjà monté deux fours à réverbère, un haut fourneau à coke construit par un technicien anglais, une fabrique de fer; il était engagé dans des sociétés houillères (Ougrée, Sclessin) et obtint en 1830 une concession de mine de fer. Ces énormes et rapides investissements ne purent se faire par autofinancement : des concours extérieurs étaient indispensables. Cockerill profita de la politique industrialiste du roi Guillaume Ier, qui le finança personnellement et par l'intermédiaire du Fonds de l'industrie nationale; en contrepartie, la moitié de l'entreprise de Seraing fut cédée à l'État en 1825. La révolution de 1830 allait donc poser un problème financier, puisque Cockerill devenait l'associé d'un roi étranger. Il remboursa le gouvernement belge par annuités, tout en cherchant d'autres ressources auprès des nouvelles banques, la Société générale et la Banque de Belgique. Le début de la construction des chemins de fer raffermit les conditions d'exploitation. L'entreprise continua de grossir régulièrement. En 1839, Seraing possédait deux hauts fourneaux au coke, trente-six fours à coke, deux fonderies, quatorze fours à puddler, cinq laminoirs, neuf machines à vapeur. De 1835 à 1840, les ateliers avaient livré soixante-seize locomotives. C'était une entreprise gigantesque, la plus grande du monde, à la pointe de la technologie, intégrant tout le processus productif de la mine de charbon et de fer à la construction de machines. Elle faisait l'admiration des contemporains, même des Anglais.

Mais elle était fragile financièrement, non seulement parce que la demande ferroviaire était conjoncturellement fluctuante, mais aussi à cause de la politique audacieuse, ou imprudente, de John Cockerill : par une sorte de fuite en avant, il utilisait toutes les ressources dégagées par le profit ou obtenues des banques à investir et à acheter de nouvelles entreprises. Le rôle industriel des banques, liées à l'État, était alors beaucoup plus important en Belgique qu'ailleurs. La Banque de Belgique encaissa durement la crise financière de 1838-1839.

Cockerill avait des difficultés financières depuis déjà plusieurs années. Ses capitaux étaient immobilisés dans un énorme portefeuille actions. Il possédait des établissements métallurgiques à Liège, à Seraing, à Tilleur, des filatures à Cottbus, Aix-la-Chapelle, Saint-Denis (Paris), cinq charbonnages, des mines de fer, une plantation à Surinam, il avait des participations dans de très nombreuses sociétés. Il dut vendre la filature de Saint-Denis à bas prix. Il posait un problème national, dont les autorités s'inquiétaient, car de lui dépendait toute l'économie liégeoise; elles auraient désiré une transformation en société anonyme, ce qu'il refusait de peur de perdre le pouvoir dans l'entreprise. En 1840, il tenta une dernière démarche pour trouver l'argent frais qui lui manquait. Il alla en Russie proposer au tsar de lui construire des chemins de fer; son projet n'aboutit pas, mais il ramassa, au passage, des commandes à Varsovie, où il mourut. Pour les établissements de Seraing, la phase de croissance initiale, fantastique et un peu folle, était terminée. La phase de stabilisation arrivait. Les héritiers transformèrent l'entreprise en société anonyme pour résoudre les problèmes de financement.

Orientation bibliographique

Bergeron L., « Douglas, Ternaux, Cockerill : aux origines de la mécanisation lainière en France », *Revue historique*, n° 1, 1972.
Hustin R., *Les Cockerill et la cité de l'acier*, Bruxelles, 1944.
Lebrun P., Bruwier M., Dhondt J. et Hansotte G., *Essai sur la Révolution industrielle en Belgique*, Bruxelles, 1979.
Westebbe R.M., « State Entrepreneurship : King Willem I. John Cockerill I and the Seraing Engineering Works (1815-1840) », *Explorations in Entrepreneurial History*, vol. VIII, 1956.

Cf. Bauwens, Liévin (1769-1827). Belgique (Révolution industrielle en). Crawshay (La famille) et la sidérurgie galloise. Creusot (Le) et Eugène Schneider (1805-1875). Dufaud, Georges (1777-1852) et Fourchambault. Entrepreneurs. Fer, fonte et acier. Krupp (Alfred) et la Révolution industrielle dans la Ruhr. Martin, Émile (1794-1871) : maître de forges et inventeur.

Commerce maritime au XVIIIe siècle

La Grande-Bretagne et la France étaient au XVIIIe siècle au cœur d'une « économie-monde » européenne, à la croissance de laquelle contribuaient les échanges avec la périphérie européenne et les mondes extra-européens. Le grand commerce maritime ne constituait pas la totalité du commerce extérieur britannique et français, mais le commerce terrestre au travers du continent européen n'est guère mesurable. Or le commerce maritime, dont l'approche est plus aisée, connut alors un essor exceptionnel. Il changea aussi de structure : alors que les échanges intra-européens dominaient au début du siècle, la forte croissance fut le fait du commerce avec l'outre-mer et en particulier avec les Amériques. Ce commerce supposait le développement du système colonial de plantation, lié à la traite, afin de permettre à l'Europe d'importer des quantités toujours accrues de produits tropicaux. Mais les Antilles étaient aussi un marché, dont l'extension dépendait des possibilités d'expansion de l'exploitation coloniale : tissus pour vêtir les esclaves, produits alimentaires, quincaillerie et outils nécessaires aux sucreries, produits plus diversifiés pour les planteurs. Le commerce américain était donc doublement dépendant de l'économie de plantation ; les difficultés de celle-ci devaient entraîner la stagnation de celui-là. Il en allait autrement pour les échanges entre la Grande-Bretagne et les Treize Colonies, dont le développement démographique et économique s'effectuait sur des bases plus saines. Si le commerce américain avait une importance certaine pour le fonctionnement des économies du XVIIIe siècle, et en particulier pour le développement de la proto-industrialisation, sa contribution aux débuts de la Révolution industrielle est plus controversée. Marx le rendait responsable d'une grande part de l'accumulation primitive, indispensable, selon lui, pour l'industrialisation. L'autre effet induit, que le commerce extérieur aurait pu exercer sur les économies du cœur européen, reposait sur le stimulus à la croissance qu'était l'appel des marchés.

Entre 1700 et 1780, le commerce extérieur britannique fut multiplié par trois, croissant lentement jusqu'au milieu du siècle, puis s'accélérant. Il s'américanisait de plus en plus. Vers 1700 les marchés européens, surtout les pays du Nord et le Portugal, étaient dominants ; l'Amérique, les Antilles et les Indes n'absorbaient que 13 % des exportations. Vers 1770, ce pourcentage s'éleva à 46 %. La Grande-Bretagne ravitaillait ses colonies et, grâce au droit d'*asiento*, l'Empire hispano-américain en esclaves. Elle importait du sucre et du café, dont la consommation se banalisait avec la hausse du niveau de vie de ses classes moyennes. Le commerce avec les Treize Colonies, qu'elle s'était réservé, était encore plus dynamique. Elle leur interdisait tout commerce avec d'autres pays et toute activité industrielle. C'était un marché en extension rapide, car la population nord-américaine augmentait vite : 200 000 habitants en 1700, 2 millions en 1770. En échange du coton et du tabac, la Grande-Bretagne exportait massivement des produits textiles et métallurgiques ; la part des cotonnades s'accrut constamment. L'indépendance ne rompit pas les liens commerciaux antérieurs. Au contraire, la Grande-Bretagne, où les débuts de l'industrialisation engendraient des besoins croissants de coton, accrut ses importations des États-Unis, qui restèrent les meilleurs clients de leur ancienne métropole.

Le volume des exportations françaises doubla presque entre 1750 et 1787. Les traits principaux du commerce britannique, importance de la traite, des denrées coloniales, américanisation, se retrouvent en France. Mais le commerce français restait plus centré sur des marchés européens peu à peu déclinants, Espagne, Italie, Levant, qui vers 1750, absorbaient la moitié des exportations, pour 70 % des produits textiles. À la différence de l'Angleterre, la France réexportait la plus grande partie de ses importations de denrées coloniales, 68 % du sucre à la fin du siècle ; son marché intérieur n'avait pas, faute d'une hausse suffisante des niveaux de vie, la capacité d'en absorber autant que le marché anglais. Avec le développement de ce commerce d'entrepôt, l'importance de l'Europe du Nord grandit. Mais elle n'achetait que peu de textiles, à la différence des marchés méditerranéens, d'ailleurs en contraction. Le seul marché en expansion pour les tissus français était donc les Îles, avec 31 % des exportations en 1787 ; mais cela ne suffit pas à empêcher à partir de 1786 une crise générale du textile, frappant surtout les lainages. La France était donc particulièrement dépendante de la prospérité antillaise, pour ses exportations et pour son commerce d'entrepôt. Or l'économie de plantation commençait à entrer en crise. La décomposition de l'Exclusif accroissait les concurrences britannique et nord-américaine, alors que le fléchissement de la rentabilité de la plantation se manifestait par l'endettement des colons et le retard de leurs paiements. La Grande-Bretagne avait une position beaucoup plus forte grâce au marché nord-américain. À partir de 1780, avec la Révolution industrielle, elle allait se dégager du commerce colonial, pour devenir de plus en plus le fournisseur du monde en produits industriels. En France, les guerres de la Révolution et de l'Empire allaient anéantir le commerce colonial et contraindre à une complète reconversion de l'économie.

Il est difficile de mesurer la rentabilité du commerce extérieur, car si les profits étaient importants, ils étaient aussi irréguliers. Chaque armement présentait un risque. La traite et le commerce colonial étaient rémunérateurs; la fortune des armateurs de Bristol, de Liverpool, de Nantes et de Bordeaux en était la preuve. Le profit commercial reposait sur les énormes disparités de prix entre les Amériques, l'Afrique et l'Europe. Mais les profits baissèrent au cours du siècle, en particulier à cause de l'endettement des planteurs : avec les difficultés croissantes des économies antillaises, les créances étaient souvent longues à recouvrer, si ce n'est impossibles. Les évaluations moyennes tendent plutôt à prouver une modération des taux de profit : de 2 à 7,5 % à Nantes, de 3 à 13 % en Angleterre. Si cette accumulation de capital fut sans doute plus modeste qu'on ne le pensait, son importance pour la genèse de l'industrialisation dépend de l'emploi qui en fut fait. Très peu de ce capital marchand s'investit dans l'industrie, si ce n'est dans des sucreries. Une grande partie des profits servait à financer le commerce des denrées ou était immobilisée dans des plantations aux Îles ou dans la propriété foncière en Europe, par exemple dans le vignoble bordelais. Cela explique qu'en fait, la fortune des armateurs et commissionnaires français, plus engagés dans le commerce colonial que leurs homologues britanniques, ait été aussi plus fragile.

Les exportations croissantes eurent un effet sur le développement agricole et industriel des hinterlands portuaires. Le trafic bordelais animait l'espace aquitain : raffineries de sucre et constructions navales en ville, production de blé et de vin dans l'arrière-pays, draperies d'Agen. Mais la demande américaine se faisait aussi sentir sur le textile languedocien, breton et normand, et jusqu'au Dauphiné. Le textile rural, au sud-ouest d'une ligne Saint Malo-Genève, travaillait largement pour l'outre-mer. L'économie entière était impulsée par les pôles du grand commerce. « L'espace français tout entier vient au-devant des mondes exotiques » (P. Léon). En Grande-Bretagne, les historiens ne s'accordent pas sur l'importance de la demande extérieure au début de la Révolution industrielle. Si l'économie britannique n'était pas encore une « économie d'exportation » (F. Crouzet) et si la part de l'exportation dans la production des différents secteurs ne doit pas être surestimée, il n'empêche que la structure du commerce britannique, disposant du marché nord-américain, et centrée sur l'exportation de produits fabriqués, était plus favorable au développement des formes modernes de l'industrie que la structure du commerce français. Le commerce de réexportation était source de profits, mais n'avait pas d'effets industrialisants. La prédominance du commerce antillais était caractéristique d'un système économique mondial en train de disparaître, et dont les deux révolutions, la Révolution française et la Révolution industrielle, allaient hâter le déclin.

Orientation bibliographique

Anstey R., *The Atlantic Slave Trade and British Abolition (1760-1810)*, Londres, 1975.

Butel P., *Les négociants bordelais, l'Europe et les Îles au XVIIIe siècle*, Paris, 1974.

Léon P. (éd.), *Aires et structures du commerce français au XVIIIe siècle*, Paris, 1973.

Meyer J., *L'armement nantais dans la deuxième moitié du XVIIIe siècle*, Paris, 1969.

Minchinton W.E., *The Growth of English Overseas Trade in the 17th and 18th Centuries*, Londres, 1969.

Morineau M., « Trois contributions au Colloque de Göttingen », in Hinrichs E., Schmitt E. et Vierhaus R., *De l'Ancien Régime à la Révolution française*, Göttingen, 1978.

Wallerstein I., *The Modern World System*, vol. I et II, New York, 1974 et 1980.

Cf. Capital et Révolution industrielle. France et Grande-Bretagne I : l'industrialisation jusqu'à la Révolution. France et Grande-Bretagne II : Révolution, Empire et industrialisation. Grande-Bretagne, *workshop and banker of the world*. Marx et la Révolution industrielle. Périphérie et industrialisation.

CRAWSHAY *(La famille)* ET LA SIDÉRURGIE GALLOISE

Le sud du pays de Galles était riche en minerai de fer, en charbon et en cours d'eau propres à fournir l'énergie. Mais peu peuplé, d'un accès difficile et dénué de source locale de capital, cette région ne comptait au milieu du XVIIIe siècle que quelques petits établissements métallurgiques. Les premiers maîtres de forges gallois furent des marchands de Bristol et de Londres, qui investirent les profits qu'ils avaient réalisés dans le commerce : intégrant vers l'amont, ils passèrent à la fabrication des produits pour lesquels ils avaient des débouchés. Ainsi, le marchand londonien Anthony Bacon avait obtenu en 1755 la concession des mines autour de Merthyr Tydfil, où il fit construire les hauts fourneaux de Dowlais en 1759 et de Cyfarthfa en 1765. Il fournissait des canons à l'Amirauté et fit fortune lors de la guerre d'Indépendance des États-Unis. À sa mort en 1786, son associé Richard Crawshay (1739-1820), marchand lui aussi, et fournisseur de la Royal Navy, reprit les hauts fourneaux de Cyfarthfa et d'Hirwain, et s'assura bientôt le concours de son fils William Crawshay I (1764-1834).

Avec la fin de la guerre, une reconversion était nécessaire. La sidérurgie des Midlands, plus ancienne et mieux développée, dominait le marché de la fonte de moulage. Les Crawshay se tournèrent alors vers la production de fers marchands et adoptèrent aussitôt le procédé d'affinage au coke que Henry Cort venait de mettre au point. Ils réussirent mieux que l'inventeur, car la reprise de la guerre allait donner une impulsion décisive à l'établissement. Au début du XIXe siècle, Merthyr Tydfil était la plus grosse concentration métallurgique, et Cyfarthfa la plus grosse usine de Grande-Bretagne : elle produisait en 1806 11 000 tonnes de fonte, faisait travailler 2 000 ouvriers et intégrait tout le processus productif de la mine aux hauts fourneaux, aux fours à puddler, aux forges et aux laminoirs.

Le capital social de l'entreprise avait connu une exceptionnelle croissance : 14 370 livres en 1790, 193 100 en 1810. Le comptoir commercial londonien avait au début fourni des capitaux, mais très tôt la situation se renversa ; les considérables profits, non exceptionnels lors de la première phase de la Révolution industrielle, avaient permis à l'autofinancement de prendre le relais. Malgré l'extension des établissements qui étaient devenus des modèles pour les maîtres de forges continentaux, comme Dufaud qui allait s'allier à la famille Crawshay, William Crawshay I était resté un marchand. Symptomatiquement, il préférait résider à Londres et s'occuper de la partie commerciale, en confiant la direction de Cyfarthfa à son fils William Crawshay II. Deux générations n'avaient pas suffi à lui faire appréhender les problèmes du marché en industriel. Lors des crises persistantes de surproduction qui suivirent la fin des guerres, les autres maîtres de forges gallois cherchaient à s'entendre sur les prix et à réduire la production, politique malthusienne que William Crawshay II comprenait et préconisait. Mais son père, raisonnant en négociant, préférait faire des profits au stade de la commercialisation, en spéculant sur les fluctuations de prix. Il comptait sur l'aisance financière que lui assurait le comptoir de vente, pour stocker en période de bas prix, quitte à racheter des stocks aux concurrents en difficulté, pour faire de gros bénéfices lors de la remontée des prix.

À la mort de son père, William Crawshay II dut affronter les difficultés de la métallurgie britannique en général, et galloise en particulier. Car la région était excentrique et moins bien dotée en minerai. L'Écosse tendait à s'imposer dans la sidérurgie primaire. Crawshay comprit que la solution était de compenser les handicaps, en se spécialisant sur des productions plus différenciées, incorporant plus de travail; mais l'entreprise n'intégra jamais vers l'aval jusqu'à la construction de machines, comme le faisaient les grands établissements du continent, en Belgique et en France. Le marché des rails devait donner une nouvelle impulsion à Cyfarthfa. William Crawshay en profita pour dégager complètement l'entreprise de son aspect commercial en réduisant le rôle du comptoir londonien et en traitant directement avec les compagnies de chemins de fer. Mais au lieu de réinvestir les profits dans la sidérurgie ou la construction mécanique, il acheta massivement des actions de chemins de fer britanniques, puis américains : il cherchait à contrôler les compagnies afin de s'assurer une clientèle. Dès 1840 donc, Cyfarthfa avait atteint dans son développement une maturité à laquelle n'étaient pas parvenus les grands établissements du continent : au lieu de demander des capitaux, elle en fournissait à un autre secteur économique. Mais cette maturité annonçait un déclin, car, ce faisant, William Crawshay II diminuait, relativement, ses investissements dans l'industrie. Vers 1850, ses actifs industriels s'élevaient à

514 millions de livres et ses valeurs ferroviaires valaient 306 millions. La gestion de portefeuille et la commercialisation commençaient à primer sur l'activité productive. Il confia la direction de l'usine à ses fils pour résider à Londres et s'occuper de ses actions et des ventes de rails. À sa mort, son fils Robert continua cette politique de désengagement industriel et de placements mobiliers, qui assuraient de plus en plus l'essentiel de ses revenus. L'entreprise devait être mise en société en 1890, avant que la famille en perde le contrôle en 1902.

Originaire du commerce, la famille Crawshay, bien qu'elle eût dirigé une des plus importantes usines de la Grande-Bretagne, n'a pas acquis en quatre générations une pleine mentalité d'entrepreneurs industriels. Elle n'a pas répondu aux difficultés de la sidérurgie galloise par l'investissement, l'innovation, la relocalisation. Elle n'a pas su saisir la révolution de l'acier. Il ne faudrait sans doute pas en conclure à une interprétation de type « Buddenbrooks » qui constaterait un affaiblissement de l'esprit d'entreprise à partir de la troisième génération : il s'agit d'une réponse à l'évolution économique. Mais peut-être est-ce un exemple très précoce de cette *entrepreneurial failure* que certains historiens croient discerner dans la Grande-Bretagne de la fin du XIXe siècle : perte du dynamisme industriel et passage au capitalisme rentier. Ce dernier assurait des profits plus élevés, il était logique de le préférer au risque industriel.

Orientation bibliographique

Addis J.B., *The Crawshay Dynasty : A Study in Industrial Organisation and Development (1756-1867)*, Cardiff, 1967.

Lévy-Leboyer M., « Quatre générations de maîtres de forges gallois : les Crawshay », *Revue du Nord*, 1964.

Cf. Capital et Révolution industrielle. Cockerill (La famille). Creusot (Le) et Eugène Schneider (1805-1875). Dufaud, Georges (1777-1852) et Fourchambault. Entrepreneurs. Fer, fonte et acier. Krupp (Alfred) et la Révolution industrielle dans la Ruhr. Martin, Émile (1794-1871) : maître de forges et inventeur.

Creusot *(Le)* et Eugène Schneider *(1805-1875)*

Le Creusot est situé sur le sillon houiller qui sépare le Charolais du Morvan. Le charbon y fut exploité, à fleur de terre, dès le Moyen Âge, pour les besoins locaux. En 1767, François de La Chaise songea à y établir une verrerie, mais l'ingénieur Jars, en visite d'inspection, le persuada de créer une forge. Une concession royale lui fut accordée pour exploiter la mine. De 1771 à 1779, Le Creusot allait dépendre d'une société qui changea trois fois de raison sociale pour réunir des capitaux.

Le gouvernement avait chargé William Wilkinson, le frère du grand métallurgiste anglais, et Ignace François de Wendel, fils et petit-fils des maîtres de forges d'Hayange, de monter une fonderie royale de canons, qu'ils établirent dans l'île d'Indret, dans la Loire. Pour alimenter leur nouvelle usine en fonte, ils se mirent à la recherche d'un site qui conviendrait à la construction de hauts fourneaux au coke, technique que Wilkinson maîtrisait et que de Wendel expérimentait à Hayange depuis 1769. Leur dévolu tomba sur le Creusot. Ayant de hautes protections, ils firent contester la précédente concession et en obtinrent une nouvelle. L'entreprise allait être une remarquable réussite technique, mais fut si fragile financièrement que plusieurs montages furent nécessaires pour la soutenir. Une première société fut fondée en 1782 par de Wendel, les Périer et des financiers parisiens. Mais ces derniers, qui étaient aussi administrateurs de la Caisse d'escompte, ne purent apporter le soutien nécessaire lorsque Calonne à court d'argent demanda 70 millions d'avances à la Caisse. La société fut élargie pour trouver des capitaux : elle regroupa sous le nom de « Manufacture des fonderies royales d'Indret et de Montcenis et des cristaux de la Reine » les deux établissements sidérurgiques et l'ancienne cristallerie de Sèvres. Son capital était de 10 millions, divisé en 4 000 actions dont le roi en souscrivit 333. Mais avec la crise de 1788 et le krach de la Bourse, la société fut mise en faillite.

Les promoteurs avaient vu grand : quatre hauts fourneaux de treize mètres de haut, quatre fours à réverbère, cinq machines à vapeur, de nombreux ateliers, tout un réseau de chemin de fer, 1 500 ouvriers logés sur place. La première coulée au coke fut réussie en 1785. Mais les difficultés étaient nombreuses pour un établissement aussi considérable. Par exemple il fallait 2 500 voitures à quatre bœufs pour effectuer les transports. De Wendel fit venir des attelages du Morvan et de Lorraine ; mais pour résoudre le problème, il fallut une ordonnance royale qui obligeait les personnes désignées à effectuer les voiturages. Les installations avaient une capacité de production de 10 millions de livres (poids) de fonte ; en 1787, première année de marche normale, elles ne produisirent que 4 millions de livres d'une fonte médiocre.

Pendant quarante ans, le Creusot allait survivre difficilement dans la médiocrité. De Wendel avait émigré. En 1794, le Comité de salut public réquisitionna l'établissement pour produire des canons et nomma un gérant. Mais la fonte était trop chère :

27 francs le kilo contre 18 ailleurs. Un seul haut fourneau était allumé. Lorsque le fils d'Ignace de Wendel, François, rentra d'émigration en 1803, il racheta Hayange, mais se désintéressa du Creusot. La production de fonte tourna pendant l'Empire autour de 2 500 tonnes. Le nombre d'ouvriers était tombé en 1812 à 230. En 1818, la société fit faillite et fut rachetée par un créancier, Chagot, déjà propriétaire des houillères de Blanzy et de Montceau-les-Mines. À sa mort en 1826, sa veuve revendit le Creusot à deux Anglais, Manby et Wilson, qui ne réussirent pas mieux et firent faillite en 1833 avec un passif de 11 millions.

En 1836, le Creusot fut racheté par Adolphe et Eugène Schneider, le maître de forges Boigues et le banquier Seillière. Les Schneider avaient commencé leur carrière à la banque Seillière, puis Eugène avait acquis une expérience sidérurgique en suivant les cours du Conservatoire des arts et métiers et en dirigeant les forges de Bazeilles appartenant à de Neuflize dont il épousa la petite-fille. Quant à Adolphe, il se maria avec la belle-fille de Boigues. Ces appuis familiaux et professionnels leur donnaient une solide assise financière lorsqu'ils reprirent le Creusot en tant que gérants. L'entreprise allait profiter de la conjoncture heureuse pour la sidérurgie que devait provoquer la construction des chemins de fer, des bateaux en fer, des charpentes métalliques... En 1838, la Compagnie du Paris-Versailles commanda huit locomotives. En 1840, l'entreprise s'équipa d'un marteau-pilon à vapeur Bourdon de trois tonnes.

Sous le Second Empire, Eugène Schneider fit du Creusot une usine gigantesque, tout en étendant son pouvoir au monde des affaires, de la finance et de la politique. Vice-président du corps législatif à partir de 1852, il accéda à la présidence en 1867. Il était lié avec Paulin Talabot, le maître du PLM auquel depuis 1857 la voie ferrée Chagny-Nevers reliait le Creusot, lui donnant une ouverture sur toute la France et sur la Méditerranée, en particulier sur le minerai de Mokta el-Hadid. Il siégeait au conseil d'administration du PLM et de la Société générale ; il était régent de la Banque de France. Sa prééminence était incontestée chez les maîtres de forges qu'il regroupa en 1864 en un organisme de défense des intérêts de la profession, le Comité des forges. Car le poids économique du Creusot était considérable. À la fin de l'Empire, il produisait plus de 130 000 tonnes de fonte, presque autant de fer, plus de 100 locomotives par an. Dès 1870 des convertisseurs Bessemer étaient installés pour produire de l'acier. Après la guerre, sur les instances du gouvernement, Schneider se tourna vers la fabrication de canons en acier, à l'instar de Krupp.

Dans cette entreprise gigantesque travaillaient 10 000 ouvriers en 1869, 15 500 en 1875, effectif qui ne fut plus dépassé ni au XIXe, ni au XXe siècle. Une ville a grossi rapidement à l'ombre de l'usine : 6 000 habitants en 1846, 16 000 en 1860, 25 000 en 1875. Eugène Schneider était non seulement le maître de l'usine, mais aussi celui de l'espace où vivaient ses ouvriers et même celui de chaque moment de leur vie. Ils habitaient en location dans les cités Schneider, puis comme propriétaires dans des maisons construites à crédit, élevaient leurs enfants dans l'école communale fondée par Schneider, se faisaient soigner gratuitement à l'hôpital Schneider, épargnaient à une Caisse d'épargne maison, donnaient 2,5 % de leurs salaires pour une

Caisse de prévoyance dont la direction de l'usine gérait les fonds. La ville n'avait ni justice de paix ni gendarmerie; jusqu'aux années 1870, la maison Schneider assumait toutes les fonctions. Patron de choc, Eugène Schneider réprima durement les deux grèves qui eurent lieu en 1850 et en 1870; la troupe rétablit l'ordre, les meneurs furent condamnés à des peines de prison, de nombreux grévistes furent licenciés et durent quitter le pays, car Schneider avait demandé à Chagot de ne pas les embaucher à Blanzy ou à Montceau-les-Mines.

Eugène Schneider était un « fondateur » : issu de la bonne bourgeoisie, il devint un des hommes les plus puissants de l'économie, non seulement par ses capacités, mais aussi par ses liens familiaux et par l'appui de la banque Seillière. Après sa mort en 1875, la dynastie familiale se perpétua avec son fils Henri (1841-1898), son petit-fils Eugène (1868-1942) et son arrière-petit-fils Charles (1898-1960), dernier du nom.

Orientation bibliographique

Belhoste J.-F. et Rouquette H., *La Maison Seillière et Demachy, banque de l'industrie et du commerce depuis le* XVIII*e siècle*, Mayenne, 1977.

Chevalier J., *Le Creusot, berceau de la grande industrie française*, Paris, 1935 (nouvelle éd. augmentée, Paris, 1946).

Devillers C. et Huet B., *Le Creusot. Naissance et développement d'une ville industrielle (1782-1914)*, Seyssel, 1981.

Gille B., *Les origines de la grande industrie métallurgique en France*, Paris, 1947.

Ozanam Denise, « La naissance du Creusot », *Revue d'histoire de la sidérurgie*, vol. IV, 1963.

Roy J.A., *Histoire de la famille Schneider et du Creusot*, Paris, 1962.

Cf. Capital et Révolution industrielle. Chemins de fer et croissance économique. Cockerill (La famille). Crawshay (La famille) et la sidérurgie galloise. Dufaud, Georges (1777-1852) et Fourchambault. Entrepreneurs. Fer, fonte et acier. Krupp (Alfred) et la Révolution industrielle dans la Ruhr. Martin, Émile (1794-1871) : maître de forges et inventeur.

Crise économique de type ancien

Un des modèles explicatifs les plus fructueux de ce type de crise a été proposé par E. Labrousse : la crise de sous-production agricole se généraliserait à l'ensemble de l'économie et de la société par le passage à une crise de sous-consommation industrielle. Ce modèle révèle, par le biais de l'étude détaillée des conséquences économiques et sociales de la mauvaise récolte, le fonctionnement des économies et sociétés préindustrielles. « Les économies ont les crises de leurs structures » (Labrousse). La conjoncture agit ici comme un révélateur de la structure. Il en a fait une description exemplaire en partant de la crise française de 1788-1789.

La mauvaise récolte, conséquence d'accidents climatiques, constitue le premier temps de la crise. Comme la partie commercialisée de la récolte est faible, et que l'autre partie (semences, autoconsommation) est incompressible, les quantités vendues varient beaucoup plus fortement que les quantités produites. Les structures du marché concourent à amplifier la hausse des prix du grain, modérée à l'automne, violente à la fin du printemps, lors de la « soudure ». L'étude doit se faire à deux niveaux : l'évolution du revenu des producteurs et celle des dépenses des consommateurs de grains. Les moyens propriétaires ou exploitants qui commercialisent en année normale ne le font plus, ou vendent des quantités très réduites alors que les prix n'ont encore que peu monté : leur revenu diminue, voire s'effondre.

Le petit paysan, qui se nourrit tout juste en année

normale, est obligé d'acheter du pain : c'est un surcroît de dépenses. Il en va de même de l'artisan ou du vigneron qui sont touchés comme consommateurs. Les très nombreux paysans qui exercent, à la morte-saison, une activité artisanale secondaire sont aussi touchés comme producteurs, car le travail que leur donnent à faire les marchands diminue aussi en raison de la crise industrielle. Le plus touché est sans conteste le journalier frappé dans son revenu comme producteur, car il a moins de travail dans les campagnes, frappé aussi comme consommateur, car le prix du pain s'envole. Les journaliers sont la catégorie sociale la plus nombreuse de la campagne; chômeurs, ils refluent alors sur les villes.

Les habitants des villes sont aussi touchés comme consommateurs par la cherté du pain. Nombre d'entre eux le sont en outre dans leur activité. Les ateliers urbains, textiles pour la plupart, travaillent en effet pour le marché rural. Or, faute de moyens, ce marché se ferme. La crise de sous-production agricole se transforme en crise de sous-consommation industrielle. Les ateliers ferment, les ouvriers sont au chômage. Des faillites se déclarent, les dettes ne sont plus honorées. Le bâtiment ne va guère mieux, car, devant le marasme général, les propriétaires diffèrent les travaux. Finalement, les classes populaires des villes souffrent de la crise davantage que celles des campagnes. Elle atteint aussi inégalement selon les catégories sociales : les plus pauvres, qui sont aussi les plus nombreux, sont les victimes principales. Ils le sont d'autant plus que le prix des différentes céréales n'augmente pas suivant la même proportion, par suite de substitution de consommation. Certains, qui mangent du pain de froment, plus apprécié et plus cher, en année normale, se rabattent sur le seigle en mauvaise année : le déséquilibre entre l'offre et la demande en est réduit sur le marché du froment, dont les prix haussent moins. En revanche la demande de seigle, céréale populaire, s'en accroît d'autant : son prix augmente beaucoup plus.

W. Abel a insisté sur le fait que la mauvaise récolte entraînait un surprofit pour de grandes exploitations qui commercialisaient une portion plus importante de leur récolte. « Les fermiers redoutent toujours une bonne année plus qu'une mauvaise. Ils préfèrent la demi-récolte à la récolte pleinement réussie » (auteur anonyme anglais, 1767). Il n'y a pas là contradiction avec le modèle labroussien, à condition que l'on ne cherche pas à établir une loi éternelle du rapport prix-revenu, et que l'on n'étudie pas le mécanisme économique en dehors de son contexte social. Il y a en effet, dans la crise, des possibilités de profit pour les grands propriétaires, les grands exploitants, les marchands, ceux qui ont des moyens financiers suffisants pour stocker et attendre le maximum des prix pour vendre. Dans les troubles frumentaires que les chertés provoquent, la colère populaire s'exerce en effet contre les « accapareurs », les « affameurs », c'est-à-dire les stockeurs. Mais le fait dominant est la baisse du pouvoir d'achat du plus grand nombre ; les profiteurs ne sont qu'une infime minorité, tant que la production agricole est très peu intégrée à un circuit marchand, c'est-à-dire tant qu'elle n'est capitaliste que par la frange supérieure, mais marginale, de ses exploitants.

Abel va jusqu'à évoquer « des crises agraires liées à une baisse des prix ». Sont-ce vraiment des crises ? Tout dépend de la définition que l'on donne à ce mot : chute du revenu moyen, chute des revenus supérieurs, chute des revenus populaires ou chute du revenu modal. Est-il raisonnable de parler de crise lorsque les revenus d'une minorité riche sont atteints, mais que la masse de la population a un pouvoir d'achat accru ? Peut-on juger de la conjoncture à partir des revenus de quelques grandes fermes capitalistes, sans se soucier du plus grand nombre ?

La crise d'Ancien Régime est typique d'une économie-société à quatre caractéristiques :

— D'abord une économie où l'agriculture et les agriculteurs sont dominants, non pas dans une perception quantitative (part dans le produit national et dans la population active), mais dans son fonctionnement. L'agriculture exporte sa crise dans l'industrie et dans l'économie globale, parce qu'elle est la base de celle-ci.

— Puis une économie où l'alimentation repose sur une seule production et où l'agriculture repose sur une monoproduction : ici le grain. La crise est moins ressentie là où des productions secondaires existent. Ce type de crise allait régresser en France dans la première moitié du XIXe siècle grâce à la diversification de la production, puis grâce aux progrès de la productivité.

— Ensuite, une économie où les transports sont difficiles et surtout coûteux. Il est en effet fort rare que la mauvaise récolte frappe tout le pays en même temps ; elle n'est le plus souvent que régionale. Mais avant que se soit constitué un réseau de chemin de fer, la France n'est pas un marché national : elle est une somme de marchés régionaux à perméabilité variable. Il ne faut pas non plus oublier les efforts des populations pour empêcher les transports de céréales : une des formes des émeutes frumentaires du XVIIIe siècle est l'« entrave », où les habitants des régions peu touchées par la mauvaise récolte s'opposent au départ des chariots ou des bateaux pour réserver leur production à la consommation locale. L'importance des transports est aussi attestée par le fait que les crises de subsistance sont atténuées dans l'arrière-pays des régions littorales, où l'importation des grains par mer est possible.

— Enfin, une économie où la production industrielle est centrée sur les biens de consommation, notamment le textile. Car le débouché industriel majeur est la consommation du marché rural, statistiquement dominant. Le textile a en outre un cycle de production très court qui le fait répondre rapidement aux variations du marché.

Cette analyse « classique » d'E. Labrousse n'est pas acceptée par tous les historiens, ni confirmée par tous les travaux. Le point qui prête à controverse est la dépendance ou l'indépendance des crises industrielles par rapport à la conjoncture agricole, et le mécanisme de transmission. Il y avait, semble-t-il, dès le XVIIIe siècle, des crises industrielles autonomes. Dans le cas de la crise « exemplaire » de 1788-1789, il ne faut pas oublier que l'industrie textile française connaissait déjà un marasme dû au traité franco-anglais de 1786, qui l'avait exposée à la concurrence des tissus britanniques. Dans la plaine de Caen, J.-C. Perrot n'a pas trouvé trace de crise labroussienne. Trois constatations vont en effet à l'encontre de ce modèle d'analyse. Une partie appréciable de la production textile était exportée, en particulier vers l'Espagne, le Levant et les Antilles, ce qui la plaçait sous la dépendance des conjonctures étrangères. D.S. Landes, d'autre part, a contesté le fait que le marché rural ait été l'essentiel du marché intérieur; le pouvoir d'achat rural lui semble trop faible; il pense que la clientèle du textile était constituée par des catégories sociales dont les revenus étaient plus élevés. De toute façon les produits de luxe (soieries) n'étaient sûrement pas achetés par les paysans. Enfin le modèle de Labrousse sous-estime les effets du développement de la proto-industrie. Or cette dernière assurait aux ruraux des revenus indépendants de la conjoncture céréalière. D'autre part, on comprend mal pourquoi ces paysans-artisans auraient acheté dans le commerce des tissus qu'ils pouvaient fabriquer eux-mêmes; comme les plaintes des marchands-fabricants l'attestent, ils dérobaient souvent de la matière première pour vêtir leur famille.

Selon E. Labrousse, ce type de crise (ci-dessus analysé), combiné à des crises industrielles, aurait existé en France jusqu'à 1866-1867. Mais la compréhension de ces crises « mixtes » soulève beaucoup de problèmes (voir article suivant).

Orientation bibliographique

Abel W., *Crises agraires en Europe (XIIIe-XXe siècle)*, trad. franç., Paris, 1973.

Labrousse E., *La crise de l'économie française à la fin de l'Ancien Régime et au début de la Révolution*, vol. II : *Histoire économique et sociale de la France*, Paris, 1943.

Perrot J.-C., *Genèse d'une ville moderne. Caen au XVIIIe siècle*, 2 vol., Paris, 1975.

Verley P., « Crises économiques », 1 et 2, in *Encyclopaedia Universalis*.

Vilar P., « Réflexions sur la crise de l'"ancien type". "Inégalités des récoltes" et "sous-développement" », in *Conjoncture économique et structures sociales. Hommage à Ernest Labrousse*, Paris, 1974.

Cf. Agriculture ancienne (Stagnation de l'). Commerce extérieur au XVIIIe siècle. Crises et fluctuations économiques à l'époque de la Révolution industrielle. Proto-industrialisation et Révolution industrielle. Révolution agricole au XVIIIe siècle en France : un mythe ?

Crises et fluctuations économiques à l'époque de la Révolution industrielle

Les économistes du XIXe siècle (Sismondi, Marx, Juglar...) furent précocement conscients d'un phénomène nouveau, le retour périodique de crises industrielles. Les historiens les ont qualifiées, pour la France de 1800 à 1870, de « mixtes » car ils y retrouvaient des caractères de la crise d'ancien type mêlés à ceux des crises industrielles de la fin du XIXe siècle. Comme la Révolution industrielle fut le passage d'une économie à dominante agricole à une économie à dominante industrielle, un fonctionnement de type ancien aurait perduré pendant que se mettaient en place les nouvelles structures, source de crises de type nouveau. Les études régionales montrent des antécédents agricoles jusque vers le milieu du siècle, jusqu'à la crise de 1857-1858 dans l'Est aquitain, jusqu'à celle de 1866-1867 dans le Loir-et-Cher. Puis la conjoncture industrielle serait devenue indépendante du mouvement du prix des grains, c'est-à-dire des mauvaises récoltes. Mais cette analyse désormais « classique » soulève beaucoup de problèmes, car ni les crises d'ancien type — et en particulier le mécanisme de transmission de la crise agricole à la crise industrielle —, ni les crises industrielles pures ne sont parfaitement connues.

La mauvaise récolte réduirait les revenus des paysans, donc leur demande de produits industriels, importante dans un pays où deux tiers des habitants étaient encore au milieu du siècle des ruraux, et obligerait les travailleurs des villes à consacrer une plus grande part de leurs revenus à l'alimentation. Les notations des contemporains, industriels ou administrateurs, confortent cette analyse : « La grande classe des consommateurs de céréales, c'est la classe qui vit de son travail. Lorsque les grains sont chers, les consommateurs ne peuvent employer autant d'argent à se vêtir. Le fabricant voit bientôt la vente se ralentir, par suite il doit faire moins travailler et le renchérissement des céréales devient une double cause de misère pour les ouvriers » (Liège, 1844)[1]. Mais si des antécédents agricoles semblent souvent exister avant la plupart des crises, la manière dont ils agissaient sur la conjoncture industrielle est sans doute plus complexe que dans le modèle d'E. Labrousse. Les ruraux disposaient de revenus indépendants des récoltes, soit grâce à l'essor du tissage dans les campagnes jusqu'aux années 1850 (les paysans-tisserands achetaient-ils d'ailleurs des tissus qu'ils fabriquaient eux-mêmes ?), soit grâce à la diversification de la production agricole (élevage et cultures commerciales). Ces activités annexes auraient dû atténuer les fluctuations de la demande rurale. Par ailleurs, il faudrait évaluer le volume de la consommation populaire urbaine : l'idée qu'elle ait été une des bases de la consommation de textile est quelque peu contradictoire avec ce que nous savons des niveaux de vie. La relation entre la variation de la production et celle des prix du pain pose aussi des problèmes. Les mauvaises récoltes étaient rarement le fait de toutes les régions en même temps, et grâce aux progrès des transports, les écarts interrégionaux de prix s'étaient déjà largement atténués avant la construction des chemins de fer. Les importations de blé permettaient aussi de limiter les hausses de prix. Le prix du grain était donc aussi tri-

1. Cité par M. Lévy-Leboyer.

butaire des conjonctures baltique ou russe; il dépendait donc sans doute des concomitances ou des non-concomitances des mauvaises récoltes selon les pays. Les pays étrangers jouaient, de même, un rôle au niveau de la demande de produits textiles, car une partie appréciable en était exportée : l'état des marchés américains, par exemple, acheteurs de produits de semi-luxe français, dépendait sûrement des récoltes de coton et de denrées tropicales. De toute façon le mécanisme labroussien ne peut expliquer que la conjoncture textile; il ne semble pas que les fluctuations de la demande rurale puissent suffire à expliquer la conjoncture de la métallurgie. Les historiens anglais ne croient pas à cette transmission de la conjoncture agricole par l'intermédiaire de la demande, soit parce que, du fait de la rapidité plus grande de l'industrialisation, les crises « mixtes » eurent peu d'importance, soit parce que la croissance rapide des exportations rendait l'industrie anglaise moins dépendante des marchés intérieurs. Mais ils proposent un autre mécanisme de transmission, qui a peut-être pu jouer aussi un rôle en France. La mauvaise récolte obligeait à importer du blé, ce qui d'une part amorcerait un processus keynésien de multiplicateur négatif, et d'autre part, dans le système monétaire du XIXe siècle, conduirait à exporter de l'or; la Banque d'Angleterre, pour défendre ses réserves, élèverait alors son taux d'escompte, ce qui rendrait le crédit plus cher et mettrait des entreprises en difficulté. Enfin B. Gille a évoqué la possibilité d'une relation absolument inverse entre agriculture et industrie : les mauvaises récoltes seraient la conséquence d'une baisse de l'investissement agricole, qui s'expliquerait par l'attrait des placements industriels lors des booms d'investissement : le cycle de l'investissement industriel commanderait donc toute l'économie dès le début du XIXe siècle.

Quant aux crises industrielles « pures », elles ont donné lieu à une abondante littérature théorique : elles ont pour origine les différences de vitesse et d'intensité dans les évolutions des processus économiques, qui déclenchent des mécanismes cumulatifs à la hausse ou à la baisse. « C'est au niveau du choix entre disparités fondamentales que les théories des crises et du cycle se partagent. [...] Les unes privilégient les disparités monétaires : l'or puis les billets de banque, puis le crédit bancaire, puis les divers "prix de l'argent" (les taux d'intérêt) ont été successivement étudiés sous cet angle. Les autres théories considèrent les disparités non monétaires comme plus particulièrement responsables : structures des revenus, structures des prix, structures des investissements... » (J. Bouvier).

La multiplicité des théories laisse l'historien perplexe, d'autant que les études historiques sont peu nombreuses : seule la crise de 1882 est partiellement connue grâce à J. Bouvier et J. Néré. Sa chronologie semble montrer l'antécédence des aspects financiers et monétaires. La hausse spéculative des actions ne pouvait que buter sur ses propres limites. En août 1881, les grands établissements de crédit, inquiets et prudents, décidèrent de s'abstenir de nouvelles opérations et de rendre plus coûteux le crédit qui permet les reports boursiers, et qui est à la base du fonctionnement du marché financier. Cette politique de déflation était celle de dirigeants qui pressentaient la venue de la crise, percevant désormais de manière pessimiste la conjoncture à court terme : elle hâta le krach financier qui éclata à Lyon, et avec moins d'intensité à Paris, en janvier 1882. La crise industrielle semble postérieure, puisque les indices de l'activité industrielle et de l'investissement ferroviaire devaient continuer à croître jusqu'en 1883. Alors la crise de surproduction allait causer faillites et chômage. Le problème est de savoir s'il y eut indépendance entre les deux crises — simple coïncidence dans le temps —, ou relation fonctionnelle ; et, dans ce dernier cas, la crise financière peut être considérée soit comme une cause, soit comme une première manifestation de la crise industrielle, selon que l'on privilégie dans l'explication les disparités monétaires et financières, ou les disparités au niveau de la production et de l'investissement. Une étude plus fine, faite par J. Bouvier sur la région lyonnaise, mais sur elle seule, montre de précoces signes avant-coureurs d'un retournement de la conjoncture commerciale et industrielle au moment même où les états-majors bancaires étaient en train de changer de politique ; dès le milieu de 1881, les prix industriels fléchissaient et le nombre de faillites augmentait fortement, soit que les limites du pouvoir d'achat populaire aient déjà été atteintes, soit que la restriction du crédit ait causé aux industriels et aux commerçants des difficultés de trésorerie ou leur ait fait faire des pertes boursières. Avec prudence, J. Bouvier n'avance pas d'explication ; il constate seulement que la crise a suivi une démarche régressive « en ce sens que le secteur de fabrication des moyens de production est atteint par la crise en dernier lieu, et que son activité se maintient au moins jusqu'en 1882 inclus, cependant que le commerce, et les industries de biens de consommation, paraissent avoir été touchés d'abord ; et cependant qu'au niveau des phénomènes qui accrochent le regard de l'observateur, les dérèglements monétaires et ceux des marchés de l'argent présentent une antériorité certaine par le caractère dramatique de leurs immédiates conséquences » (J. Bouvier).

Les crises « mixtes » ne peuvent donc que cumuler les problèmes posés par la relation entre crise agricole et crise industrielle, et par les crises industrielles elles-mêmes. Elles sont sans doute très complexes; leur diversité est frappante. Pour le Premier Empire, J. Bouvier en distingue trois types : 1) une crise agricole en 1802-1803 sans retentissement industriel; 2) une crise industrielle en 1810-1811, sans antécédents agricoles, causée par les difficultés d'approvisionnement en matières premières du fait du Blocus; 3) les crises de 1805-1807 et 1812-1815, « crises de déflation engendrées par le financement de la guerre et par les comportements monétaires accompagnant l'absence de confiance » (J. Bouvier). La crise de 1817 est habituellement présentée comme la conséquence de la mauvaise récolte de 1816, pour laquelle les effets de la météorologie s'étaient conjugués avec ceux de la guerre; en effet l'industrie parisienne connut des difficultés d'octobre 1816 à février 1817. Mais il faut remarquer que si le nombre de faillites augmenta légèrement de 1816 à 1817, il ne s'accrut fortement qu'en 1818 et surtout 1819, alors que le prix de la farine était à son minimum. Il ne semble pas que l'on puisse non plus tirer un modèle explicatif simple des crises du textile de 1833 à 1843, étudiées par M. Lévy-Leboyer. Elles ne touchèrent en même temps ni toutes les régions industrielles ni tous les types de production. Différents mécanismes ont interféré. La crise de 1837 fut causée par l'encombrement des marchés américains où les stocks de marchandises et les créances impayées s'accumulaient. Ne pouvant financer en même temps le stockage et la production courante, le système bancaire éleva le taux d'escompte, ce qui était une source de difficultés de trésorerie. Cette crise, qui avait commencé dans le négoce, puis avait atteint le tissage, puis la filature, ne toucha que les producteurs d'articles de luxe d'exportation, à Lyon surtout et à Mulhouse. En revanche, la crise de 1839 fut beaucoup plus générale. Si le rôle du marché américain apparaît essentiel, d'autres facteurs intervinrent : les mauvaises récoltes, les hausses du prix des matières premières, causées en partie par l'essor même de la demande, mais difficiles à répercuter entièrement sur les prix de vente ; l'attitude enfin du négoce qui acceptait de soutenir financièrement l'industrie ou préférait s'abstenir comme en 1839. Quant à la crise de 1848, dont le lien avec la crise agricole de 1846 n'est pas démontré, elle fut une « crise de l'investissement ferroviaire » (F. Caron).

Mis à part le cas de la crise générale et profonde de 1848, la datation des crises économiques de la première moitié du XIXe siècle n'est pas sûre. La liste classique depuis Juglar a pu être remise en cause par T. Markovitch à partir des points de retournement de différents indicateurs économiques. Une comparaison plus poussée des indices sectoriels de la production ne permet pas de percevoir jusqu'aux années 1870 de corrélation systématique. Il semble donc plus prudent pour l'instant de parler d'une conjoncture de l'industrie cotonnière, d'une conjoncture de l'industrie lainière, de la sidérurgie, etc. Sur le plan de l'analyse statistique, force est aussi de constater que la non-concomitance de crises agricoles avec certaines crises industrielles ne permet pas de conclure à une corrélation, car la non-concomitance systématique de deux séries aléatoires indépendantes a une faible probabilité.

Un nouveau problème est donc soulevé qui est de savoir si une conjoncture industrielle nationale existait dans la première moitié du XIXe siècle, ou si l'évolution de l'indice de la production industrielle n'est qu'une somme non significative d'indices sectoriels et régionaux indépendants. Ce problème théorique est lié à l'existence ou à l'absence de *leading sectors*, c'est-à-dire de secteurs capables d'imposer leur conjoncture à l'ensemble de l'économie. Mais si l'étude des crises gagnerait à être déglobalisée, à descendre aux niveaux sectoriel et régional afin de percevoir les phénomènes de contagion et d'interférence, elle doit aussi être située sur le plan de l'économie mondiale, car les liens financiers et commerciaux étaient déjà des instruments de transmission des crises économiques par-delà les frontières.

Les difficultés soulevées par l'analyse des crises économiques jusqu'à 1870 concernent aussi l'étude des fluctuations. La théorie des fluctuations conçoit la crise comme un moment nécessaire dans la croissance économique, qui ne pourrait s'effectuer de manière linéaire, mais ferait se succéder dans une période de huit à dix ans des cycles constitués par une période d'expansion rapide, d'investissement accru, de hausse de prix, qui se briserait sur la crise, puis par une période de marasme et de liquidation (élimination des entreprises les plus faibles, restauration des taux de profit, assainissement financier), puis par la reprise, prélude à une nouvelle période de surchauffe.

Ces cycles, dits de Juglar, s'inscriraient dans des mouvements de plus longue durée, comme le cycle

Kondratieff, qui correspondrait, selon J. Schumpeter, à des vagues successives d'innovations (textile, puis chemins de fer, puis électricité). L'analyse des fluctuations se heurte, surtout pour les plus longues (Kondratieff), à de grandes difficultés statistiques. Certaines techniques comme les moyennes mobiles engendrent elles-mêmes des phénomènes périodiques (effet Slutzky). D'autres, comme l'analyse spectrale, nécessitent des séries très longues comportant un grand nombre de cycles pour permettre de tirer des conclusions.

Orientation bibliographique

Bouvier J., *Le krach de l'Union générale (1878-1885)*, Paris, 1960.

—, « À propos de la crise dite de 1805, les crises économiques sous l'Empire », *Revue d'histoire moderne et contemporaine*, vol. XVII, 1970.

—, « Les crises économiques », *in* Le Goff J. et Nora P., *Faire de l'histoire*, vol. II, Paris, 1974.

Gille B., *La banque et le crédit en France de 1815 à 1848*, Paris, 1959.

Juglar C., *Des crises commerciales et de leur retour périodique en France, en Angleterre et aux États-Unis*, Paris, 1862 (rééd. Rome, 1968).

Lescure J., *Des crises générales et périodiques de surproduction*, Paris, 3e éd., 1923.

Lévy-Leboyer M., *Les banques européennes et l'industrialisation internationale dans la première moitié du XIXe siècle*, Paris, 1964.

Markovitch T., « Les cycles industriels en France », *Le Mouvement social*, avril-juin 1968.

Néré J., *La crise industrielle de 1882 et le mouvement boulangiste*. Thèse dactylographiée, Paris, Sorbonne, 1958.

Verley P., « Crises économiques » 1 et 2, in *Encyclopaedia Universalis*.

Cf. Crise économique de type ancien.

Démographie et Révolution industrielle

L'expression « révolution démographique » fréquemment employée est abusive, car elle implique une rupture brutale, un changement profond des structures, c'est-à-dire des comportements démographiques. Or il y eut évolution plutôt que révolution.

Le XVIIe siècle avait été celui des reculs démographiques, importants en Allemagne et en Italie du Nord ravagées par la guerre de Trente Ans, sensibles aussi en France. Les populations étaient frappées régulièrement par des crises démographiques de type ancien, conjonction complexe des trois malheurs du temps, la famine, la guerre et la peste, qui exerçaient une sorte de fonction de régulation du système. En Angleterre, en Suède ou en Irlande en revanche, la croissance de la population n'était que ralentie. Dès la fin du XVIIe siècle, en Angleterre, et au cours de la première moitié du XVIIIe siècle dans le reste de l'Europe occidentale, allait se mettre en place un processus de croissance démographique irréversible qui a perduré jusqu'à aujourd'hui. Mais il ne s'agissait pas d'une rupture brutale, pour autant que les fragiles évaluations sur ces époques préstatistiques permettent de conclure. Entre 1750 et 1850 la population de l'Europe augmenta d'environ 65 %, passant de 162 à 265 millions. La population de l'Angleterre et du pays de Galles passa de 5 millions d'habitants, en 1700, à 6,5 en 1750, à 9 millions au premier recensement de 1801, et à 14 millions en 1831. La croissance fut progressive, ne s'accélérant qu'après 1800, à en juger par les taux de croissance moyens annuels que l'on peut calculer pour les trois périodes : + 0,53 %, + 0,65 % puis + 1,48 %. La population française, en revanche, augmenta plus lentement, de 24,5 millions en 1750 à 29 millions en 1800 et à 36 millions en 1850, soit des taux de croissance de + 0,34 % et + 0,43 %. Quant aux États-Unis, ils connurent une progression très rapide grâce à leur fort excédent naturel, plutôt qu'à l'immigration qui n'allait devenir massive qu'après 1850.

Le XVIIIe siècle fut-il une période de récupération démographique après le recul du XVIIe siècle, ou annonce-t-il de nouveaux comportements après la suppression des barrières qui empêchaient la population de croître au-delà d'un seuil déjà quasiment atteint dès le milieu du Moyen Âge ? Les changements furent extrêmement lents. Ils consistèrent plus en un recul des taux de mortalité qu'en une variation des taux de natalité. Avec la croissance de la production agricole et la réduction des fluctuations des récoltes, avec aussi l'amélioration des transports, les famines régressèrent. Celle de 1846-1851 en Irlande fut la dernière manifestation en Europe occidentale d'un fléau qui était en train de disparaître. La démographie se libérait des influences de la conjoncture économique. L'alimentation se diversifiait et s'améliorait. L'extension de la culture de la pomme de terre permit d'être moins dépendant des fluctuations des récoltes de céréales. En Angleterre, où les progrès furent précoces, la consommation de sucre fut multipliée par quinze au XVIIIe siècle, celle de viande se répandait. Les épidémies commençaient à reculer, conséquence d'une meilleure alimentation et de l'application progressive d'une hygiène élémentaire. La mortalité infantile, en revanche, n'a reculé que très lentement, à partir seulement du début du XIXe siècle ; en France, elle est passée de 30 % vers 1750 à 18 % vers 1820-1829. Mais les taux ne devaient baisser fortement que dans la seconde moitié, ou même à la fin du XIXe siècle, lorsque les progrès de la médecine allaient être décisifs.

L'appréhension globale est trompeuse. Les progrès furent très inégaux selon les catégories sociales : l'allongement de la vie et le recul de la mort profitèrent surtout aux classes supérieures et moyennes. E. P. Thomson a soutenu que ces progrès occultent, dans la moyenne nationale, une détérioration de la démographie des classes populaires. Entre 1780 et 1840, en Grande-Bretagne, l'industrialisation fut sans doute responsable de l'aggravation de la misère physiologique d'une partie de la population. Le recul de la mortalité ne profita à tous que dans la seconde moitié du siècle. La même inégalité devant la mort opposait les pays industrialisés à l'Europe orientale et méditerranéenne, où il n'y eut guère d'amélioration avant le XXe siècle. En Russie, encore au début de notre siècle, un enfant sur quatre mourait avant un an.

Au XVIIIe siècle, la natalité ne se modifia guère. En Grande-Bretagne, elle aurait progressé pour se stabiliser à un taux qui ne s'abaissa à 3 % qu'au début du XXe siècle. Les taux de 3 à 4 % étaient la règle dans l'Europe du milieu du XIXe siècle, à deux exceptions près : la Russie où ils étaient plus élevés, et la France où avait déjà commencé un processus de dénatalité qui allait s'accélérer ensuite. Au XVIIIe siècle, si la natalité avait, sauf en Grande-Bretagne, une légère tendance à la baisse, c'était surtout parce que l'âge au mariage se faisait plus tardif. La proportion de célibataires à trente-cinq ans était forte : plus de 30 % des hommes et de 20 % des femmes en France. La restriction volontaire des naissances ne se généralisa pas avant le milieu du XIXe siècle, entraînant une chute de la natalité.

La relation entre les changements démographiques et la Révolution industrielle est très complexe. On a soutenu que le démarrage de la croissance démographique, en particulier en Grande-Bretagne, avait été un des préalables de l'industrialisation, puisqu'elle fournissait une force de travail accrue et un marché de consommation en extension. Mais l'expérience des pays sous-développés du XXe siècle est là pour prouver qu'une forte croissance démographique, beaucoup plus forte certes que celle des XVIIIe et XIXe siècles, oblige, rien que pour maintenir les niveaux de vie, à des taux d'investissement qui peuvent se révéler très lourds économiquement. Malgré la fragilité du matériel statistique, il semble que l'on puisse, dans le cas des premières industrialisations, opposer des mécanismes contraires. Au niveau de l'emploi, on admet en général que l'industrialisation en Grande-Bretagne jusque vers 1815, et bien plus encore aux États-Unis, ne contribua pas à utiliser une main-d'œuvre excédentaire, mais, malgré la croissance démographique plus forte qu'ailleurs, à pallier la rareté de cette dernière, cause de cherté du travail ; les nouvelles technologies auraient été *labour-saving*. En revanche, on considère avec autant de pertinence qu'en Suisse ou en Belgique l'industrialisation fut favorisée par le surpeuplement rural, par une main-d'œuvre abondante et bon marché. En fait, la relation entre démographie et industrialisation au niveau de l'emploi est très indirecte. Ce sont les situations sectorielle et régionale des marchés du travail, et le niveau d'éducation, d'adaptation et de qualification de la main-d'œuvre qui déterminèrent les conditions de son utilisation industrielle, et non pas l'évolution démographique globale, en une époque de faible mobilité sectorielle et géographique. La notion de surpeuplement n'est pas d'ordre démographique ; elle n'a de sens que par rapport aux besoins quantitatifs et qualitatifs de l'économie. Le surpeuplement rural de la France de la première moitié du XIXe siècle n'est pas contradictoire avec le fait que les entrepreneurs avaient du mal à trouver de la main-d'œuvre qualifiée et stable. Pour la Suisse et la Belgique, la liaison entre démographie et industrialisation passe par l'intermédiaire de la proto-industrialisation, car c'est l'importance de cette dernière qui fut favorable à l'industrialisation. Le lien n'est qu'indirect, car une des raisons du développement de la proto-industrie fut en effet l'existence d'une main-d'œuvre rurale sous-employée; mais ce sous-emploi résultait autant de l'accroissement naturel que de la rigidité de la production agricole. En revanche, les études régionales sur la Grande-Bretagne semblent montrer un lien de causalité inverse : les zones de proto-industrialisation auraient connu des taux de natalité plus forts, car cette dernière aurait, en apportant des revenus supplémentaires, contribué à libérer les comportements démographiques de l'influence des fluctuations des récoltes, permis à des jeunes de se marier plus tôt et d'avoir plus d'enfants.

Au niveau des marchés de consommation, la relation entre démographie et industrialisation est aussi complexe. L'extension continue des marchés intérieurs américain et britannique fut un puissant stimulant à l'industrialisation, de même que celle du marché rural français entre 1815 et 1870. Mais les capacités d'absorption d'un marché ne sont que partiellement dépendantes de sa taille et donc de l'évolution démographique; le niveau, le mouvement et la répartition des revenus sont aussi explicatifs. Le marché britannique fut avant tout celui d'une classe moyenne en extension, et le marché rural français ne soutint les débuts de l'industrialisation que parce que les mouvements de la productivité et des prix agricoles furent alors favorables. La relation entre la démographie et l'industrialisation renvoie donc à l'environnement socio-économique.

On remarquera enfin que même dans le cas britannique, les changements démographiques ne semblent s'affirmer qu'après le début du XIXe siècle, c'est-à-dire pendant la première phase de l'industrialisation, ou après son démarrage. Il serait donc plus logique de les considérer comme conséquence de cette dernière plutôt que comme cause. Les progrès du produit par tête contribuèrent au recul de la mortalité, bien que, pendant deux ou trois générations, ils eussent été acquis au détriment des conditions de vie d'une partie des travailleurs, et peut-être d'une hausse de leur morbidité et de leur mortalité. Mais après 1840-1850, les caractéristiques démographiques des pays industrialisés se confirmèrent grâce à une progression plus générale des niveaux de vie, grâce à l'efficacité plus grande de la médecine, et aussi par suite des changements profonds des genres de vie (urbanisation, croissance des classes moyennes, évolution de la cellule familiale et des mentalités). À long terme, l'industrialisation a concouru à un profond recul de la mortalité et à un meilleur contrôle de la natalité.

Orientation bibliographique

Blayo Y., « Mouvement naturel de la population française de 1740 à 1829 », *Population*, 1975.

—, « La mortalité en France de 1740 à 1829 », *Population*, 1975.

Chambers J. D., *Population, Economy and Society in Pre-industrial England*, Londres-Oxford-New York, 1972.

Drake M., *Population in Industrialization*, Londres, 1969.

Flinn M.W., *British Population Growth (1700-1850)*, Londres, 1970.

Habakkuk H. J., « Population Problems and European Economic Development in the Late Eighteenth and Nineteenth Centuries », *American Economic Review*, vol. LIII, *Papers and Proceedings*, 1963.

Cf. Agriculture ancienne (Stagnation de l'). États-Unis (La Révolution industrielle aux). France et Grande-Bretagne I : l'industrialisation jusqu'à la Révolution. Niveaux et conditions de vie des classes populaires urbaines durant la Révolution industrielle. Proto-industrialisation et Révolution industrielle. Suisse (Révolution industrielle en).

DUFAUD, GEORGES *(1777-1852)* ET FOURCHAMBAULT

Le père de Georges Dufaud, maître de forges, avait été intendant de Babaud de La Chaussade, qui, au XVIIIe siècle, avait concentré entre ses mains, autour de l'établissement de Guérigny, une grande partie des forges du Nivernais. Georges Dufaud fut de la première promotion de l'École polytechnique, puis exploita une forge à Luthenay-Uxeloup, jusqu'à sa faillite, en 1808, causée par les retards de paiement de son principal client, la marine. Il était acquis aux techniques nouvelles, avait déposé un brevet sur un four à réverbère à la houille et publié un ouvrage sur le puddlage. Il préconisait l'affinage à la houille, pour se rendre indépendant des grands propriétaires de bois, et le mazéage au charbon de bois. Mais jusqu'à 1815, la sidérurgie nivernaise, par manque de capitaux, connut le marasme.

Après 1815, les fers belges n'entrèrent plus en France : le marché devint déficitaire. Il fallait investir ou importer. Dufaud, qui dirigeait les forges de Grossouvre pour le compte de marchands de fer parisiens, Paillot père et fils et Labbé, obtint leur autorisation de monter un four à puddler à Trézy, non loin de Grossouvre. Puis ses commanditaires l'envoyèrent en Angleterre acheter du fer pour spéculer sur les prix. Ce fut le premier, ou peut-être le deuxième voyage, qui devait être suivi de plusieurs autres. Il en profita pour étudier les techniques, se lia avec William Crawshay, dont un fils devint son gendre. Le fer était cher au début de la Restauration, le marché étroit : Dufaud espérait développer la demande en passant, grâce aux méthodes anglaises, à une production massive et bon marché. Le site de Trézy ne convenait pas à la sidérurgie à la houille : le prix du charbon de Saint-Étienne était doublé par le transport. En 1819, les Paillot et Labbé avaient cédé le bail de Grossouvre et de Trézy à des capitalistes plus importants, d'autres marchands de fer parisiens, les Boigues, qui contrôlaient déjà en partie la fonderie de cuivre et de bronze d'Imphy. Les Boigues allaient peu à peu mettre la main sur une grande partie de la métallurgie nivernaise.

Ils furent d'accord avec Dufaud pour le commanditer, et monter une grande forge à l'anglaise, proche d'une voie d'eau, en un site qui permettrait un approvisionnement aux meilleurs prix en charbon et en fonte. Les Boigues et les Paillot et Labbé apportèrent, chacun pour moitié, les 300 000 francs du capital initial en 1819, qui fut porté en 1821 à 800 000 francs. Les Boigues remboursèrent ensuite leurs associés. L'usine fut construite à Fourchambault en 1821-1822. Les bénéfices furent très importants dès le début et permirent une croissance rapide par autofinancement. Dès 1824, le capital était porté à 1,6 million, puis à 4 millions en 1835. Les besoins en fonds de roulement étaient assurés par la maison commerciale Boigues de Paris. Fourchambault était alors une des plus grosses usines de France par sa capacité de production et sa puissance financière. Pour l'alimenter en fonte, les Boigues avaient entrepris de contrôler la plupart des hauts fourneaux du nord de la Nièvre et du Cher. Dès 1825, dix hauts fourneaux travaillaient pour Fourchambault. De 1825 à 1835, des travaux furent menés pour augmenter la capacité de l'usine de Torteron. En 1824, le gendre de Dufaud, Émile Martin, financé par moitié par les Boigues, avait monté une fonderie à Fourchambault. C'était un exemple précoce de concentration industrielle, qui se doublait d'intégration financière, car une politique de participations reliait à Fourchambault les grands établissements métallurgiques et les mines : mines de fer de Saint-Étienne, cokerie d'Andrézieux...

De 1837 à 1854, la demande de rails pour les chemins de fer allait susciter une nouvelle phase de croissance. La production de fer doubla, mais les profits augmentaient moins vite du fait de la baisse des prix des fers. Une politique d'autofinancement continue, par réinvestissement de la moitié des bénéfices, permit à la capacité de production de suivre la demande, mais était cause, en période crise, de fragilité financière. La société était familiale ; l'argent frais ne pouvait être trouvé que dans la famille Boigues et chez les déposants de la maison de Paris ; il fut question d'adopter la forme sociétaire anonyme pour disposer d'une meilleure aisance financière. En 1848, Fourchambault dut emprunter 2,4 millions à la Banque de France, garantis par Schneider et de Wendel.

Dès 1824, Georges Dufaud avait cédé la direction de la forge à son fils Achille. En fait, il continuait à tout diriger avec Louis Boigues, innovant, s'occupant des commandes et des essais. Il fit construire une église, une école, des magasins, des maisons ouvrières. Dans cette première moitié de siècle, les grandes usines suscitaient des petites villes dont elles étaient l'âme : paternalisme, désir d'attirer par les conditions d'habitation une main-d'œuvre rare, mais aussi prise de possession par l'industriel de la vie de ses ouvriers. Conseiller de préfecture, Georges Dufaud est un exemple de grand notable de la monarchie de Juillet. Il mourut en 1852 ; l'autre fondateur de Fourchambault, Louis Boigues, avait disparu en 1838.

Après 1850, la politique d'intégration aux houillères et hauts fourneaux de Montluçon et de Commentry, prônée par Paul Benoist d'Azy, mari de la nièce de Louis Boigues, qui prit la place d'Achille Dufaud (hostile au projet et démissionnaire), allait mener Fourchambault à la décadence. Les intérêts des houillères l'emportèrent sur ceux de la forge. En période de crise, comme en 1857-1860, pendant laquelle la production de rails de Fourchambault tomba de 100 000 tonnes à 200 tonnes, les houillères du groupe lui fournissaient le charbon à un prix supérieur à celui du marché. Puis, après 1860, avec le déclin des hauts fourneaux au charbon de bois, la pression du marché international, l'apparition des techniques nouvelles de l'acier et le développement de la sidérurgie lorraine, Fourchambault ne se réadapta pas. L'essentiel de l'investissement du groupe portait sur les mines de charbon. Après la crise de 1874-1880, les dernières tentatives de sauvetage ne purent éviter la mise en liquidation en 1896.

Orientation bibliographique

Thuillier A., *Économie et société nivernaises au début du XIXe siècle*, Paris, 1974.
Thuillier G., *Georges Dufaud et les débuts du grand capitalisme dans la métallurgie, en Nivernais, au XIXe siècle*, Paris, 1959.

Cf. Capital et Révolution industrielle. Cockerill (La famille). Crawshay (La famille) et la sidérurgie galloise. Creusot (Le) et Eugène Schneider (1805-1875). Entrepreneurs. Fer, fonte et acier.

Krupp (Alfred) et la Révolution industrielle dans la Ruhr. Martin, Émile (1794-1871) : maître de forges et inventeur.

ÉCONOMÉTRIE ET INDUSTRIALISATION

L'historiographie américaine a systématiquement utilisé, depuis une vingtaine d'années, l'économétrie pour essayer de comprendre, globalement ou sectoriellement, le fonctionnement de l'économie du XIXᵉ siècle, en particulier à l'aide de régression des données empiriques sur des fonctions de production de type néo-classique. Le travail pionnier avait été celui de Cobb et Douglas qui, en 1928, avaient tenté de mesurer pour la période 1899-1922 l'influence respective des facteurs travail et capital dans la croissance, le rôle du progrès technique, la productivité marginale et l'élasticité des facteurs, et de vérifier l'adéquation à la réalité de la théorie marginaliste. Leur hypothèse fondamentale était celle d'une substitution réciproque des facteurs qui se combineraient de manière optimale en égalisant leurs productivités marginales.

Ils proposaient une fonction théorique du type : $P = b\,L^k\,C^j$ où P est la production ou la somme des valeurs ajoutées, b un paramètre de dimension, L le nombre d'heures de travail et C le volume du capital fixe ; k et j sont donc les élasticités de la production par rapport aux facteurs ; et les dérivées de la fonction :

$$bk\left(\frac{C}{L}\right)^j \text{ et } bj\left(\frac{C}{L}\right)^k$$

sont les productivités marginales des facteurs lorsque $k + j = 1$.

Lorsque $k + j = 1$ les rendements d'échelle

(*returns to scale*) sont constants : si le volume de chaque facteur augmente de la même proportion, la production augmente de la même proportion. Si $k + j > 1$, les rendements d'échelle sont croissants, c'est-à-dire que la production augmente plus vite que les facteurs, et inversement elle augmente moins vite si $k + j < 1$. Les fonctions utilisées aujourd'hui sont plus compliquées, introduisant de nouvelles variables, comme le progrès technique, et utilisant d'autres fonctions mathématiques (fonction translogarithmique, fonction CES...).

Parmi les nombreux exemples de travaux historiques utilisant ces méthodes, on ne peut qu'en choisir un. Ainsi J. Atack se propose de vérifier l'hypothèse selon laquelle, avant la guerre de Sécession, l'industrie du sud des États-Unis aurait été en infériorité par rapport à celle du Nord à cause de la taille plus petite de ses entreprises. Celles du Sud auraient opéré dans une zone de rendements d'échelle croissants, n'ayant pas exploité tout leur potentiel d'économies d'échelle. En revanche les entreprises du Nord auraient travaillé avec des rendements d'échelle constants, ayant exploité toutes les possibilités d'économies d'échelle. Il estime, avec une variante logarithmique de la fonction de Cobb-Douglas, les rendements d'échelles ε par région et par secteur, et calcule le pourcentage d'entreprises travaillant dans les zones de rendements croissants, constants et décroissants, en 1850.

La taille optimale est lorsque $\varepsilon = 1$. Lorsque $\varepsilon > 1$, l'entreprise est trop petite. Lorsque $\varepsilon < 1$, elle est trop grande et elle entre dans la zone des « déséconomies » d'échelle. Les résultats montrent que l'industrie du Nord était très bien adaptée pour minimiser les coûts. Mais ils tendent aussi à prouver que, mal-

Pourcentage d'entreprises selon la zone de rendements

	$\varepsilon > 1$	$\varepsilon = 1$	$\varepsilon < 1$		$\varepsilon > 1$	$\varepsilon = 1$	$\varepsilon < 1$
Chaussures				*Minoteries*			
Nord	0 %	99,7 %	0,3 %	Nord	0 %	100 %	0 %
Sud	0 %	97,1 %	2,9 %	Sud	68,4 %	31,6 %	0 %
Ouest	72,0 %	26,1 %	1,1 %	Ouest	0 %	100 %	0 %
Vêtement				*Scieries*			
Nord	0 %	100 %	0 %	Nord	5,5 %	94,5 %	0 %
Sud	0 %	96,3 %	3,7 %	Sud	100 %	0 %	0 %
Ouest	0 %	96,6 %	3,4 %	Ouest	27,0 %	53,9 %	19,1 %
Coton							
Nord	0 %	72,0 %	2,0 %				
Sud	0 %	81,2 %	18,8 %				

gré leur taille plus petite, les entreprises du Sud étaient, sauf dans le cas des minoteries et des scieries, presque aussi bien adaptées. Une étude plus poussée, portant ensuite sur 1860, et répartissant les entreprises en deux classes de taille, permet à l'auteur de conclure que si les grandes entreprises jouissaient sûrement d'avantages, dont les petites ne pouvaient pas disposer, cette différence de taille n'était pas décisive et ne pouvait aucunement expliquer l'infériorité de l'industrie du Sud.

Ce type d'approche pose deux séries de problèmes. Les premiers sont pratiques : ils tiennent à la pauvreté et à la fragilité des sources statistiques, qui obligent souvent à mesurer indirectement les phénomènes, ou, faute de mieux, à utiliser comme substituts des phénomènes voisins, dont on suppose que l'évolution est comparable. La mesure du capital fixe est par exemple très délicate. Sur le plan théorique, les résultats ne sont significatifs que si les fonctions utilisées sont capables de rendre compte de la réalité; elles sont conçues à partir d'une explication théorique dont on suppose *a priori* qu'elle est valable. La technique, pourvu qu'elle soit correctement appliquée, ne peut être critiquable; en revanche la théorie sous-jacente l'est toujours. Une tentation est, pour ne pas risquer d'oublier de facteurs explicatifs, de multiplier le nombre de variables dans les régressions. Mais outre que l'on multiplie ainsi les difficultés de collecte des données, on augmente les risques de colinéarité des variables et, bien qu'on améliore les coefficients de détermination, on augmente la variance des estimateurs, et donc les résultats sont de moins en moins significatifs.

Orientation bibliographique

Douglas P.H., « Are there Laws of Production ? », *American Economic Review*, n° 1, mars 1948.

Fruit R., « La fonction de production de Cobb-Douglas », *Revue économique*, mars 1962.

Vincent A.L.A., « Fonctions de production et formules de productivité », *Revue économique*, janvier 1969.

Walters A.A., « Production and Cost Functions : an Econometric Survey », *Econometrica*, janvier-avril 1963.

On trouvera de très nombreux articles utilisant ces méthodes dans la revue *Explorations in Economic History*, par exemple :

Atack J., « Returns to Scale in Antebellum United States Manufacturing », n° 14, 1977.

Cain L.P. et Paterson D.G., « Factor Biases and Technical Change in Manufacturing : The American System (1850-1919) », *Journal of Economic History*, n° 2, juin 1981.

Schmitz M., « The Elasticity of Substitution in the 19th-Century Manufacturing », *Explorations*..., n° 1, 1981.

Uselding P. et Juba B., « Biased Technical Progress in American Manufacturing », *Explorations*..., n° 1, automne 1973.

Cf. États-Unis (La Révolution industrielle aux). *Z-goods model* de transition entre proto-industrialisation et industrialisation.

ENCLOSURES

Par mouvement des enclosures, on entend un lent remaniement des structures de la propriété foncière et de l'exploitation agricole en Grande-Bretagne, qui commença à la fin du XVe siècle, connut une forte poussée au XVIe siècle, en liaison avec le développement de l'élevage du mouton, se ralentit ensuite, puis atteignit son maximum entre 1750 et 1830; dans certaines régions, des enclosures eurent encore lieu au cours du siècle : ainsi, dans le Cambridgeshire et l'Oxfordshire, 10 % d'entre elles furent postérieures à 1830. Dans l'étude de leurs conséquences, il est difficile de les isoler d'un autre phénomène parallèle, la concentration foncière.

Les enclosures précoces, avant 1750, furent surtout le fait de grands propriétaires qui convertirent leurs terres cultivées en prairies pour y pratiquer l'élevage. L'enclosure était une opération complexe, non réductible à une simple clôture, elle-même de nature variable selon les régions, des haies vives des Midlands aux murs de pierre des Pennines, ou aux fossés; sur les hautes terres d'Écosse, elle n'était même pas matérialisée sur le sol. Elle supposait un remembrement préalable des parcelles émiettées au niveau de la propriété et de l'exploitation; elle modifiait les structures agraires et les systèmes culturaux et faisait disparaître les différents droits d'usage. Selon qu'elle portait sur des terres en *open field* ou sur des communaux et des friches, les conséquences sociales n'étaient pas les mêmes. Dans le premier cas, les grands propriétaires purent se débarrasser de tenanciers dont les droits d'occupation étaient provisoires ou mal définis et les remplacer par des fermiers qui devaient exploiter de manière plus efficace. Dans l'autre cas, les *cottagers*, paysans sans terres, qui ne subsistaient que grâce au système communautaire, furent plus particulièrement touchés. À côté des enclosures par consentement mutuel apparurent à la fin du XVIIe siècle les enclosures par *act*, ratifiées par le Parlement, qui permettaient d'éviter toute contestation. Demandées par un ou plusieurs propriétaires possédant au moins quatre cinquièmes des terres concernées (deux tiers après 1773), elles étaient contraignantes pour les autres. Des commissaires étaient alors chargés de faire arpenter, de remembrer, d'indemniser. Une partie importante de l'Angleterre — Midlands mis à part —, n'avait jamais été soumise à l'*open field*, ou fut enclose précocement. En 1710, 47 % du Leicestershire l'était déjà. Après 1700, si l'enclosure par consentement mutuel, dont il est difficile de mesurer l'ampleur, continua d'exister, la forme parlementaire devint en revanche dominante.

Les enclosures parlementaires se concentrèrent en deux vagues successives, dont la seconde était la plus grande : de 1755 à 1780 avec un maximum de 92 actes en 1777, et de 1790 à 1830 avec un maximum de 122 actes en 1811. 43 % du total des actes furent pris pendant les guerres napoléoniennes. Ce pic d'activité coïncidait avec un recul des terres incultes fort importantes jusqu'alors : environ 21 % de l'Angleterre et du pays de Galles vers 1800. Mais les deux vagues n'ont pas concerné les mêmes régions : les chronologies sont variables. Ainsi le Weald et les Downs ne connurent l'enclosure généralisée qu'après 1845.

La raison principale qui poussait le propriétaire à

enclore était de valoriser ses terres ; le doublement du fermage n'était pas rare. En outre l'opération permettait de réajuster *de facto* des baux datant de l'époque des bas prix, ce qui était particulièrement intéressant en période d'inflation. Si le propriétaire était gagnant, le fermier pouvait l'être aussi, car la rentabilité de l'exploitation augmentait. Ce n'était pas l'enclosure par elle-même qui augmentait la valeur de la terre, c'étaient plutôt les améliorations qui le plus souvent la suivaient : passage de la culture à l'élevage, suppression de la jachère et rotations complexes dont elle était le préalable indispensable pour les agronomes de l'époque, drainages, etc. La productivité du sol en était augmentée de 10 à 25 %, quoiqu'il ne faille pas trop sous-estimer l'efficacité de l'*open field*. Mais si elle était pratiquée sans modifier le système ancien, le gain était nul : dans certaines parties du Durham, l'agriculture resta aussi retardataire après l'enclosure.

L'enclosure coûtait cher. Il fallait d'abord rémunérer un avoué pour présenter la demande au Parlement et régler les taxes afférentes, puis les commissaires et les arpenteurs, et enfin il fallait payer les frais de clôture. Ces coûts augmentèrent au cours du siècle en même temps que la durée moyenne de l'opération, sans doute parce qu'elle mettait en œuvre des remembrements de plus en plus complexes : deux ans avant 1790, six ans entre 1790 et 1800 dans le Nottinghamshire. Ils devaient être versés par les propriétaires aux commissaires en cours d'enclosure, avant que l'effet sur les revenus se fasse sentir. L'argent était souvent difficile à trouver. C'est pourquoi, au XIXe siècle, les commissaires autorisèrent de plus en plus, lorsqu'il s'agissait de communaux ou d'incultes, la vente de parcelles pour aider au financement. Mais d'autres dépenses, beaucoup plus importantes encore, surtout en fin de période, venaient ensuite : construction de routes et de bâtiments supplémentaires, drainages, érection de clôtures à l'intérieur des propriétés pour délimiter des unités d'exploitation. Globalement, le coût total des enclosures parlementaires aurait été, d'après Holderness, de 10 millions de livres de coûts publics, et de 17 à 25 millions d'investissements ultérieurs : pour apprécier ces chiffres, il faut les comparer aux 20 millions dépensés pour les canaux de 1750 à 1815. Malgré leur coût élevé, les enclosures étaient rentables pour les propriétaires, car l'investissement initial était en général amorti en trois ans.

Il y a corrélation entre la chronologie des enclosures et le mouvement des prix : la hausse des prix agricoles, reflet de la pression croissante de la demande du marché intérieur, et la hausse du prix de la terre furent des stimulants, dans les années 1770, pour le passage de la culture à l'élevage et donc pour la première grande phase d'enclosures, puis vers 1810, pour la mise en culture des communaux et des friches. Cette dernière poussée majeure a correspondu à l'inflation de guerre. Une corrélation inverse s'observe en revanche avec les taux d'intérêt, dont l'interprétation est moins aisée. Elle pourrait signifier soit que les propriétaires, ayant besoin de recourir à l'emprunt pour enclore, aient choisi les périodes d'argent bon marché, soit que ceux qui disposaient de capitaux aient fait un choix rationnel, selon la rentabilité espérée, entre l'investissement agricole et d'autres types de placement ; mais rien ne prouve qu'il n'y ait pas eu des critères de choix autres que le calcul économique.

L'historiographie a longtemps conforté la thèse de

Marx : les enclosures auraient été un vaste mouvement d'expropriation de la petite paysannerie propriétaire et auraient fourni à l'industrie une main-d'œuvre disponible. J.D. Chambers a soutenu l'inverse à partir de l'exemple du Nottinghamshire, où de 1790 à 1830 il y eut un accroissement du nombre de propriétaires. Car les enclosures auraient fourni des emplois nouveaux : agriculture plus intensive, entretien des haies, etc. En une période où le salaire agricole augmentait moins vite que le prix de la terre, il était logique de remplacer du capital terre par du travail : la révolution agricole et les enclosures auraient été *labour intensive*. Elles auraient retenu les populations dans les campagnes, et la main-d'œuvre industrielle n'aurait pas pour origine le stock de paysans en place, mais l'accroissement démographique naturel. Cependant d'autres exemples régionaux vont à l'encontre de cette thèse, comme le sud et l'est des Midlands, où les enclosures furent suivies d'un exode rural. De plus l'augmentation des cotes foncières remarquée par Chambers est peut-être un peu artificielle : elle peut s'expliquer par le fait que l'administration s'est mise, à un moment, à compter des propriétaires n'ayant que des titres coutumiers, qui n'étaient pas recensés auparavant. M. Turner note le très grand nombre de mutations de propriétés (25 à 60 % des terres) à la suite des enclosures. Faute de pouvoir payer ces dernières, de très nombreux petits propriétaires durent vendre. Le coût de l'enclosure était relativement plus élevé lorsque la propriété était petite, car le périmètre d'un champ diminue moins vite que sa surface. Pour Turner, les nouveaux propriétaires seraient d'un type différent : marchands et gens de la ville voulant acquérir un pied-à-terre à la campagne, veuves investissant leurs économies, etc. Les conséquences des enclosures ne peuvent se séparer de celles de la concentration foncière qu'elles facilitèrent. Les moyennes propriétés déclinèrent fortement au profit des grandes; il en allait de même des fermes. Même si le nombre de *yeomen* avait déjà beaucoup décliné au cours des XVIe et XVIIe siècles, il semble bien que le mouvement ait continué à la fin du XVIIIe siècle et au début du XIXe siècle. Il est difficile de ne pas croire les témoignages de contemporains qui déploraient les évictions des *cottagers* et des *yeomen* lorsqu'il s'agit d'hommes aussi peu suspects de méfiance envers la grande propriété que les commissaires aux enclosures ou qu'A. Young qui écrivait : « Je préférerais voir tous les communaux d'Angleterre sombrer dans la mer plutôt que de voir les pauvres traités comme ils l'ont été jusqu'à présent. » La preuve en est l'extrême extension de la pauvreté à la fin du XVIIIe siècle. Après la période des hauts prix pendant les *French wars*, qui permirent à nombre de *yeomen* de subsister encore, l'évolution s'accéléra. Avec la concentration foncière, les petits paysans propriétaires furent remplacés par de petits fermiers.

Si la petite ferme allait subsister durant tout le siècle, en particulier en Écosse, dans le pays de Galles, dans l'ouest et le nord-ouest de l'Angleterre, la tendance était à une polarisation en trois catégories sociales superposées, séparées par des barrières infranchissables de richesse, de genre de vie et de culture. Au milieu du XIXe siècle, quelques milliers de *landlords* louaient leurs terres, par l'intermédiaire de leurs régisseurs, aux *farmers*. Ceux-ci exploitaient de grandes fermes et formaient une sorte de classe moyenne. Enfin, les salariés agricoles constituaient un vaste prolétariat déshérité.

Orientation bibliographique

Chambers J.D., « Enclosure and the Labour Supply in the Industrial Revolution », *Economic Historical Review*, 1953.

Chambers J.D. et Mingay G.E., *The Agricultural Revolution (1750-1880)*, Londres, 1966.

Holderness B.A., « Capital Formation in Agriculture (1750-1850) », *in* Higgins J.P.P. et Pollard S. (éd.), *Aspects of Capital Investment in Great Britain (1750-1850)*, Londres, 1971.

McCloskey D.N., « The Enclosure of Open Field », *Journal of Economic History*, mars 1972.

Marx K., *Le Capital*, livre VIII, chap. XXVII, « L'expropriation de la population campagnarde », Paris, Gallimard, Bibliothèque de la Pléiade, t. II.

Turner M., *Enclosures in Britain (1750-1830)*, Londres, 1984.

Cf. Agriculture ancienne (Stagnation de l'). Agriculture et Révolution industrielle. Agronomie. Marx et la Révolution industrielle. Révolution agricole en Angleterre : une réalité ?

ENSEIGNEMENT TECHNIQUE ET GRANDES ÉCOLES

Durant le XIXe siècle, l'enseignement dut, peu à peu, s'adapter à une tâche nouvelle : diffuser la technologie industrielle et former les hommes dont le métier est de l'appliquer et de la développer. La spécificité de la profession d'ingénieur n'apparut pas aussitôt. Diderot, dans l'*Encyclopédie*, définissait l'ingénieur comme un fonctionnaire appartenant aux trois grands corps de l'État, le génie militaire, les constructions navales, et les ponts et chaussées. Littré privilégiait encore l'acception militaire et traditionnelle, et ne citait qu'en quelques mots « l'ingénieur civil, nom donné aux ingénieurs qui ne sortent pas de l'École polytechnique ou qui travaillent pour l'industrie privée ».

Dans la France du XVIIIe siècle existaient déjà des écoles spécialisées de haut niveau, les meilleures du monde, l'École des ponts et chaussées (1747), l'École des mines (1793), les écoles d'artillerie, l'École du génie de Mézières, liées aux besoins de l'armée et de l'État. La Convention créa, à l'initiative de Monge, l'École polytechnique (1794), qui, comme son nom l'indiquait, devait fournir un tronc commun de connaissances scientifiques préalables à l'entrée dans les écoles d'application qui furent réorganisées. L'école fut militarisée sous Napoléon. Sélective, elle recrutait dans la haute bourgeoisie ; les grands corps de l'État étaient le débouché principal, même si, après 1815, elle n'orientait plus automatiquement vers l'armée. De 1830 à 1847, les « démissionnaires », qui ne s'y destinaient pas, et dont la moitié se tournaient vers l'industrie privée, ne représentaient que 13,6 % des élèves sortants. Les polytechniciens formaient une élite fermée, au statut social très élevé, car l'accès aux grands corps était restreint. Ils étaient des agents de l'autorité de l'État, ce qui leur conférait un pouvoir politique. Leur rôle économique se situait à un haut niveau, celui de l'orientation générale et du contrôle. Les entreprises minières, sidérurgiques et ferroviaires devaient soumettre leurs projets à l'administration qui pouvait exercer par ses ingénieurs un droit de veto. Leur action économique s'exerçait donc au plan de la direction plus qu'à celui de la technologie. Il en allait de même pour ceux qui avaient opté pour une carrière privée, ou qui, abandonnant leur corps d'origine, « pantouflaient ». Ils accédaient vite à des postes élevés où ils n'étaient que peu confrontés aux problèmes techniques. L'idéologie saint-simonienne allait cependant conduire un certain nombre de polytechniciens à participer activement à la réalisation des réseaux ferroviaires européens.

Aux antipodes de cette école prestigieuse existaient des écoles d'arts et métiers, dont les premières furent fondées à Châlons-sur-Marne en 1803 et à Angers en 1811 par Napoléon, pour former les « sous-officiers de l'industrie ». La Restauration les multiplia. Leur rôle fut plus important que celui du Conservatoire des arts et métiers, à la fois école et musée. Les écoles d'arts et métiers, qui recrutaient dans la petite bourgeoisie, dispensaient un enseignement pratique orienté vers les besoins de l'industrie, en particulier de la sidérurgie et des chemins de fer. Les élèves sortants devenaient ouvriers qualifiés, puis contremaîtres et assuraient ensuite souvent la fonction d'ingénieurs. Mais la complexité croissante des techniques posait des problèmes devant lesquels leur absence de formation théorique les laissait de plus en plus désarmés.

Entre ces deux filières divergentes, celle de dirigeant et celle de technicien, il n'y eut pas d'école d'ingénieurs jusqu'à ce que la pression des besoins industriels fît naître en 1829 l'École centrale des arts et manufactures, établissement privé jusqu'en 1856, fondée par deux savants, Dumas et Olivier, et un homme d'affaires. Nombre d'industriels y envoyèrent leurs fils pour les préparer à reprendre leurs entreprises. Elle formait une centaine d'élèves par an, qui se destinaient à l'industrie privée, mais souvent encore à des postes de direction plutôt que de conception technologique. Cette tendance, qui, par mimétisme, rapprochait Centrale de Polytechnique, était logique dans une perspective d'ascension sociale dans une société qui sous-estimait les connaissances techniques jugées « utilitaires » et les plaçait au-dessous du savoir scientifique « pur ». Malgré cela, la place des centraliens dans le développement de l'industrie fut considérable. En 1848, les centraliens, minoritaires, qui s'intéressaient au progrès des techniques, fondèrent la Société des ingénieurs civils de France pour revendiquer leur spécificité et valoriser leur profession. Avec la deuxième Révolution industrielle, entre 1880 et 1914, de nouvelles écoles allaient se fonder pour assurer une formation dans les techniques nouvelles (chimie, électricité...).

Grâce à ces écoles, la technique française connut son apogée vers le milieu du siècle. En revanche la créativité britannique était en déclin : une des raisons en était l'absence de formation technologique. Les universités, à l'exception de celles d'Écosse, étaient aussi traditionnelles que les françaises, mais la pression de l'industrie ne suscita pas de grandes écoles; les premières naquirent tard, l'École royale de chimie en 1845, l'École des mines en 1851. Les ingénieurs se formaient dans l'entreprise; toute une génération fit ainsi son apprentissage dans la maison Maudslay. Il n'existait que des instituts de mécanique, d'un niveau peu élevé, dont les premiers furent fondés en 1824 par George Birkbeck. C'était là, plus encore qu'en France, le paradoxe d'un pays industriel où la formation des élites était axée sur le service public et la culture libérale.

Au contraire, les grandes écoles françaises eurent une grande influence sur la diffusion technologique dans le continent. Avant 1815, Polytechnique avait formé de nombreux élèves originaires des pays annexés; mais elle continua ensuite à accueillir des auditeurs libres étrangers, surtout d'Allemagne et de Belgique. Humboldt, Liebig, Magnus, professeur de technologie à Berlin, avaient été ses élèves. L'institution elle-même fut copiée, son caractère militaire mis à part. De nombreux instituts polytechniques furent fondés, à Prague (1806), à Vienne (1815), à Karlsruhe (1825), premier-né des *Technische Hochschulen* allemandes qui se multiplièrent ensuite, à Zurich (1848). Centrale accueillit aussi beaucoup d'élèves étrangers : 25 % de ses effectifs entre 1829 et 1864.

La diffusion technologique fut facilitée par les missions d'ingénieurs français en Europe. Le Play, professeur de métallurgie à l'École des mines, effectua plusieurs séjours en Russie, dont un de longue durée, de 1844 à 1853. Sous le Second Empire, l'exportation des capitaux français pour la construction des chemins de fer s'accompagna de l'envoi d'ingénieurs dans toute l'Europe.

Au milieu du XIXe siècle, la science allemande avait déjà commencé à dépasser la science française. Après 1870-1880, la technique allemande allait devenir la première du monde, développée par une solide organisation d'universités et d'écoles d'ingénieurs en liaison avec les laboratoires d'entreprises.

Orientation bibliographique

Bergeron L., *Les capitalistes en France (1780-1914)*, Paris, 1978.
Cameron R., *La France et le développement économique de l'Europe (1800-1914)*, Paris, 1971.
Caron F., *Le résistible déclin des sociétés industrielles*, Paris, 1985.
Day C.R., « The Making of Mechanical Engineers in France : the Écoles d'Arts et Métiers (1803-1914), *French Historical Studies*, n° 3, 1978.
Shinn T., *L'École polytechnique*, Paris, 1980.

Cf. Science et technologie. Transfert de la technologie.

Entrepreneurs

Les fondateurs d'entreprise des débuts de la Révolution industrielle « vinrent de toutes les classes sociales et de toutes les régions du pays », écrivait T.S. Ashton. En fait, en Grande-Bretagne comme ailleurs, la grande majorité d'entre eux était issue du commerce ou de la proto-industrie : à l'origine de l'industrie cotonnière, il y eut beaucoup de marchands manufacturiers; les maîtres de forges de l'Angleterre du Nord vinrent de l'artisanat rural, ceux du pays de Galles du négoce londonien (Crawshay). Des études plus systématiques sur la France et l'Allemagne évitent de généraliser hâtivement à partir de quelques biographies non obligatoirement représentatives. Sur les 175 fondateurs de filatures de coton entre 1780 et 1840, étudiés par S. Chassagne, 97 étaient originaires du négoce, surtout celui des tissus, et 30 étaient ouvriers qualifiés; la proportion de ces derniers était plus forte dans l'indiennage (46 % entre 1760 et 1840), parce que cette activité reposait sur un savoir-faire plus élaboré; mais la plupart d'entre eux, d'origine étrangère comme Oberkampf, ne purent monter leur entreprise que grâce aux capitaux d'un négociant. Même dans cette première phase où les capitaux de démarrage étaient limités, le cas d'entrepreneurs issus du bas de l'échelle sociale fut très exceptionnel, comme Badin, ouvrier filateur à douze ans, qui monta une petite entreprise à Barentin vers 1850 et devint un grand industriel, ou comme Julien Lagache, ouvrier aussi, qui fonda sa maison à Roubaix en 1830. Les jugements sur ce type d'ascension sociale divergent : L. Bergeron cite de nombreux cas de « fils de leurs œuvres », alors que M. Lévy-Leboyer estime que la mobilité sociale fut très faible. En tout cas, l'accès au patronat se ferma dès le milieu du siècle, car, même dans le textile, les investissements nécessaires se faisaient de plus en plus lourds. L'ascension sociale se fit plus aisément en deux générations, comme dans le cas de Pouyer-Quertier, le grand filateur normand, petit fils de paysan-tisserand cauchois, mais fils de négociant-fabricant. Elle ne fut pas, en général, interrompue par la Révolution : tels les Poupart de Neuflize de Sédan ; Amédée Prouvost de Roubaix était petit-fils d'un fabricant d'avant 1789 ; le fondateur de la dynastie des Motte était fils d'un marchand peigneur de Tourcoing ; la manufacture des Flavigny d'Elbeuf trouvait ses origines au XVIIe siècle.

La construction mécanique avait comme le textile la particularité d'exiger peu de capitaux de démarrage et de pouvoir se développer progressivement à partir du petit atelier. Mais il y fallait plus de capacités techniques : aussi la proportion d'ouvriers ou d'artisans y fut-elle plus forte dans le premier patronat. En France, Barthélemy Deflassieux commença comme ouvrier avant de fonder avec son frère une entreprise de réparation de machines de mines en 1851 à Rive-de-Gier. En revanche dans la sidérurgie, le capital de départ était beaucoup plus important : la continuité de part et d'autre de la Révolution domine. La catégorie des maîtres de forges, rentiers ou exploitants, souvent nobles, fut affaiblie par les confiscations et les ventes de biens nationaux ; mais nombre d'entre eux, comme les de Wendel, rachetèrent ensuite leurs établissements. Dans d'autres cas, ces derniers furent rachetés par des fermiers exploitants. Ainsi, Rambourg était, avant 1789, directeur des forges d'Indret. Les propriétaires changèrent donc davantage que les dirigeants. Le seul élément nouveau fut l'entrée dans la sidérurgie des marchands de fer parisiens comme les Boigues.

On retrouve cette même continuité socio-historique à Berlin ou en Rhénanie-Westphalie. Sur 38 fondateurs textiles berlinois entre 1835 et 1873, 31 vinrent du négoce, six de l'artisanat, un de l'enseignement technique ou supérieur. En revanche les artisans dominaient dans la construction mécanique, ainsi que les fils d'artisans passés par l'enseignement technique et qui avaient fait leurs premières armes dans d'autres entreprises, comme Borsig. Cette place des techniciens formés par l'enseignement technique semble plus importante en Allemagne qu'en France, bien que les écoles d'arts et métiers aient aussi fourni des fondateurs. Une autre différence, qui s'explique sans doute par la place moins grande de la noblesse dans la sidérurgie ancienne et par l'absence de bouleversement révolutionnaire, est en Rhénanie-Westphalie le grand nombre de sidérurgistes venus de l'industrie métallurgique de l'Eifel, comme les Hoesch, les Poensgen, ou issus de dynasties commerçantes alliées par les mariages et connues depuis plusieurs siècles, comme les Krupp d'Essen. Le lien du maître de forges avec la grande propriété foncière, caractéristique en France, ne s'observe en revanche en Allemagne que dans le cas des magnats silésiens.

Les fondateurs furent souvent à l'origine de dynasties familiales. Le patronat textile de Mulhouse ou du Nord en sont les meilleurs exemples. Les politiques matrimoniales consolidaient les alliances entre familles industrielles et accroissaient les capitaux par le jeu des dots et des participations. Les fils et les gendres étendaient les activités. Ainsi les trois fils Motte : Louis s'installa à Roubaix et, avec ses capitaux, la dot de sa femme Adèle Bossut et les apports d'un oncle et de son beau-frère Wattine-Bossut, créa en 1842 une filature géante ; pendant ce temps son frère Étienne, à l'origine de la branche Motte-Dewavrin, fonda une filature de laine à Tourcoing, et son frère Alfred édifia un ensemble concentré financièrement d'usines de teinturerie. Des familles puissantes parvinrent ainsi, par le jeu des alliances et des héritages, à contrôler l'économie régionale, et ceci jusqu'au milieu du XXe siècle.

En Normandie, en revanche, une tendance contraire, héritée des mentalités de l'Ancien Régime, persistait : l'entreprise industrielle était moins considérée comme un but que comme un moyen d'ascension dans la classe supérieure, abandonné ensuite au profit d'un genre de vie noble ou du moins non industriel : achat de manoirs, alliances aristocratiques, engagement dans la vie politique, tentations auxquelles le patronat du Nord ou de Mulhouse ne cédait pas. Cette même tendance se retrouve en Angleterre, où les historiens ont remarqué que, par une sorte de « syndrome Buddenbrooks », les familles industrielles dépassèrent rarement trois générations, que ce soit les Ashworth qui déclinèrent dès les années 1840, les Courtauld, les Darby ou les Crawshay. On ne peut certes généraliser en l'absence d'études quantitatives sur la démographie des entreprises, mais le désir de s'élever à la pairie et de mener une vie de *landlords* semble avoir écourté la vie des dynasties industrielles. Mais rien ne prouve qu'il s'agit là d'une perte d'énergie du patronat qui aurait eu une influence négative sur l'économie britannique du dernier quart du XIXe siècle.

À l'intérieur de ces continuités familiales visibles aussi dans la sidérurgie (de Wendel), même si une génération de maîtres de forges-propriétaires terriens s'affaiblit dès 1820-1830 par difficulté d'adaptation aux nouvelles techniques, L. Bergeron perçoit des amorces de renouvellement du patronat dès avant le milieu du siècle avec l'arrivée des patrons-techniciens. Dufaud, comme son gendre Martin, était polytechnicien, et Schneider s'était formé au service de la banque Seillière. En fait ce renouvellement se fit par intégration au groupe patronal antérieur. À Fourchambault, ce fut par l'association traditionnelle entre le capital marchand (Boigues) et le technicien (Dufaud), renforcée par les alliances matrimoniales. Quant à Schneider, il devait être à l'origine d'une nouvelle dynastie familiale. Le temps des ingénieurs n'était pas encore arrivé. Les brillants polytechniciens, s'ils ne se destinaient pas aux grands corps, s'intéressèrent plutôt aux chemins de fer, comme Paulin Talabot, bien qu'il eût, en 1849, monté avec son frère Léon la Société de Denain-Anzin. Mais ce furent les nouvelles technologies, la chimie et surtout l'électricité, qui devaient donner en France, et plus encore en Allemagne, une place nouvelle aux ingénieurs dans le dernier quart du siècle.

Orientation bibliographique

Bergeron L., *Les capitalistes en France (1780-1914)*, Paris, 1978.
—, *in* Y. Lequin, *Histoire des Français (XIXe-XXe siècle)*, vol. II, Paris, 1983.
Chassagne S., « La formation des entrepreneurs à la période de l'industrialisation : l'exemple des entrepreneurs cotonniers », in *Entreprise et entrepreneurs (XIXe-XXe siècle)*, Paris, 1983.
Crouzet F., *The First Industrialists. The Problem of Origins*, Cambridge, Cambridge University Press, 1985.
Hirsch J.-P., *Les deux rêves du commerce. Entreprise et institution dans la région lilloise (1760-1860)*, Paris, EHESS, 1991.
Lévy-Leboyer M., « Le patronat français a-t-il été malthusien ? », *Le Mouvement social*, n° 88, juillet-septembre 1974.

Mathias P. et Postan M.M. (éd.), *The Cambridge Economic History of Europe*, vol. VII, en partie repris *in* Kocka J., *Unternehmer in der deutschen Industrialisierung*, Göttingen, 1975, et Payne P.L., *British Entrepreneurship in the Nineteenth Century*, Londres-Basingstoke, 1974.

Verley P., *Entreprises et entrepreneurs du XVIIIe siècle au début du XXe siècle*, Paris, Hachette, 1994.

Il existe un *Dictionnaire du patronat français du Second Empire*, publié sous la direction de Dominique Barjot, 4 vol. parus, Picard/éd. Cénomane.

Cf. Bauwens, Liévin (1769-1827). Borsig, August (1804-1854). Cockerill (La famille). Crawshay (La famille) et la sidérurgie galloise. Creusot (Le) et Eugène Schneider. Dufaud, Georges (1777-1852) et Fourchambault. Enseignement technique et grandes écoles. Krupp (Alfred) et la révolution industrielle dans la Ruhr. Martin, Émile (1794-1871) : maître de forges et inventeur. Oberkampf, Christophe-Philippe (1738-1815) et la fabrique de Jouy. Préindustrialisation et proto-industrialisation. Ternaux (Guillaume) et la modernisation de l'industrie lainière française.

ENTREPRISE INDUSTRIELLE AU MILIEU DU XIXe SIÈCLE *(Formes juridiques de l')*

Les entreprises industrielles étaient le plus souvent familiales et petites. Beaucoup avaient débuté sous forme patrimoniale, mais les politiques familiales et le besoin d'association tendaient à faire adopter des formes sociétaires. Le Code de commerce de 1807 en prévoyait trois : société en nom collectif (SNC), commandite et société anonyme (SA).

La première forme était statistiquement très dominante : 77 % des actes de fondation entre 1840 et 1859, 83 % entre 1860 et 1879 ; mais on ne connaît pas la répartition entre les sociétés très nombreuses dont l'activité était commerciale, les sociétés industrielles et celles qui alliaient dans une proportion variable les deux activités. Cette forme dans laquelle les associés étaient égaux et responsables sur tous leurs biens convenait lorsque le capital et les compétences rassemblés ne dépassaient pas le cercle d'une famille ou de quelques associés. Sur quatre sondages pratiqués sur 1833, 1843, 1853 et 1860 à Lille par P. Deyon et J.-P. Hirsch, les sociétés dans lesquelles au moins deux associés portaient le même nom représentaient 25 %, 37 %, 58 % et 40 % du total. L'évolution statistique montre que cette forme juridique était loin d'être en décadence. Elle pouvait correspondre à deux stratégies patrimoniales : l'une évitait la dispersion de l'entreprise en associant les héritiers lors du décès du fondateur, l'autre en permettait la consolidation et l'extension par les alliances matrimoniales. Bien que la moyenne de ces entreprises fût petite, la SNC n'était pas incompatible avec la grande taille, car l'ampleur des profits pouvait financer la croissance sans qu'il y eût besoin de recourir à des apports extérieurs, comme dans le textile du Nord : ainsi, en 1861, la filature de laine de Henri Barrois Wattinne, jusqu'alors en commandite, redevenait une SNC, et la Compagnie Parent-Schacken-Caillet était fondée sous cette forme au capital de 4 millions. La SNC associait aussi des compétences complémentaires : marchand et technicien, veuve d'industriel et chef d'atelier, détenteur de brevet et détenteur de capitaux...

Pour l'association compétence et capital, le Code prévoyait aussi la commandite simple (SCS), dans laquelle les commandités géraient l'affaire et étaient responsables sur leurs biens, alors que les commanditaires ne l'étaient que sur leurs apports. La transformation de la SNC en SCS permettait d'apporter des capitaux nouveaux en faisant appel aux parents, aux amis, aux connaissances, négociants, banquiers, notaires... ayant de l'argent à placer. Les SCS représentaient 10 à 15 % des sociétés fondées au milieu du siècle. Pour un drainage plus large du capital, le Code prévoyait la commandite par actions. Les SCA réunissaient le plus souvent quelques gros commanditaires, banquiers, négociants et industriels. De nombreuses sociétés sidérurgiques adoptèrent cette forme, comme le Creusot où les frères Schneider étaient commandités par la banque Seillière et les négociants Boigues. Les SCA se multiplièrent sous la monarchie de Juillet et au début du Second Empire, car cette forme convenait aux grandes sociétés industrielles d'alors. Elle permettait de réunir des capitaux sans mettre en danger le pouvoir familial sur l'entreprise : c'est pourquoi le patronat textile du Nord n'hésita pas à y recourir. Les commanditaires pouvaient s'engager à faire des versements ultérieurs, ce qui assurait une sécurité financière. Enfin, elle était une étape vers une transformation éventuelle en société anonyme, et un substitut de cette dernière, qui était soumise à autorisation du gouvernement après avis du Conseil d'État, procédure longue, restrictive et coûteuse, voulue par le législateur qui avait peur de l'irresponsabilité de la SA.

Entre 1807 et 1867, seulement 651 SA furent autorisées : d'abord des sociétés de « capitaux » issues de l'Ancien Régime, Anzin, Aniche, Saint-Gobain, puis des sociétés de canaux et d'assurances, et enfin de chemins de fer, pour lesquelles cette forme était indispensable pour réunir un vaste capital. Les sociétés industrielles étaient beaucoup moins nombreuses ; on les trouvait dans les mines, la sidérurgie et la construction mécanique ; la plupart résultaient de la transformation de commandites comme les mines de la Grand Combe (1855), ou de la fusion de sociétés préexistantes comme les Hauts fourneaux, forges et aciéries de la marine et des chemins de fer (1854). La fondation *ex nihilo* était beaucoup plus rare. En 1867, seules quarante SA vivantes s'occupaient d'industrie.

Pour juger du caractère de frein que cette législation rigoureuse a pu exercer, il faut distinguer entre secteurs économiques et comparer entre pays. En Grande-Bretagne, le *Bubble Act* de 1720 soumit aussi les *joint stock companies* à autorisation du Parlement jusqu'en 1825, mais la responsabilité illimitée des actionnaires ne fut supprimée qu'en 1855. Les SA y existaient depuis longtemps dans les mines, les canaux et les assurances; dans les années 1830, les *joint stock banks* se multiplièrent; puis les compagnies de chemins de fer adoptèrent cette forme. Mais les SA industrielles étaient peu nombreuses : il n'y en eut pas dans l'industrie cotonnière avant 1845, alors qu'en France la première y fut autorisée en 1822. Les entreprises, même les plus grosses comme Cyfarthfa, étaient de nature familiale. L'autofinancement et l'appui d'un bon réseau d'intermédiaires bancaires permirent aux entreprises de se développer sans modifier leurs structures, et les industriels ne firent pas pression pour la libération des SA. La campagne fut menée par les intérêts financiers de la City et par les *Christian Socialists*, désireux d'ouvrir de nouvelles possibilités de placements pour l'épargne des classes moyennes. Lorsque les SA furent libérées, peu d'industriels transformèrent la structure de leur entreprise. Indispensable aux mines, aux banques, aux assurances et aux chemins de fer, cette forme juridique ne l'était pas à la croissance de l'industrie manufacturière. La Belgique présente le cas inverse : l'essor précoce des

SA y fut lié à une étroitesse du marché du capital, à une intervention plus grande de la banque dans l'industrie, et à une forte intégration entre les mines, la sidérurgie et la construction mécanique ; en 1850, sur les quarante-neuf hauts fourneaux à coke construits dans les bassins de Liège et de Charleroi, quarante étaient exploités par des SA. Pourtant les SA ne furent libérées que par la loi de 1873. Les pays germaniques, plus proches du cas belge, et la France, plus proche du cas britannique, sont des cas intermédiaires. L'insuffisante mobilité du capital incita les hommes d'affaires rhénans à faire campagne pour la libération des SA dès les années 1840 ; mais le but de Mevissen était surtout de fonder une banque en SA. Jusqu'au début des années 1850, la forme anonyme ne concerna guère, outre les chemins de fer, que les mines. La législation minière prussienne, qui dissociait la gestion assurée par des fonctionnaires de la propriété sous forme de parts, favorisa le passage à la SA lorsque l'État abandonna le contrôle de la production. Dans les années 1850, les nouvelles sociétés charbonnières, l'Union, la Hibernia, la Gelsenkirchner, furent des SA ; mais les grandes entreprises sidérurgiques comme Krupp, qui était en commandite, continuèrent en général de garder la forme familiale. En Allemagne, la SA, qui fut libérée partiellement par la loi de 1843, puis complètement par celle de 1870 en Prusse, étendue à l'Empire en 1871, a soutenu un développement rapide ; c'est cependant surtout dans les années 1870 et 1880 que les affaires familiales allaient se transformer en SA.

En France, le législateur, qui se méfiait de la multiplication des SCA, entreprit de les réglementer par la loi de 1856, qui fit chuter le nombre de leurs fondations puis, devant la pression, libéralisa partiellement les SA en 1863 (libres si leur capital était inférieur à 20 millions), et, par la suite, complètement, par la loi de 1867. Les pressions pour la libéralisation furent surtout le fait du grand capitalisme bancaire et financier (Forcade dans *La Revue des Deux Mondes*, les journaux financiers), qui allait en profiter pour fonder aussitôt des banques de dépôts, dont certaines allaient promouvoir l'industrie jusqu'à ce que les échecs les en détournent. En revanche, une partie des industriels était opposée à la libéralisation, s'inquiétant du manque de responsabilité de la SA et de l'injustice de la situation des autres formes sociétaires où les gérants risquaient dans l'entreprise leur fortune et leur réputation. Il est caractéristique que les chambres et les tribunaux de commerce de Lille, du Havre, de Rouen et de Mulhouse, villes textiles, statuaient dans ce sens et ne voyaient pas l'intérêt d'une modification du Code du commerce.

De fait, la loi de 1867 ne changea pas grand-chose pour le plus grand nombre des industriels. De toute façon, la capacité de drainage de l'épargne de la SA restait limitée tant que les actions industrielles ne furent pas cotées en Bourse ; mais, inversement, tout risque de perdre le contrôle familial de l'entreprise en était aussi écarté. La forme anonyme n'était donc pas non plus contraire au maintien du caractère familial. À la différence des compagnies de chemins de fer et d'assurances, où le capital-actions était disséminé entre de nombreuses mains, dans les SA industrielles le contrôle familial pouvait s'exercer par la détention de gros paquets d'actions assurant une majorité absolue ou relative, et par une politique d'émissions d'obligations plutôt que d'augmentation du capital.

Si les cas belge et allemand peuvent inciter à attribuer à la SA un rôle de substitut au sens de Gerschenkron, les cas britannique et français mettent surtout en valeur la souplesse d'adaptation des entreprises aux formes juridiques, et l'efficacité de l'entreprise familiale, petite ou moyenne, quelquefois grande, en nom collectif ou en commandite. F. Caron estime que les SNC et les SA étaient plus favorables à la rétention des bénéfices et à la croissance par autofinancement, alors que les commandites étaient plus souvent gérées dans le sens de la maximisation et de la distribution des profits.

Orientation bibliographique

Caron F. (éd.), « Entreprises et entrepreneurs (XIXe-XXe siècle) », *Civilisations*, n° 7, 1983.

—, *Histoire économique de la France (XIXe-XXe siècle)*, Paris, 1981.

Fohlen C., « Sociétés anonymes et développement sous le Second Empire », *Histoire des entreprises*, n° 8, novembre 1961.

Freedeman C.E., *Joint Stock Entreprise in France (1807-1867)*, Chapell Hill, 1979.

Lefebvre-Teillard A., *La société anonyme au XIXe siècle*, Paris, 1985.

Verley P., *Entreprises et entrepreneurs du XVIIIe siècle au début du XXe siècle*, Paris, Hachette, 1994.

Cf. Banque et industrialisation au milieu du XIXe siècle. Cockerill (La famille). Creusot (Le) et Eugène Schneider (1805-1875). Entrepreneurs. Entreprise industrielle et concentration vers le milieu du XIXe siècle (Taille de l'). Krupp (Alfred) et la Révolution industrielle dans la Ruhr.

ENTREPRISE INDUSTRIELLE ET CONCENTRATION VERS LE MILIEU DU XIXe SIÈCLE *(Taille de l')*

L'entreprise industrielle est difficile à définir, et donc aussi sa taille moyenne, car des formes différentes de production coexistaient. Les formes héritées du capitalisme commercial perduraient massivement : une industrie rurale de type proto-industriel encore très vivace dans le textile, en particulier dans le tissage du lin et de la laine, et une industrie urbaine à domicile, ouvriers individuels ou petits ateliers sous la dépendance d'un marchand ou d'un fabricant, comme dans la fabrique lyonnaise ou la rubannerie de Saint-Étienne. Quant aux formes nouvelles de travail mécanisé, elles opposaient un très grand nombre de petites et moyennes entreprises à quelques géants industriels, pour l'époque du moins. Mais ces derniers, McConnel et Kennedy, Ashworth, Dollfus et Mieg, Motte et Bossut pour le textile, les Guest de Dowlais, les Crawshay, Schneider, Krupp pour la sidérurgie, étaient des exceptions. Les enquêtes industrielles françaises du XIXe siècle utilisèrent des critères fluctuants pour distinguer l'entreprise industrielle de l'artisanat. Celle de 1840-1845 ne portait que sur les établissements de plus de dix ouvriers : critère quantitatif quelque peu arbitraire. Celle de 1861-1865 utilisait un critère structurel, en recensant tous les établissements ayant recours au salariat, même s'ils n'employaient qu'un ouvrier. Les auteurs contemporains distinguaient souvent entre « grande » et « petite » industrie, sans que le critère de différenciation fût clair. Les estimations globales ne sont donc guère comparables, ni dans le temps ni entre pays.

La taille de l'entreprise peut se mesurer par son capital, son chiffre d'affaires, l'importance de son matériel ou le nombre de ses ouvriers. Les chiffres d'affaires ne sont guère connus. Le capital ne l'est que pour les sociétés anonymes. Parmi ces dernières, les plus grosses étaient les assurances, les banques, les sociétés de transport ; les sociétés industrielles — la sidérurgie — ne venaient qu'après.

Le critère le plus utilisable est donc le nombre d'ouvriers.

Aussi bien en Grande-Bretagne qu'en France ou en Allemagne, l'entreprise moyenne était petite ; l'entreprise modale était plus petite encore. Les différences étaient fortes entre secteurs et régions. Dans les industries alimentaires, dans celles de l'habillement, du bois, du cuir, la taille était très faible. Dans le textile, l'enquête française de 1861-1865 donne une moyenne de 10,6 ouvriers par établissement, légèrement supérieure à la moyenne générale de 9,6. Les entreprises étaient plus grosses dans le coton que dans la laine, et *a fortiori* que dans le lin ou la soie. La filature s'était mécanisée plus vite que le tissage, et la taille moyenne y était plus grande, mais avec des différences régionales :

Nombre moyen d'ouvriers des filatures

	Haut-Rhin	*Nord*	*Eure*	*Seine-Inf.*	*Marne*
Coton	301	134	82	80	
Laine		132	75	56	91

Source : Enquête de 1861-1865.

Les tailles moyennes de ces filatures sont comparables à celles de Grande-Bretagne : pour le coton, 137 ouvriers en 1838, 171 en 1871. Dans le Lancashire, la région la plus en avance, la taille moyenne était en 1841 de 260 ouvriers. On retrouverait les mêmes chiffres en Prusse, dans la région d'Elberfeld-Barmen.

La concentration avait progressé lentement. Vers 1840-1844, la taille moyenne des filatures de coton françaises était de 230 ouvriers en Alsace, de 100 dans le Nord, de 80 en Seine-Inférieure. Après 1860, elle augmenta un peu plus, mais lentement encore, par suite de la crise cotonnière et de la dépression de 1867. Elle pouvait se faire de deux façons, soit par grossissement de quelques entreprises, répondant par l'investissement aux difficultés, soit par élimination de petits établissements, plus vulnérables aux fluctuations conjoncturelles. Le premier cas s'observe dans le Haut-Rhin, où, entre 1856 et 1869, le nombre de filatures passa de 53 à 54, mais où le nombre moyen de broches crût de 18 400 à 24 000 : les métiers anciens étaient remplacés par des métiers *self-acting*. En revanche, dans le Nord et en Normandie, la concentration progressa entre 1859 et 1869 par élimination. Dans l'arrondissement de Lille, pour un nombre de broches à peu près équivalent, le nombre d'établissements diminua de 43 à 30. En Normandie, le nombre de filatures ayant moins de 5 000 broches diminua de 35 %, celui de filatures de 5 000 à 10 000 broches de 15 %, et celui de filatures de plus de 10 000 broches augmenta de 20 %, montrant une sensibilité différentielle à la crise. Parallèlement, les difficultés accentuaient la concentration financière, comme dans le cas de la maison alsacienne Herzog, qui en 1870 possédait ou louait huit filatures et autant de tissages, ou comme pour la maison de commission Vaucher de Mulhouse, qui en profita pour prendre des participations dans de nombreuses entreprises fragiles financièrement.

En Alsace, par exemple, se trouvaient les plus gros établissements intégrés, comme Dollfus Mieg (3 000 ouvriers en 1867); leur nombre n'augmenta plus à partir de 1830. L'évolution se fit vers la spécialisation comme dans le Nord. L'industrie cotonnière de Manchester était plus révélatrice encore de ces limites. Les grands établissements intégrés comme McConnel et Kennedy furent fondés avant 1816. Et jusqu'en 1841, si les petites entreprises régressèrent, ce furent celles de taille moyenne qui progressèrent relativement et non les grandes.

Pourcentage du total du nombre d'ouvriers

Nombre d'ouvriers par entreprise	1815	1848
1-150	28,5 %	12,5 %
151-500	27,3 %	55,8 %
500 et plus	44,2 %	31,7 %

Source : R. Lloyd et A.A. Le Roux, *op. cit.*

L'efficacité économique de la grande taille et ses économies d'échelle ne paraissent donc guère prouvées : la moyenne entreprise semble aussi performante. La taille optimale est difficile à cerner, mais techniquement la grande entreprise ne différait pas de la moyenne. Une approche économétrique montre qu'il n'y a pas de corrélation entre taille de l'entreprise et ratio travail/capital, ni entre taille et vulnérabilité à la conjoncture. La grande entreprise était plus lourde à gérer, et la proportion d'employés non productifs augmentait. Les firmes intégrées faisaient des économies internes sur les coûts d'achat et de transport, mais supposaient un équilibre entre filature et tissage qui permettait plus difficilement de répondre aux sollicitations des marchés. L'entreprise moyenne, plus souple, répondait mieux à leurs fluctuations, en particulier au niveau de la variété des produits. Enfin, le patronat textile préférait sans doute conserver à l'entreprise une taille limitée de peur de perdre le contrôle familial : sa réticence à adopter la forme de société anonyme en est un indice. Si les profits par unité étaient importants, l'entrepreneur, ayant déjà acquis une belle fortune, était plus soucieux de transmettre son entreprise à ses enfants que de se risquer dans son développement. Comme le constate P.L. Payne, l'intérêt des entrepreneurs individuels n'était pas obligatoirement favorable à la croissance générale.

Dans les mines et la métallurgie, la taille moyenne était plus élevée et la concentration fut plus rapide. Mais si Anzin ou le Creusot étaient énormes, ils coexistaient avec de nombreux petits établissements. En 1861-1865, la taille moyenne dans les mines de charbon de la Loire était de 330 ouvriers, dans la métallurgie de 192. Dans la métallurgie de transformation, le petit atelier dominait. Mais, entre 1845 et 1860, du fait des progrès techniques et de l'ampleur des commandes ferroviaires, les grands établissements sidérurgiques fondés auparavant grossirent très vite par autofinancement, et un mouvement de concentration s'affirma. Le groupe Chatillon-Commentry, fondé en 1854, alliait concentration financière horizontale et verticale : il comprenait les houillères de Montluçon et leur chemin de fer, les hauts fourneaux de Montluçon, La Guerche, Torteron, La Feuillarde, d'Aubigny et du Fournay, les usines d'Imphy, de Fourchambault et de la Pique, ainsi qu'une dizaine d'usines rurales. Les groupes Terrenoire-Bessèges, ou de la Compagnie de la marine et des chemins de fer étaient aussi caractéristiques. Mais les formes de concentration et d'intégration technique et financière les plus poussées se rencontrèrent précocement en Allemagne. Dans la Ruhr, la liaison entre les mines, la métallurgie, la construction mécanique, la banque et le réseau commercial apparut dès le début de la Révolution industrielle, comme dans le cas de la Gutehoffnungshütte. J. Kocka, utilisant le modèle de Gerschenkron, pense que cette précocité fut sans doute une réponse aux retards des structures allemandes et à leurs déficiences. Il n'y avait guère de réseaux commerciaux préétablis : les industriels durent distribuer eux-mêmes leurs produits ; la recherche de la clientèle était ainsi une des tâches majeures de Krupp dans les années 1840, et dès les années 1850 des services commerciaux apparurent dans les grandes entreprises. Le capital était difficile à réunir : l'interpénétration entre banque et industrie fut précoce et la forme de société anonyme se développa très vite. Comme les marchés étaient trop étroits pour permettre une spécialisation poussée, comme dans la construction mécanique, les entrepreneurs eurent tendance à multiplier la gamme de leurs produits. Enfin, comme les transports étaient mauvais, les entreprises décentralisées et les fournisseurs peu nombreux, les entreprises cherchèrent à se rendre indépendantes de ces derniers en intégrant vers l'amont. Après 1873, avec les difficultés dues à la dépression, qui conduisit à la recherche systématique de débouchés extérieurs, ces traits allaient se confirmer (concentration, cartellisation, bureaucratisation) et mener à des formes de « capitalisme organisé » (J. Kocka) qui annonçaient le XXe siècle.

Orientation bibliographique

Fohlen C., L'industrie textile au temps du Second Empire, Paris, 1956.

Gatrell V.A.C., « Labour, Power and the Size of Firms in Lancashire : Cotton in the Second Quarter of the Nineteenth Century », *The Economic History Review*, n° 1, février 1977.

Gille B., *Recherches sur la formation de la grande entreprise capitaliste (1815-1848)*, Paris, 1959. Nombreux articles in *Revue d'histoire de la sidérurgie*.

Lloyd-Jones R. et Le Roux A.A., « The Size of Firms in the Cotton Industry : Manchester (1815-1841) », *The Economic History Review*, n° 1, février 1880.

Cf. Creusot (Le) et Eugène Schneider (1805-1875). Économétrie et industrialisation. Entrepreneurs. Entreprise industrielle au milieu du XIXe siècle (Formes juridiques de l'). Krupp (Alfred) et la Révolution industrielle dans la Ruhr.

ÉTAT ET INDUSTRIALISATION

La Révolution industrielle fut un phénomène européen (États-Unis mis à part), partant de la Grande-Bretagne, s'étendant vers la périphérie et réalisant une intégration économique croissante. L'analyse régionale complète l'approche supranationale : certaines régions seulement s'industrialisèrent, formant des pôles de développement européens, parfois plurinationaux, comme la région Nord de la France-Belgique-Rhénanie-Westphalie. Mais les frontières des États, dont la signification politique se renforça au cours du siècle qui vit naître les nationalismes, eurent par évidence une importance économique qui justifie l'approche traditionnelle par cas nationaux.

Tout État intervient toujours par les conséquences de sa politique générale, législative, monétaire, budgétaire, même s'il est dit « non interventionniste » comme dans les cas britannique et suisse. En Belgique, il y eut une politique consciemment industrialiste, en France un projet industrialiste sous le Second Empire. Le cas prussien est controversé. Les jugements portés peuvent être contradictoires, car il faut distinguer entre la volonté d'agir sur l'économie et le résultat effectif. Dans le cas de l'action législative, la tentation est forte, mais pas obligatoirement justifiée, d'identifier libéralisme, idéologie du capitalisme industriel — donc intérêt des entrepreneurs, donc politique favorable à l'industrialisation — et de porter des jugements comme « l'industrialisation s'est faite grâce à, ou malgré telle attitude de l'État » en excluant *a priori* la possibilité d'indépendance relative des phénomènes. Ainsi la reconnaissance légale de la liberté d'entreprise et la libération des sociétés anonymes sont toujours considérées comme des acquis essentiels qui firent sauter des blocages antérieurs. Or ce qui est frappant, c'est la capacité d'adaptation du système économique qui sut trouver des solutions de développement à l'intérieur de la plupart des systèmes juridiques. La liberté d'entreprise entérina la dégénérescence des guildes. Elle ne fut acquise en Saxe qu'en 1861 : pourtant cet État possédait alors 154 filatures de coton (707 387 broches), soit plus que la Prusse... De même les industriels trouvèrent des substituts aux sociétés anonymes comme l'*Equitable Trust* ou la commandite par actions. Malgré les avantages des SA, en 1893 encore, les *Gewerkschaften* produisaient 46 % du charbon du syndicat rhéno-westphalien. La législation gêna sans aucun doute la fondation de banques par actions en France et en Allemagne, mais ne ralentit pas le développement de la sidérurgie : Schneider et Krupp devaient rester longtemps encore en commandite. Une dernière difficulté est ce que E. Labrousse appelait l'« imputation au politique » : les contemporains rendent toujours les gouvernements responsables de la conjoncture économique. Le Second Empire en connut les avantages et les inconvénients : « prospérité impériale » dans sa première moitié, puis marasme dû à une mauvaise politique, et au premier chef au traité de 1860. Les mouvements longs de la conjoncture sont choses beaucoup trop complexes pour s'expliquer aussi simplement...

Les effets les plus forts sur l'industrialisation furent ceux des politiques non économiques ou à but premier non économique. La Révolution française, l'Empire, l'Unité allemande eurent des conséquences économiques majeures. Le Blocus continental, dont une des fonctions était de développer l'industrie française, profita sans doute plus à la Belgique et à la Rhénanie. L'histoire économique belge montre la faculté d'adaptation à un environnement politique changeant, mais plus ou moins favorable à l'industrialisation, que P. Lebrun périodise ainsi dans l'ordre décroissant : régime français, indépendant, hollandais, Ancien Régime. Les effets économiques sont souvent difficiles à apprécier, faute de pouvoir les isoler : ainsi on considéra longtemps que le Zollverein, dont le but premier était politique et fiscal, avait constitué un grand marché unifié ; aujourd'hui on remarque que c'est le chemin de fer qui unifia le marché, et que l'unification économique de l'Allemagne fut lente et se termina après la fondation de l'Empire : Hambourg et Brême restèrent ports francs jusqu'en 1888.

La politique douanière est une donnée économique primordiale. L'Europe industrielle et les États-Unis furent, à l'exception de la Suisse et de la Belgique, résolument protectionnistes. L'État est le lieu où s'affrontent les groupes de pression. Les industriels du continent redoutaient en majorité la concurrence anglaise. La France de la Restauration et de la monarchie de Juillet fixa de hauts tarifs protecteurs, qui faisaient le consensus des agents économiques, mis à part les intérêts très minoritaires de ceux qui exportaient. Avec la construction des chemins de fer, le libre-échangisme gagna du terrain, car les compagnies désiraient importer des rails que la sidérurgie française ne pouvait leur fournir en suffisance. Par le traité de 1860, le personnel de l'État, gagné idéologiquement au libre-échangisme, imposa sa décision à des intérêts industriels en majorité hostiles. La controverse sur ses conséquences, aussi vieille que le traité, n'est pas éteinte aujourd'hui. En fait, tout en notant l'évidente croissance des échanges, il faut ramener ce débat à sa juste valeur. Il ne s'agit que d'un abaissement relatif des droits dans un système resté globalement protectionniste, et dans les années qui suivirent il n'y eut ni envahissement du marché intérieur par les produits anglais, ni conquêtes spectaculaires de marchés extérieurs. Les structures du commerce extérieur se modifièrent lentement et peu en ce troisième quart de siècle. Enfin les conséquences du traité ne peuvent être isolées de celles du retournement conjoncturel qui se fit alors sentir : il eut sans doute plus d'importance politique, car il cristallisa les oppositions des industriels désormais hostiles au régime malgré les subventions pour la modernisation qui leur furent accordées. Par le jeu de la clause de la nation la plus favorisée, et par de multiples traités bilatéraux, cet abaissement tarifaire s'étendit à la plupart des pays européens, mais ce ne fut qu'une péripétie de courte durée, car la dépression des années 1870 les conduisit tous à relever leurs tarifs. Seule la Grande-Bretagne resta libre-échangiste, car cela correspondait à sa situation de puissance économique dominante.

La politique budgétaire de l'État — qui poursuit ses buts propres, — influe aussi sur l'économie. La fiscalité française d'Ancien Régime était moins favorable à l'industrialisation que la fiscalité britannique : elle ne faisait guère payer la classe privilégiée, consommatrice de produits de luxe et non de produits industriels. En revanche, les systèmes fiscaux du XIXe siècle sont considérés comme favorables, car ils ne frappaient que peu les revenus du travail et le profit industriel ou commercial. L'impôt sur le revenu n'apparut que dans les années 1880 en Allemagne et bien plus tard en France. Depuis Keynes, la théorie économique estime qu'une fiscalité égalitaire déprime la formation d'épargne, car les revenus les plus élevés ont la propension à l'épargne la plus forte. Mais il est impossible d'apprécier l'influence de la fiscalité sur l'épargne et l'investissement. Les opposants aux innovations fiscales ont toujours soutenu que le gouvernement tuerait ainsi la Bourse, l'industrie, le commerce. Et pourtant la croissance a continué... La nature des dépenses publiques n'est pas non plus indifférente. Les dépenses d'infrastructure (routes, canaux) eurent des effets positifs évidents. Les États intervinrent de manière variable dans la construction ferroviaire. Les dépenses d'éducation sont aussi considérées comme ayant été très positives pour le transfert et le développement de la technologie, bien que la Grande-Bretagne fût le pays où l'enseignement technique fut mis en place le plus tard. Les commandes d'armement n'eurent pas de conséquences évidentes pour le développement de la sidérurgie en France, alors qu'elles contribuèrent à la soutenir en Grande-Bretagne pendant les *French wars* et en Prusse dans les années 1860. Enfin la croissance d'un appareil administratif contribua à grossir une classe moyenne, acheteuse de produits manufacturés et source d'un processus multiplicateur. L'analyse des conséquences des emprunts d'État est aussi ambiguë. Elles étaient positives lorsqu'ils étaient consacrés à des fins productives, comme les emprunts belges pour la construction ferroviaire, d'autant qu'ils furent largement souscrits par l'étranger, ce qui évitait de pomper le marché national du capital. Elles étaient sûrement moins positives lorsque les emprunts servaient à la guerre, comme ceux du Second Empire. De toute façon, les emprunts étaient des concurrents pour l'investissement privé et raréfiaient le capital disponible, ce qui ne pouvait être que négatif. Ainsi, lorsque Napoléon III interdit au Crédit mobilier d'émettre des obligations, la raison principale en était que l'État voulait d'abord placer ses emprunts sur un marché qui déjà ne parvenait plus à absorber les obligations de chemins de fer. Mais, à plus long terme, les emprunts alimentaient le marché du capital par le versement des intérêts.

L'étude de la Prusse, qui a donné lieu à des jugements très contradictoires parmi les historiens, peut permettre de mieux saisir la complexité et l'ambiguïté de la relation entre l'État et l'industrialisation.

Orientation bibliographique

Bairoch P., « Commerce extérieur et développement économique. Quelques enseignements de l'expérience libre-échangiste de la France au XIXe siècle », *Revue économique*, janvier 1970.

Crouzet F., « Recherches sur la production d'armements en France (1815-1913) », *Revue historique*, n° 1, 1974.

Rist M., « Une expérience française de libération des échanges au XIXe siècle, le traité de 1860 », *Revue d'économie politique*, novembre-décembre 1956.

Schnerb R., *Deux siècles de fiscalité française*, Paris, 1973.

Supple B., « The State and the Industrial Revolution (1700-1914) », *in* Cipolla C.M. (éd.), *The Fontana Economic History of Europe*, vol. III, Londres, 1973.

Cf. Artisanat urbain préindustriel. Belgique (Révolution industrielle en). Chemins de fer, États, initiatives privées. Enseignement technique et grandes écoles. Entreprise industrielle au milieu du XIXe siècle (Formes juridiques de l'). État et industrialisation en Prusse. France et Grande-Bretagne II : Révolution, Empire et industrialisation. Gerschenkron (Modèle d'*economic backwardness* de). Transfert de la technologie.

État et industrialisation en Prusse

Habituellement, avec W.O. Henderson, on considère que la contribution de l'État prussien à l'industrialisation a été grande. La politique frédéricienne, mercantiliste, visait à développer quelques industries stratégiques, comme la sidérurgie, pour les besoins de l'armée. Faute d'entrepreneurs, de techniciens, de capital privé, l'État se fit promoteur industriel et attira des techniciens anglais. En fait, pas plus qu'en Autriche ou qu'en Russie, ces politiques volontaristes d'industrialisation ne furent des succès. Il faut ramener l'aide de l'État à un juste ordre de grandeur : Frédéric ne dépensait que 60 000 thalers par an pour l'industrie, contre 12 à 13 millions pour l'armée; et le palais de Potsdam coûta 22 millions. De plus, les deux tiers de cette aide allèrent à l'industrie de la soie, qui ne pouvait guère avoir d'effets industrialisants. En outre, cette politique n'induisit pas de phénomène de croissance : les entreprises soutenues par l'État étaient des enclaves de modernité dans une économie préindustrielle, sans relations réciproques. Un décret royal ne pouvait créer un marché. La contradiction était moins forte en France, car l'environnement socio-économique était plus capable de répondre à une incitation étatique.

Pour la première moitié du XIXe siècle, W.O. Henderson a beaucoup insisté sur le rôle des fonctionnaires prussiens comme Beuth dans le transfert de la technologie britannique, dans le soutien aux entreprises pionnières, comme celle d'Eggels, dans la création d'un système d'éducation technique, et dans les offres d'installation faites à des entrepreneurs étrangers (Cockerill). Il faut noter aussi que dans les États du Sud, les princes et les hauts fonctionnaires furent nombreux à investir dans les premières entreprises industrielles (79 officiers et fonctionnaires, dont sept ministres parmi les actionnaires de la filature d'Ettlingen en Bade). Le rôle du Zollverein, qui, à partir de 1834, regroupa vingt-cinq États et 26 millions d'habitants et qui s'étendit ensuite progressivement, est aussi souvent mis en avant.

L'historiographie allemande récente (R. Tilly) considère que l'action de l'État fut négative et retardatrice. Là où il cessa précocement d'« encourager » l'industrie, celle-ci se développa plutôt plus vite. L'État prussien possédait directement, ou indirectement, par l'intermédiaire de la *Seehandlung*, une sorte de société holding, des mines de charbon en Sarre, en Silésie, des mines de sel, des entreprises diverses. Cette constatation de l'importance de l'État comme entrepreneur, héritée du passé, n'implique pas du tout que son action ait été bénéfique. Jusqu'à la loi de 1851, il fit gérer par ses fonctionnaires la production charbonnière, fixant prix et règlements, en fonction du *Direktionsprinzip*. Il semble que ce contrôle freina le développement. L'État prussien, émanation des junkers, grands propriétaires de l'Est, et l'importante bureaucratie, bien qu'elle fût plus bourgeoise et plus libérale, ne comprirent pas vraiment l'utilité de l'industrialisation jusqu'aux années 1840. La correspondance de Krupp montre d'une part qu'il demandait constamment l'aide de l'État pour obtenir du crédit et des commandes, ce qui était la preuve de l'étroitesse du marché et de la difficulté d'attirer des capitaux dans l'industrie, et d'autre part que ce dernier refusa toujours et ne s'intéressa pas à ses recherches sur l'acier jusqu'à ce qu'il fût évident que ses canons étaient les meilleurs. Jusqu'à 1848, le gouvernement prussien fut hostile à toute création de banques par actions, parce que le système existant suffisait aux besoins des grands propriétaires, d'où l'importance du crédit hypothécaire : il avait peur de l'inflation, d'une puissance financière indépendante et non contrôlée par sa bureaucratie, d'une baisse des profits des institutions officielles et, surtout, d'une hausse des taux d'intérêt pour le crédit à l'agriculture. S'il autorisa la transformation de la banque Schaaffhausen de Cologne en société anonyme en 1848, ce fut parce que c'était la seule solution pour éviter la faillite. Mais sa position de principe restait la même, et la Darmstädter Bank dut en 1854 aller se fonder dans une principauté plus accueillante.

De même, pour R. Tilly, l'État mit dans les années 1830 des obstacles à la constitution des premières compagnies de chemins de fer, dont il ne comprenait pas l'utilité et dont il craignait sans doute que leur demande de capitaux ne vînt renchérir le crédit pour l'État et l'agriculture. Dans les années 1840, son attitude changea, car il commença à voir l'intérêt militaire des chemins de fer. Mais pour R. Tilly, les premiers chemins de fer rhénans, nés de l'initiative locale, furent construits contre une administration hostile. Il est à noter qu'à partir de

1820, l'État prussien se désengagea de l'industrie et qu'en 1845 toute nouvelle création industrielle fut interdite à la *Seehandlung*, mise en sommeil. Il vendit peu à peu des entreprises. L'évolution de la dette publique traduit cette évolution : 621 millions en 1820, 492 en 1833, 414 en 1848. Il y eut réduction de la position emprunteuse de l'État sur le marché des capitaux : il fournit donc des liquidités aux particuliers, ce qui en revanche était favorable à l'industrialisation.

La révolution de 1848 modifia l'assise sociale de l'État : la bourgeoisie rhénane vit dans les junkers et la bureaucratie des alliés contre le prolétariat naissant, et ces derniers comprirent la nécessité de gagner la bourgeoisie à ses projets politiques et économiques. Désormais le gouvernement devait aider la grande entreprise et assouplir la législation sur les mines et les sociétés. En fait son action n'était plus négative dans la mesure où il n'intervenait plus directement.

L'évolution ultérieure montre qu'une industrialisation rapide n'était pas incompatible avec un ordre politique et social foncièrement conservateur et autoritaire. Après 1871, l'État intervint plus nettement, surtout au niveau de l'économie externe, qu'en France. Pour K.U. Wehler, c'était une politique de « légitimation » d'un régime non démocratique par l'intervention économique : il fallait à tout prix éviter dans un système hautement industrialisé les phénomènes économiques socialement et politiquement déstabilisants, c'est-à-dire les risques de la croissance. Tous les efforts tendaient à éviter le retour d'une crise économique grave, porteuse de troubles révolutionnaires. Par sa politique extérieure expansionniste, l'Allemagne wilhelminienne exporta-t-elle consciemment ou non ses tensions internes? Dans un jeu de miroirs, l'analyse économique et l'analyse politique et sociale se renvoient l'une à l'autre.

Orientation bibliographique

Benaerts P., *Les origines de la grande industrie allemande. Essai sur l'histoire économique de la période du Zollverein (1834-1866)*, Paris, 1932.

Henderson W.O., *The State and the Industrial Revolution in Prussia (1740-1870)*, Liverpool, 1958.

—, *The Industrial Revolution in Europe : Germany, France, Russia (1815-1914)*, Chicago, 1968.

Kitchen M., *The Political Economy of Germany (1815-1914)*, Londres, 1978.

Tilly R., *Kapital, Staat und sozialer Protest in der deutschen Industrialisierung*, Göttingen, 1980.

Wehler K.U., *Krisenherde des Kaiserreichs (1871-1918)*, 1970.

Cf. Allemagne (Révolution industrielle en). Chemins de fer, États, initiatives privées. État et industrialisation. Gerschenkron (Modèle d'*economic backwardness* de). Krupp (Alfred) et la Révolution industrielle dans la Ruhr.

ÉTATS-UNIS *(La Révolution industrielle aux)*

On a longtemps considéré la Révolution industrielle comme postérieure à la guerre de Sécession qui aurait affirmé la prééminence du Nord industriel sur l'économie agricole du Sud. Les travaux récents insistent sur l'importance des périodes antérieures. D'après R.E. Gallman et E.S. Howle, le PNB aurait crû de 4,24 % en moyenne annuelle entre 1839 et 1849, de 4,95 % dans la décennie suivante. Ces taux sont comparables aux performances de 1869 à 1879, 4,95 %; de 1878-1882 à 1888-1892 : 3,73 %; et de 1883-1887 à 1893-1897 : 3,10 %. Ces taux sont très élevés comparés à ceux de l'Europe, car la population américaine augmenta très vite. Les taux de croissance moyens annuels du produit par tête montrent aussi l'intérêt de l'étude de la première phase de l'industrialisation :

1839-1849	1,10 %	1878-1882 à 1888-1892	1,44 %
1849-1859	1,80 %	1888-1892 à 1898-1902	2,20 %
1859-1869	–0,39 %	1883-1887 à 1893-1897	1,05 %
1869-1879	2,56 %		

Les estimations pour la période antérieure à 1840 diffèrent selon les auteurs, mais David et North s'accordent sur un taux moyen de 1,1 % entre 1800 et 1840. Si le démarrage fut précoce, l'accélération fut constante entre 1840 et 1900, à en juger par la progression du taux d'investissement en pourcentage du PNB : 9 % en 1834-1843, 14 % en 1849-1858, 22 % en 1869-1878 et 28 % après 1890. Le critère rostovien du *take-off* semble donc repérable avant la guerre de Sécession. Cette impression de précocité est contredite par l'évolution de la structure du produit physique. Le produit industriel ne dépasse pas le produit agricole avant 1880. En 1849, en prix courants, l'industrie ne contribuait que pour 39 % au produit physique. Mais, plus encore que pour d'autres pays, l'analyse globale risque de fausser le jugement, car les États-Unis étaient formés de trois zones distinctes, spécialisées et interdépendantes : un Nord-Est précocement industriel qui vendait sa production dans l'Ouest et dans le Sud, achetait en échange leur production agricole et leurs matières premières, et profitait de son rôle d'intermédiaire obligé pour l'exportation : il accumulait le capital et était le centre financier du pays. L'étude des États-Unis n'a de sens que dans une approche en termes de pôles régionaux de développement.

La Révolution industrielle démarra très tôt dans le textile de Nouvelle-Angleterre. Grâce à l'immigration, le transfert de la technologie britannique s'opéra rapidement, en vingt ans pour les machines à filer, en dix ans pour les métiers à tisser. La loi anglaise, qui interdisait le départ d'ouvriers qualifiés et l'exportation de machines, ne fut jamais vraiment appliquée. Artisans et ouvriers étaient attirés aux États-Unis par des primes, des salaires plus élevés et par les offres des recruteurs envoyés outre-Atlantique. En 1790, Samuel Slater, qui avait travaillé chez Arkwright, introduisit le *water frame* à la fabrique de Pawtucket (Rhode Island). Après 1790, le marché américain fut de nouveau envahi par la production anglaise, et la dépendance vis-à-vis des importations britanniques s'accrut. Mais les *French wars*, puis la deuxième guerre entre les États-Unis et la Grande-Bretagne suscitèrent six années d'industrialisation rapide entre 1808 et 1814. Les capitaux qui s'orientaient auparavant vers l'armement et le commerce d'entrepôt s'investirent dans l'industrie. De grands établissements furent fondés, comme la Boston Manufacturing Company, créée par Lowell — qui avait étudié le *power loom* lors d'un voyage en Angleterre —, son beau-frère et un marchand de Boston, société au capital de 400 000 dollars. Cette fabrique, sise à Waltham, qui avait 2 000 broches en 1816 et 3 500 en 1818, intégrait filature et tissage mécanisés du coton. À la fin de la guerre, la hausse des prix du coton, engendrée par la reprise de l'exportation, et l'arrivée des cotonnades anglaises firent disparaître beaucoup de fabriques, mais les tarifs douaniers à partir de 1816 protégèrent le marché américain.

Jusqu'en 1807 le transfert technologique avait

reposé sur l'immigration d'artisans, de constructeurs de machines. En 1812 une majorité d'immigrants étaient encore des tisserands. Dans les années 1820, l'immigration fournit de 25 à 50 % de l'accroissement de la main-d'œuvre textile américaine. Mais la technologie américaine était déjà adulte et autonome, car il existait localement un grand nombre d'artisans compétents, mécaniciens, menuisiers, capables d'adapter les machines anglaises et de les perfectionner. Le niveau élevé de l'éducation primaire et la diffusion des revues et encyclopédies techniques favorisèrent le transfert. De 1816 à 1819, Lowell, avec l'aide du mécanicien Moody, améliora le *power loom* et en fit le métier dit Waltham. Parallèlement Evans fabriquait une machine à vapeur haute pression. Dès les années 1820, le nombre d'inventions américaines faisant l'objet de patentes en Grande-Bretagne s'accrut, mais peu firent l'objet d'applications outre-Atlantique avant 1840 : elles ne correspondaient pas aux mêmes besoins. Un lien cependant s'établissait entre États-Unis et Grande-Bretagne qui permet à un historien américain de parler de « Révolution industrielle transatlantique ».

De 1816 au milieu des années 1830, l'industrie cotonnière se développa très rapidement, à un taux moyen annuel de 16,3 %. Ensuite le taux se stabilisa à 5-8 % annuel. En 1816, cette industrie employait 5 000 personnes en Nouvelle-Angleterre, soit 1 % de la population active. Dans les années 1830, 100 000 personnes travaillaient dans de grandes entreprises, dont 20 à 30 comptaient plus de 1 500 ouvriers : soit un septième de la force de travail. L'industrie cotonnière représentait deux tiers de la valeur ajoutée industrielle et elle suscitait la naissance de villes importantes comme Lowell ou

Holyoke. Le moteur de cette croissance fut la demande des populations de l'Ouest qui s'accroissaient rapidement et ne pratiquaient pas le travail domestique du textile comme à l'Est. La hausse des revenus, la croissance des villes, l'amélioration des transports et le prix élevé des autres fibres textiles n'accrurent la demande que dans une proportion moindre. La mécanisation fut rapide aux États-Unis parce que les salaires étaient plus élevés qu'en Europe pour le travail non qualifié, car la terre était bon marché et le revenu tiré de l'agriculture plus élevé. Il y avait incitation à adopter des techniques *labour-saving*. L'une fut le recours plus intense au travail des femmes et des enfants : dans l'industrie cotonnière du Lancashire en 1833, 37 % de la main-d'œuvre était masculine, contre 20 % aux États-Unis. Le capital était certes aussi plus cher qu'en Europe, mais pas dans la même proportion. Le capital anglais fut vite relayé par le capital local ; les énormes profits industriels (18,75 % à la Boston Manufacturing Company entre 1816 et 1826) alimentaient l'autofinancement et les marchands eurent, semble-t-il, moins de réticences qu'en Europe à investir dans l'industrie. Du fait du coût plus élevé des deux facteurs et du caractère bon marché de la terre qui facilitait la création des usines, la tendance fut de monter de grosses entreprises intégrées qui permettaient des économies d'échelle et convenaient mieux à un vaste marché intérieur en expansion. Les machines aussi étaient relativement moins chères qu'en Europe, car l'immigration fit affluer jusqu'aux années 1840 des travailleurs qualifiés qui s'ajoutaient à une main-d'œuvre déjà bien éduquée : la différence entre salaires non qualifiés et qualifiés était plus faible qu'en Europe.

Mais malgré le haut niveau de la technologie américaine, la machine à vapeur ne se répandit que lentement. Très utilisée dans la navigation, la meunerie, les sucreries et les scieries, elle ne s'imposa pas dans le textile avant la seconde moitié du siècle. Car, lorsque la matière première était pondéreuse, comme dans les trois premiers secteurs, il valait mieux localiser l'entreprise sur place pour minimiser les coûts de transport et utiliser la machine à vapeur. Mais comme le coton était léger, la logique économique incitait à utiliser l'énergie hydraulique abondante de la Nouvelle-Angleterre et des Appalaches, d'autant que les ingénieurs américains surent notablement améliorer le rendement des moulins à eau, puis des turbines. La ressource naturelle était substituée à la fois au travail et au capital. À partir de 1840, le prix du combustible (le bois était plus utilisé que le charbon) baissa avec l'amélioration des transports — construction des canaux et des chemins de fer. Le coût du cheval-vapeur s'égalisa pour ces deux technologies alternatives.

La même recherche de techniques *labour-saving* conduisit à une mécanisation précoce, comme dans l'agriculture avec les charrues et les moissonneuses McCormick. Le travail étant cher aux États-Unis et la terre bon marché, il était profitable d'augmenter la productivité par travailleur plutôt que le rendement par unité de surface; c'était le contraire en Europe. L'industrie de la construction des machines en fut stimulée, laquelle appliquait le principe de l'interchangeabilité des pièces mis au point dans l'industrie des armes dès le début du siècle (Whitney, North). Pour éviter le travail d'ajustage à la main, les pièces étaient standardisées et produites par de nombreuses machines-outils très spécialisées et très précises : l'importante consommation d'armes de la Frontière explique pourquoi ces méthodes de production de masse furent précocement adoptées. En 1846, Elias Howe inventa la machine à coudre qui devait révolutionner les industries du vêtement et de la chaussure. Dans le domaine de la machine-outil, la supériorité américaine allait s'imposer lors de la première confrontation avec la production anglaise à l'Exposition universelle de 1851.

En revanche, la diffusion de la sidérurgie au charbon se fit avec un demi-siècle de retard sur la Grande-Bretagne. Jusqu'en 1850, la différence entre les prix de la fonte au coke et au charbon de bois n'était pas telle qu'elle incitât les maîtres de forges à innover. Puis le changement se fit rapidement. L'analyse classique de L.C. Hunter (1929) en trouvait une explication du côté de la demande, jusqu'alors essentiellement celle de l'agriculture, peu élastique par rapport aux prix, mais très sensible à la qualité ; elle aurait été relayée par une demande industrielle, portant surtout sur les rails, moins exigeante sur la qualité, mais très élastique par rapport aux prix. Récemment, P. Temin a formulé une hypothèse explicative du côté de l'offre : à partir de 1850, le coût du fer au coke diminua, alors que sa qualité devenait égale à celle du fer au charbon de bois. La production se développa donc rapidement à partir de 1850, mais la productivité du travail crût plus lentement qu'en France, Grande-Bretagne ou Allemagne, dont elle ne devait rattraper le niveau qu'entre 1880 et 1890.

Le rôle économique de la guerre de Sécession donne aujourd'hui encore lieu à controverse ; de toute façon elle n'a pas marqué le début de l'industrialisation américaine. Elle eut, semble-t-il, à court terme, des effets plutôt négatifs. L'industrie naissante du Sud fut détruite, et celle du Nord ralentie plutôt qu'accélérée par les commandes militaires, mais la reprise se fit dès 1869 à un taux de croissance très élevé. En revanche, à long terme, la politique du parti républicain favorisa l'industrialisation, en instaurant des tarifs douaniers très élevés, en lançant le programme de construction des transcontinentaux, en encourageant systématiquement l'immigration et en adoptant un système fiscal qui épargnait le profit.

Si le rôle de la construction des chemins de fer dans la très rapide croissance ultérieure est aujourd'hui minimisé, elle fut cependant sans aucun doute un stimulant pour l'industrie et le marché financier, et elle a contribué à unifier le marché. Mais c'est l'immigration massive et constante qui contribua le plus à la croissance, à la fois par le gonflement de la population active, dont R. Gallman évalue la part dans l'accroissement du PNB entre 1840 et 1910 à 46 %, et par celui de la demande. Elle a aidé les États-Unis à ne guère ressentir la dépression des années 1880, pendant laquelle ils adoptèrent les technologies nouvelles comme celle de l'acier et développèrent un type de capitalisme « sauvage », mais efficace au niveau de la croissance, du moins jusqu'en 1929.

Orientation bibliographique

Fogel R.W. et Engerman S.L. (éd.), *The Reinterpretation of American Economic History*, New York-Evanston-San Francisco-Londres, 1971.

Jeremy D.J., *Transatlantic Industrial Revolution*, Oxford, 1981.

Habakkuk H.J., *American and British Technology in the Nineteenth Century*, Cambridge, 1967.

Lindstrom D., « The Industrial Revolution in America », *in* Pollard S. (éd.), *Region und Industrialisierung*, Göttingen, 1980.

Taylor G.R., *The Transportation Revolution (1815-1860)*, New York-Toronto, 1957.

Cf. Chemins de fer et croissance économique. Économétrie et industrialisation. Machinisme et machines-outils. Technologie, économie et Révolution industrielle.

Fer, fonte et acier

La technique sidérurgique de la fin du XVIIe siècle était arrivée à des résultats satisfaisants, qui correspondaient à la faible demande de fer de l'économie. La fonte était produite dans de petits hauts fourneaux, où l'on disposait des couches alternatives de charbon de bois et de minerai de fer, puis elle était transformée en fer par affinage sur un foyer de charbon de bois. Le fer obtenu était alors battu par forgeage au marteau hydraulique, afin de le débarrasser de ses impuretés. Mais la consommation de charbon de bois, dont le prix était élevé du fait du coût du travail d'abattage et de carbonisation, était forte. C'était particulièrement grave en Grande-Bretagne, où l'on était déjà obligé d'importer de manière croissante du fer étranger, faute de pouvoir le fabriquer. L'incitation à l'innovation ne venait donc pas d'une médiocrité des techniques, mais d'un problème économique de raréfaction et de hausse du coût d'une matière première.

On avait eu très tôt l'idée de remplacer le charbon de bois par la houille, dont l'utilisation était courante à la forge pour réchauffer le fer. Différents brevets furent déposés au XVIIe siècle en Angleterre à cet effet; mais les résultats n'étaient pas satisfaisants, car la fonte était cassante. La solution fut trouvée par Abraham Darby (1678-1711), qui avait été apprenti dans une malterie, puis avait travaillé dans une fonderie de cuivre et de plomb, trois industries où l'on utilisait le coke. Il reprit un haut fourneau à Coalbrookdale et commença à produire de la fonte au coke à partir de 1709. Le procédé ne fut pas imité par les autres maîtres de forges avant 1750, car la fonte était médiocre et donc vendue à un prix inférieur à celui de la fonte au charbon de bois. Pourtant son coût fut plus élevé jusqu'aux années 1730, et sans doute même plus tardivement encore, si l'on tient compte du capital fixe plus important que le nouveau procédé nécessitait. Les réticences des autres maîtres de forges n'étaient donc pas le résultat d'une attitude retardataire, mais le produit d'un calcul économique. Si les Darby produisaient de la fonte au coke en dépit des coûts plus élevés, c'est parce que, plus liquide, elle permettait de couler des pièces à parois plus minces. Économisant sur le métal, ils pouvaient réaliser de gros profits. Les autres maîtres de forges n'avaient pas la possibilité de concurrencer Coalbrookdale, car ils ne connaissaient pas le procédé de coulage, tenu soigneusement secret même après l'expiration du brevet. Mais à partir de 1750, les conditions économiques changèrent : le prix du charbon de bois augmenta fortement alors que celui du charbon baissait. Voyant se creuser l'écart des coûts du combustible en faveur désormais du coke, les maîtres de forges se mirent au nouveau procédé, bien qu'il demandât de gros investissements. Vers 1750, 5 % de la production de fonte était au coke, 55 % vers 1775, 77 % vers 1785. Mais la multiplication des hauts fourneaux, rendue nécessaire par la croissance de la production, qui tripla entre 1750 et 1790, exigeait l'utilisation de la machine à vapeur. Car si un moulin à eau parvenait à suffire aux besoins d'un haut fourneau, il ne pouvait pas fournir de l'énergie à plusieurs sur le même site. Sidérurgie et machine à vapeur devenaient interdépendantes.

Lorsque la fonte fut produite en grosses quantités, l'affinage devint un goulet d'étranglement. À partir de 1760, différents techniciens et industriels, dont John Roebuck, fondateur des forges de Carron, s'attaquèrent au problème de l'affinage au coke. Profitant de leur expérience, Henry Cort déposa un brevet en 1784 pour le puddlage : la fonte était affinée au coke au four à réverbère, puis cinglée pour éliminer les scories. Le procédé ne fut vraiment au point qu'avec les améliorations que Richard Crawshay lui apporta dans ses établissements de Cyfarthfa. Le forgeage était le deuxième goulet d'étranglement. La solution fut aussi trouvée en 1783 par Cort qui le remplaça par l'emploi du laminoir, mais le laminage nécessitait une énergie motrice très puissante. Là aussi la machine à vapeur s'imposait. Durant les guerres napoléoniennes, grandes consommatrices de fer, la production britannique se développa rapidement. Mais, si les techniques fondamentales étaient connues, cette industrie restait encore très empirique, car elle ne se fondait pas sur un savoir physique et chimique. Les résultats dépendaient beaucoup de la nature des minerais et de l'habileté des contremaîtres. De 1820 à 1850, différents procédés, comme l'alimentation du haut fourneau en air chaud, permirent de faire d'importantes économies de combustibles et donc d'abaisser le prix de la fonte d'autant.

Le développement des constructions de machines, qui avait été rendu possible par les progrès de la sidérurgie, exigeait le forgeage de pièces non rectilignes de plus en plus volumineuses, en particulier les arbres de transmission de bateaux à vapeur ; le laminoir ne pouvait effectuer ce travail, le traditionnel marteau hydraulique en était de moins en moins capable. La solution définitive à ce problème fut trouvée simultanément en France et en Grande-Bretagne, par Nasmyth et Bourdon en 1839 : le marteau-pilon à vapeur. On voit là à l'œuvre un des moteurs du progrès technique : l'interdépendance des secteurs qui se posent mutuellement des problèmes techniques que la nécessité économique oblige à résoudre : la simultanéité des inventions, fréquemment observée, témoigne du rôle important de la pression technique et économique.

L'acier n'était pas un produit de base de la Révolution industrielle. Produit au creuset en petites quantités, il était cher, et son utilisation ne pouvait être que limitée. Entre 1850 et 1880, de nouveaux procédés allaient permettre de le produire en grandes quantités. Il devenait un des produits fondamentaux d'un nouveau système technique que l'on appelle souvent par commodité de langage, mais non sans quelque abus, la deuxième Révolution industrielle.

Orientation bibliographique

Daumas M. (éd.), *Histoire générale des techniques*, vol. III, Paris, 1968.

Harris J.R., *The British Iron Industry 1700-1850*, Houndhills..., Macmillan, 1988.

Hyde C.K., *Technological Change and the British Iron Industry (1700-1870)*, Princeton, 1977.

France et Grande-Bretagne I : l'industrialisation jusqu'à la Révolution

Les deux pays connurent au XVIIIe siècle une croissance industrielle comparable. L'approche quantitative est nécessaire, bien que soumise aux aléas engendrés par l'imprécision des reconstitutions statistiques. L'indice de la production industrielle britannique de Deane et Cole augmente de 85 % entre 1700 et 1790, alors que pour la France, J. Marczewski estime qu'il y a eu quadruplement, avec un taux annuel de croissance de 1,5 à 1,9 % dans la seconde moitié du siècle. À la veille de la Révolution, la France produisait quelque 130 000 tonnes de fonte, contre 63 000 en Grande-Bretagne. Certains secteurs progressaient vite. La production de charbon fut multipliée par sept ou huit durant le siècle. Le produit sidérurgique doubla ou tripla. La production de toiles de coton et de toiles peintes se développa très vite après 1730. L'industrie lainière française avait un taux de croissance proche du taux anglais. Les progrès français étaient donc loin d'être négligeables. Certes les points forts de l'industrie française n'étaient pas les mêmes que ceux de l'industrie britannique, moins de charbon, de métaux non ferreux, de cotonnades, mais plus de lainages, de toiles, de soieries, de fer. À la veille de la Révolution, la France était la première puissance industrielle mondiale.

Dans un article destiné à ébranler les idées reçues, R. Roehl formule l'hypothèse que les industrialisations française et britannique se seraient effectuées en même temps, mais avec des formes divergentes. Il y a cependant quatre différences profondes : la taille de la population, le niveau de départ, les structures de la production et la technologie. Vers 1789, la France comptait 25 millions d'habitants, l'Angleterre et le pays de Galles 8 millions. Si l'on compare donc les productions industrielles par tête, l'infériorité française devient alors évidente, que ce soit pour la consommation de coton, la production de charbon ou de fer. De plus, si les taux de croissance sont comparables, la France est partie d'un niveau plus bas, déprimé par la stagnation de la fin du XVIIe siècle, alors que déjà la Grande-Bretagne avait développé ses mines de charbon, sa sidérurgie, sa brasserie. Enfin l'industrialisation française du XVIIIe siècle ne modifia guère le tissu proto-industriel. La production de lainages, point fort du textile français, était entièrement dispersée. Il y avait certes quelques grandes unités de production, toujours citées, mais elles étaient fort peu nombreuses : dans le secteur cotonnier, 2 300 ouvriers chez Pourtalès, 1 800 chez Senn-Bidermann... Les techniques progressaient peu : vers 1790, il y avait en France quelques 900 *jennies* contre 20 000 outre-Manche, guère plus de 300 *water-frames* qui exigeaient une organisation de la production en fabriques, 111 machines à vapeur appartenant à de grandes entreprises, comme la Compagnie d'Anzin qui en possédait douze. La fonte au coke représentait 2 % de la production, alors qu'elle s'était généralisée en Grande-Bretagne. Une réalisation prestigieuse comme le Creusot ne doit pas cacher l'immobilisme général de la sidérurgie. En revanche, en Grande-Bretagne, toute la filature du coton était déjà mécanisée dans le *factory system* ; les entreprises étaient petites et dispersées dans le tissu rural, mais des pôles de développement industriel apparaissaient : la filature du coton n'était peut-être pas un *leading sector* au niveau national, mais elle entraînait derrière elle toutes sortes d'activités dans le sud du Lancashire et dans le pôle écossais, autour de Glasgow. La *Black Country* des Midlands, le Nord-Est, le pays de Galles étaient autant de centres d'industrie lourde (charbon, fer, verreries, chimie, mécanique, poterie...). La géographie industrielle du XIXe siècle se mettait en place, alors qu'en France, le déclin de l'Ouest traditionnel était à peine perceptible, devant la lente montée du Nord-Est et des régions lyonnaise et stéphanoise.

Ces différences s'expliquent par les interactions complexes entre les facteurs de production. En Grande-Bretagne, sans doute l'étroitesse de la main-d'œuvre industrielle et la tendance à la hausse du salaire industriel ont-elles conduit à adopter une combinaison labour-saving, rendue possible par la percée technologique. En France, au contraire, la croissance de la production put se faire dans les structures proto-industrielles, sans qu'on cherchât à économiser le facteur travail. Mais si les caractéristiques du marché du travail expliquent en Grande-Bretagne l'orientation vers un autre type de fonction de production, la poussée déstabilisatrice qui a fait atteindre l'état de « masse critique » est probablement à chercher du côté de la demande, des marchés.

Des historiens (Habakkuk, Deane) insistent sur le rôle des marchés extérieurs comme stimulants essentiels de l'industrie britannique, d'autres (Eversley, Bairoch) ne leur attribuent qu'une influence mineure. Il faut d'abord déglobaliser l'approche. Les exportations représentaient 10 à 12 % du PNB vers le milieu du siècle, 16 à 17 % vers la fin ; mais les exportations industrielles atteignirent dès 1750 30 % de la production industrielle, puis se stabilisèrent. Pour apprécier les effets d'entraînement, il faudrait en effet descendre aux niveaux sectoriel et régional, où les effets déstabilisants peuvent se révéler plus puissants. Ensuite, la controverse est un peu un faux problème, car il y a moins autonomie de la demande extérieure qu'interaction entre les marchés intérieur et extérieur, entre l'exportation de produits manufacturés et l'importation de sucre, de café et de coton. Si le stimulus vient du marché intérieur anglais qui, par son extension, demande plus d'importations, la contrepartie qu'est l'exportation rencontre sa limite dans celle du marché extérieur américain par exemple. Si le stimulus vient du marché extérieur, celui-ci ne peut absorber toujours plus sans exporter pareillement, sous peine de voir se détériorer sa balance des échanges. De toute façon, le commerce extérieur a été plus favorable à l'industrialisation, aussi bien quantitativement que structurellement, en Grande-Bretagne qu'en France. Sa croissance fut plus rapide en France : vers 1720, il était le cinquième du commerce britannique ; vers 1780, il l'égalait, mais son niveau par tête était très inférieur. Il était en outre dans la dépendance des Antilles, centré sur la réexportation de produits tropicaux, et non sur l'exportation de produits manufacturés comme le commerce britannique. Les effets industrialisants étaient donc sûrement moindres.

La croissance du marché intérieur britannique fut sans doute décisive : 5 millions d'habitants au début du siècle, 7 vers 1770, 9,2 au premier recensement en 1801 (Angleterre et pays de Galles). Mais l'effet sur la demande n'est pas mécanique ; il faut l'analyser au travers des mouvements de revenus, de productivité et de répartition. Les historiens ne s'accordent pas tous, car le matériel statistique existant est très fragile. Jusque vers 1750 les prix agricoles furent bas parce que la production augmenta plus vite que la population. Les salaires réels seraient en hausse, et le surplus de revenu serait consacré à l'achat de produits non agricoles. Mais les revenus agricoles n'auraient pas non plus souffert des bas prix, car la hausse de la productivité les aurait maintenus. Cependant des approches statistiques globales tendraient à montrer une dépression du marché entre 1730 et 1750. Après 1750, en revanche, les prix agricoles montèrent, car la population se mit à augmenter plus vite que la productivité agricole. Les recherches récentes aboutissent à des résultats apparemment contradictoires : le revenu moyen réel augmenterait, alors que le salaire réel, *stricto sensu*, serait en baisse. Cette contradiction n'en est sans doute une qu'au niveau global. Il semble d'abord que les salaires réels augmenteraient dans les régions industrielles comme le Lancashire, mais baisseraient dans les régions rurales plus nombreuses. Il faut en outre distinguer entre taux et masse des salaires. Après 1760, un nombre croissant de femmes et d'enfants se mirent à travailler, pour des salaires très faibles, de sorte que même si le prix de l'heure de travail diminua, le revenu familial pouvait augmenter. Enfin, la croissance de la demande serait le fait non pas des classes populaires, mais plutôt des classes moyennes, dont les revenus et surtout les effectifs augmentaient : la croissance des villes et avant tout de Londres l'atteste. Ayant un niveau de revenu plus élevé que les classes populaires, elles avaient une consommation de produits industriels bien plus que proportionnellement plus forte. L'extension du marché reposerait donc pour beaucoup sur une modification de la répartition des revenus.

En revanche le marché intérieur français était très stable. Le niveau de vie moyen était très inférieur à ce qu'il était en Grande-Bretagne. En outre le salaire réel français baissa dans la seconde moitié du XVIIIe siècle pour finir par satisfaire à peine, au début de la Révolution, les besoins alimentaires. Mais cette détérioration des revenus populaires n'était pas compensée par l'élévation de ceux d'une classe moyenne bien moins développée. Le transfert de revenu se faisait principalement au profit d'une classe propriétaire dont la propension à acheter des produits industriels était sans doute moins forte. La fiscalité française ponctionnait les paysans et les bourgeois, c'est-à-dire les consommateurs les plus nombreux, alors qu'elle épargnait les consommateurs de luxe. Pour ces raisons, le marché français, comme sa production, était dualiste : un marché populaire pas entièrement dégagé de l'économie de subsistance, et un marché de luxe ou de semi-luxe, auquel les bourgeois cherchaient à accéder par imitation des classes supérieures. Les productions destinées à ces deux types de marchés s'accommodaient très bien des formes proto-industrielles. En revanche, en Grande-Bretagne, où la fiscalité était moins lourde et où le prestige du mode de vie aristocratique était inférieur, le goût bourgeois l'emportait, demandeur de produits bon marché, mais bien faits, solides et déjà standardisés. Au niveau qualitatif comme au niveau quantitatif, le marché britannique était donc plus propice à l'industrialisation.

Orientation bibliographique

Crouzet F., « Angleterre et France au XVIIIe siècle. Essai d'analyse comparée de deux croissances économiques », *Annales ESC*, mars-avril 1966.

Deane P. et Cole W.A., *British Economic Growth (1688-1959)*, 2e éd., Cambridge, 1967.

Floud R. et McCloskey D. (éd.), *The Economic History of Britain since 1700*, vol. I *(1700-1860)* Cambridge, 1981.

Marczewski J., « Some aspects of the Economic Growth of France (1660-1958) », in *Economic Development and Cultural Change*, vol. IX, n° 3, avril 1961.

Cf. Commerce maritime au XVIIIe siècle. Creusot (Le) et Eugène Schneider (1805-1875). Démographie et Révolution industrielle.

FRANCE ET GRANDE-BRETAGNE II : RÉVOLUTION, EMPIRE ET INDUSTRIALISATION

« L'instabilité politique a ralenti l'industrialisation sur le continent. [...] De ce point de vue, la Révolution française a été une catastrophe nationale » (M. Lévy-Leboyer). Il faut distinguer effets structurels de long terme et effets conjoncturels immédiats. En renforçant la petite paysannerie propriétaire, la Révolution empêcha un éventuel mouvement d'enclosures, freina le progrès agricole et contribua à la perdurance des structures proto-industrielles : le paysan parcellaire allait chercher un travail additionnel et non un emploi à l'usine. Un groupe social économiquement progressiste disparut ou émigra : la noblesse d'affaires, novatrice, qui dirigeait les quelques très grandes entreprises, le Creusot ou Anzin. Mais le relais fut aussitôt pris. La vente des biens nationaux fit perdre les forges à nombre de leurs anciens propriétaires : elles furent rachetées souvent par les fermiers qui déjà les exploitaient. Des entrepreneurs purent acquérir ou louer à bon compte des locaux, châteaux, abbayes, pour monter des filatures. Dans le contexte d'inflation qui orientait les capitaux vers la spéculation, les biens nationaux étaient des placements sûrs : l'investissement industriel ne pouvait qu'en souffrir. Enfin, la Révolution fit œuvre de modernisation, ce qui, à long terme, devait être bénéfique : système métrique, unification fiscale du marché... En revanche, l'instabilité politique et la guerre, qui mobilisa la main-d'œuvre, désorganisèrent la production. Le point le plus bas fut atteint vers 1792-1793, et malgré la reprise, à la fin du Directoire, le produit industriel ne devait pas dépasser les deux tiers de son niveau prérévolutionnaire.

Le Consulat et l'Empire rétablirent l'ordre et la stabilité monétaire. La Banque de France, après des débuts incertains, assura l'escompte et la circulation fiduciaire, mais dans les limites de la région parisienne. Les Codes napoléoniens donnèrent des cadres de fonctionnement stables et unifiés, mais étaient méfiants à l'égard des sociétés par actions. En revanche, la fiscalité, assise principalement sur l'imposition indirecte et la contribution foncière, demandait peu aux commerçants et aux industriels : légère pour le profit, elle favorisait l'industrialisation.

La guerre avec l'Angleterre imposait une complète reconversion économique, entamée dès la Révolution. Saint-Domingue s'était révoltée en 1791. Le commerce atlantique périclita lorsque la Royal Navy eut le contrôle de l'océan. Il reprit quelque peu pendant les années de paix : Bordeaux eut encore quelques beaux jours entre 1795 et 1797, et surtout en 1802, avec une réorientation sur le marché des États-Unis. Il y eut un effort certain de relance du commerce maritime entre 1801 et 1803 auquel la banque parisienne participa. Puis la guerre reprit et tout un pan de l'économie ancienne s'effondra : raffineries de sucre, verreries, corderies, textiles du Maine à l'Aquitaine et au Languedoc. Cette désindustrialisation devait être définitive : après 1815, les activités ne reprirent pas, car les aires commerciales avaient changé; et d'autres facteurs de sous-développement prirent le relais, pendant que l'industrie se polarisait dans la France du Nord et du Nord-Est. Mais dès avant cette rupture brutale, le commerce atlantique présentait déjà des symptômes inquiétants. Le régime de l'Exclusif était battu en brèche et l'économie coloniale s'essoufflait : les profits diminuaient, les retards de paiement s'accumulaient, les capitaux s'immobilisaient aux Îles. De plus le marché de réexportation de produits tropicaux n'était pas extensible à l'infini en Europe : il ne pouvait que trouver une limite dans la saturation du marché.

La crise industrielle avait éclaté avant la Révolution, car les marchés du textile français se fermaient. L'Espagne, grosse cliente, s'abritait derrière des tarifs élevés. Les toiles de lin de Saxe et de Silésie, moins chères, l'emportaient sur celles de la France. Perdant du terrain à l'exportation sur les textiles traditionnels, l'industrie française n'était pas non plus compétitive pour les cotonnades depuis que le traité de 1786 avec la Grande-Bretagne abaissait les tarifs douaniers. Dès 1793 le traité fut dénoncé et des mesures protectionnistes visèrent à réserver le marché français, puis celui des territoires annexés, à la production nationale : le Blocus continental continua cette politique. Outre ses raisons stratégiques, son but était de permettre une reconversion industrielle et de développer l'industrie, non seulement contre la concurrence britannique, mais aussi contre celle des pays alliés. Il s'agissait de « faire payer par le continent une partie au moins de l'effort de reconversion économique de la France » (L. Bergeron). Du fait de l'incapacité de faire respecter complètement le Blocus, les effets furent variables. Les territoires départementalisés (Belgique, rive gauche du Rhin) accrurent le marché des produits français, mais surtout profitèrent de l'énorme marché qui s'ouvrait à leurs industries, comme les indienneries de Mulhouse, annexées en 1798. En revanche, la rive droite du Rhin pâtit des tarifs discriminatoires français, en particulier l'industrie du grand-duché de Berg. Quant à la Saxe et à la Silésie, lointaines et mal contrôlées, elles profitèrent de la protection contre la concurrence britannique, sans souffrir de celle des produits français. Mais le Blocus avait sa contrepartie dans les mesures de rétorsion prises par les Anglais. L'approvisionnement en coton fut toujours difficile et coûteux et fut cause de crises, malgré la tentative réussie d'en acclimater la culture en Italie.

Vers 1815, le produit industriel français dépassait de 20 % le niveau prérévolutionnaire. La croissance impériale peut être interprétée soit comme un rattrapage, soit comme une phase décisive de la Révolution industrielle, car si la performance quantitative fut modeste, des changements structurels se produisirent dans l'industrie cotonnière. Cette dernière, contrairement à ce qui se passait en Grande-Bretagne, fut impulsée par l'aval du processus productif et non par l'amont, par l'impression des toiles peintes, l'indiennerie. Elle avait un point fort à Mulhouse (Koechlin, Dollfus-Mieg), mais s'était déjà développée avant la Révolution autour de Rouen, Paris, Lyon et Gand en grosses unités concentrées. Elle consommait beaucoup de tissus, et lorsque les approvisionnements étrangers furent coupés, elle suscita la naissance de filatures concentrées. Dès les années 1790, de nombreux établissements virent le jour en Normandie (Richard et Lenoir), en Alsace (Gros, Roman et Davillier), dans le Nord, dans les territoires belges (Liévin Bauwens). Entre 1806 et 1808, les créations se multiplièrent de nouveau. Ces filatures étaient équipées de *water frames* et de *mules* fabriquées dans les ateliers parisiens. Mais elles ne recouraient que peu à la machine à vapeur, dont la première fut installée en 1812 chez Dollfus-Mieg. Le tissage, en revanche, restait proto-industriel; loin de régresser, il s'étendit pour suivre la croissance du secteur. Un aspect dualiste de l'industrie s'affirmait, combinant des entreprises modernes et concentrées, et, en symbiose, un secteur proto-industriel, fondé sur le caractère bon marché de la main-d'œuvre paysanne fixée à sa propriété parcellaire. L'industrie lainière et la soie connurent aussi une certaine croissance, alors que la toilerie linière périclitait.

La croissance de la sidérurgie fut moins brillante. Elle fut stimulée par la guerre, mais les besoins des armées engendraient des poussées irrégulières de demande, qui ne profitaient pas à toutes les forges, mais surtout à celles du Nord et du Nord-Est, et en particulier à celles de Belgique, où était la plus grande fonderie de canons (Liège). Hormis cela, la principale demande était celle de la consommation paysanne, dont la croissance était trop lente pour encourager les maîtres de forges à innover. Malgré la forte hausse du prix du charbon de bois, la fonte à la houille ne progressa pas. Il y eut des améliorations techniques et des gains de productivité, mais les coûts s'élevaient et le profit déclinait à la fin de l'Empire. Malgré quelques initiatives novatrices comme celles de Dufaud dans la Nièvre ou de Rambourg dans l'Allier, l'écart se creusait entre les sidérurgies française et britannique plus qu'il ne se comblait.

L'économie britannique connut un rapide essor jusqu'au début du XIXe siècle; le taux brut d'investissement intérieur atteignit son maximum de 11 %

entre 1791 et 1800; puis la croissance fut plus irrégulière, entrecoupée de crises graves, en 1808 et en 1810, avec une dépression qui s'installa en 1811-1812. La guerre ralentit l'industrialisation : le Blocus, appliqué sérieusement de 1807 à 1810, fut relayé dans ses effets négatifs de 1812 à 1814 par la guerre contre les États-Unis, marché le plus dynamique de l'industrie britannique. L'investissement industriel pouvait souffrir de deux concurrences, celle de l'agriculture et celle de l'État. La guerre conduisait ce dernier à emprunter massivement, pendant que les hauts prix alimentaires, en une période de tension inflationniste, encourageaient le mouvement des enclosures qui connut son apogée pendant les *French wars*. Malgré ces deux ponctions sur le marché des capitaux, l'industrialisation se poursuivit, car elle se faisait par autofinancement. Les progrès furent surtout le fait de l'industrie cotonnière, dont la productivité crût de 3,4 % par an de 1780 à 1812-1815; deuxième secteur derrière la laine en 1801-1803, contribuant pour 5 % au revenu national, elle devenait en 1811-1813 premier secteur industriel avec 7,5 % du revenu national. Les filatures de coton étaient toutes mécanisées et s'équipaient en machines à vapeur : 40 machines, soit 453 ch en 1792, 205 machines avec 3 713 ch en 1815. Le tissage restait à bras; la dernière décennie du XVIIIe siècle fut une période de prospérité pour les tisserands, à qui l'on demandait toujours plus de travail. Puis les soubresauts conjoncturels devaient déclencher de graves crises, se manifestant par exemple par le luddisme. Quant à la sidérurgie, soutenue par les besoins de la marine de guerre, elle multiplia par quatre sa production entre 1788 et 1810. La paix allait amener une dure crise de reconversion.

Le moteur de la croissance industrielle de ces années fut l'exportation. Le marché des États-Unis gagna en importance : il absorbait 21 % des exportations en 1805. Les cotonnades atteignirent alors deux tiers, leur part maximale dans les exportations. Puis, avec le Blocus continental et la guerre américaine, la Grande-Bretagne diversifia ses marchés : elle pénétra en Amérique latine, au Brésil à partir de 1808, et au Levant, sur la route duquel Malte jouait un rôle de centre de redistribution.

Pendant les années cruciales 1790-1815, les productions industrielles britannique et française se décalèrent définitivement. Deux modèles différents d'industrialisation se mettaient en place. L'industrie britannique, fondée sur la filature de coton, le fer et le charbon, dont la production était de 16 millions de tonnes en 1817 contre 0,8 million en France, était de plus en plus impulsée par le commerce extérieur. En France, l'industrialisation était dualiste, axée sur le marché intérieur, puisque le commerce extérieur s'était effondré, et elle nécessitait une protection, du fait que le secteur de pointe, l'industrie cotonnière, était le même qu'en Grande-Bretagne, bien que la polarisation sectorielle fût plus faible.

Orientation bibliographique

Bergeron L., *L'épisode napoléonien. Aspects intérieurs (1799-1815)*, Paris, 1972.

—, *Histoire économique et sociale du monde*, sous la dir. de P. Léon, vol. III, Paris, 1978.

Crouzet F., *L'économie britannique et le Blocus continental (1806-1813)*, Paris, 1958.

Gayot G. et Hirsch J.-P. (éd.), *La Révolution française et le développement du capitalisme*, numéro spécial de la *Revue du Nord*, 1989.

Lévy-Leboyer M., *Les banques européennes et l'industrialisation internationale dans la première moitié du XIXe siècle*, Paris, 1964.

Revue d'histoire moderne et contemporaine. Colloque sur la France à l'époque napoléonienne, numéro spécial, 1970.

Revue économique, vol. XL, n° 6, 1989, numéro spécial consacré à l'économie française sous la Révolution.
Woronoff D., *La République bourgeoise de Thermidor à Brumaire (1794-1799)*, Paris, 1972.
—, *L'industrie sidérurgique en France pendant la Révolution et l'Empire*, Paris, 1981.

Cf. Commerce maritime au XVIIIe siècle. France et Grande-Bretagne I : l'industrialisation jusqu'à la Révolution. France et Grande-Bretagne III : l'industrialisation jusqu'à l'ère des chemins de fer (de 1815 à 1830-1840). Régions et désindustrialisation. Oberkampf, Christophe-Philippe (1738-1815) et la fabrique de Jouy. Ternaux (Guillaume) et la modernisation de l'industrie lainière française.

France et Grande-Bretagne III : l'industrialisation jusqu'à l'ère des chemins de fer *(de 1815 à 1830-1840)*

D'après M. Lévy-Leboyer, la production industrielle aurait crû entre 1815 et 1840 au taux moyen annuel de 3,4 % pour la France et 3,8 % pour la Grande-Bretagne. La différence est faible : la performance est comparable. Le décalage qui s'était produit pendant la Révolution et l'Empire restait donc globalement le même. Pour ce qui était donc du produit industriel par tête, plus représentatif du niveau économique, l'écart aurait diminué puisque la population française n'augmentait en moyenne que de 0,55 % par an alors que la forte natalité britannique doublait ce taux.

La contribution des facteurs travail et capital différait dans l'une et l'autre croissances. En France, la population active industrielle augmenta de 2,2 % par an entre 1815-1824 et 1835-1844, alors qu'en Grande-Bretagne, après une forte hausse entre 1801 et 1821, elle ne crût plus que de 0,6 % par an jusqu'à 1841. Malgré l'incertitude des évaluations, il semblerait donc que les progrès du produit industriel aient reposé largement sur un appel accru au travail en France, alors qu'en Grande-Bretagne ils s'expliqueraient surtout par la hausse de sa productivité. Pourtant le taux d'investissement intérieur fut très stable en Grande-Bretagne dans la période, avec une part de l'investissement en machines qui ne dépassait pas 9 %. En France, au contraire, l'investissement industriel a crû, irrégulièrement, avec deux poussées, l'une dans la décennie 1820, correspondant à la création de grandes usines sidérurgiques « à l'anglaise » et de filatures de coton, et l'autre, de 1834 à 1839, reposant sur les mêmes secteurs auxquels s'ajoutaient les mines de charbon. Cette apparente contradiction peut trouver une explication dans les structures industrielles des deux pays : en France, l'investissement fut concentré sur quelques secteurs étroits où des équipements de base devaient être mis en place, alors qu'outre-Manche une première génération de mécanisation était déjà passée. L'industrialisation y progressa désormais par élargissement plus que par intensification. En outre, les progrès de la productivité provinrent autant de l'amélioration de l'utilisation du capital que de la croissance de son volume : la poursuite de l'innovation technologique avait des effets *capital-saving* aussi bien que *labour-saving*. Le remplacement du travail par le capital devenait économiquement moins indispensable, car si l'on en croit H.J. Habakkuk, le marché de l'emploi industriel s'était modifié. Après 1815, l'offre de travail devint excédentaire. L'agriculture avait moins besoin de main-d'œuvre, puisque les enclosures se raréfiaient et que les progrès de la productivité agricole étaient continus; bien que dans le tissage du coton l'emploi ne cessât d'augmenter jusque vers

1830, le recul de la proto-industrie devenait sensible ; enfin, au mouvement démographique naturel commençait à s'ajouter l'immigration irlandaise, et ponctuellement la démobilisation de 400 000 hommes au lendemain de la paix. Ce sous-emploi rapprochait le cas britannique du cas français, où le surpeuplement rural fournissait aussi un réservoir de main-d'œuvre. Mais ils différaient par le niveau des salaires, supérieurs en Grande-Bretagne : dans une filature mécanisée, vers 1833, un ouvrier gagnait trente-sept francs par semaine contre dix-neuf en France. En revanche, la rémunération du tisseur à bras britannique s'effondra à des niveaux qui ne dépassaient sans doute pas ceux du continent, lorsque les métiers mécaniques se développèrent. Mais la comparaison des salaires n'est pas aisée ; ils étaient souvent à la tâche et non à la journée et les inégalités sectorielles et régionales étaient fortes.

Cette cherté relative de la main-d'œuvre britannique — 50 % du prix final aux filatures McConnel vers le milieu du siècle — atténuait quelque peu le handicap que constituaient en France les prix élevés du coton, du charbon et des machines. Pour M. Lévy-Leboyer, elle aurait conduit à une intégration vers l'aval. Les filatures étaient amenées à grossir pour profiter des économies d'échelle et à mécaniser peu à peu le tissage : 14 150 métiers mécaniques vers 1820, 100 000 en 1833, 225 000 en 1845. Le tissage à bras résista longtemps, au prix d'un travail toujours plus intensif et d'une misère toujours plus grande ; mais après 1835, il s'effondra.

L'industrie cotonnière britannique devenait de plus en plus un secteur moteur : la consommation de coton augmenta annuellement de 6,6 % entre 1814 et 1846. Comme les capacités d'absorption du marché intérieur étaient limitées, c'est soutenue par l'exportation vers l'Amérique latine, l'Afrique et l'Inde que la croissance se poursuivit. Les cotonnades contribuèrent pour 46 % à l'augmentation de la valeur des exportations totales entre 1814-1816 et 1844-1846. L'économie britannique était de plus en plus centrée sur les marchés extérieurs. Quant aux autres branches textiles, même la laine, elles étaient de plus en plus en retrait.

En France, une réponse nouvelle dut être trouvée, car la confrontation directe avec la Grande-Bretagne n'était pas possible. Une protection sévère réserva le marché intérieur aux produits français : l'importation des cotonnades était prohibée, celle des filés le fut jusqu'à ce que des mesures d'assouplissement fussent prises en 1834 pour assurer les approvisionnements. Au lieu de végéter dans cette atmosphère de serre, les industries textiles accomplirent un effort de modernisation, mais sans changer les structures dualistes : unités modernes de filage et tissage proto-industriel. À la différence du textile britannique polarisé sur le coton, la production française s'équilibrait entre un secteur cotonnier dominant, et des industries de la laine, de la soie et du lin dynamiques. Le principal pôle cotonnier était la Haute-Normandie, où les filatures hydrauliques faisaient travailler les tisserands ruraux du pays de Caux. À partir du pôle mulhousien, les filatures s'étaient multipliées en Alsace pour profiter des bas salaires de la France de l'Est. Elles étaient plus modernes : les métiers automatiques furent très tôt implantés chez Dollfus-Mieg. La machine à vapeur fournissait la moitié de l'énergie consommée dès 1835 ; elle fut un facteur d'innovation, car comme le charbon coûtait cher, il fallait chercher à l'économiser, et un facteur de concentration et d'intégration. Le tissage mécanique progressa plus vite en Alsace qu'ailleurs : dès 1840, le nombre de métiers mécaniques dépassait le nombre de métiers à bras. À Lille enfin, les filatures de coton démarrèrent rapidement après 1830, profitant de la proximité du bassin houiller qui assurait du combustible à plus bas prix. Les industries de la laine, du lin et de la soie étaient techniquement moins avancées. Pourtant les industries de la laine et de la soie fournirent les quatre cinquièmes des exportations textiles françaises entre 1835 et 1840. Les cotonnades britanniques, peu coûteuses, l'emportaient sur tous les marchés étrangers qui ne s'étaient pas protégés : il était impossible de les concurrencer avec une productivité inférieure. Ne pouvant que suivre technologiquement le modèle anglais, le textile français sut, à partir de 1830, trouver un créneau sur les marchés extérieurs, en innovant au niveau des produits. Contre le bon marché anglais, elle joua la carte de la qualité, du semi-luxe, avec une clientèle se recrutant dans les classes aisées ou moyennes des pays industriels avancés : 45 % des soieries et 11 % des lainages exportés l'étaient aux États-Unis, 24 % des soieries en Grande-Bretagne (1836-1841). Paris, Reims, Roubaix lançaient les modes, les « nouveautés », qui s'imposaient ailleurs. Mais les volumes des exportations textiles britanniques et françaises étaient sans commune mesure. En France, globalement, l'exportation ne joua jamais un rôle moteur aussi fort qu'outre-Manche : le soutien de la production était le marché intérieur qui s'étendait avec la hausse des revenus.

La sidérurgie française avait aussi connu une grave crise lorsque les fers anglais purent, au lendemain de la paix, être importés ; des tarifs très élevés, supérieurs à 100 %, furent alors mis en place. La croissance postérieure fut appréciable, fondée sur un emploi plus répandu des outils en fer dans l'agriculture, sur les progrès de l'urbanisation et du bâtiment (tuyaux, infrastructures métalliques...) et sur le développement de la construction de machines : cela avant que le chemin de fer ne fût devenu un client massif. Dans les années 1820, de grands établissements furent fondés ou réactivés (le Creusot, Terrenoire...) en suivant l'exemple anglais, mais se heurtèrent à de grosses difficultés à la fois techniques et commerciales. Les maîtres de forges furent alors plus réticents vis-à-vis de la fonte au coke qui ne progressa vraiment qu'après 1840. Le nombre de hauts fourneaux au charbon de bois continua d'augmenter. Ce n'était pas conservatisme de leur part, car ils étaient par ailleurs progressistes dans l'affinage du fer et dans les procédés économisateurs de combustible. Leur attitude était économiquement logique. Le charbon français était difficilement cokéifiable et cher; les mines ne produisant pas assez, il fallait importer des quantités croissantes; les coûts de transport étaient démesurés. Sans que ce fût un facteur déterminant, on ne peut cependant nier que les ressources en charbon donnèrent des chances inégales aux industrialisations, ou plutôt les orientèrent vers des modèles différents.

Si l'on ne compare en effet que les productions de cotonnades, de fer et de charbon, l'infériorité française semble manifeste. Mais les voies choisies étaient différentes. En Grande-Bretagne, l'industrie cotonnière, de plus en plus stimulée par l'exportation, allait être relayée dès le milieu du siècle par une industrie lourde déjà bien avancée. En France, la production était plus diversifiée. À côté du textile qui atteignit vers 1840 sa part maximale dans le produit industriel (21 %), les industries alimentaires représentaient 15 %, l'habillement 21 %, le bâtiment et les travaux publics 24 %, sans qu'il faille négliger les industries du cuir ou du bois. Toutes ces industries se développaient avec l'urbanisation et la hausse des niveaux de vie. Les biens de consommation allaient encore longtemps dominer dans la production française, qui restait caractérisée par le dualisme entre grande industrie et artisanat et par l'orientation vers un produit de qualité incorporant beaucoup de travail. Cela expliquerait des résultats surprenants auxquels une recherche récente (O'Brien et Keyder) aboutit : la valeur ajoutée par travailleur industriel entre 1835 et 1855 serait 35 % plus élevée en France qu'en Grande-Bretagne, bien qu'elle fût très inférieure dans les mines, la métallurgie et l'industrie cotonnière.

Orientation bibliographique

Crouzet F., *L'économie de la Grande-Bretagne victorienne*, Paris, 1978.

Habakkuk H.J., *American and British Technology in the Nineteenth Century*, Cambridge, 1962.

Lévy-Leboyer M., *Les banques européennes et l'industrialisation internationale dans la première moitié du XIXe siècle*, Paris, 1964.

—, « Les processus d'industrialisation : le cas de l'Angleterre et de la France », *Revue historique*, avril-juin 1968.

O'Brien P. et Keyder C., *Economic Growth in Britain and France (1780-1914)*, Londres, 1978.

—, « Les voies de passage vers la société industrielle en Grande-Bretagne et en France (1780-1914) », *Annales ESC*, novembre-décembre 1979.

Cf. Crawshay (La famille) et la sidérurgie galloise. Creusot (Le) et Eugène Schneider (1805-1875). Dufaud, Georges (1777-1852) et Fourchambault. Enclosures. France et Grande-Bretagne II : Révolution, Empire et industrialisation. Oberkampf, Christophe-Philippe (1738-1815) et la fabrique de Jouy. Ternaux (Guillaume) et la modernisation de l'industrie lainière française.

Gerschenkron
(Modèle d'« economic backwardness » de)

En tant que spécialiste de la Russie, Alexander Gerschenkron a été confronté au problème du retard dans l'industrialisation, à ses causes, et surtout aux traits originaux qu'il engendre. Son propos n'est donc pas d'énumérer les préalables, mais de définir les obstacles à l'industrialisation pour dégager les substitutions nécessaires à son déclenchement. Les handicaps sont de nature diverse, allant de la division politique et économique, comme en Allemagne et en Italie, à l'importance écrasante de la société d'Ancien Régime, comme en Russie, à la non-homogénéité de l'espace économique, comme dans le cas de l'Italie post-unitaire.

Mais le pays retardataire profite de l'expérience de ses prédécesseurs : il a un handicap à combler, mais il va bénéficier d'avantages spécifiques. Les traits caractéristiques des pays d'industrialisation tardive sont d'après Gerschenkron les suivants :

— Plus un pays est en retard, plus la comparaison avec les pays voisins est insupportable, plus les moyens mis en œuvre vont être importants, donc plus l'industrialisation va être rapide.

— Plus la technologie choisie va être élaborée, car il va importer ou copier les machines étrangères les plus performantes. La hausse de productivité et l'effet d'entraînement seront donc maximaux. Le pays retardataire sera rapidement plus compétitif que des pays anciennement industriels, où subsistent des équipements déjà obsolètes.

— Plus la taille des entreprises va être grande, car le pays retardataire adopte le type d'organisation de la production le plus moderne. Là encore, il va jouir d'un avantage par rapport à ses prédécesseurs dans lesquels existent encore de très nombreuses petites entreprises.

— Plus le remplacement du travail par le capital va se faire rapidement pour pallier le manque de travailleurs qualifiés.

— Plus il va avoir tendance à choisir dans les secteurs à démarrer ceux produisant des biens de production, pour construire logiquement l'industrialisation à partir des secteurs lourds et rattraper plus vite son retard.

— Plus l'industrialisation est volontaire, en particulier dirigée ou encouragée par l'État, qui y voit une nécessité politique.

— Plus le rôle des banques d'investissement est important pour pallier la faible disponibilité de l'épargne intérieure.

— Plus la dépendance technologique et financière à l'égard de l'étranger est forte.

— Plus il y aura de pression sur les niveaux de vie populaires, pour permettre de dégager le taux d'investissement maximal.

— Moins l'agriculture aura de rôle dans l'industrialisation.

Astucieusement, R. Roehl propose des contre-critères pour juger du caractère pionnier d'un pays industrialisé en prenant le contre-pied des propositions de Gerschenkron : 1) lenteur de l'industrialisation, 2) technologie simple, 3) petite taille de l'entreprise, etc.

Le modèle de Gerschenkron n'a pas l'ambition de donner une explication universelle de l'industrialisation. Sa souplesse en fait un instrument intéressant pour comprendre les originalités de chaque cas national. Il analyse l'histoire de l'industrialisation « non comme une série de pures répétitions de la [première] industrialisation [...], mais comme un système ordonné de déviations graduelles par rapport à cette industrialisation ».

Orientation bibliographique

Gerschenkron A., *Economic Backwardness in Historical Perspective*, Cambridge, Mass. 1962.
Roehl R., « L'industrialisation française. Une remise en cause », *Revue d'histoire économique et sociale*, vol. LIV, n° 3, 1976.
Trebilcock C., *The Industrialization of the Continental Powers (1780-1914)*, Londres-New York, 1981.

Cf. Modèles théoriques de la Révolution industrielle.

GRANDE-BRETAGNE, « WORKSHOP AND BANKER OF THE WORLD »

De 1850 à 1873, la Grande-Bretagne mid-victorienne, puissance économique, commerciale et financière dominante dans le monde, connut son apogée entre une période antérieure où sa position centrale dans les échanges internationaux n'était pas encore complètement affirmée et le début de la dépression, à la faveur de laquelle les États-Unis et l'Allemagne allaient hausser leur industrie et leur technologie aux premières places.

Son industrie surclassait celle des autres pays. En 1860, elle produisait 53 % du fer mondial, 50 % de la houille, 49 % du coton. Elle consommait 15 kilos de coton brut, 132 kilos de fonte par habitant, contre 2,5 kilos et 26 kilos en France. Elle était le pays le plus riche du monde; les capitaux dont disposaient ses classes supérieures et moyennes ne trouvaient pas assez d'emplois rémunérateurs dans le pays malgré l'investissement massif dans les chemins de fer, et s'exportaient ; les retombées de la croissance heureuse du milieu du siècle concernaient aussi les classes populaires dont le niveau de vie, déjà plus élevé que partout ailleurs, progressait.

Si le rôle du commerce extérieur dans la croissance ne doit pas être surestimé pour la première phase de l'industrialisation, la Grande-Bretagne, à partir de 1820-1830, devint de plus en plus une « économie d'exportation » (F. Crouzet). En 1830-1839, les exportations représentaient en moyenne 9,4 % du PNB, en 1850-1859, 15,1 %, et en 1870-1873, maximum séculaire, 19,9 %. Durant cette période, elles furent un moteur fondamental de la croissance, contribuant marginalement de 1851 à 1861 pour 54 % à l'accroissement du PNB. Car le marché intérieur n'aurait pas été capable d'absorber tout le produit industriel, les modifications de la répartition du revenu national ne se faisant que lentement.

Si la part des cotonnades à l'exportation restait importante (36 % en 1850-1859), elle régressait relativement devant celle des biens de production, très inférieure cependant en valeur absolue. L'ère mid-victorienne fut privilégiée, car la Grande-Bretagne ajouta à ses exportations textiles traditionnelles un rôle de fournisseur d'équipements aux pays en train de s'industrialiser et de construire leur chemin de fer. Alors que, jusqu'aux années 1830, elle cherchait à se réserver sa technologie, elle en faisait désormais un produit d'exportation, très rémunérateur à court terme ; mais, ce faisant, elle contribuait au développement de ses futurs concurrents. Aussi la part des exportations destinée à l'Europe et à l'Amérique du Nord était-elle de l'ordre de 60 %. Très orientés vers les États-Unis au début du siècle, les exportateurs anglais avaient cherché, lors des difficultés des années 1820-1830, à diversifier leurs marchés, Amérique latine d'abord, puis surtout Asie (19 % des exportations en 1870). L'Inde allait devenir un débouché primordial : marché réservé où les cotonnades trouvaient acquéreur depuis que l'artisanat national avait périclité devant la concurrence, et où la construction des chemins de fer nécessitait des achats d'équipements. Par-delà l'Inde, les marchés extrême-orientaux étaient en train de s'ouvrir, ou plutôt d'être ouverts par la pression politique et militaire.

Les importations avaient pour fonction première de fournir à l'industrie britannique ses matières premières (57 % de l'ensemble des importations au milieu du siècle) : coton au premier chef, mais aussi laine et minerais. Les denrées alimentaires ne venaient qu'à la deuxième place, les produits manufacturés étant très peu importants. Pourtant avec l'abrogation des *Corn Laws* (1846), les importations de blé triplèrent entre la décennie 1840 et la décennie 1860. Mais comme les céréales américaines, meilleur marché, n'envahirent pas l'Europe avant les années 1870, les prix du blé ne baissèrent pas sensiblement en Grande-Bretagne et l'agriculture anglaise connut encore une période de prospérité. La libération des échanges à partir de 1860 ne modifia pas fondamentalement leur structure; la Grande-Bretagne importa un peu plus de vin, de soieries, d'articles de luxe, exporta ponctuellement un peu plus de cotonnades et de machines en Europe. Tous les pays y avaient avantage, la Grande-Bretagne pour essayer de mieux exporter en Europe, les pays continentaux pour se procurer des équipements à meilleur compte.

La Grande-Bretagne était alors le centre du système multilatéral des échanges mondiaux. Elle avait pour partenaire principal les autres pays industriels, qui étaient des clients et non encore des concurrents; elle commerçait de manière croissante avec le reste du monde avec lequel elle entretenait des rapports de complémentarité. Chaque pays fournissait ses matières premières : les États-Unis leur coton, l'Australie sa laine, le Chili son nitrate et son cuivre... Jamais le schéma ricardien ne fut plus près d'être vrai. La Grande-Bretagne était en situation de monopole pour les produits manufacturés, et de monopsone pour les matières premières et les denrées coloniales, dont les prix étaient fixés aux Bourses de commerce de Londres ou de Liverpool. Les autres pays industriels passaient par son intermédiaire pour se les procurer. Les transactions de ce fructueux commerce d'entrepôt rapportaient profits et commissions aux maisons de commerce britanniques installées en Asie ou en Amérique et aux courtiers de la métropole. Avec la dépression économique, cette situation acquise allait être attaquée par les nouveaux pays industriels. « Économie d'exportation », la Grande-Bretagne était encore plus une économie d'importation, dépendante du reste du monde; sa balance commerciale fut constamment déficitaire.

Les « invisibles » étaient source d'un large excédent qui permettait de rééquilibrer ce déficit. Jusque vers 1870, les revenus de la marine marchande, la première du monde, en étaient le poste principal. Les bénéfices des maisons de commerce à l'étranger, les commissions de courtage et les primes d'assurance venaient après. En matière d'assurances maritimes, la Grande-Bretagne avait un quasi-monopole. Les marchés de capitaux étaient excédentaires en Grande-Bretagne depuis le début du siècle ; les capitalistes, grands et petits, étaient à l'affût de toute occasion de placement à un taux supérieur aux quelque 3 % des rentes d'État britanniques ; ils allaient s'arracher les titres ferroviaires. Mais les pays étrangers, qui manquaient de capitaux, et leurs gouvernements parfois nécessiteux étaient prêts à les payer plus cher. Dans les années 1820, l'Amérique latine fut une zone d'exportation de capitaux, puis dans la décennie 1830 les États-Unis, et dans les années 1840 l'Europe, en particulier la France, pour les chemins de fer. Après le milieu du siècle, les exportations de capitaux britanniques s'accrurent fortement, de plus en plus dirigées vers l'Empire, les Indes, le Canada, et aussi vers le monde sous-développé. Après 1870, les revenus du capital placé à l'étranger devaient dépasser le flux des exportations de capitaux : désormais la Grande-Bretagne pouvait étendre sa domination financière sur le monde sans qu'il lui en coûtât rien. Durant le Second Empire la France avait essayé de rivaliser avec la Grande-Bretagne sur le plan financier, mais cette dernière allait confirmer après 1870 sa position de première puissance mondiale. Les *merchant-bankers* et les *foreign-bankers* assuraient une grande partie des relations entre les capitaux européens et le reste du monde.

En conséquence de sa prééminence commerciale et financière, la Grande-Bretagne fut, surtout après 1870, la puissance dominante sur le plan monétaire. Le système d'étalon-or était en fait un *sterling-standard*. Bien que la Banque d'Angleterre n'eût qu'une encaisse-or limitée, les paiements internationaux se faisaient en livres. Les lettres de change tirées sur Londres servaient de liquidités internationales, qui irriguaient le monde grâce au déficit de la balance commerciale britannique.

Si, après 1870, la position de leader industriel de la Grande-Bretagne allait être sérieusement attaquée, sa domination financière et monétaire devait au contraire s'affirmer. Elle allait en plus profiter des positions acquises dans le monde extra-européen : elle fut impérialiste dès le milieu du siècle, avant l'ère des impérialismes.

Orientation bibliographique

Bairoch P., *Commerce extérieur et développement économique de l'Europe au* XIX*e* *siècle*, Paris, 1976.
Chapman S., *The Rise of Merchant Banking,* Londres, 1984.
Church R.A., *The Great Victorian Boom (1850-1873),* Londres-Basingstoke, 1975.
Crouzet F., *L'économie de la Grande-Bretagne victorienne*, Paris, 1978.
—, « Toward an Export Economy : British Exports during the Industrial Revolution », *Explorations in Economic History,* vol. XVII, n° 1, 1980.
Mathias P., *The First Industrial Nation. An Economic History of Britain (1700-1914)*, Londres, 1969 (rééd. 1974).
Platt. D.C.M., « British Portfolio Investment Overseas before 1870 : Some Doubts », *The Economic History Review*, n° 1, février 1980.

Cf. Commerce maritime au XVIIIe siècle. France et Grande-Bretagne III : l'industrialisation jusqu'à l'ère des chemins de fer (de 1815 à 1830-1840). Paiements internationaux : un système bipolaire ? Périphérie et industrialisation.

Innovations dans le textile et la chimie

Le métier à tisser traditionnel ne permettait pas de fabriquer des tissus qui dépassaient la largeur des bras de l'artisan, sinon il fallait recourir au lourd métier desservi par deux tisseurs. John Kay, mi-tisserand, mi-mécanicien, eut l'idée, en 1733, d'une petite amélioration, la navette volante, qui, montée sur roulettes, était catapultée de chaque côté du métier par des taquets mus par un fouet actionné par le tisserand. Ce procédé augmentait la productivité du travail de 20 à 30 %. Mais il fut long à se répandre; il ne se généralisa en Grande-Bretagne qu'après 1760. Il aggravait un déséquilibre déjà existant entre le tissage et le filage, qui était le goulet d'étranglement de l'industrie textile. Car le rouet n'avait que peu évolué, et il fallait quatre à cinq fileuses pour fournir la matière première à un seul tisserand. La filature n'arrivait plus à satisfaire la demande croissante, en particulier de coton. Différents procédés furent essayés. La *Society for the Encouragement of Arts, Manufactures and Commerce* promit une prime de cinquante livres à qui présenterait un instrument permettant de filer simultanément six fils de lin, de coton ou de chanvre. Vers 1764, le tisserand James Hargreaves imagina la *spinning jenny*, qui était équipée au début de huit, puis, plus tard, de seize, de soixante et même de cent broches. La *jenny*, actionnée à la main, imitait mécaniquement le travail du rouet; elle convenait tout à fait aux structures de production proto-industrielles, mais elle augmentait beaucoup la productivité du travail artisanal. Tout autre fut le *water frame* breveté en 1769 par Richard Arkwright : il filait en continu, et surtout, du fait de sa taille, il ne pouvait être mû que par un manège de chevaux ou une énergie mécanique. Il ne s'accommodait donc plus de l'organisation proto-industrielle du travail. Avec l'aide financière de deux marchands-manufacturiers, Need et Strutt, Arkwright établit une filature à Cromford qui, dès 1779, employait 300 ouvriers : c'était un établissement concentré, la première usine au sens moderne. En 1777, pour ne plus faire dépendre la production de l'énergie hydraulique, il demanda à James Watt de lui installer une machine à vapeur : en combinant deux innovations, Arkwright avait créé la première filature à vapeur. Mais la solution définitive au problème du filage fut d'associer les principes de la *spinning jenny* et du *water frame*, qui avaient des avantages et des défauts contraires. C'est ce que réalisa en 1779 Samuel Crompton avec la *mule jenny*, appareil hybride, comme son nom l'indique, qui s'imposa très vite, et fit chuter le prix des filés de coton de trente-six shillings en 1786 à neuf shillings en 1801. En 1811, en Grande-Bretagne, 150 000 broches étaient montées sur des *jennies* dans des structures proto-industrielles du travail, mais 300 000 appartenaient à des *water frames* et 4,5 millions à des *mule jennies* fonctionnant dans des usines. Entre 1818 et 1825, des améliorations permirent de rendre la mule entièrement automatique. Elle se perfectionna encore en devenant métallique et en augmentant son nombre de broches, mais le principe de la machine ne se modifia plus.

Lorsque la filature fut mécanisée, le tissage devint le nouveau goulet d'étranglement. Les premiers métiers mécaniques, comme celui de Cartwright (1785), étaient en bois, et donc incapables de résister longtemps aux chocs de la chasse. Pour des raisons techniques, mais aussi économiques, ils se répandirent plus lentement que les machines à filer et mirent plus longtemps à devenir vraiment efficaces. Les métiers lourds et larges ne se généralisèrent qu'après 1850.

Ces premières machines avaient été réalisées pour travailler le coton, parce qu'il était plus aisément mécanisable, et surtout parce que la demande de cotonnades croissait plus vite que celle des autres tissus. Le filage du lin posait des problèmes spécifiques qui, malgré les premières tentatives en Grande-Bretagne, ne furent résolus que par le Français Philippe de Girard, encouragé par le prix de un million de francs que Napoléon avait offert à cet effet. Seules certaines qualités de laine convenaient au *water frame*. Quant au peignage de la laine, opération préliminaire indispensable, il ne fut pas mécanisé de façon efficace avant la peigneuse du Français Josué Heilmann en 1845, alors que le problème avait été résolu dès le XVIIIe siècle pour le cardage du coton. La diversité des produits textiles multipliait le nombre de machines : machines à fouler ou à tondre le drap, métiers à tricoter... Le métier Jacquard (1804), qui faisait la synthèse des métiers de Vaucanson et de Falcon, n'était pas une machine, mais il facilitait, dans un cadre artisanal, la fabrication des tissus décorés.

En se mécanisant et en se développant, l'industrie textile créait de nouveaux goulets d'étranglement, au niveau par exemple du blanchiment et des teintures. On blanchissait les tissus en les soumettant à des opérations répétées de lessivage, de rinçage, de trempage dans du lait caillé et d'exposition au soleil. Ce procédé, qui durait longtemps (six mois pour blanchir une toile de lin), exigeait de vastes étendues de prairies et d'importants troupeaux de vaches. Le problème à résoudre était d'ordre chimique.

Le chlore avait été isolé par le Suédois Scheele en 1774. En 1785 Berthollet publia son étude sur les propriétés décolorantes de ce corps. L'application industrielle suivit aussitôt dans la manufacture de produits chimiques qui avait été créée à Javel en 1777 sous le patronage du comte d'Artois. Alban améliora ensuite le procédé en remplaçant le chlore dissous dans l'eau par des hypochlorites alcalins. En même temps, en Grande-Bretagne, Tennant commercialisait une poudre à blanchir. Du fait de la demande des industries textiles, son usine, proche de Glasgow, se développa très vite ; elle produisit 57 tonnes de poudre en 1799, la première année, et 239 tonnes en 1810.

Mais les produits de blanchiment utilisaient comme matières premières l'acide sulfurique et la soude, qui étaient aussi nécessaires aux savonneries et aux verreries. On obtenait la soude à partir des cendres d'une plante, la salicorne, qui poussait en Espagne. Les guerres révolutionnaires et napoléoniennes coupèrent les industriels français de leur source d'approvisionnement. Mais dès avant la Révolution, Leblanc avait mis au point un nouveau procédé utilisant du sel marin et de l'acide sulfurique, qu'il appliqua dans sa fabrique de Saint-Denis subventionnée par le duc d'Orléans.

La diffusion du procédé n'intervint pas avant sa mort, en 1806, date à laquelle la Compagnie de Saint-Gobain construisit une soudière à Chauny. En Grande-Bretagne, qui n'avait pas été privée de salicorne, le démarrage fut plus lent, car l'acide sulfurique coûtait cher. Sa technique de fabrication avait déjà été très améliorée lors de l'invention des chambres de plomb par l'industriel John Roebuck (1746). Acide sulfurique et soude furent les deux produits de base de la chimie de la première moitié du XIXe siècle ; leurs prix baissèrent constamment du fait de nombre de petits progrès cumulés, en particulier par la réutilisation des nombreux sous-produits.

Le développement des innovations textiles et chimiques montre le rôle essentiel joué par les pénuries et les goulets d'étranglement. Les décalages technologiques entre phases successives du processus de production ont joué un rôle majeur. Mais, du fait de l'interdépendance croissante des techniques, l'innovation était aussi encouragée dans les autres secteurs. La mécanisation des filatures appelait à perfectionner la machine à vapeur, à produire du fer et du charbon en plus grosses quantités et à améliorer la précision de la construction mécanique.

Orientation bibliographique

Daumas M. (éd.), *Histoire générale des techniques*, vol. III, Paris, 1968.

Cf. Ternaux (Guillaume) et la modernisation de l'industrie lainière française.

Invention et innovation

L'histoire économique ne s'intéresse pas directement aux inventions, qui sont l'objet de l'histoire des techniques, mais elle s'attache à l'étude des innovations techniques, c'est-à-dire de l'exploitation industrielle des inventions et de leur diffusion, qui leur donne leur importance économique. L'histoire des inventions remonte à l'Antiquité. Si l'on cherche des précurseurs à une invention, on pourra toujours reconstruire une filiation logique sur plusieurs siècles. Aux XVIe et XVIIe siècles, nombre d'inventions virent le jour, mais elles ne modifièrent pas fondamentalement la nature de l'économie ; elles ont cependant constitué un acquis qu'ont développé les innovations du XVIIIe siècle. Lors de la Révolution industrielle, un ensemble d'innovations dans quelques secteurs au début étroits et peu nombreux a contribué à transformer totalement l'économie et la société : il a démarré une chaîne d'inventions et d'innovations, qui se sont étendues à tous les secteurs, par une sorte de contagion qui s'explique par l'interdépendance des techniques et des branches économiques ; il a modifié l'organisation de la production (taille et nature de l'entreprise, organisation du travail), les structures sociales (apparition de trois catégories sociales nouvelles : ouvriers, patronat, classes moyennes), les types de matières premières, les localisations industrielles, la qualité de la vie, la réflexion économique... C'est un profond bouleversement au cœur duquel la technologie tient une grande place. L'analyse économique contemporaine, depuis Schumpeter et Kuznets, souligne le rôle primordial du progrès technique, responsable aujourd'hui, plus que l'accroissement du capital physique, des importants gains de productivité. Il est malheureusement difficile d'appréhender quantitativement le progrès technique. Une première approche passe par la mesure de la quantité de littérature technique, ou par celle du nombre de brevets déposés, soit globalement, soit en sélectionnant ceux qui correspondent à des inventions majeures. La seconde approche est économétrique : elle tente de saisir le progrès technique comme ce qui reste après que l'on a déduit de l'évolution du produit industriel ce qui est considéré comme la contribution des facteurs travail et capital.

Faute de pouvoir mesurer avec précision, on peut décrire. Si la Révolution industrielle s'est produite à la fin du XVIIIe siècle, et pas avant, c'est parce que dans un environnement économique donné, un ensemble cohérent d'innovations techniques a constitué un « système technique » (B. Gille) nouveau. Par système technique, on entend un ensemble de techniques interdépendantes, qui, lorsqu'il a atteint sa maturité, se destructure, pendant qu'un nouveau système se met en place, pour résoudre les problèmes que suscitait le système précédent. Mettant l'accent sur ce mouvement permanent, F. Caron écrit : « On ne peut donc accepter la notion de système technique qu'à la condition de prendre en compte leur instabilité essentielle. » Le système né de la Révolution industrielle, fondé sur le textile, la chimie minérale, le charbon, le fer et le chemin de fer s'efface à partir de 1870, faisant de lui-même apparaître les nouveaux secteurs leaders; l'acier va répondre aux besoins de sécurité des chemins de fer (rails, essieux...), l'électricité à son besoin de régulation (*block system*...), ainsi qu'à la volonté d'allonger la durée de travail pour augmenter la rentabilité des équipements (éclairage pour le travail de nuit...), la chimie organique va approvisionner l'industrie textile en colorants et l'industrie électrique en isolants... La transformation du système technique, qui résulte de l'évolution économique tout en l'impulsant, s'explique par le jeu complexe des interdépendances entre technologie, science et économie.

Orientation bibliographique

Caron F., *Le résistible déclin des sociétés industrielles*, Paris, 1985.

Gille B., *Progrès scientifique, progrès technique et progrès économique*, Quatrième conférence internationale d'histoire économique, Bloomington, 1968; Paris-La Haye, 1968.

Musson A.E., *Science, Technology and Economic Growth in the Eighteenth Century*, Londres, 1972.

Cf. Fer, fonte et acier. Économétrie et industrialisation. Innovations dans le textile et la chimie. Machine à vapeur. Machinisme et machines-outils. Révolution industrielle et industrialisation. Science et technologie. Technologie, économie et Révolution industrielle.

Krupp (Alfred) et la Révolution industrielle dans la Ruhr

Dans la Ruhr, l'industrialisation, fondée sur la prédominance de l'industrie lourde, fut tardive, mais très rapide à partir de 1850 : elle est caractéristique du « deuxième stade » du modèle de W.G. Hoffmann. Dans les années 1830, la région était presque complètement rurale; Essen, Dortmund, Bochum étaient de très petites villes. Le charbon était exploité dans quelques mines peu profondes, et quelques entreprises métallurgiques, créées avant 1815, se développaient avec difficulté. Le bourgmestre de Dortmund constatait en 1833 : « Les fabriques ne peuvent prospérer dans une ville au milieu des champs. » Le centre de la sidérurgie était alors la Haute-Silésie, plus en avance techniquement, et celui de la métallurgie de transformation la Rhénanie (Solingen, Remscheidt, Iserlohn...).

L'histoire de la maison Krupp est représentative des étapes de la Révolution industrielle dans la Ruhr. C'était, depuis le XVIe siècle, une riche famille de marchands d'Essen, centre traditionnel de fabrication d'armes et de travail de l'acier. Les autres fondateurs d'entreprises vinrent aussi du même milieu : Franz Haniel était un marchand de charbon, qui racheta en 1808 à la famille Krupp la fonderie de Gutehoffnung, avec ses parents Huyssen et Jacobi, avant d'acquérir en 1810 celles de Sankt Antoni et de Neuessen; Friedrich Harkort venait d'une famille de notables et il étudia le commerce avant de fonder en 1818 sa fabrique de machines à Wetter. Les carrières de Stinnes et de Dinnendahl furent plus exceptionnelles. Matthias Stinnes était aussi marchand de charbon, mais il s'était fait tout seul : mousse à quatorze ans, il économisa pour acheter un bateau et transporter le charbon en Hollande. Son entreprise de transport grossit et, avec ses énormes profits, il acheta des mines de charbon : cas d'intégration vers l'amont. Dinnendahl, lui, était fils de meunier; il étudia la menuiserie, avant de construire tout seul sa première machine à vapeur; Amalie Krupp lui prêta alors de l'argent pour qu'il fonde son entreprise de construction mécanique en 1807 à Essen.

Friedrich Krupp (1787-1826) quant à lui, le fondateur de la firme, avait hérité de sa grand-mère la somme considérable de 120 000 thalers. Il décida en 1811 de produire de l'acier fondu, dont le prix s'était envolé depuis que le Blocus continental coupait de l'approvisionnement anglais. C'était une opération de type spéculatif, comme celle sur les produits coloniaux que la famille avait réalisée quelques années avant. Mais il fallait d'abord percer le « secret » de l'acier anglais, ce que n'avaient pas réussi les frères Poensgen, qui s'y étaient attelés dès 1803. Friedrich s'associa d'abord à des inventeurs qui se révélèrent incompétents et malhonnêtes, puis s'attaqua seul au problème et obtint en 1819 sa première coulée d'acier. Ces expériences avaient coûté très cher. En 1813, il devait 30 000 thalers et dut vendre la plupart de ses biens immobiliers. La liste des créanciers est significative des sources de financement : le grand-père de sa femme, des parents, des amis, tous issus du milieu des marchands riches. Son fils Alfred (1812-1887) devait s'appuyer financièrement sur ce même entourage, lorsqu'il reprit l'affaire à la mort de son père. L'entreprise comptait alors sept ouvriers et elle marchait mal depuis que la production anglaise, supérieure de qualité, avait envahi le marché.

Les années 1830 furent difficiles pour toute la métallurgie de la Ruhr. Le transfert technologique se faisait mal. Harkort n'avait réussi dans ses essais de puddlage en 1826 à Wetter qu'avec l'aide de techniciens anglais. Krupp fit le voyage « initiatique » en Grande-Bretagne, sous un pseudonyme, en 1838-1839. Il avait déjà monté un atelier de construction mécanique, mais jusqu'en 1833, il n'employa pas plus de dix ouvriers. Seule la construction de machines à vapeur de Dinnendahl marchait bien, car on commençait à approfondir les puits de mine pour satisfaire la demande hollandaise de charbon, et donc à les équiper pour l'exhaure. Il était aussi très difficile de se constituer une clientèle : la demande allemande était limitée, et les marchés belge et français protégés. Cependant Krupp, dont la moitié de la production était exportée, voyagea beaucoup dans les années 1830 à l'étranger comme représentant de commerce. Il devait exporter jusqu'aux deux tiers de sa production dans les trois décennies suivantes. La pénurie de main-d'œuvre qualifiée était un autre problème. Enfin, Krupp se plaignait toujours de ne pas trouver d'argent. La région n'était pas dépourvue de capitaux; au contraire, elle en regorgeait, à en juger par la croissance des dépôts des Caisses d'épargne : elle en exportait même en Rhénanie. Mais marchands et banquiers étaient peu disposés à investir dans des entreprises dont les chances de développement paraissaient limitées : le mode de financement restait donc de type ancien : les réseaux de parents et d'amis.

À la fin des années 1840, les chemins de fer allaient donner une impulsion à la région. Elle fut reliée en 1848-1849 au chemin de fer Cologne-Minden. Et, surtout, les commandes des compagnies arrivaient : Krupp fabriquait les roues et les essieux, Jacobi, Haniel et Huyssen les rails, Dinnendahl et Harkort les machines à vapeur. L'explosion de la Révolution industrielle se fit à partir de 1850, avec une première grande vague d'industrialisation dans la première moitié de la décennie. Les charbonnages se développèrent très vite avec l'aide de capitaux étrangers, belges et français dans le cas de la Phönix de Ruhrort fondée en 1852. L'Irlandais Mulvany ouvrit les puits Hibernia près de Gelsenkirchen et Shamrock près de Herne vers 1856-1857. Les puits se multiplièrent près d'Essen et de Bochum : le centre de gravité de l'industrie passait du sud au nord de la région. La production de charbon était de 400 000 tonnes en 1815, de 1,7 million de tonnes en 1850, de 5 millions en 1861, de 9 millions en 1865. Elle était acheminée, en grande partie, vers la Hollande par les ports de Ruhrort et de Duisburg qui grossirent très vite. La houille maigre de la Ruhr était une matière première de qualité pour la sidérurgie, car elle était aisément cokéifiable, alors que le minerai de fer, exploité à partir de 1850 autour de Dortmund, était médiocre et peu abondant. La sidérurgie lourde démarra très tardivement. Le premier haut fourneau au coke ne fonctionna vraiment, à Mülheim, qu'en 1851. Mais entre 1851 et 1857, vingt-quatre nouveaux hauts fourneaux furent mis à feu. La maison Krupp suivit cette croissance. Elle employait 700 ouvriers en 1855, 1 800 en 1860, 8 100 en 1865, date à laquelle elle fournissait la moitié de la production d'acier prussienne. Elle s'était spécialisée dans les bandages de roues de wagons et les canons. Déjà au Crystal Palace en 1851, elle avait exposé deux pièces qui avaient fait sensation : un canon d'acier coulé, et le plus gros bloc d'acier fondu au creuset d'une pièce (2,15 tonnes). À l'Exposition universelle de Paris de 1857, elle devait exposer un canon de 50 tonnes. L'investissement avait été considérable : vers 1865, les usines possédaient 400 fours et creusets, 280 tours, 160 machines à vapeur, 39 marteaux à vapeur dont les plus lourds du monde (50 tonnes). Dans les années 1860, la métallurgie de la Ruhr adopta les innovations les plus récentes : Krupp fut le premier à utiliser le convertisseur Bessemer en 1862, suivi en 1864 par le Hörder Verein et en 1865 par le Bochumer Verein. En 1869, Krupp installa des fours Siemens-Martin.

Désormais à la pointe de la technologie, l'industrie de la Ruhr innovait aussi par les structures de la production, en pratiquant une concentration horizontale et une intégration poussées. Les entreprises sidérurgiques intégraient vers l'amont, vers les mines et vers l'aval, vers la construction mécanique. La firme Jacobi, Haniel et Huyssen était un exemple précoce d'intégration totale. Vers 1865, elle employait 5 000 personnes dans six types d'établissements : les hauts fourneaux de la Gutehoffnungshütte; la fonderie d'Antonihütte; les laminoirs d'Oberhausen; la fabrique de machines de Sterkrade (anciennement Dinnendahl); les chantiers navals de Ruhrort; les mines de charbon de Concordia, de Zollverein et d'Oberhausen.

La dépression des années 1880 ne freina guère le développement. L'industrie de la Ruhr s'en protégea, à l'abri des tarifs douaniers, par une concentration accrue, une cartellisation et un effort d'exportation. Entre 1875 et 1880, Krupp exporta 84 % de sa production d'armes; de 1880 à 1883, il fournit de grosses livraisons aux chemins de fer américains.

Ensuite, la conjoncture intérieure se redressa, et le marché intérieur redevint plus porteur.

Cette industrialisation très rapide de la Ruhr, qui eut pour conséquences une urbanisation non moins rapide et un afflux de population venant du reste de l'Allemagne, nécessita aussi beaucoup de capital. D'après R. Tilly, plus de la moitié en fut fourni par la région : au premier chef par l'autofinancement, mais aussi par les crédits des négociants et fournisseurs, par les crédits à long terme des capitalistes et banquiers souvent apparentés aux industriels, et enfin, à partir des années 1860, par le marché financier d'Essen. Le reste fut fourni par les banquiers de Cologne et par les étrangers, dont la part dans les années 1850 put s'élever dans les mines à 15 %, avant de devenir insignifiante vers 1880. Ensuite, l'industrie de la Ruhr s'appuya sur un réseau bancaire à la naissance duquel elle avait contribué. La symbiose entre banque et industrie allait soutenir la continuation de la croissance lors de la forte reprise conjoncturelle de la fin du siècle.

Orientation bibliographique

Benaerts P., *Les origines de la grande industrie allemande. Essai sur l'histoire économique de la période du Zollverein (1834-1866)*, Paris, 1932.

Berdrow W., *Krupp d'après la correspondance privée et les archives de la maison Krupp*, trad. franç., Paris, 1928.

Fischer W., « Stadien und Typen der Industrialisierung in Deutschland », *in* Léon P., Crouzet F. et Gascon R. (éd.), *L'industrialisation en Europe au XIXe siècle*, Paris, 1972.

Kocka J., *Unternehmer in der deutschen Industrialisierung*, Göttingen, 1975.

Manchester W., *Les armes des Krupp*, trad. franç., Paris, 1970.

Thuillier G., « La métallurgie rhénane de 1800 à 1830 », *Annales ESC*, septembre-octobre 1961.

Tilly R., *Kapital, Staat und sozialer Protest in der deutschen Industrialisierung*, Göttingen, 1980.

Cf. Allemagne (Révolution industrielle en). Banque et industrialisation au milieu du XIXe siècle. Capital et Révolution industrielle. Crawshay (La famille) et la sidérurgie galloise. Creusot (Le) et Eugène Schneider (1805-1875). Dufaud Georges (1777-1852) et Fourchambault. Entrepreneurs. Entreprise industrielle au milieu du XIXe siècle (Formes juridiques de l'). Entreprise industrielle et concentration vers le milieu du XIXe siècle (Taille de l'). État et industrialisation en Prusse.

« Leading sectors »

Rostow a souligné que le décollage n'est pas une croissance de tous les secteurs à l'identique, sans changement de structure, mais qu'il repose sur l'application du progrès technique à certains secteurs étroits, qui par leurs effets induits directs ou indirects vers l'amont ou vers l'aval, entraînent l'ensemble de l'économie dans un processus multiplicateur. L'analyse s'appuie pour le cas britannique sur deux secteurs, l'industrie cotonnière et la construction des chemins de fer, dont les taux de croissance élevés concentrés sur deux courtes périodes auraient exercé un effet moteur pendant deux phases de la croissance globale. L'historiographie récente ne nie pas leur importance, mais réduit leur rôle moteur. Vers 1805, la valeur nette de la production cotonnière était d'environ 5 % du revenu national britannique; il ne faudrait donc pas, d'après P. Deane et W.A. Cole, surestimer les effets induits possibles, même s'ils sont par évidence importants au niveau du commerce extérieur puisque les deux tiers de la production cotonnière étaient alors exportés. Selon S.D. Chapman, le coton ne fut pas un *leading sector* pour toute l'économie, mais seulement pour le textile, la construction de machines et quelques autres secteurs. En Grande-Bretagne comme dans les autres pays, le chemin de fer a exercé, outre ses effets considérables mais peu mesurables sur la structure économique et l'environnement, une pression sur la sidérurgie, la construction de machines et l'industrie du bois. Mais en Grande-Bretagne, il s'agirait plutôt d'un « soutien » de la demande (B.R. Mitchell), alors qu'en France, l'effet d'entraînement aurait été plus marqué (F. Caron).

J. Marczewski a cherché à déterminer les industries motrices françaises à partir de deux critères, un taux de croissance de 20 % supérieur à la moyenne et un poids relatif minimal de 2 % de la production industrielle. Entre le XVIIIe siècle et le troisième quart du siècle suivant, de nombreux secteurs satisfont à ces deux exigences : le coton de 1786 à 1840, la soie de 1807 à 1850, le sucre de 1807 à 1830, puis de 1850 à 1870, le cuir de 1850 à 1860, le charbon de 1786 à 1870, les métaux à partir de 1830, la chimie à partir de 1860.

On peut estimer que le poids relatif de 2 % est insuffisant, mais en fait les deux critères sont discutables, car ils ne permettent pas de dégager la hiérarchie fonctionnelle des secteurs que le mot « moteur » implique. En partant des analyses classiques des effets de domination de F. Perroux, il serait sans doute plus clair au niveau des concepts de distinguer nettement, à côté des secteurs relativement autonomes par rapport aux autres, deux types bien distincts de secteurs stratégiques : les secteurs « moteurs » et les secteurs « base ». Le secteur « moteur » serait celui dont les variations de production auraient les conséquences les plus étendues sur les autres secteurs, et donc sur la variation du produit national. En revanche, les secteurs « base » n'auraient pas d'effet d'entraînement sur les autres secteurs, donc n'auraient pas de caractère moteur, mais subiraient au maximum la domination des autres : ils seraient capables non d'entraîner l'économie, mais seulement de la bloquer, ils seraient des agents permissifs et non des sources de la croissance. Ainsi les importations ou l'extraction de houille eurent sans doute un effet plus « base » que « moteur ». Cette approche conduit à l'étude des dépendances intersectorielles, dont l'outil classique d'analyse est le tableau d'échanges interindustriels de Leontief. Malgré sa grande difficulté d'application, cette technique permettrait sans doute de mieux aborder le problème des *leading sectors*.

Orientation bibliographique

Chapman S.D., *The Cotton Industry in the Industrial Revolution*, Londres, 1972.

Leontief W., *La structure de l'économie américaine (1919-1939), une application de l'analyse empirique de l'équilibre*, Paris, 1958.

Marczewski J., « Le produit physique de l'économie française de 1789 à 1913. Histoire quantitative de l'économie française », *Cahiers de l'ISEA*, n° 163, juillet, 1965.

Rostow W.W., *The Economics of Take-off into sustained Growth*, Londres, 1963.

Verley P., « Secteurs forts et secteurs faibles dans l'économie française des années 1860 : une simulation économétrique », *in* Fridenson P. et Straus A., *Le Capitalisme français, 19e-20e siècle. Blocages et dynamismes d'une croissance*, Paris, Fayard, 1987.

Cf. Chemins de fer et croissance économique. Régions et désindustrialisation. Rostow et les étapes de la croissance.

« Lunar society of Birmingham »

La *Lunar Society* fut une de ces très nombreuses sociétés scientifiques provinciales qui fleurirent dans la Grande-Bretagne de la seconde moitié du XVIIIe siècle. Les plus actives, situées dans les régions industrielles du Nord et des Midlands, mettaient en contacts industriels, hommes de science et esprits éclairés. La *Lunar Society* est exemplaire par la célébrité de ses principaux membres et par l'ampleur de ses préoccupations, toutes orientées vers la résolution des problèmes techniques et l'industrie. R. Schofield la qualifie de « *informal technological research organization* ». Elle ne se réunissait en effet que rarement, mais son activité résultait des contacts continuels et de la correspondance suivie entre ses membres.

Vers 1760 se rencontrèrent deux admirateurs de Benjamin Franklin, l'industriel Matthew Boulton (1728-1809), maître de forges, et le physicien et poète Erasmus Darwin. Ils allaient regrouper autour d'eux d'autres esprits de grande valeur, comme le savant Joseph Priestley (1733-1804), chimiste et féru d'électricité, l'industriel céramiste Josiah Wedgwood (1730-1804), le chimiste et géologue James Keir et l'inventeur et ingénieur James Watt (1736-1819).

Avant l'arrivée de Watt vers 1767, Darwin et Boulton avaient déjà travaillé sur la machine à vapeur. Boulton s'était essayé à en construire une. L'invention par Watt du condenseur séparé allait poser des problèmes de technique sidérurgique pour la réalisation de certaines pièces. En relation avec Priestley et l'universitaire William Small, physicien et métallurgiste, Boulton et Keir essayèrent de nouveaux minerais et de nouveaux alliages. La technologie des hautes températures et de leur mesure constituait un autre centre d'intérêt, faisant converger les préoccupations de Boulton, qui fabriquait des thermomètres, de Watt qui travaillait sur la machine à vapeur et avait une part dans une usine de céramique, et évidemment de Wedgwood, qui avait déjà mis au point des pyromètres pour ses usines. L'étude des minerais de fer faisait collaborer le géologue

Whitehurst, Boulton, et le chimiste Keir, qui dirigeait alors une verrerie, avant d'aller fonder de grandes usines chimiques à Tipton.

L'exemple de la *Lunar Society* montre des industriels qui cherchaient à résoudre leurs problèmes techniques en collaborant avec des scientifiques, mais aussi en aidant matériellement et financièrement au développement de la science. L'association entre Watt et Boulton était avantageuse pécuniairement pour les deux hommes. Mais de manière moins directement intéressée, Boulton, Wedgwood et Watt finançaient aussi en partie les recherches de Thomas Beddoes sur les utilisations médicales des gaz. C'était déjà là l'amorce d'un fructueux dialogue entre savants et industriels qui devait s'amplifier dans la seconde moitié du XIXe siècle.

Orientation bibliographique

Schofield R.E., *The Lunar Society of Birmingham : A Social History of Provincial Science in the Industrial Revolution*, Oxford, 1963.
—, *The Industrial Orientation of Science in the Lunar Society of Birmingham*. Repris *in* Musson A.E., *Science, Technology and Economic Growth in the Eighteenth Century*, Londres, 1972.

Cf. Machine à vapeur. Science et technologie.

Machine à vapeur

À la fin du XVIIe siècle, du fait de la demande croissante de charbon, on fut amené à effectuer des forages plus profonds qui traversaient des couches où l'eau ruisselait : la mine était inondée. Le pompage exigeait une source d'énergie mécanique autre que le moulin à eau, car les mines n'étaient pas au bord des rivières. Les savants avaient déjà fait des recherches sur la pression atmosphérique et l'utilisation de la vapeur. Papin, qui avait travaillé avec Huygens, et Thomas Savery essayèrent d'employer la différence de pression à élever l'eau. Savery déposa en 1698 son brevet de machine atmosphérique; mais ses faibles performances la rendait impropre au pompage de l'eau dans les mines. Le forgeron Thomas Newcomen avait commencé en même temps des recherches sur une machine qui ne fonctionnait pas par aspiration comme celle de Savery, mais comportait un piston qui actionnait un balancier. L'injection d'eau froide dans le piston accélérait la condensation et augmentait la vitesse de fonctionnement. Le premier modèle fut construit vers 1710-1712. Le mécanicien Beighton mit rapidement au point un système de commande automatique des soupapes. Le succès de la machine fut incontestable : il en fonctionnait une centaine en Grande-Bretagne au milieu du siècle. Les progrès de la métallurgie permirent de l'améliorer et d'abaisser son coût de fabrication. La déperdition de chaleur était énorme, car la condensation de la vapeur se produisait à l'intérieur du cylindre, qui se refroidissait à chaque coup.

James Watt (1736-1819), fabricant d'instruments de précision, eut à réparer une machine de démonstration pour l'université de Glasgow. Il était au courant des travaux du professeur Black sur la chaleur latente. Il comprit la source de la perte de chaleur et construisit aussitôt un modèle expérimental avec un condenseur séparé du cylindre. En 1769, il déposa un brevet. Il avait commencé à en étudier l'application industrielle avec Roebuck aux forges de Carron, puis s'installa à Birmingham et s'associa au maître de forges Matthew Boulton, qui mit à sa disposition des mécaniciens expérimentés et de gros moyens financiers. Birmingham était le lieu de fructueux échanges de vue entre savants et industriels au sein de la *Lunar Society*. Les premières machines produites furent installées aux mines de Bloomfield et à la soufflerie des hauts fourneaux du maître de forges Wilkinson en 1776. Watt ne cessa d'améliorer sa machine. En faisant travailler la vapeur alternativement sur les deux faces du piston, il inventa le principe de la machine à double effet, qui était indispensable pour réaliser ce sur quoi il faisait des recherches, à savoir la transformation du mouvement alternatif en mouvement circulaire. Avant 1800, date d'expiration de leur brevet, Watt et Boulton avaient produit environ 500 machines. Désormais, comme le brevet était dans le domaine public, d'autres constructeurs purent entrer dans la compétition et tenter des améliorations. Les principes de fonctionnement de la machine de Watt ne furent plus remis en cause, mais des perfectionnements en accrurent considérablement la puissance, comme l'utilisation de la haute pression par Trevithick, et la double expansion de la machine compound d'Arthur Woolf (brevet de 1803). Les progrès de l'usinage des pièces, l'amélioration des systèmes de distribution, la suppression du balancier au profit d'un entraînement direct de l'arbre de force, la disposition horizontale des cylindres furent autant de progrès qui donnèrent à la machine à vapeur du milieu du siècle ses caractéristiques définitives.

L'idée d'appliquer la machine à vapeur à la propulsion des bateaux était ancienne. Papin y avait songé, mais ne l'avait pas réalisée. Les premières tentatives, celles de l'Américain Henry et du Français d'Auxiron, furent des échecs. Claude Jouffroy d'Abbans parvint en juillet 1783 à faire naviguer sur la Saône un bateau de quarante-cinq mètres, mais ne put continuer ses essais, faute de capitaux. L'Américain Robert Fulton, émigré en France en 1796, s'essaya à réaliser un bateau à vapeur qu'il fit naviguer avec succès en 1803. Puis il repartit pour New York où on lui proposait de financer ses expériences. Dès 1807, le *Clermont* allait assurer un service régulier sur l'Hudson. Le principe était commercialement admis, il libérait la navigation de la sujétion par rapport aux vents. D'autres navires allaient suivre, plus grands et plus puissants, mus par une machine à vapeur accouplée à des roues à aubes. Le *Savannah* fut le premier navire mixte, à voiles et à vapeur, à traverser l'Atlantique, en 1819. En 1837, le *Great Western* de soixante et onze mètres de long, dessiné par l'ingénieur Isambard Kingdom Brunel, commença à assurer un service régulier transatlantique entièrement à la vapeur. Le remplacement des roues à aubes, très fragiles, par l'hélice, inventée par Frédéric Sauvage (brevet de 1822), offrait de nouvelles possibilités. En 1859, Brunel lançait un navire géant, de deux cent onze mètres de long, un chef-d'œuvre de la technique de son époque, le *Great Eastern* ; trop grand, ou trop en avance pour les besoins de son temps, il ne fut pas un succès commercial.

Les inventeurs cherchèrent aussi très tôt à adapter la machine à vapeur aux véhicules routiers. Le fardier de Cugnot ne fut jamais expérimenté, faute de crédits. La voiture de Trevithick (1802), lourde et sans suspension, ne pouvait convenir aux routes de l'époque. La solution au problème des transports terrestres était la combinaison des rails, déjà utilisés couramment dans les mines, et de la machine à vapeur. D'abord en bois, puis en fonte, les rails diminuaient les frottements et permettaient aux chevaux de tirer de lourds wagonnets chargés de charbon. Les voies ferrées se multiplièrent. En 1804, Trevithick fit les premiers essais de locomotive à vapeur. La difficulté était d'éviter le patinage des roues sur les rails. Des locomotives à crémaillère furent expérimentées. Le chef mécanicien des mines de Killingworth, Stephenson, eut l'idée d'accoupler les essieux, d'abord par chaînes, puis par bielles dans son modèle *Blücher* de 1815. Nommé ingénieur en chef du chemin de fer de Stockton à Darlington (12 miles) en 1822, sur lequel circulaient des voitures tirées par des chevaux, chargées de voyageurs et de marchandises, il put améliorer ses machines. Lorsqu'il fut question d'établir une voie ferrée entre Manchester et Liverpool, pour faciliter le trafic intense qui reliait les deux villes, les promoteurs firent appel à Stephenson. La voie terminée en 1829, il restait à choisir le mode de traction : machines à treuil fixes, ou locomotives. Un concours fut organisé à Rainhill pour sélectionner la meilleure locomotive. La *Rockett*, construite par le fils de Stephenson, fut la seule à satisfaire à toutes les conditions imposées. Elle innovait par sa chaudière tubulaire qui donnait une plus grande surface de chauffe : le principe allait s'en imposer pour un siècle. Entre 1830 et 1845, les améliorations furent nombreuses : allongement de la chaudière pour augmenter encore la surface de chauffe, addition d'un troisième essieu pour stabiliser la machine, report de l'essieu moteur à l'arrière pour pouvoir l'équiper de grandes roues, qui augmentaient la vitesse. En 1848, l'Anglais Crampton faisait construire à Paris chez Derosne et Cail une locomotive munie de tous ces perfectionnements. Puissant (400 ch) et rapide, ce modèle « classique » allait être utilisé sur le réseau français jusqu'à 1890.

La locomotive a été l'aboutissement et le symbole de la technique de la Révolution industrielle. La construction des réseaux ferroviaires a transformé les économies et les sociétés. Exigeant d'immenses capitaux, elle obligea les structures bancaires et sociétaires à s'adapter. Elle permit le transport rapide des hommes et des marchandises. Elle créa un nouveau paysage. Il n'est pas étonnant que les romanciers contemporains aient fait entrer la locomotive dans la mythologie du monde nouveau.

Orientation bibliographique

Daumas M. (éd.), *Histoire générale des techniques*, vol. III, Paris, 1968.

Payen J., *Capital et machine à vapeur au XVIIIe siècle*, Paris, 1969.

—, *Technologie de l'énergie vapeur en France dans la première moitié du XIXe siècle*, Paris, 1977.

Tunzelmann G.N. von, *Steam Power and British Industrialization to 1860*, Oxford, 1978.

Cf. Chemins de fer et croissance économique. Révolution des transports au XIXe siècle.

Machinisme et machines-outils

Il existait des machines bien avant la Révolution industrielle : martinets, laminoirs, tours, nombreuses machines d'horlogerie... Mais ce ne fut qu'à partir de la fin du XVIIIe siècle que quelques pays entrèrent dans l'ère du machinisme, de la machine au cœur du processus de développement économique. Ce saut qualitatif résulta des progrès de trois secteurs interdépendants : la sidérurgie, la machine à vapeur et la machine-outil. Les progrès de chacun dépendaient des réponses que les deux autres pouvaient faire à ses besoins. Pour rendre les machines plus efficaces, il était indispensable de changer le matériau et la forme d'énergie mis en œuvre. Le bois était peu résistant et ne pouvait assurer la précision de fonctionnement des pièces mobiles. Il fallait le remplacer par le métal. Mais avant les innovations du XVIIIe siècle, et en particulier le procédé de fabrication de l'acier au creuset, les forges produisaient des métaux de qualité médiocre, souvent cassants. Le moulin à eau était un deuxième facteur de stagnation, car il fournissait une énergie non transportable et assujettissait l'industrie à des localisations contraignantes et dispersées. La machine de Watt, beaucoup plus souple, allait offrir des possibilités plus étendues. La construction de machines était donc en attente des progrès de la sidérurgie et de la machine à vapeur. Mais réciproquement, ces deux derniers secteurs allaient exiger, pour se développer, une amélioration des machines-outils, qui, dans le nouveau système technique, allaient occuper une place centrale, puisque la mécanisation de toute l'industrie, puis de l'agriculture, devait reposer sur elles. Au cœur de l'expansion du machinisme, il y a évidemment les machines qui servent à fabriquer d'autres machines.

Il est significatif que, si les premiers tours modernes furent français — celui de Vaucanson (1751) et le tour à fileter de Sénot (1795) —, le développement ultérieur des machines-outils fut le fait d'ingénieurs anglais, car il était lié aux exigences de construction de la machine à vapeur. L'aléseuse de Wilkinson (1775) fut conçue pour la machine de Watt : sans elle, il aurait été impossible d'assurer l'étanchéité entre le piston et le cylindre. Elle allait être utilisée pendant vingt ans à cet usage.

Mais ce ne fut qu'après 1800 que se développa en Grande-Bretagne une industrie spécialisée de la machine-outil. En un demi-siècle, les principales machines allaient être inventées et améliorées : plus de rigidité, plus d'automatisme, plus de précision, plus de puissance. La première fabrique fut celle de Maudslay, qui construisit un tour à fileter et forma dans ses ateliers une deuxième génération d'ingénieurs, qui succéda à celle des pionniers : et ainsi les Clement, Roberts, Nasmyth, inventeurs de machines à raboter et à aléser, et surtout Whitworth, qui laissa son nom au filetage normalisé qui s'imposa après 1860. À l'Exposition universelle de Londres de 1851, la supériorité britannique dans le domaine de la machine-outil était évidente. Sur le continent, il n'y avait pas d'industrie spécialisée de la machine-outil, mais des constructeurs, comme Schneider, Gouin, Cockerill, Harkort ou Borsig, qui fabriquaient toutes sortes de machines, de la locomotive au tour, individualisées selon les désirs du client. Dans les années 1850, les Anglais étaient pourtant en train de perdre leur suprématie, au profit des Américains. Ainsi en 1855, le gouvernement britannique fit appel à Pratt & Whitney pour équiper en machines le nouvel arsenal d'Enfield. Car, dès le début du XIXe siècle, les fabricants d'armes américains, dont Whitney, avaient saisi l'importance de l'interchangeabilité des pièces. Cette rationalisation de la production, plus précoce aux États-Unis, s'expliquait sans doute par l'ampleur du marché intérieur et par la rapidité de son développement, ce qui rendait obsolète l'ajustage traditionnel de chaque pièce à la lime. Cette innovation annonçait les évolutions de la seconde moitié du siècle : la percée technologique et industrielle américaine, la rationalisation du travail, le travail à la chaîne.

Orientation bibliographique

Daumas M. (éd.), *Histoire générale des Techniques*, vol. III, Paris, 1968.
Landes D.S., *L'Europe technicienne*, Paris, 1975.

Cf. Fer, fonte et acier. Machine à vapeur. États-Unis (La Révolution industrielle aux).

MANUFACTURE

Ce terme présente une ambiguïté parce qu'il a une définition fonctionnelle, c'est-à-dire économique, et une définition juridique. Économiquement, la manufacture se distingue du *factory system* (machinofacture ou grande industrie) en ce qu'elle n'emploie pas de machines complexes, mais juxtapose en un même établissement des travailleurs qui travaillent à la main.

« L'accumulation et la concentration d'instruments et de travailleurs précéda le développement de la division du travail dans l'intérieur de l'atelier. Une manufacture consistait beaucoup plus dans la réunion de beaucoup de travailleurs et de métiers dans un seul endroit, dans une salle sous le commandement d'un capital, que dans l'analyse des travaux et dans l'adaptation d'un ouvrier spécial à une tâche très simple » (Marx). La manufacture ne suppose donc pas une technique plus élaborée que celle de l'artisanat, mais elle implique séparation entre capital et travail et réunion en un même lieu des travailleurs. Marx en distingue deux formes selon le type de division du travail. La première n'est qu'une addition de métiers indépendants qui pourraient aussi s'exercer dans des lieux différents. La seconde, en revanche, est une coopération immédiate d'ouvriers exerçant chacun un travail parcellaire. Il prend l'exemple de la verrerie où l'un prépare le mélange, l'autre le fond, le troisième le souffle. Il y a là une véritable division du travail, il ne manque que le machinisme pour que ce soit de la grande industrie. La tendance constante à la concentration au XVIIIe siècle a ainsi abouti à développer de grands ateliers, comme ceux de Roger, qui employait à la fin du siècle 300 ouvriers dans sa manufacture de toiles peintes de Darnétal près de Rouen.

Au sens juridique, une manufacture était à l'époque moderne une entreprise privilégiée, c'est-à-dire suscitée par l'initiative royale et reconnue par elle, soumise non pas aux règlements corporatifs qui, en particulier dans le textile, fixaient le nombre maximal de métiers par atelier, mais au contrôle des inspecteurs des manufactures. Elle jouissait, du moins dans ses débuts, d'avantages fiscaux et parfois de commandes gouvernementales. Le titre de manufacture royale était honorifique, mais avait une valeur publicitaire certaine. Les Gobelins ou la manufacture de glaces du faubourg Saint-Antoine étaient des établissements d'État fondés par Colbert dans le dessein très mercantiliste d'éviter l'importation de produits étrangers coûteux. Depuis l'édit de 1572, les manufactures d'armement avaient le même caractère étatique pour d'évidentes raisons de sécurité. Mais des entreprises privées pouvaient être reconnues « manufactures » et jouir de certains privilèges. Les manufactures « privilégiées » bénéficiaient d'un relatif monopole de fabrication, qu'il ne faudrait cependant pas exagérer, par rapport aux manufactures « ordinaires ». Cette désignation juridique n'impliquait en rien la concentration de la main-d'œuvre. Ainsi, la fabrique d'étoffes de soie lyonnaise était manufacture privilégiée depuis le XVIe siècle bien que totalement dispersée.

Dans la plupart des manufactures, une partie des activités avait lieu dans les ateliers urbains et l'autre était confiée à la main-d'œuvre rurale. La célèbre manufacture textile de Van Robais à Abbeville faisait travailler 1 800 ouvriers en atelier et 10 000 à domicile dans les campagnes proches. Une division du travail s'effectuait entre ville et campagne; l'une conservait les activités les plus délicates et les plus rémunératrices (tissage de la soie à Lyon, assemblage des montres à Genève); l'autre exécutait les travaux les moins qualifiés (moulinage de la soie ou pièces détachées d'horlogerie). Dans le textile, les finitions, apprêts et teintures, s'effectuaient toujours dans les ateliers urbains. La manufacture Poupart de Neuflize à Sedan employait à la veille de la Révolution 14 000 ouvriers dans quatre zones concentriques : la cité (dégraissage des laines, ourdissage des chaînes, finitions), les faubourgs sur un rayon d'un kilomètre (foulerie et tissage), la campagne proche jusqu'à six kilomètres (tissage) et enfin, dans un rayon de quarante kilomètres, la filature. Ces manufactures étaient en dure concurrence avec la production non manufacturière, car elles ne représentaient pas un progrès économique décisif. La concentration permettait une surveillance totale des travailleurs, avec une discipline militaire, ainsi qu'une pression plus forte sur les salaires, mais les techniques et la productivité étaient les mêmes que celles des petits ateliers.

Il y avait cependant des manufactures de sidérurgie, de glaces et de mines qui étaient une transition vers la grande industrie. Elles regroupaient dès le début du XVIIIe siècle d'importants effectifs de travailleurs avec une division fine du travail et un gros capital. Elles avaient recours à des formes d'organisation sociétaires, bien que la législation fût en ce domaine assez imprécise. Saint-Gobain employait 1 500 ouvriers au début du siècle, la Compagnie d'Anzin 1 000 en 1756. Mais c'étaient là des exceptions, car même dans ces secteurs, la petite entreprise dominait.

En Angleterre, l'existence de manufactures n'a été que très exceptionnelle, sauf dans l'industrie de la soie. L'industrie y était résolument rurale. Les seuls secteurs très concentrés étaient, au début du XVIIIe siècle, la sidérurgie et la brasserie londonienne. Il faut cependant rapprocher des manufactures les *workhouses*, ateliers-hospices-prisons, où, en vertu des *Poor Laws*, on obligeait les pauvres à travailler. On les payait le strict minimum pour leur apprendre les « vertus » du travail et les « méfaits » de la paresse. À Londres, on y faisait travailler gratuitement les enfants abandonnés. Cette organisation carcérale, qui fut une des tentations du XVIIe siècle européen, et à laquelle les classes populaires anglaises identifiaient avec répulsion la manufacture et plus tard l'usine, n'est peut-être pas sans expliquer la dispersion industrielle. Le travailleur à domicile était pratiquement aussi exploité, mais il avait l'impression d'être indépendant.

Dans les pays allemands, faute d'initiatives privées, les princes mercantilistes et éclairés fondèrent des manufactures. Mais la plupart disparurent dès que la protection officielle ne les soutint plus. En

1800, la production des manufactures ne représentait que 7 % de la production totale, contre 50 % à l'artisanat et 43 % au travail à domicile.

Orientation bibliographique

Chassagne S., *Le coton et ses patrons, France (1760-1840)*, Paris, EHESS, 1991.

Deyon P., « La concurrence internationale des manufactures lainières aux XVIe et XVIIe siècles », *Annales ESC*, janvier-février 1972.

Marx K., *Le Capital*, Paris, Gallimard, Bibliothèque de la Pléiade.

Cf. Artisanat urbain préindustriel. Préindustrialisation et proto-industrialisation. Proto-industrialisation et Révolution industrielle.

MARTIN, ÉMILE *(1794-1871)* : MAÎTRE DE FORGES ET INVENTEUR

Par sa carrière, ses appuis familiaux et financiers, son attitude devant l'innovation et la Grande-Bretagne, sa réussite sociale, son paternalisme vis-à-vis de ses ouvriers, Émile Martin fut, comme G. Dufaud et E. Schneider, caractéristique du grand patronat sidérurgique des deux premiers tiers du XIXe siècle, de l'ère des « fondateurs ». Son père était ingénieur des ponts et chaussées; il entra à Polytechnique en 1812, puis à l'école d'artillerie de Metz. Dans la tradition du XVIIIe siècle, il allait passer de l'artillerie à la sidérurgie. Il épousa la fille de Dufaud, un ami de son père, et vint travailler à Fourchambault. Pour fournir à la forge les machines et les pièces nécessaires, il monta en 1824 une fonderie au capital de 60 000 francs, commandité par les Boigues, des marchands de fer parisiens déjà très engagés dans la sidérurgie nivernaise — ils soutenaient financièrement Fourchambault, et devaient plus tard s'allier à

Adolphe Schneider et financer le Creusot avec les Seillière. Martin parvint vite à fabriquer des fontes moulées d'une qualité comparable aux meilleurs produits anglais. En 1828, il fit le voyage en Angleterre, d'usage chez les maîtres de forges : il y étudia les chemins de fer et décida de se lancer dans la construction de machines à vapeur. Mais il fallait de l'argent. Les Boigues n'étaient pas désireux d'apporter des capitaux ou d'élargir la commandite, d'autant plus que les années 1829-1833, mauvaises pour les affaires, n'y encourageaient pas. Manquant de fonds de roulement, il accepta en 1833 de construire et de diriger une fonderie à Alais pour le compte du maréchal Soult : cela ne pouvait que mécontenter les Boigues, puisque Alais et Fourchambault devenaient concurrents. La Société Émile Martin fut dissoute ; mais à la mort de Louis Boigues, en 1838, les héritiers décidèrent de la proroger en augmentant fortement le capital.

Jusqu'alors la fonderie Martin avait surtout travaillé pour la marine et fabriqué des ponts métalliques, domaine où elle avait acquis une compétence indiscutée. La construction des chemins de fer ouvrit une ère nouvelle : les commandes affluèrent, par exemple du matériel d'équipement et des ponts pour le Paris-Saint-Germain (1835-1837). Martin, qui gravitait désormais, comme Schneider, dans l'orbite du groupe Talabot, entra dès 1845 au conseil d'administration du Paris-Lyon. À la reprise des travaux ferroviaires après 1852, la fonderie exécuta des viaducs et des ponts métalliques en France, puis à l'étranger, au fur et à mesure de l'expansion du groupe financier auquel elle était alliée. Comme les Boigues s'étaient associés au groupe Rambourg, de

Commentry, Martin eut peur de perdre son indépendance et racheta une tréfilerie à Sireuil (Charente), où il fit de gros investissements et établit son fils, Pierre Émile, ingénieur des Mines. Malgré sa fortune, il dut chercher des capitaux extérieurs et s'associa avec Mirès (1858), pendant que la Société Émile Martin de Fourchambault était mise en liquidation.

À Sireuil, il reprit avec son fils les expériences qu'il avait commencées dès 1830, sur la fabrication de l'acier par réduction. La demande en était grande, pour les rails, les bandages de roues. Seuls quelques établissements français savaient fabriquer de l'acier, mais en petites quantités. L'Anglais Bessemer inventa le convertisseur en 1858, qui produisait de l'acier bon marché, mais avait certains défauts. En 1862, Martin traita avec Siemens, qui avait mis au point un four à gazogène (1858), lequel, à l'essai, s'était révélé impropre à la fabrication de l'acier. En travaillant sur ce four, les Martin apportèrent des modifications et réussirent leur première coulée d'acier en 1864. La production crût rapidement : 100 tonnes par jour en 1866. Le brevet fut contesté et donna lieu à procès, mais les plus grandes entreprises achetèrent la licence : Alais, Firminy, Terrenoire... À la mort d'Émile, la Société des aciers Martin fut reprise par son fils, grand technicien, mais homme d'affaires médiocre. Malgré l'appui de la banque Hentsch, qui devait participer à la fondation de Paribas en 1872, elle manqua de capital et fut mise en liquidation en 1883. Sans doute s'était-elle trouvée en marge du grand mouvement de concentration qui était en train de partager l'activité sidérurgique entre quelques grands groupes.

Orientation bibliographique

Thuillier A., *Économie et société nivernaise au début du XIXe siècle* Paris, 1974.

Cf. Creusot (Le) et Eugène Schneider (1805-1875). Dufaud, Georges (1777-1852) et Fourchambault.

Marx et la Révolution industrielle

Le Capital cherchait à dégager les lois de fonctionnement du mode de production capitaliste, et en particulier de sa dernière phase, le capitalisme industriel. Marx était donc amené à en analyser la genèse à partir de l'exemple anglais, le seul à avoir atteint la maturité lorsqu'il écrivait. Dans l'élaboration d'une théorie économique, il faisait simultanément œuvre d'historien en s'appuyant sur une documentation considérable. À partir du *Capital* on peut essayer de tracer un modèle explicatif de la Révolution industrielle.

Le capitalisme industriel se nourrit de lui-même; il a sa dynamique de croissance, ponctuée par des crises, qui crée les conditions de son développement : toujours plus de capital et toujours plus de travailleurs disponibles. Marx concevait la croissance industrielle par ce que l'on appelle aujourd'hui l'autofinancement : « Si au lieu d'être dépensée, la plus-value est avancée et employée comme capital, un nouveau capital se forme et va se joindre à l'ancien. On accumule donc en capitalisant la plus-value. » La première génération d'entrepreneurs a restreint sa consommation pour forcer l'accumulation : « À l'origine de la production capitaliste, et cette phase historique se renouvelle dans la vie privée de tout industriel parvenu, l'avarice et l'envie de s'enrichir l'emportent exclusivement. » Puis l'ampleur de la plus-value permet de concilier la formation de capital et une consommation plus ostentatoire. De même, la dynamique du capitalisme industriel fournit de manière croissante « la matière humaine, toujours exploitable et toujours disponible ». « La population productive croît toujours en raison plus rapide que le besoin que le capital peut en avoir. » Car, en créant de la plus-value, le travail permet, par une reproduction sans cesse élargie, et au travers des accidents du cycle industriel, une extension toujours plus grande du capital constant, plus rapide que celle du capital variable : la part proportionnelle de ce dernier diminue. Une surpopulation relative s'ensuit, dans laquelle l'industrie peut puiser. Cette surpopulation a quatre sources principales. Tout d'abord la très grande proportion de la demande de travail pour les femmes et les enfants crée un sous-emploi masculin adulte chronique. Puis, dans l'agriculture, l'accroissement du capital constant a pour conséquence une réduction absolue du capital variable nécessaire. Enfin, l'industrie domestique et le paupérisme sont des réservoirs inépuisables de travail disponible. La croissance résulte de la combinaison de la « loi de l'accumulation » et de la « loi de la population qui distingue l'époque capitaliste ». « Si l'accumulation, le progrès de la richesse sur la base capitaliste produit donc nécessairement une surpopulation ouvrière, celle-ci devient à son tour le levier le plus puissant de l'accumulation, une condition d'existence de la production capitaliste dans son état de développement intégral. » Le capitalisme industriel possède donc ses propres mécanismes cumulatifs de croissance, mais sa naissance présuppose une accumulation primitive et des travailleurs libres qui viennent vendre sur le marché leur force de travail.

Le Moyen Âge a fait naître le capital usuraire et le capital commercial, qui se sont formés à partir du surproduit agricole dans la mesure où l'accumulation des classes possédantes ne se réalisait plus uniquement sous forme de valeurs d'usage du fait du passage de la rente en nature à la rente en argent. Mais l'accumulation primitive change ensuite d'intensité : « La circulation des marchandises est le point de départ du capital. Il n'apparaît que là où la production marchande et le commerce ont déjà atteint un certain degré de développement. L'histoire moderne du capital date de la création du commerce et du marché des deux mondes au XVIe siècle. » L'accumulation primitive a été fondée sur le pillage et le vol. « Au fond du système capitaliste, il y a donc la séparation radicale du producteur d'avec les moyens de production [...]. Pour qu'il vienne au monde, il faut donc que partiellement au moins, les moyens de production aient été arrachés sans phrase aux producteurs qui les employaient à réaliser leur propre travail. » L'exploitation coloniale est la principale source de l'accumulation primitive. Elle a en outre donné un débouché, réservé par le régime de l'Exclusif, aux manufactures naissantes. Puis les intermédiaires financiers permettent de faire circuler ce capital. « Régime colonial, dettes publiques, exactions fiscales, protection industrielle, guerres commerciales... tous ces rejetons de la période manufacturière proprement dite prennent un développement gigantesque pendant la première jeunesse de la grande industrie. »

Ce mouvement d'expropriation s'opère aussi en

Angleterre, où il permet à la fois l'accumulation du capital et la formation de prolétaires. « Les travailleurs ne sont devenus vendeurs d'eux-mêmes qu'après avoir été dépouillés de tous leurs moyens de production et de toutes les garanties d'existence offertes par l'ancien ordre des choses. » « La base de toute cette évolution, c'est l'expropriation des cultivateurs. Elle ne s'est encore accomplie de manière radicale qu'en Angleterre. » Le mouvement des enclosures, spoliation ratifiée par la loi selon Marx, fait disparaître la *yeomanry*. « La spoliation des biens d'Église, l'aliénation frauduleuse des domaines de l'État, le pillage des terrains communaux, la transformation usurpatrice et terroriste de la propriété féodale ou même patriarcale en propriété moderne privée, voilà les procédés idylliques de l'accumulation primitive. Ils ont conquis la terre à l'agriculture capitaliste, incorporé le sol au capital et livré à l'industrie des villes les bras dociles d'un prolétariat sans feu ni lieu. » Le prolétariat naît donc objectivement avec la grande industrie : c'est une masse de vagabonds que les lois sur les pauvres rompent « à une discipline qu'exige le système du salariat ». En outre, l'expropriation des paysans anéantit l'industrie domestique et crée un marché intérieur pour la manufacture, puisque l'exproprié doit désormais acheter ce qu'il fabriquait avant.

Les conditions sont remplies pour le développement de la manufacture. « Un nombre assez considérable d'ouvriers sous les ordres du même capital, tel est le point de départ naturel de la manufacture. » Au début la différence avec la production antérieure n'est que quantitative, mais la manufacture évolue vers des formes plus complexes de division du travail. La Révolution industrielle est la conjonction, à un moment précis, de l'organisation de la manufacture avec sa main-d'œuvre déjà parcellaire, et de la machine, dont l'usage croissant est rendu possible par l'accumulation primitive de capital. « La machine, point de départ de la Révolution industrielle, remplace donc le travailleur qui manie un outil par un mécanisme qui opère à la fois avec plusieurs outils semblables et reçoit son impulsion d'une force unique quelle qu'en soit la forme. » Le machinisme nourrit ensuite son propre développement et celui du capitalisme industriel : machines toujours plus grosses, capital toujours plus important, durée du travail plus longue, travail plus intense, emploi accru des femmes et des enfants dont le capitaliste peut payer la force de travail moins cher, chômage technologique qui vient renforcer « l'armée de réserve industrielle ».

Orientation bibliographique

Marx K., *Le Capital*, Paris, Gallimard, Bibliothèque de la Pléiade.

Cf. Agriculture et Révolution industrielle. Capital et Révolution industrielle. Commerce maritime au XVIIIe siècle. Démographie et Révolution industrielle. Enclosures. Machinisme et machines-outils. Manufacture. Niveaux et conditions de vie des classes populaires urbaines durant la Révolution industrielle.

Modèles sociologiques de l'industrialisation

Les facteurs de la croissance ne sont pas tous économiques. Rostow considère comme un préalable l'existence d'une classe d'entrepreneurs, désireuse d'appliquer des techniques nouvelles et disposée à courir le risque de l'industrialisation. En résumé, il aurait fallu qu'il y eût des industriels avant l'industrie. Les études sur la proto-industrialisation, qui montrent la naissance d'entrepreneurs au sens moderne à partir des marchands-manufacturiers, permettraient d'éluder cette apparente contradiction. La Révolution industrielle ne peut exclusivement s'analyser en termes de prix des facteurs, de volume du capital, de taux d'accroissement des différents agrégats, etc. Les aspects sociologiques et idéologiques méritent mieux que d'être traités comme la variable aléatoire d'une fonction de production.

Selon son degré de fluidité ou de fermeture, selon ses hiérarchies et ses idéaux, une société est plus ou moins propice au bouleversement qu'est l'industrialisation. La sociologie américaine a largement développé le thème des motivations de l'entrepreneur en relation avec son environnement.

Raymond Aron a proposé une analyse du même type. « La difficulté de déterminer les causes de la croissance tient avant tout à ce que la croissance se mesure, qu'elle est une quantité, mais les phénomènes qui la déterminent sont essentiellement qualitatifs. Ce qui change, ce sont les hommes, leur manière de penser, leur manière de travailler. Le phénomène réel est le changement social, dont les chiffres sont l'expression. » « La croissance, me semble-t-il, dépend essentiellement d'*une attitude des sujets économiques.* » Et cette attitude a trois aspects, que l'on peut résumer avec l'expression « rationalité économique moderne » : l'« esprit de science et de technique », l'« esprit de calcul économique » et le « goût de la progression, du changement, de l'innovation ».

Cette attitude est conditionnée par cinq facteurs. Le cadre institutionnel en est le premier : une « administration et une justice relativement rationnelles, prévisibles » sont indispensables à toute prévision, à tout calcul économique.

Vient ensuite l'incitation économique à la production, c'est-à-dire une liaison entre travail et rétribution. « Il faut que le producteur, l'entrepreneur, ou travailleur ait le sentiment qu'une augmentation de son effort, une augmentation de la production, se traduira par une amélioration de son sort. »

Puis, le capital disponible, qui s'explique certes par des raisons économiques, est indispensable. Mais « la psychologie des individus et des groupes exerce aussi une influence quant à l'effet des mouvements de population sur le montant des capitaux disponibles ou des capitaux investis ».

Enfin « l'esprit d'entreprise peut être affecté par une population stationnaire ou déclinante. Les effets indirects, psychologiques des mouvements de population sont plus forts que les effets directs. Au XIXe siècle, la condition la plus favorable à la croissance économique a été un certain rythme d'accroissement de la population ».

À cela s'ajoute le type d'éducation qui suscite ou entrave « l'esprit de science, la volonté de développer les connaissances, de les appliquer à l'industrie ».

Ces facteurs institutionnels, sociologiques et psychologiques méritent d'être pris en compte à côté de ceux qui sont économiques. Mais leur utilisation exige la plus grande prudence. Car il existe toujours une solution de facilité qui est d'expliquer par ce type de considérations, non mesurables ou guère vérifiables, des différences entre cas nationaux, sans tenter de s'appuyer sur l'ensemble des variables quantitatives disponibles.

Orientation bibliographique

Aron R., *Dix-huit leçons sur la société industrielle*, Paris, 1962.
Parsons T. et Shils E. (éd.), *Towards a General Theory of Action*, Cambridge, Mass., 1951.
Trebilcock C., *The Industrialization of the Continental Powers (1780-1914)*, Londres-New York, 1981.

Modèles théoriques de la Révolution industrielle. Wrigley E.A. (L'analyse de la Révolution industrielle britannique de).

Modèles théoriques de la Révolution industrielle

Les transformations économiques et sociales induites par la Révolution industrielle étaient si profondes qu'elles ne pouvaient que modifier l'horizon de pensée des économistes. A. Smith voyait dans le machinisme la possibilité d'une division du travail accrue; mais, comme il écrivait très tôt (1776), il ne concevait pas clairement la discontinuité entre l'économie préindustrielle et celle qui était en train de naître. Ricardo étudia le thème du changement technologique et l'analysa comme une modification de la composition organique du capital, une réponse à une tendance à la hausse des salaires, un remplacement du travail par plus de capital fixe. Mais il n'intégra pas cette analyse à un modèle de croissance économique.

Marx fut le premier à construire un modèle explicatif de la Révolution industrielle, comme une articulation majeure dans la succession des modes de production : le passage au capitalisme industriel. Ce changement historique méritait bien le nom de « révolution » puisqu'il n'était pas l'accélération d'une croissance antérieure, mais une mutation qualitative dans l'organisation et les rapports sociaux de la production. L'analyse portait sur le seul exemple adulte, la Grande-Bretagne, mais elle a une valeur plus générale, puisqu'elle décrit les enchaînements logiques nécessaires. Ainsi, l'accumulation primitive peut avoir d'autres sources que celles présentées par le cas anglais — pillage colonial et expropriation des paysans, pour Marx; mais elle doit nécessairement exister avant que le capital puisse se développer par sa propre reproduction.

L'analyse théorique de la Révolution industrielle ne progressa plus ensuite pendant longtemps. Les historiens positivistes de la fin du XIXe siècle se méfiaient de toute théorisation et n'osaient pas s'élever au-dessus du cas particulier. L'œuvre classique de Mantoux, en 1905, s'appuyait sur l'analyse de Marx, mais ne cherchait pas à dégager des mécanismes généraux, car telle n'était pas la tâche de l'historien. Pendant ce temps, l'économie néo-classique, en partie en réaction contre Marx, se confinait dans des schémas de type mathématique coupés de l'histoire et du réel.

Le stimulus à une nouvelle réflexion fut, après la Seconde Guerre mondiale, l'émergence du problème du sous-développement. L'étude rétrospective des voies européennes de l'industrialisation redevenait un objet de la science économique. Le premier modèle, présenté par son auteur comme une alternative à Marx, fut celui de Rostow, qui dégageait des préalables indispensables au *take-off* (décollage) d'une économie. Il suscita nombre de travaux économiques et historiques. D'autres modèles furent proposés par P. Bairoch, qui insistait sur le rôle de l'agriculture, et par des sociologues (Parsons, Aron) qui mettaient en avant les préalables non économiques de l'industrialisation. Stimulés par ces réflexions, les historiens se remirent à étudier la Révolution industrielle à la lumière des schémas théoriques. Ils durent pour cela quantifier rétrospectivement les principaux agrégats — produits nationaux, investissement... — sur lesquels les économistes travaillent ; mais, le plus souvent, les travaux historiques ont montré l'inexistence des préalables dans la plupart des cas nationaux.

N'y a-t-il donc pas d'autre voie entre le modèle théorique qui s'ajuste mal à la réalité, et l'affirmation de l'originalité de chaque cas particulier ? Si l'on ne dépasse pas ce dernier niveau, le concept de « révolution industrielle » n'a plus guère de sens. Mais un modèle n'est pas obligatoirement monolithique ou monocausal. Il est une structure logique de fonctionnement mettant en relation d'interdépendance les principales variables. Le cas particulier doit se juger dans ses divergences à cette structure théorique. L'inadéquation des premiers modèles vient sans doute de leur rigidité et surtout du fait qu'ils ne tiennent guère compte des rapports inégaux entre puissances économiques. L'expérience des pays en voie de développement est venue au secours de l'historien. Ceux qui sont parvenus à s'industrialiser n'ont pas pu suivre le modèle britannique, car ils vivent dans un monde où les rapports économiques entre pays sont fondamentalement inégaux. Cette remarque permet de mieux comprendre l'histoire du XIXe siècle. La Révolution industrielle britannique fut unique, car elle fut la première. Les industrialisations qui réussirent ensuite n'y parvinrent qu'en choisissant des voies originales qui permettaient de ne pas se mesurer directement à l'économie britannique, économie dominante. On voit déjà la nécessité de distinguer au moins deux modèles : un modèle anglais unique et non imitable, et un modèle des pays suiveurs. Mais, là encore, il faut un modèle souple, qui puisse rendre compte des différences entre la France, l'Allemagne, la Russie ou l'Italie. Dans cette recherche, le modèle de Gerschenkron, qui se fonde sur le degré de retard par rapport à l'économie britannique, et sur les avantages du retard — ce qui est plus discutable —, a ouvert une voie intéressante.

Les récentes réflexions des historiens tendent à faire passer à l'arrière-plan, comme un faux problème, la recherche des « causes » de la Révolution industrielle, et surtout l'énumération fastidieuse des nombreux facteurs pour chaque cas national. Ce sont les actions réciproques entre facteurs qui transforment un système socio-économique auparavant stable en une situation d'instabilité qu'une impulsion quelconque peut faire basculer dans un autre système. Le concept d'« état de masse critique », emprunté à la physique, a été pour la première fois appliqué au problème de la Révolution industrielle par D.S. Landes en 1961, puis repris par F. Crouzet ; il trouve son expression la plus explicite chez P. Lebrun, dans un ouvrage sur la Révolution industrielle belge. « Par cette expression, nous voulons signifier qu'un système déterminé, une société, caractérisée par une structure, peut se modifier sous l'action d'événements internes ou externes, aux effets normalement cumulatifs, vers un état dont la masse devient critique. En pareille occurrence, la tendance normale vers une position d'équilibre stable cède la place à une situation d'instabilité génétique, comme si l'équilibre, perdant de plus en plus de sa stabilité, perdait corrélativement de sa prégnance. À ce moment, un choc déterminé — il y en a toujours, mais non toujours prolongés de suites notoires — déclenchera un processus en chaîne, entraînant, par une série de réactions dont, en histoire, l'imitation sera souvent la trame, l'apparition d'une nouvelle structure, grosse d'un nouvel équilibre stable. » Et P. Lebrun propose six hypothèses pour l'étude de la Révolution industrielle belge :

« 1) La révolution industrielle ne se localise pas de façon univoque, par une datation simple, source d'explications incomplètes.

2) La Révolution industrielle est une structure de changement de structure, elle appelle donc une étude structurelle qui n'est qu'amorcée et que l'étude, à faire, des siècles antérieurs devra permettre.

3) La société belge atteint un état de masse critique à la fin du XVIIIe siècle.

4) Il existe une quantité suffisante d'agents potentiels — engendrés probablement par les trois premières phases de la périodisation et caractérisant l'état de masse critique. Le rôle des personnages historiques en est minimisé et leur réussite expliquée *a posteriori*.

5) Le déclenchement du processus en chaîne se situe sur le segment technico-économique. Il incorpore la technique à l'économique.

6) Le déroulement du processus en chaîne qu'est la Révolution industrielle obéit à une structure génétique qui nous paraît au mieux traduite par la théorie des croissances économiques régionales polarisées. »

Orientation bibliographique

Crouzet F., « Angleterre et France au XVIIIe siècle. Essai d'analyse comparée de deux croissances économiques », *Annales ESC*, mars-avril 1966.

—, postface de *L'industrialisation en Europe au* XIX*e siècle*, Paris, 1972.

Landes D.S., « Encore le problème de la Révolution industrielle en Angleterre », *Bulletin de la Société d'histoire moderne*, 12e série, n° 18, mai 1961.

Lebrun P., Bruwier M., Dhondt J. et Hansotte G., *Histoire quantitative et développement de la Belgique au* XIX*e siècle. Essai sur la Révolution industrielle en Belgique (1770-1847)*, Bruxelles, 1979.

Cf. Bairoch P. (Modèle explicatif de). Économétrie et industrialisation. Gerschenkron (Modèle d'*economic backwardness* de). *Leading sectors*. Marx et la Révolution industrielle. Révolution industrielle et industrialisation. Rostow et les étapes de la croissance. Wrigley E.A. (L'analyse de la Révolution industrielle britannique de). *Z-goods model* de transition entre proto-industrialisation et industrialisation.

Niveaux et conditions de vie des classes populaires urbaines durant la Révolution industrielle

Dès la première moitié du XIXe siècle, une controverse opposait des libéraux optimistes comme A. Ure, qui identifiaient l'industrialisation au progrès social, et des observateurs plus critiques comme F. Engels ou J.S. Mill. Si personne ne conteste aujourd'hui qu'à très long terme la Révolution industrielle a permis une amélioration des niveaux et des conditions de vie des classes populaires, à partir de 1850 en Grande-Bretagne, sans doute à partir de la même date en France, l'historiographie continue de débattre des conséquences sociales sur les premières générations de l'industrialisation, sans qu'il soit possible de trancher valablement, dans le cas de la Grande-Bretagne, entre l'analyse optimiste de R.M. Hartwell et celle pessimiste d'E.J. Hobsbawm. L'approche quantitative suscite déjà un débat sur la validité et la signification du matériel statistique;

elle se complète par une comparaison qualitative qui ne peut échapper au jugement subjectif.

En Grande-Bretagne, après une régression d'environ 20 % de 1790 à 1800, le salaire réel se serait accru jusque vers 1830 de 45 à 70 % selon les indices de prix utilisés pour déflater les salaires nominaux, puis aurait stagné jusqu'en 1840 pour croître ensuite nettement. Mais les séries statistiques sont fragiles. Si la baisse semble prouvée pour la première génération, de 1780 à 1800, tout comme l'amélioration après 1840, l'incertitude reste grande pour la période 1800-1840. En France, il y aurait eu stagnation, baisse légère même, jusque vers 1855, puis hausse : mais les indices dont on dispose sont contestables. Le cas de Paris est mieux connu : il n'est pas généralisable, car c'était une ville d'artisanat plutôt que d'industrie. Selon J. Rougerie, le salaire réel dans le bâtiment, après avoir connu de hauts niveaux relatifs sous le Premier Empire, se serait dégradé jusque vers 1850, avant d'amorcer une hausse qui culminerait vers 1880. Beaucoup plus fluctuant dans le court terme, c'est le coût de la vie qui imprimerait alors son évolution au salaire réel ; en revanche, à long terme, c'est la hausse du salaire nominal par rapport au coût de la vie qui expliquerait l'évolution tendancielle du salaire réel. Mais la signification du salaire nominal est difficile à cerner. Au milieu du XIXe siècle encore, le salaire était le plus souvent à la tâche et non à la journée ; la rémunération quotidienne effective variait donc selon les ouvriers. Et surtout le taux de salaire n'était pas représentatif du revenu du travailleur, et encore moins du revenu familial ; il ne tient compte ni du nombre de personnes actives (femme, enfants) dans la cellule familiale, ni du taux de chômage. Or, s'il existait déjà auparavant un sous-emploi rural quasi permanent et des pertes d'emploi urbain lors des crises frumentaires, l'industrialisation, bien qu'elle ait créé des emplois, a sans doute accru l'ampleur du chômage technologique, en faisant disparaître des formes d'artisanat comme le tissage à bras, et du chômage cyclique avec la fréquence des crises industrielles. L'appréciation des niveaux de vie populaires doit tenir compte avant tout du drame ouvrier qu'est le manque de travail : c'est lui qui engendrait régulièrement d'effroyables poussées de misère. À moyen terme, l'emploi, d'après l'exemple parisien, semble avoir évolué comme le salaire réel, conjuguant ses effets avec lui et permettant d'opposer une baisse nette du niveau de vie de 1820 à 1850, puis une hausse non moins nette jusqu'à 1870-1880; mais cela n'est valable que pour Paris. L'amélioration à long terme des niveaux de vie aurait donc trois raisons : la croissance économique qui finit, malgré l'injustice sans doute croissante de la répartition, par profiter au plus grand nombre, la pression de la demande de main-d'œuvre sur un marché qui devenait moins élastique, ce qui explique le parallélisme entre hausse de l'activité et hausse du salaire, et enfin la pression d'une organisation ouvrière naissante à partir du milieu du siècle.

L'étude du revenu national par tête, autre approche quantitative, conforte la thèse optimiste. Elle est critiquable. Mis à part la grande incertitude des calculs, elle n'a de sens que si l'on tient compte de l'évolution du partage entre revenus du travail, du capital et de la terre, qui est encore plus impénétrable... En outre, comme le remarquait Kuznets, il y a toujours à long terme un gonflement artificiel des agrégats, du fait du passage de certaines activités (boulangerie, vêtement...) du cadre familial à l'économie monétaire.

Reste l'étude de la consommation et en particulier de l'alimentation. E.T. Hobsbawm observe une baisse de la consommation de viande par habitant à Londres de 1800 à 1840, comme J. Rougerie le fait à Paris pour le vin et la viande entre 1820 et 1850, alors que la consommation de pain restait stable, signe de stagnation ou de détérioration du niveau de vie ; en revanche, sous le Second Empire, la consommation de pain déclina, alors que celle du vin doublait et que celle de viande augmentait d'un tiers. Mais une nouvelle dégradation devait intervenir à la fin du siècle.

Pour la consommation de produits industriels, l'évolution diffère. En Grande-Bretagne, celle de vêtements de coton fut multipliée par cinq entre 1820 et 1845 ; vers le milieu du siècle elle semblait profiter au plus grand nombre. En France, en revanche, si la même évolution statistique s'observe, rien ne prouve que la masse en bénéficia. Les inventaires après décès prouvent l'extrême dénuement des ménages ouvriers. L'évolution différentielle des prix dans la première moitié du siècle ne favorisa pas les classes populaires urbaines ; si les prix industriels baissaient, ce qui permettait à ceux qui disposaient d'un revenu suffisant d'accroître leur consommation de ce type de produits, les prix agricoles restaient stables, ce qui accroissait le revenu des paysans, mais défavorisait les classes populaires dont l'alimentation représentait la moitié ou le tiers du budget. Il n'y a pas d'évidence quantitative globale : l'étude des prix des consommations et des revenus doit être faite finement, par produits, régions et catégories socioprofessionnelles.

L'approche qualitative conforterait plutôt la thèse pessimiste, bien qu'il faille se garder de considérer le monde préindustriel comme un âge d'or. Il y a des continuités entre ce dernier et le monde industriel. Le travail des femmes et des enfants était une réalité proto-industrielle ; toute la famille travaillait à domicile et, comme l'a montré S. Pollard, c'est la cellule familiale tout entière qui est passée du travail à domicile au travail en usine. Le travail à la tâche était une autre continuité, tout comme la précarité de l'existence : vivre, c'était survivre, c'est-à-dire parvenir à manger. Même dans les pays industrialisés, l'ancien monde n'était pas mort en 1850. Le travail d'usine restait l'exception. Les ouvriers permanents étaient moins nombreux que les journaliers ; le travail proto-industriel ne régressait que lentement, bientôt relayé par l'essor du travail en chambre, le *sweating system*.

Mais la Révolution industrielle, et c'est une des justifications de l'emploi de ce terme, a entraîné des ruptures de genre et de qualité de vie qui rendent incomparables le travail antérieur et le travail en usine. Ce dernier était, à la différence du travail proto-industriel, régulier, à heure fixe, militarisé. Il allait falloir près d'un siècle et tout un système de coercition (règlements et amendes) pour habituer la main-d'œuvre à ces rythmes nouveaux. Tous les patrons se plaignaient de son instabilité, attribuée à un manque de conscience. La durée du travail n'était pas plus longue qu'à l'époque préindustrielle, mais les conditions du travail y étaient beaucoup plus pénibles et le danger beaucoup plus grand. Le travail des femmes et des enfants dans les mines et les filatures, et l'ampleur des accidents graves du travail ont été mille fois décrits. Les conditions de logement étaient souvent effroyables. On connaît l'entassement des familles ouvrières dans les *slums* de Liverpool ou de Manchester, dans les caves ou, pis encore, dans les greniers de Lille que Villermé découvrait en 1837. Les villes industrielles ont crû sans que le moindre équipement collectif fût mis en place. Dans cette détresse matérielle et morale, sur laquelle les témoignages abondent, les ouvriers essayèrent de maintenir la cellule familiale, et des formes de sociabilité, de convivialité et de culture mal comprises et mal interprétées par le regard bourgeois. L'insalubrité des conditions de vie urbaine fut largement responsable de l'accroissement de la morbidité et de la mortalité, et de la misère physiologique, dont l'évidence rend quelque peu indécente la thèse de l'amélioration des niveaux de vie. Le point le plus profond de la détresse fut sans doute atteint en France comme en Grande-Bretagne dans les années 1830 et 1840. Les conditions de vie de une à trois générations de travailleurs furent sacrifiées à la première industrialisation. Cela explique les mouvements de violence sporadiques et spontanés, nés de la misère urbaine, luddisme britannique en 1811-1813, 1819..., luddisme français en 1830-1832, troubles lyonnais et parisiens de 1830 à 1834, journées de juin 1848, qui renouaient, par-delà le XVIIIe siècle, avec les révoltes rurales de l'Europe du XVIIe siècle.

Les classes laborieuses n'avaient pas d'homogénéité dans la première phase de l'industrialisation. C'est pourquoi on peut aussi bien essayer de prouver une amélioration des niveaux de vie en montrant la part de l'épargne ouvrière dans les Caisses d'épargne britanniques ou les conditions de logement au Creusot que le contraire en multipliant les témoignages de misère. Du fait des mutations économiques certaines catégories sociales purent être gagnantes : les techniciens de type ancien dont le métier n'était pas mécanisé (imprimeurs, charpentiers...), ou de type nouveau, suscité par le progrès technique (puddleurs, ajusteurs, conducteurs de locomotives...). D'autres étaient perdants, comme les techniciens anciens déqualifiés par le machinisme, dont les revenus s'effondrèrent (peigneurs de laine...), comme les artisans domestiques du textile (tisserands à bras...), comme les ouvriers agricoles. Entre les deux se situaient les ouvriers d'industrie. L'éventail des salaires était très ouvert : un technicien qualifié gagnait le double d'un manœuvre, le quadruple d'un journalier agricole. La condition économique variait aussi selon la situation familiale, meilleure chez un homme jeune travaillant avec sa femme, pire pour un couple ayant trois ou quatre enfants en bas âge, dramatique lorsque la maladie ou la vieillesse intervenaient.

Aussi la classe ouvrière jouxtait-elle la classe moyenne par sa frange supérieure, alors que sa frange inférieure risquait de glisser dans la marginalité. Malgré la persistance d'un souci chrétien d'assistance charitable, la bourgeoisie avait peur des pauvres. « Classes laborieuses, classes dangereuses », a-t-on écrit. L'évolution de la législation est caractéristique. La *Poor Law* de 1834 substituait à l'assistance à domicile du *Speenhamland-system* l'enfermement en *workhouses* où les pauvres travaillaient pour un salaire inférieur au plus faible salaire du marché. La pauvreté n'était plus considérée comme le fruit du malheur, mais comme une tare sociale et même physiologique qu'il fallait stigmatiser. La bourgeoisie industrielle renouait ainsi avec les fantasmes d'enfermement et d'éloignement qu'avait caressés le XVIIe siècle : éloignement des hospices à la périphérie parisienne, enfermement des travailleurs dans les quartiers populaires.

À long terme on doit constater l'amélioration des conditions de vie dans la seconde moitié du XIXe siècle, mais on ne peut porter de jugement sur la qualité de la vie. L'industrie a-t-elle dépersonnalisé l'individu, brisé ses racines, ou l'a-t-elle libéré d'un ancien ordre oppressant ? L'interrogation portera aussi sur le XXe siècle, où l'on opposera les aspects négatifs comme la parcellisation du travail aux aspects positifs comme l'émancipation féminine, et le remplacement de la violence comme moyen d'expression par la pression politique et syndicale.

Orientation bibliographique

Dans une bibliographie très abondante, on ne peut que suggérer quelques titres :

Duveau G., *La vie ouvrière en France sous le Second Empire*, Paris, 1946.

Hobsbawm E.J., « En Angleterre : Révolution industrielle et vie matérielle des classes populaires », *Annales ESC*, novembre-décembre 1962.

Pierrard P., *La vie ouvrière à Lille sous le Second Empire*, Paris, 1965.

Rougerie J., « Remarques sur l'histoire des salaires à Paris au XIXe siècle », *Le Mouvement social*, avril-juin 1968.

Taylor A.J., *The Standard of Living in Britain in the Industrial Revolution*, Londres, 1975.

Villermé L.R., *Tableau de l'état physique et moral des ouvriers*, Paris, 1840 (réédition partielle, Paris, 1971).

Cf. Marx et la Révolution industrielle.

OBERKAMPF, CHRISTOPHE-PHILIPPE *(1738-1815)* ET LA FABRIQUE DE JOUY

L'influence des fabricants de soieries, de toiles de lin et d'étoffes légères de laine avait été assez forte pour obtenir des autorités la prohibition de l'impression des toiles de coton sur le territoire du royaume jusqu'en 1759, bien que la mode apparût durable et qu'il fût impossible d'en interdire la consommation. De bons esprits comme Montaran du Bureau du commerce pensaient qu'il aurait mieux valu faire profiter l'industrie nationale de ce gonflement de la demande plutôt que d'en laisser tout le bénéfice aux industries étrangères et à la contrebande. Dans les années 1740, néanmoins, la fabrication de toiles « à la réserve », procédé à la cire proche du batik, se développait, soit comme à Marseille parce que la maison Wetter profitait de la franchise dont jouissait le port, soit à Nantes où les frères Danton imprimaient des toiles de lin, soit même à Paris où, malgré la répression, plusieurs teinturiers opéraient. Aux frontières du royaume, en Suisse ou en terre d'Empire, l'indiennerie était florissante, profitant des prohibitions dans les autres pays. Mulhouse, qui n'était pas alors ville française, développait son industrie. Après le rattachement de 1798, elle devait être le centre d'une des grandes régions cotonnières françaises du XIXe siècle.

Christophe-Philippe Oberkampf travaillait dans l'atelier de l'imprimeur Cottin à Paris, qui employait nombre d'ouvriers suisses ou allemands, qu'il avait fait venir, leur payant leurs frais de voyage, car ils étaient plus qualifiés pour la teinture des étoffes que la main-d'œuvre française. Il venait d'une famille de teinturiers wurtembergeois. Son père avait travaillé dans la fabrique de Ryhiner à Bâle, puis s'était établi à son compte à Aarau où Christophe-Philippe apprit le métier d'indienneur, étant capable de réaliser toutes les opérations successives du processus productif. Ils se séparèrent, sans doute pour raison d'incompatibilité de caractères. Le fils resta six mois comme graveur chez Koechlin, Dollfus et Cie à Mulhouse, avant d'entrer à Paris comme coloriste chez Cottin avec un bon salaire, qui l'incita à faire venir son jeune frère. Il profita de la liberté nouvellement accordée à l'impression des toiles, pour s'établir à son compte, avec quelques associés, d'abord rue de Seine, puis dans une maison de quatre pièces à Jouy, près de la Bièvre dont les eaux relativement abondantes et claires étaient indispensables à l'impression, suffisamment loin de l'agitation ouvrière du centre de Paris, sans l'être trop des fournisseurs et des marchands de la capitale. Les capitaux dont il manquait furent fournis par des commanditaires dont le mercier parisien Levasseur. Les premières années allaient être fertiles en démêlés entre les associés, jusqu'à ce qu'une association stable, qui devait durer vingt-sept ans, entre Oberkampf et l'avocat Sarrasin de Maraise pût permettre le développement des affaires. Autant que du concours financier, de la compétence juridique et que des relations à la cour et au Palais de Maraise, la manufacture bénéficia de l'infatigable activité de son épouse, en charge de la comptabilité et de la correspondance commerciale.

La production se développa très vite durant les dix premières années. Entre 1765 et 1770, les salaires distribués, qui, correspondant à quelque 4 à 6 % des coûts de fabrication, peuvent donner une appréciation de son mouvement, firent plus que doubler. L'année 1770, qui fut celle de l'achat de la manufacture d'indiennes de Corbeil, créée par le mercier parisien Baron neuf ans auparavant, marquait la fin de la période de forte croissance initiale. Le succès avait été facilité par le dynamisme de la demande d'indiennes, mais tous les ateliers qui s'étaient multipliés avec la liberté de l'impression ne réussirent pas. L'entreprise de Jouy avait su réaliser au mieux l'acquisition de technologies plus avancées à l'étranger, grâce aux relations d'Oberkampf avec son milieu d'origine. Plusieurs teinturiers, dessinateurs et imprimeurs vinrent de Suisse et formèrent la main-d'œuvre locale qui n'avait aucune connaissance de l'indiennage. Le père Oberkampf envoya non seulement des recettes de teintures, comme celle du *bleu anglais* à partir de l'indigo, que les manufacturiers français savaient mal fixer, mais aussi des dessins, des échantillons, et des drogues (produits tinctoriaux), plus faciles à trouver ou moins chères en Suisse. L'impression à la planche de cuivre fut adoptée dès le début des années 1770. Bien que l'indienne fût un tissu destiné à une consommation massive, la maison Oberkampf et Maraise s'attacha toujours à produire de la haute qualité, utilisant les matières premières les meilleures. La politique commerciale était l'autre clé du succès. Il fallait d'abord savoir acheter les toiles en blanc, car leur prix constituait de 80 à 90 % du coût du produit fini, des toiles du Beaujolais d'abord, puis surtout de Normandie, de lin et coton mélangés, en passant par des commissionnaires tels Mlle Darcel, que l'associé d'Oberkampf, Maraise, allait épouser — une manière d'attacher à l'entreprise quelqu'un dont la compétence était utile. Le réseau de parents et de connaissances en Suisse permettait de se ravitailler aussi en Toggenbourg où l'on tissait des toiles de pur coton plus fines. En 1773, Oberkampf fit son premier voyage à Londres pour participer aux ventes aux enchères de toiles de la Compagnie des Indes, visiter des indienneries anglaises, puis, sur le chemin du retour, des fabriques hollandaises et belges, rapporter de l'indigo et de la garance et nouer des relations d'affaires. Les toiles indiennes pouvaient également s'acheter aux ventes de la Compagnie française à Lorient. Quant à la garance, le père Oberkampf avait établi des relations avec les producteurs d'Alsace pour approvisionner la manufacture de Jouy. Le neveu de Christophe-Philippe, Samuel Widmer, allait s'initier à la fabrication des teintures et mettre ensuite sa compétence au service de la maison.

La croissance du nombre de pièces vendues entre 1770 et 1792 fut relativement lente : sa tendance ne dépasse pas un taux moyen annuel de 0,8 %. Mais les chiffres d'affaires et les bénéfices augmentèrent plus vite, assurant des taux de profit très élevés — plus de 30 % par an en moyenne par rapport au capital initial constitué en 1769, à en juger par les résultats lors de la séparation d'Oberkampf et de Maraise en 1789. La plupart des bénéfices étaient réinvestis, en biens fonciers et immobiliers, en stocks de toiles et de produits tinctoriaux. Dans les années 1770, de nouveaux bâtiments furent construits. Des terrains furent acquis, car le lavage et le séchage des toiles exigeaient beaucoup de surface au sol. La réussite de la manufacture et la qualité de sa production lui permirent de se libérer peu à peu du contrôle des marchands, qui lui commandaient des pièces, et de se constituer une clientèle en affirmant l'originalité de ses dessins et de ses couleurs. Faute de dépôt à Paris, la manufacture vendait sur échantillons, mais il était conseillé aux clients de venir sur place visiter les ateliers et voir les produits. Au début des années 1780, la manufacture s'assura le concours de Jean-Baptiste Huet, dont les dessins, reprenant des sujets agrestes, mythologiques ou d'actualité, *Le mariage de Figaro* ou *Le ballon de Gonesse*, participant aussi à la publicité de l'entreprise comme *Les travaux de la manufacture*, firent beaucoup pour la réputation des toiles de Jouy. Les deux premières années de la Révolution furent marquées par un essor des ventes, en France et à l'étranger, et même en Angleterre, où les techniques, comme l'impression au rouleau, étaient plus avancées. De 1791 à 1793 fut construit un grand bâtiment de quatre étages de cent onze mètres sur quatorze, sans doute le plus grand bâtiment industriel qui existât alors non seulement en France mais même en Grande-Bretagne.

Puis les affaires ralentirent. Oberkampf, à la différence de Ternaux, joua la carte révolutionnaire, faisant des dons, participant aux réunions jacobines, distribuant du pain, augmentant les salaires. Ces dépenses n'étaient pas inutiles : l'activité de la manufacture put reprendre son essor dès que les premiers signes de réveil de la consommation se manifestèrent, en 1795. Dans les années 1780, la fabrique de Jouy aurait occupé jusqu'à 900 ouvriers ; elle était déjà la plus grosse entreprise française d'indiennage. Les frères Wetter, installés désormais à Orange, avaient environ 600 ouvriers, chiffre à peine dépassé par la fabrique Neuve de Cortaillod en Suisse. Mais l'apogée de la manufacture de Jouy devait être la période de 1797 à 1810 : le nombre de pièces produites augmenta alors selon une tendance de 3 % en moyenne par an, le millier d'ouvriers et d'ouvrières fut atteint. Les manufactures de Jouy et d'Essonnes étaient alors à la pointe du progrès. On y pratiquait l'impression au rouleau, sans néanmoins abandonner complètement la technique traditionnelle à la planche, on usait d'une machine à graver les cylindres. Le laboratoire de Jouy mettait au point des couleurs nouvelles. Un pas décisif fut franchi en 1804 lorsque Oberkampf acheta le domaine de Chantemerle à Essonnes, qui comprenait deux moulins hydrauliques, afin de construire une filature de coton. L'évolution politique rendait les approvisionnements en tissus de coton indiens ou anglais plus difficiles; le gouvernement penchait vers une politique protectionniste pour favoriser le développement d'une industrie cotonnière nationale. Oberkampf, au lieu de lutter contre l'établissement de taxes douanières sur les tissus en blanc comme le faisaient d'autres indienneurs, prit le parti d'intégrer vers l'amont, en assumant lui-même la fabrication du fil et en donnant à tisser à façon. Mais la filature de Chantemerle ne devait entrer en pleine activité qu'en 1810, alors que la conjoncture s'assombrissait.

De 1810 à 1817, les ventes tendirent à diminuer. La crise de 1812, le contrecoup des événements politiques et militaires, la fermeture de marchés extérieurs étaient des facteurs de difficultés et d'instabilité dont étaient victimes tous les industriels français. En septembre 1815, les Prussiens occupèrent le village de Jouy. Oberkampf mourut peu après. Les héritiers essayèrent de continuer en indivision, mais ne parvinrent pas à s'entendre. Les différents établissements furent partagés, certains vendus. La fabrique de Jouy, exploitée d'abord par une société entre Émile Oberkampf et Jacques Just Barbet, un négociant rouennais, qui apportait des capitaux dans l'affaire, échut en 1822 à ce dernier, connu ensuite sous le nom de Barbet de Jouy, qui l'exploita jusqu'à son dépôt de bilan, en 1843. Nombre d'indienneurs avaient cessé leurs activités entre 1835 et 1848, car la mode ne leur était plus favorable. Mais la manufacture de Jouy ne faisait que survivre depuis 1820, alors que d'autres fabricants de cotonnades imprimées, en Normandie et en Alsace, prospéraient. Depuis son apogée en 1810, elle était en difficulté. Elle était devenue beaucoup plus vulnérable depuis qu'elle visait à l'intégration, vers l'amont (filature et tissage), et vers l'aval, puisqu'elle assumait de plus en plus sa commercialisation par de multiples dépôts en province et à l'étranger. Le revers en était une considérable immobilisation de capitaux en terrains, en bâtiments, en installations, en stocks de marchandises. La rentabilité des capitaux engagés ne pouvait qu'en souffrir. La rigidité de la gestion qui en découlait ne permettait pas de s'adapter à une demande nécessairement instable de par la nature du produit. Ternaux devait faire à ses dépens la même expérience.

Orientation bibliographique

Chapman S.D. et Chassagne S., *European Textile Printers in the Eighteenth Century. A Study of Peel and Oberkampf*, Londres-Edimbourg, Heinemann Educational Books, 1981.

Chassagne S., *Oberkampf. Un entrepreneur capitaliste au siècle des Lumières*, Paris, Aubier, 1980.

—, *Le coton et ses patrons, France (1760-1840)*, Paris, EHESS, 1991.

Dewerpe A. et Galupeau Y., *La fabrique des prolétaires. Les ouvriers de la manufacture d'Oberkampf à Jouy-en-Josas (1760-1815)*, Paris, Presses de l'École normale supérieure, 1990.

Cf. Entrepreneurs. France et Grande-Bretagne II : Révolution,

Empire et industrialisation. France et Grande-Bretagne III : l'industrialisation jusqu'à l'ère des chemins de fer (de 1815 à 1830-1840). Innovations dans le textile et la chimie. Ternaux (Guillaume) et la modernisation de l'industrie lainière française.

Paiements internationaux : un système bipolaire ?

Pour financer les échanges avec toutes les parties du monde, la place de Londres développa un réseau de services commerciaux et bancaires hors pair, qui attirèrent les capitaux et la clientèle du monde entier : financement du commerce extérieur, crédits d'acceptation, assurances maritimes, armement maritime, qui, après l'essor de la période de guerre, connurent une crise importante en 1815, mais constituaient un potentiel important de capacités disponibles pour le transport. Comme Amsterdam avait perdu sa prééminence comme centre de commerce d'entrepôt et comme centre financier européen à partir de l'occupation française, ces fonctions furent reprises par Londres. Les marchés de gros de matières premières fondamentales, comme le coton, l'indigo ou les métaux non ferreux, étaient au XIXe siècle localisés en Angleterre.

Au XVIIIe siècle, les marchands américains compensaient déjà sur la place de Londres les dettes qu'ils avaient envers leurs fournisseurs anglais avec les créances qu'ils avaient sur leurs clients anglais ou étrangers. Ni l'indépendance ni la guerre de 1812 ne changèrent ces habitudes, d'autant que l'instabilité politique et monétaire du continent faisait de Londres une place refuge. Après 1815, ils continuèrent, d'autant plus que Londres offrait des crédits et des possibilités de compensation sur le monde entier, grâce aux créances des marchands anglais sur l'Asie, les États-Unis ou l'Amérique latine. La plus grande partie du commerce entre la Grande-Bretagne et les États-Unis était financée à partir de Londres et de Liverpool, par des banques comme Baring Brothers et par un certain nombre de maisons anglo-américaines représentées, de part et d'autre de l'Atlantique, par des établissements dont les dirigeants étaient liés par des relations familiales. Durant les *French wars*, les négociants et banquiers des pays germaniques fondèrent des maisons à Manchester, comme les Rothschild, qui s'y implantèrent d'abord, ou à Londres pour faciliter l'approvisionnement du continent en marchandises et en matières premières, cotonnades, coton ou produits tinctoriaux. Plus tard, des maisons grecques devaient s'y installer pour financer le commerce des céréales de la mer Noire et l'exportation des marchandises britanniques en Méditerranée orientale. Londres devint le pivot du commerce international, car les créances et les dettes des exportateurs et importateurs des différents pays pouvaient être compensées par ses maisons de banque, dont le savoir-faire en matière de finance et de commerce international était grand. La livre sterling, de par la présence du commerce anglais partout dans le monde, c'est-à-dire de par l'existence de traites libellées en monnaie anglaise qui permettaient d'effectuer les paiements avec n'importe quel pays, jouait un rôle de liquidité internationale.

Dans ce système, la place de Paris était loin d'être marginalisée. Elle trouva peu à peu, dans les années 1820 et 1830, son rôle et sa fonction, en tant que marché complémentaire de Londres, dans une position secondaire acceptée et assumée. Paris assurait déjà à l'époque du Blocus continental les compensations entre les règlements des marchands du continent, ce qui explique le développement de ses activités bancaires à cette époque. Un réseau de banques d'origine suisse s'était déjà constitué dans les années 1780 pour prendre part à l'activité financière parisienne en pleine effervescence. L'Empire vit affluer des maisons d'origine allemande, venues de Rhénanie ou de Francfort. Après 1815, ces circuits furent renforcés par l'arrivée de nouveaux banquiers, qui d'une part voulaient participer aux emprunts d'État français ou étrangers émis à Paris et trouvaient ainsi une utilisation pour les épargnes de leurs pays qui avaient peu de débouchés sur place, et d'autre part venaient faciliter les opérations de leurs négociants et de leurs industriels. En effet, les soldes des balances commerciales des pays méditerranéens, germaniques ou nord-européens étaient négatifs par rapport à Londres, en rapport avec des achats excédentaires des Méditerranéens et des Européens du Nord en produits anglais et américains, coton brut, filés de coton ou fers que la sidérurgie allemande ne fabriquait pas encore en quantités suffisantes, tissus et produits industriels divers pour les pays du Sud, dont l'industrialisation progressait lentement. Ces derniers avaient donc besoin de papier commercial sur Londres pour régler leurs dettes. Ces créances existaient dans les portefeuilles de la haute banque parisienne, qui géraient les opérations des exportateurs et importateurs français, car le commerce français était excédentaire sur les États-Unis et la Grande-Bretagne. Le strict protectionnisme de la France limitait les importations : celles de tissus de coton étaient ainsi prohibées. Les exportations de soieries pour les bourgeoisies anglo-saxonnes assuraient un solde positif de la balance commerciale. En revanche le commerce français était déficitaire par rapport aux pays allemands et méditerranéens qui vendaient des matières premières indispensables à la croissance industrielle et des produits agricoles, soie et laine brutes, cuirs, bétail, huile, fruits. Nombre de négociants ou de banquiers espagnols, italiens, autrichiens ou allemands gardaient leurs créances auprès des banquiers parisiens, qui pouvaient régler leurs dettes sur Londres ou New York. Le marché de Paris se trouvait également impliqué dès la Restauration dans le placement des emprunts d'État autrichiens, espagnols et italiens. Il était le second marché du monde, complémentaire de Londres. La position internationale retrouvée de la France dans la première moitié du XIXe siècle tirait sa force d'être un point d'articulation entre les économies anglo-saxonnes en tête du développement économique et de l'Europe continentale, en particulier des pays latins (Espagne, Italie) ou du moins catholiques, comme l'Autriche.

En fin de compte, le bilan d'un siècle et demi de rivalité commerciale et financière fut le renforcement des deux principaux pays, Grande-Bretagne et France. Les autres places financières européennes, importantes dans les années 1780, comme Amsterdam, Francfort, Gênes, Genève, Naples, Vienne, ont vu leur importance décroître. Dans le nouvel ordre commercial et financier, qui incluait désormais les États-Unis, la place de Paris était assurée, dans une position de complémentarité acceptée vis-à-vis de Londres. Une tentative de disputer la primauté à Londres devait être faite sous le Second Empire. Les frères Pereire avaient l'idée de construire dans le quartier Saint-Lazare un vaste emporium qui concentrerait les marchandises de tout le continent. L'idée de constituer un bloc politique et économique méditerranéen et latin face aux anglo-saxons allait dans le même sens. Avec la progressive levée des protectionnismes dans les années 1860, avec la création de l'Union latine et l'alignement de plusieurs monnaies continentales sur le franc, une Europe continentale économique était en constitution dans les années 1850-1860. La guerre de Sécession et la hausse des tarifs douaniers américains qui la suivit affaiblirent la fonction de centre de compensation de la place de Paris. Le contrecoup de la guerre de 1870-1871, la suspension de la convertibilité du franc, le passage du mark allemand à l'étalon-or, l'importance croissante dans le commerce international des grands produits des pays neufs allaient ensuite contribuer à créer un nouveau système de paiements entièrement centré sur la Grande-Bretagne.

Orientation bibliographique

Lévy-Leboyer M., *Les banques européennes et l'industrialisation internationale dans la première moitié du XIXe siècle*, Paris, PUF, 1964.

Cf. Banque et finance au XVIIIe siècle. Banque et industrialisation au milieu du XIXe siècle. Grande-Bretagne, *workshop and banker of the world*.

PÉRIPHÉRIE ET INDUSTRIALISATION

Étudiant le développement du capitalisme moderne comme « économie-monde » européenne, I. Wallerstein l'analyse à partir de la contribution au cœur européen de la semi-périphérie (péninsule Ibérique, Italie, Scandinavie, Prusse, Autriche, Treize Colonies américaines) et de la périphérie (Hongrie, Pologne, Amérique caraïbe, Amérique du Sud, une partie de l'Afrique). Avec la première phase de l'industrialisation et la rupture des anciens liens coloniaux, des reclassements se firent dans l'« économie-monde » désormais industrielle : les États-Unis et la Prusse, bientôt l'Allemagne, accédèrent au cœur du système, cependant que les relations avec les mondes extra-européens devenaient provisoirement moins vitales.

Pourtant les échanges s'intensifièrent beaucoup avec l'Afrique, l'Asie et l'Amérique latine. Ces dernières durent spécialiser leurs exportations en fonction des besoins des pays industrialisés : soie et riz asiatiques, sucre, café américains, coton égyptien, etc. Contre ces produits primaires, l'Europe échangeait des produits manufacturés dont l'importation dans les économies extra-européennes ne pouvait que destructurer leurs industries. Alors que l'Inde exportait des indiennes en 1815, en 1830 elle importait des cotonnades britanniques : son artisanat textile avait périclité. Dès 1870, les Javanais utilisaient les toiles de la Twente pour faire leurs batiks. Cependant, jusqu'aux années 1870, l'industrialisation de l'Europe du Nord-Ouest fit surtout sentir ses effets sur la périphérie européenne par le défi qu'elle proposait et par les effets de domination qu'elle commençait à exercer. Les pays industrialisés tiraient alors la plus grande partie de leur alimentation et de leurs matières premières de l'Europe elle-même. Le commerce international était centré sur les échanges intra-européens, tout comme les mouvements de capitaux.

Puis, très rapidement, une nouvelle géographie

économique et financière se mit en place. Une injection massive de capitaux hors d'Europe conduisit à un endettement croissant des États, voie ouverte à l'ingérence politique (Égypte, Empire ottoman...). Le partage colonial de l'Afrique allait se faire entre 1880 et 1900, césure fondamentale de son histoire. Dans les tentatives de résistance à la pénétration impérialiste ou coloniale, le seul succès fut celui du Japon, qui, à la faveur de la Restauration Meiji (1868), parvint à démarrer une industrie textile, avant de s'engager dans un processus de croissance autosoutenue.

Au milieu du XIXe siècle, les relations fondamentales étaient celles du cœur industriel avec la périphérie européenne. Cette dernière s'était spécialisée dans l'exportation de quelques produits agricoles et de quelques matières premières, pour satisfaire l'intense demande des pays industriels. En Espagne, le vin et l'eau-de-vie représentaient 28 % des exportations en 1850; après 1870 la part des minerais alla croissant. La Hongrie fournissait ses grains, l'Italie sa soie, son marbre et le soufre sicilien. Vers 1860, le bois représentait 44 % des exportations suédoises. Quant au Danemark, il vendait des grains, de la viande, du lait; puis, lorsque les céréales américaines envahirent l'Europe, il se spécialisa dans l'élevage. Outre cette tendance à la monoproduction de produits primaires pour l'exportation, ces pays avaient un deuxième trait commun : la précocité de leur construction ferroviaire. Le chemin de fer était un préalable au développement de leur commerce extérieur et à l'intégration de leurs économies dans l'économie européenne. Entre 1855 et 1868, 5 000 kilomètres de voies ferrées furent construites en Espagne, 4 100 en Hongrie entre 1867 et 1874.

Dès les années 1880 en Russie, le rail reliait entre eux les grands centres industriels et miniers. Les transports étaient donc beaucoup plus avancés que l'industrie. Le boom ferroviaire espagnol des années 1860 a demandé seize fois plus d'argent qu'il ne s'en investissait alors dans l'industrie ; G. Tortella pense que cette polarisation de l'investissement est une des raisons de l'échec de l'industrialisation espagnole. La construction ferroviaire fut à la fois cause et conséquence de l'énorme exportation de capitaux britanniques et français vers la périphérie, exportation nécessaire du fait de la faiblesse des capitaux locaux, mais aussi intéressante occasion de placements à des taux plus rémunérateurs que ceux pratiqués dans les pays exportateurs. Les capitaux qui n'étaient pas destinés aux chemins de fer allaient au secteur minier, comme en Espagne. En 1851, la France dirigeait 62 % de ses exportations de capitaux vers l'Italie et la péninsule Ibérique, et 10 % vers l'Autriche-Hongrie. En Russie, jusqu'en 1870, c'était le capital britannique qui dominait. Après 1880, les Balkans furent une nouvelle zone d'exportation. En Autriche-Hongrie, la relation cœur-périphérie se retrouvait à l'intérieur de l'Empire : en 1867, 75 % de l'investissement en Hongrie était le fait d'Autrichiens ; puis la part de l'étranger s'accrut.

Tous ces pays enfin présentaient un dernier trait commun : le fait de ne pas être l'objet de la domination politique des pays industriels, même si les Balkans furent, à la fin du siècle, partagés en zones d'influence. Le désir d'équilibre européen et la puissance politique et militaire de la Russie ou de l'Autriche-Hongrie suffisaient à l'expliquer. Aussi serait-il inexact et anachronique d'appliquer sans nuance à cette périphérie européenne des schémas explicatifs construits pour les pays sous-développés du xxe siècle.

Malgré ces caractères communs, ces pays vivaient différemment leurs relations avec le cœur industriel, en imitant l'industrialisation ou en étant marginalisés dans un rôle de fournisseurs de produits primaires. À partir de niveaux comparables en 1860 (le PNB par tête était selon P. Bairoch, de 273 dollars US 1960 en Scandinavie, contre 309 dans les pays méditerranéens, mais seulement de 180 en Europe orientale), les évolutions divergèrent, entre les pays qui allaient rejoindre le groupe industriel à la fin du siècle (Scandinavie), ceux dont l'industrialisation fut plus hésitante (Italie, Hongrie, Russie), et ceux (Espagne, Portugal, Balkans) qui allaient être confinés à des niveaux guère supérieurs à ceux de la nouvelle périphérie extra-européenne. En Suède, le commerce extérieur rapporta un surplus, qui, investi, permit de développer les industries extractives et sidérurgiques après 1870, puis celles de la cellulose et du papier; dès 1880, les produits sidérurgiques représentaient 16 % des exportations. Le Danemark est un cas très différent : il fut sans doute le seul pays où une industrialisation fut fondée sur le développement de l'agriculture et l'exportation de produits agricoles. L'accroissement des revenus induits par l'exportation développa un marché intérieur qui soutint la croissance d'une industrie de biens de consommation. En Italie, en revanche, l'exportation de la soie et des produits agricoles ne suffit pas à démarrer une véritable industrialisation avant 1890 dans la partie nord du pays, alors que le Mezzogiorno entamait un processus de sous-développement. En Hongrie, les profits de l'exportation de grains furent réinvestis pour développer une industrie de la minoterie à haute technologie ; le pays exporta ensuite de la farine et non des grains. Puis la croissance du marché intérieur permit la naissance d'une industrie textile et mécanique. Mais le handicap de la Hongrie était d'être intégrée à une économie nationale dont les parties industrielles occidentales (Autriche) étaient dominantes. En Russie, si une première industrialisation fondée sur le textile s'était effectuée entre 1830 et 1860, si la sidérurgie de l'Oural fournissait au milieu du siècle une production appréciable, bien qu'effectuée selon les méthodes anciennes, l'investissement étranger massif qui devait développer l'industrie lourde ne se fit pas avant 1890. Enfin, si l'Espagne, qui avait du minerai de fer mais devait importer du charbon anglais, démarra sa sidérurgie dans les années 1880, le Portugal, la Grèce, les pays balkaniques allaient passer complètement à côté de l'industrialisation.

Trois raisons expliquent ces différences d'évolution. La première est l'adaptabilité ou la rigidité des structures socio-économiques. Celles-ci pesèrent lourdement en Russie. L'industrie y utilisait beaucoup de main-d'œuvre serve jusqu'à l'émancipation de 1861 qui entraîna une grave crise : chez Demidov, dans la sidérurgie ouralienne, le nombre d'ouvriers baissa de plus de la moitié entre 1860 et 1862. En revanche, en Scandinavie, les structures anciennes étaient en régression dès la fin du XVIIIe siècle. L'existence d'une tradition proto-industrielle était favorable à l'industrialisation. Ainsi, en Suède, le travail du fer était ancien ; les techniques sidérurgiques modernes s'implantèrent facilement. En Russie aussi existait une industrie ancienne, mais elle s'était développée au XVIIIe siècle avec des formes sociales régressives (extension du servage). Enfin, le niveau d'éducation semble être un des facteurs qui rendirent inégales les chances de la Scandinavie, du monde méditerranéen et de l'Europe orientale. Opposant la Suède et l'Espagne, R. Cameron conclut que ce fut une des raisons majeures des différences d'évolution.

Orientation bibliographique

Sur une bibliographie abondante sur chaque cas national, on ne peut, en plus des grands manuels, que suggérer quelques titres :

Bairoch P., *Commerce extérieur et développement économique de l'Europe*, Paris, 1976.

Berend I.T. et Ranki G., *The European Periphery and Industrialization*, Cambridge-Paris, 1982.

Broder A., *Le rôle des intérêts économiques étrangers dans la croissance de l'Espagne au XIXe siècle*. Thèse dactylographiée, Paris, 1981.

Falkus M.E., *The Industrialization of Russia (1700-1914)*, Londres, 1972.

Leon P. (éd.), *L'industrialisation en Europe*, Lyon, 1972.

O' Brien P., « European Economic Development : The Contribution of the Periphery », *The Economic History Review*, n° 1, février 1982.

Bien que les volumes parus ne concernent pas le XIXe siècle, on pourra consulter pour sa problématique :

Wallerstein I., *The Modern World System*, vol. I et II, New York, 1974 et 1980.

Cf. Banque et industrialisation au milieu du XIXe siècle. Chemins de fer, capital et capitalistes. Chemins de fer et croissance économique. Gerschenkron (Modèle d'*economic backwardness* de). Grande-Bretagne, *workshop and banker of the world*.

Petits pays : Belgique, Pays-Bas et Suisse

Ces trois pays, qui présentent du fait de leur petite taille et de leur insertion dans l'histoire européenne des similitudes, eurent des évolutions économiques différentes au XIXe siècle. La Belgique et la Suisse firent très précocement leur Révolution industrielle ;

dès 1810, ils occupent dans le classement par niveau de développement industriel de P. Bairoch respectivement la deuxième place derrière le Royaume-Uni et la quatrième derrière la France ; puis, dès 1840, la Suisse dépasse la France dans le classement. En revanche les Pays-Bas se laissèrent distancer et ne connurent vraiment l'industrialisation que dans les dernières décennies du siècle.

Le premier trait commun fut l'obligatoire insertion de ces trois pays dans l'économie européenne, et même mondiale. La Suisse était, depuis le Moyen Âge, un carrefour de voies commerciales, les pays belges un relais entre la Grande-Bretagne et le continent, et les Provinces-Unies développèrent au XVIIe siècle un empire colonial, fondement de leur puissance commerciale. Limités par un marché intérieur étroit, ces trois pays étaient obligés d'exporter. La part de leur population active agricole était déjà réduite au XVIIIe siècle. En Suisse et dans les Pays-Bas autrichiens, une intense proto-industrialisation permit d'employer une population à la croissance rapide, qu'une agriculture spécialisée dans un cas, intensive dans l'autre, parvenait à nourrir. Mais, dans les Provinces-Unies, l'industrie textile proto-industrielle s'étendit moins, sauf dans la région de la Twente, car les salaires étaient plus élevés, le surpeuplement moins fort, et surtout parce que les profits du commerce irriguaient tout le pays. L'extension de la proto-industrialisation au XVIIIe siècle fut une solution pour des pays ou des régions pauvres ; or peu de pays étaient aussi riches que les Provinces-Unies. Le commerce maritime soutenait la seule grande industrie hollandaise, la construction de bateaux, qui employait 2 500 personnes à Amsterdam en 1780. Amsterdam et Genève avaient aussi en commun d'être parmi les premières places financières de l'Europe. Elles étaient des refuges qui avaient accueilli négociants et hommes d'affaires protestants et étaient au cœur des réseaux financiers qui s'étaient tissés en Europe. Le capital y était si abondant qu'il s'exportait vers les pays voisins. Les capitalismes hollandais et suisse étaient les plus avancés : en comparaison, les Pays-Bas autrichiens faisaient figure de pays industrieux mais pauvre.

Les trois pays furent des victimes impuissantes de l'expansion révolutionnaire et impériale française. Le Blocus continental allait les protéger de la concurrence britannique, mais leur ouvrit des perspectives différentes. La Belgique puis la Hollande furent intégrées dans l'Empire, et eurent donc accès au marché français ; au prix d'une reconversion, la Belgique en profita pour démarrer sa Révolution industrielle, alors que la Hollande subissait de plein fouet les conséquences de la rupture du commerce international : pays de capitalisme rentier, qui tirait auparavant sa richesse de sa situation privilégiée sur des axes commerciaux qui étaient déjà en train de se modifier, elle n'avait guère de possibilités de reconversion. Quant à la Suisse, elle était économiquement divisée, puisque Genève et le Valais faisaient partie de l'Empire, alors que les autres provinces en étaient séparées par de hauts tarifs douaniers ; mais ces dernières profitèrent de l'ouverture de marchés orientaux plus lointains, comme la Saxe, où la concurrence des produits français ne s'exerçait que peu.

Après 1815, les conditions de la prospérité hollandaise avaient disparu, même si les Indes orientales étaient recouvrées. La protection douanière et la politique industrialiste et mercantiliste de Guillaume Ier profita beaucoup plus aux provinces belges, qui avaient déjà démarré, qu'aux hollandaises. En outre les salaires étaient de quelque 40 % inférieurs dans les premières à ce qu'ils étaient dans les secondes. Après l'indépendance de la Belgique, des droits de 50 à 70 % furent instaurés contre les cotonnades belges. Des entrepreneurs belges qui travaillaient pour les colonies transportèrent leurs filatures en Hollande, mais les incitations à l'industrialisation n'étaient pas suffisantes. Le marché intérieur s'étendait lentement et était petit, le marché européen était fermé aux produits d'une industrie balbutiante, et celui des Indes orientales n'était pas suffisant, bien qu'il fût réservé, pour avoir un effet d'entraînement. Une compagnie, qui avait le monopole du trafic colonial, la Nederlandsche Handels Mij, fut fondée en 1824. Pour donner une impulsion à la construction navale qui s'était effondrée — elle n'employait plus que 900 personnes en 1814 —, la loi obligeait à effectuer le trafic colonial avec des bateaux hollandais. Une compagnie hollandaise de bateaux à vapeur fut fondée en 1825, soutenue par J. Cockerill, qui se mit à construire des bateaux, d'abord pour le Rhin ; le premier bateau de haute mer en fer fut fabriqué en 1837. Cette entreprise de construction mécanique produisit aussi des moulins à sucre pour les Indes, participa à la construction des locomotives et fournit la plupart des rails pour le réseau ferré. Mais celui-ci se développa lentement : en 1860, il n'y avait que 335 kilomètres construits. La construction ferroviaire n'eut donc que peu d'effet d'entraînement.

Cela ne veut pas dire que la Hollande était en train de se sous-développer. D'après les évaluations de P. Bairoch, en 1830, le PNB par habitant était de

345 dollars US de 1960 en Hollande, égal à celui du Royaume-Uni, et supérieur à celui des autres pays : Belgique (295), France (265), Suisse (275)... La croissance hollandaise s'est faite pendant la plus grande partie du XIXe siècle, sans grande poussée d'industrialisation : l'agriculture, les services, qui contribuaient pour une part déjà très importante à la formation du PNB, et l'industrie ont crû parallèlement. La Hollande eut donc une croissance équilibrée, à la différence de la spécialisation sur l'agriculture du Danemark ou de la spécialisation sur l'industrie lourde de la Belgique. Cela lui évita de connaître les fortes tensions sociales propres aux pays à industrialisation rapide. L'industrie hollandaise allait se développer lors de la deuxième Révolution industrielle, sur des créneaux abrités de la concurrence étrangère qui permirent de profiter de l'extension des marchés européens avec la hausse des niveaux de vie : la Hollande possédait déjà une industrie du tabac et de la taille des diamants, elle y ajouta à partir de 1890 la fabrication de lampes électriques, de moteurs Diesel, des industries alimentaires et une construction navale dynamique. La découverte de pétrole, en Indonésie, lui donna une chance supplémentaire.

Orientation bibliographique

Milward A. et Saul S.B., *The Economic Development of Continental Europe (1780-1870)*, Londres, 1973.

—, *The Development of the Economies of Continental Europe (1850-1914)*, Londres, 1977.

Mokyr J., *Industrialization in the Low Countries*, New Haven-Londres, 1976.

Cf. Banque et finance au XVIIIe siècle. Belgique (Révolution industrielle en). Suisse (Révolution industrielle en). *Z-goods model* de transition entre proto-industrialisation et industrialisation.

Préindustrialisation et proto-industrialisation

Du fait de la simplicité et de la lente évolution des techniques, l'industrie ancienne ne connaissait qu'une faible division du travail et ne nécessitait donc pas la concentration de la main-d'œuvre dans de grands établissements. La fabrication d'un tissu se décomposait ainsi en quelques opérations qui donnaient lieu à des activités successives exercées dans un cadre artisanal : filature, tissage, apprêtage, teinturerie. L'outillage était le plus souvent individuel, comme le rouet ou le métier à tisser. L'unité de production était donc petite, allant du travail familial à domicile au petit atelier d'une dizaine de travailleurs. Même si des techniques plus complexes existaient dans la métallurgie ou la verrerie, elles pouvaient s'accommoder d'entreprises qui souvent ne dépassaient pas dix personnes. Quelques concentrations importantes de main-d'œuvre existaient, comme dans les manufactures concentrées, mais elles étaient rares et ne résultaient pas de nécessités techniques ou économiques, car les ouvriers y exécutaient conjointement le même travail au lieu d'avoir des activités complémentaires.

Le premier trait de l'évolution qui s'est faite à partir de l'artisanat corporatif des villes du Moyen Âge a été l'emprise croissante du capital marchand. Aussi Marx a-t-il réservé au mode de production de l'époque moderne le nom de capitalisme commercial. L'outillage individuel était peu coûteux comme dans le textile, et donc accessible au travailleur lui-même. Le capital fixe était donc faible, même s'il était plus important dans la sidérurgie ou la verrerie. Ce n'était donc pas sa propriété qui assurait la domination de la production. En revanche le capital circulant, les matières premières représentaient une avance beaucoup plus importante. En 1708, dans une manufacture sedanaise, par exemple, la laine représentait 48 % du prix de l'étoffe. Cela explique la tendance au contrôle du processus productif par le marchand qui avançait la matière première, coordonnait les différentes phases d'élaboration du produit et le commercialisait ensuite sur des marchés quelquefois lointains.

Un artisanat rural avait toujours existé, qui avait pour fonction de satisfaire les besoins locaux. Il s'expliquait aussi par les contraintes de localisation, comme dans le cas des mines. Pour éviter le transport des matières premières, le travail de la toile s'était implanté dans la zone de culture du lin, l'Irlande, le nord-ouest de la France, la Flandre, la Westphalie, la Basse-Saxe et la Silésie. Le moulin à eau, seule source d'énergie mécanique, impliquait une localisation le long des cours d'eau, de préférence dans les régions pluvieuses de collines ou de basse montagne ; il était indispensable pour fouler la laine ou actionner les martinets de forge. Le rouissage du lin, le lavage et le blanchiment des fibres textiles exigeaient aussi beaucoup d'eau. Enfin, les hauts fourneaux, les forges et les verreries étaient disséminés dans les forêts qui leur fournissaient les grandes quantités de bois et de charbon de bois dont ils avaient besoin comme combustible. Ces activités n'étaient pas plaquées sur le tissu rural, car elles avaient de multiples relations avec lui. Le moulin à eau imposait ses rythmes saisonniers ; les basses eaux d'été correspondaient à la période des grands travaux agricoles. La sidérurgie dépendait aussi du calendrier des coupes de bois. Et si les maîtres de forges et les propriétaires de mines étaient pour la plupart des propriétaires fonciers, la main-d'œuvre était largement paysanne ou semi-paysanne.

Face à la relative stagnation de l'industrie urbaine, les industries rurales se développèrent très fortement au XVIIIe siècle. Cette évolution se combinait avec la tendance au contrôle de la production par les marchands. Si d'autres formes d'organisation de la production subsistaient, comme l'artisanat indépendant (système domestique), ou des entreprises petites et parfois grandes (sidérurgie, mines), le *putting out system* (fabrique, *Verlagsystem*) était en rapide extension. Dans ce système, le marchand ou entrepreneur urbain faisait apporter la matière première aux travailleurs ruraux à domicile, puis rechercher le produit fabriqué. Ce système dominait dans le textile et la petite métallurgie. L'étude de cette industrie rurale a été récemment renouvelée par les analyses et les hypothèses de F. Mendels qui la place au centre d'un réseau complexe de relations entre démographie et agriculture, villes et campagnes. Elle aurait permis de rompre les blocages anciens, de démarrer une première phase de croissance industrielle, préalable à la Révolution industrielle. Pour souligner la filiation entre l'extension de cette industrie rurale et l'industrie moderne, F. Mendels a proposé de lui donner le nom de « proto-industrialisation ».

Orientation bibliographique

Kellenbenz H., « Industries rurales en Occident de la fin du Moyen Âge au XVIIIe siècle », *Annales ESC*, 1963.

—, « Les industries dans l'Europe moderne (1500-1750) », *in* Léon P., Crouzet F. et Gascon R. (éd.), *L'industrialisation en Europe au XIXe siècle*, Paris, 1972.

Cf. Artisanat urbain préindustriel. Manufacture. Proto-industrialisation et Révolution industrielle.

Proto-industrialisation et révolution industrielle

L'industrie rurale se développa très rapidement au XVIIIe siècle. Le nombre de métiers diminua dans les villes textiles qui tendaient à se désindustrialiser, à Lille, à Troyes, à Reims, à Gand. En revanche, fileurs et tisserands se multipliaient dans les campagnes environnantes, formant une « nébuleuse » (P. Léon) industrielle. La Flandre devint ainsi une immense filature rurale, avec 100 000 fileuses. Un quart de la population active des Pays-Bas autrichiens était occupé par l'industrie rurale. Dans le cas extrême de la Flandre, ce processus de ruralisation l'emportait sur celui d'urbanisation : 40 à 45 % de la population y était urbaine au XVIIe siècle, et ce pourcentage s'abaissa à 20-30 % au cours du XVIIIe siècle. Ce développement de l'industrie rurale s'est fait dans des formes que F. Mendels a qualifiées de « proto-industrielles ».

Pour éviter la confusion entre n'importe quelle forme d'industrie rurale et la proto-industrialisation, P. Deyon et F. Mendels ont proposé de définir cette dernière par la combinaison de trois caractéristiques : la vente du produit fabriqué hors de la région de production et souvent même sur des marchés étrangers, ce qui n'était pas le cas des artisanats traditionnels ; une complexe imbrication entre l'artisanat rural, l'artisanat urbain et parfois la manufacture concentrée sous la direction des « marchands-fabricants » des villes ; enfin une symbiose avec le développement régional d'une agriculture commercialisée. L'état des travaux qui portent essentiellement sur le textile ne permet pas de confirmer la présence concomitante et systématique de ces trois caractéristiques.

Le développement de la proto-industrialisation fut lié à la nécessité d'augmenter fortement la production, pour répondre à la demande croissante du marché intérieur et des marchés américains. Presque toute l'industrie linière dépendait du commerce atlantique, comme les *bretañas* de la région de Saint-Brieuc, ou les *presillas* et les *brabantes* de Flandres, qui servaient à faire des sacs pour le café et l'indigo et des vêtements pour les esclaves. 65 % de la production lainière britannique, 60 % du tissu de lin irlandais étaient exportés. Le développement rapide de l'industrie cotonnière en Grande-Bretagne, en France, en Suisse reposa aussi sur des marchés qui dépassaient largement le cadre régional et même national. Seuls les marchands des villes avaient suffisamment de capitaux et l'indispensable connaissance des circuits de distribution pour pouvoir commercialiser la production. La ville était le centre nerveux de l'activité, puisqu'elle conservait en général la finition du tissu dans ses ateliers et les fonctions de direction et de financement.

Les formes d'organisation purent être variables, mais elles impliquaient toujours cette relation entre villes et campagnes. Le cas le plus structuré était le cas de la manufacture, comme celle de Poupart de Neuflize à Sedan, où le marchand était déjà un entrepreneur : il faisait pratiquer le dégraissage des laines, l'ourdissage des chaînes, les apprêts et les teintures dans ses ateliers urbains ; il faisait tisser et filer en revanche dans les campagnes. L'organisation que S. Chassagne appelle le « modèle triangulaire » était plus souple : les marchands de toile de Saint-Quentin ou de Cholet achetaient les toiles en écru aux maîtres tisserands de la ville ou des bourgs voisins ; ces derniers achetaient le fil, ourdissaient les chaînes et les faisaient tisser par la main-d'œuvre rurale. L'organisation était comparable dans les villes drapantes de Sedan, Reims ou Amiens. En Bretagne ou en Languedoc, ce que S. Chassagne appelle le « modèle trapézoïdal » était beaucoup moins structuré, mais il assurait cependant au marchand de la ville le contrôle de la production. Ainsi, les armateurs de Saint-Malo achetaient à des intermédiaires, « maîtres tissiers » ou fabricants, les toiles que ces derniers se procuraient sur les marchés locaux auprès des paysans qui les produisaient.

En partant de l'exemple de la Flandre, F. Mendels considère que le développement de la proto-industrie se fit en symbiose et en complémentarité avec celui d'une agriculture commerciale dans des formes de spécialisation inter- ou intrarégionales. L'équilibre entre agriculture et industrie ne s'y réalisa pas à l'intérieur de chaque village, mais entre une zone littorale où de grandes fermes étaient capables de fournir un important surplus alimentaire et une zone intérieure de très petites exploitations intensives qui produisaient la matière première textile, le lin, et la pomme de terre qui contribuait à nourrir les très nombreux paysans-artisans qui y travaillaient. Les grandes fermes avaient besoin en été d'une main-d'œuvre supplémentaire que pouvaient leur fournir les artisans voisins à un coût inférieur à ce qu'aurait été l'entretien annuel d'ouvriers sous-employés durant la morte-saison. Et, d'autre part, ces fermes produisaient assez de céréales pour subvenir aux besoins de la région. Cette complémentarité ne pouvait exister que dans le cadre régional, puisqu'elle était dépendante des possibilités de transport des grains et de l'extension géographique maximale des migrations saisonnières. Mais les monographies manquent pour que l'on puisse savoir si ce modèle flamand de complémentarité est exceptionnel ou généralisable.

Différentes raisons expliquent le développement rapide de la proto-industrie au XVIIIe siècle. En l'absence de notable accroissement de la productivité du travail, elle était la seule possibilité d'augmenter la production pour répondre à la croissance des marchés. Faute de pouvoir multiplier les travailleurs industriels à plein temps, la solution était de faire travailler les femmes et les enfants et d'allonger la durée annuelle du travail. La proto-industrie avait pour cellule de base la famille et elle a consisté en une utilisation productive des temps morts de la production agricole. Aussi fut-elle liée à des formes d'agriculture dont les besoins en travail étaient irréguliers, au premier chef la céréaliculture. En revanche, elle ne se développa pas en pays de vignoble, en Anjou, en Beaujolais, dans le monde méditerranéen, car la vigne exige des soins durant toute l'année. Cet essor de la proto-industrie permettait en outre de résoudre les problèmes des marchands, et ceux des paysans. La préoccupation des marchands était avant tout de réduire les coûts. La main-d'œuvre rurale était prête à accepter des rémunérations faibles, car c'était pour elle un revenu d'appoint; tant que le paysan conservait un peu de terre, il était possible de le payer au-dessous de ce qui était nécessaire pour la reproduction de sa force de travail. En Flandre, une famille de cinq personnes travaillant à la campagne arrivait à gagner 34 grotens par jour, alors que le salaire de l'ouvrier non qualifié urbain était de 20 grotens. Cette diminution des coûts par un recours au travail rural se conjuguait avec une rationalisation et une concentration des ateliers urbains. La proto-industrie permettait aussi aux marchands d'échapper aux règlements corporatifs, et d'amortir les irrégularités conjoncturelles des ventes avec un moindre danger de troubles sociaux que n'en aurait comporté l'emploi de nombreux travailleurs urbains. Pour S. Chassagne, les marchands et les autorités sociopolitiques étendirent consciemment le travail rural pour limiter la croissance urbaine.

D'autre part la tendance à la prolétarisation et à la paupérisation d'une partie de la paysannerie au XVIIIe siècle la conduisit à chercher un revenu supplémentaire en exerçant une activité durant la morte-saison. Avec les enclosures, le *cottager* fut souvent contraint à devenir tisserand. La mise au travail de toute la famille, enfants compris, accrut les ressources. La croissance démographique devait rendre plus aigu le problème de la survie des ruraux pauvres. La pression démographique, le surpeuplement semblent avoir été d'importants stimuli pour la proto-industrialisation. Ils combinèrent leurs effets avec ceux du morcellement des exploitations. Dans les Pays-Bas autrichiens, où ce dernier était extrême, on observe un parallélisme entre le nombre de métiers et celui des exploitations de moins de un hectare, qui ne pouvaient suffire à nourrir une famille. Cependant toutes les régions surchargées démographiquement ne devinrent pas des zones d'activité proto-industrielle, à en juger par l'exemple du Velay. La pauvreté des sols, ou les difficultés agricoles semblent aussi avoir encouragé les paysans à chercher un travail complémentaire; mais l'hypothèse de complémentarité du modèle flamand n'est ni confirmée ni infirmée, et on ne peut dire si cette zone de difficultés agricoles et de surpeuplement devait être associée régionalement à une zone de céréaliculture en progrès pour qu'il y ait des conditions favorables à la proto-industrialisation. Cette dernière permit donc aux ruraux pauvres de défendre si ce n'est d'accroître leur revenu, et cette nouvelle activité leur était matériellement accessible, car les machines coûtaient peu cher : un rouet ne valait presque rien, et un métier en Flandre au XVIIIe siècle le produit d'une vingtaine de jours de travail pour une famille de cinq personnes.

Pour F. Mendels, la proto-industrialisation a suscité des conditions favorables à l'industrialisation. Par une meilleure utilisation de l'espace et du temps, elle a débloqué le système ancien qui limitait la croissance démographique. Dans la plupart des cas, sauf en Flandre, elle eut pour conséquence d'abaisser l'âge au mariage et d'augmenter la fécondité et la natalité. Comme ils étaient très tôt mis au travail, les enfants contribuaient vite à accroître le revenu familial. Dans la mesure où le modèle flamand de complémentarité n'est pas une exception, la proto-industrie aida aussi au développement d'une agriculture commercialisée, et donc globalement à la croissance économique régionale. D'autre part, son extension résultait du développement des marchés intérieurs et extérieurs. C'est dans cette dynamique de croissance démographique, économique et commerciale que la transition vers l'industrie moderne allait se faire. La proto-industrie en apportait aussi les moyens. Elle a permis une accumulation de capital dans les mains des marchands-entrepreneurs qui souvent investirent dans les premières usines. Elle a contribué à former une classe d'entrepreneurs, compétents en matière commerciale et technique. Si dans le West Riding ou la Rhénanie, tous les fondateurs d'entreprises étaient d'anciens *putters out*, dans d'autres régions la filiation, bien que moins systématique, était aussi perceptible. Enfin la proto-industrie a constitué une classe semi-prolétaire dans une organisation qui fut la première à contrôler la main-d'œuvre industrielle et à donner régularité et discipline au travail. Mais l'évolution du système proto-industriel butait sur des limites, qui conduisirent à l'industrialisation : il ne pouvait répondre à une demande sans cesse croissante. Cette dernière aurait supposé une extension de la main-d'œuvre sur une aire de plus en plus vaste, où les coûts de transport se seraient accrus, les délais allongés et la vitesse de rotation du capital ralentie. Le profit n'aurait pu que décroître. En outre la dispersion de plus en plus forte n'aurait plus permis le contrôle de la qualité et la surveillance de la main-d'œuvre. Des fraudes indétectables étaient déjà pratiquées (alourdir, par exemple, la laine avec du sel); des matières premières étaient détournées par les tisserands pour se constituer une clientèle indépendante ou vêtir leur famille. Le coût marginal de la production aurait ainsi brutalement augmenté à partir d'un certain seuil de dispersion. La solution était de concentrer la main-d'œuvre dans un même local pour la surveiller, et d'augmenter la production non plus par une extension toujours plus grande de la quantité de travail, mais par une hausse de la productivité du travail qui supposait le machinisme et le progrès technique. Cette incitation fut surtout forte en Grande-Bretagne; sur le continent, la nécessité de répondre à la concurrence britannique poussa à accroître la productivité.

Cette continuité expliquerait les coïncidences géographiques entre régions proto-industrielles et régions industrielles. Il y eut certes des cas de désindustrialisation, exceptions qui méritent explication. Des pratiques des débuts de l'industrialisation assurèrent la transition avec la proto-industrie; elles atténuèrent la rupture que constitua le nouveau type de travail. Le travail des femmes et des enfants n'était pas une nouveauté; il permit aux patrons de disposer d'une main-d'œuvre bon marché. Une illusion d'indépendance du travail et du travailleur fut longtemps maintenue par la rémunération à la pièce ou, par exemple, les retenues sur le salaire pour éclairage et chauffage des ateliers, des formes de sous-traitance par lesquelles le contremaître payait son équipe, ou l'ouvrier ses aides. L'industrialisation ne fit pas disparaître la proto-industrie. Il y eut toujours une période de dualisme, plus ou moins longue, du fait du décalage technique entre filature et tissage. La filature mécanique eut pour premier effet de développer le tissage à bras. Quelquefois cette phase fut rapide, comme en Grande-Bretagne, où dès 1815 il commençait à régresser. En revanche en France ou en Suisse, il se maintint beaucoup plus longtemps. À Roubaix, vers 1870, les deux tiers des métiers à tisser étaient encore manuels; il en allait de même dans le tissage du lin en Anjou ou dans la Sarthe. La manufacture lyonnaise présente même un cas extrême de « proto-industrialisation décalée » (P. Cayez) : dans la première moitié du XIXe siècle, le nombre de métiers diminua en ville, alors qu'il s'accrut dans les faubourgs et surtout dans les campagnes. Si les canuts de la ville fabriquaient au métier Jacquard des tissus de luxe, les métiers ruraux faisaient des tissus unis destinés à une clientèle bourgeoise française ou anglo-saxonne. Dans le tissage du coton en Suisse, une spécialisation comparable opposait la production proto-industrielle qui travaillait pour le marché intérieur, et le tissage mécanique qui produisait pour l'exportation. La persistance ou même le renouveau de la proto-industrie s'expliquait d'abord par la répugnance des ruraux à abandonner leur ancien genre de vie, leur maison, leur jardin, leur illusion d'indépendance. Ils acceptaient des salaires faibles, beaucoup plus bas que ceux des ouvriers d'usine. C'est pourquoi les patrons les faisaient travailler. Et surtout le recours à la proto-industrie limitait les problèmes sociaux de l'industrialisation. Les travailleurs ruraux étaient plus dociles et surtout plus stables que les ouvriers d'usine, même si on les voit à Roubaix causer aussi des problèmes aux patrons. Ils jouaient, avec de moindres dangers de troubles sociaux, un rôle d'amortisseur des fluctuations conjoncturelles. Ce n'est pas un hasard si la ruralisation des métiers lyonnais a été contemporaine des révoltes des canuts. En Suisse, le coût social de l'industrialisation fut limité par la persistance de la proto-industrie.

Après 1850, et surtout après 1873 et le début de la dépression agricole, la proto-industrie régressa. Elle fut la source principale de l'exode rural. Elle subsista cependant de manière résiduelle jusqu'au début du xxe siècle, et même par endroits (tissage du lin de la Sarthe, bonneterie de Troyes) jusqu'aux années 1930.

Orientation bibliographique

Berg M., Hudson P. et Sonenscher M., *Manufacture in Town and Country before the Factory*, Cambridge, Cambridge University Press, 1983.

Cailly C., *Mutations d'un espace proto-industriel. Le Perche aux XVIIIe-XIXe siècles*, Fédération des Amis du Perche, 1993, 2 vol.
Gayot G., *De la pluralité des mondes industriels. La manufacture royale de drap de Sedan (1646-1870)*, Paris, EHESS, 1997.
Hudson P., *The Genesis of Industrial Capital. A Study of the West Riding Wool Textile Industry (1750-1850)*, Cambridge, Cambridge University Press, 1986.
Kriedte P., Medick H. et Schlumbohm J., *Industrialisierung vor der Industrialisierung*, Göttingen, 1977 ; trad. anglaise : *Industrialization before Industrialization*, Cambridge, Paris 1981.
Mendels F., « Proto-Industrialization : the First Phase of Industrialization », *Journal of Economic History*, 1972.
—, « Aux origines de la proto-industrialisation », *Bulletin du Centre d'histoire économique et sociale de la région lyonnaise*, n° 2, 1978.
Terrier D., *Les deux âges de la proto-industrie. Les tisserands du Cambrésis et du Saint-Quentinois, 1730-1880*, Paris, EHESS, 1996.
De nombreux articles dans deux numéros spéciaux de la *Revue du Nord*, n° 240, janvier-mars 1979, et n° 248, janvier-mars 1981.

Cf. Agriculture et Révolution industrielle. Artisanat urbain préindustriel. Capital et Révolution industrielle. Entrepreneurs. Manufacture. Niveaux et conditions de vie des classes populaires urbaines durant la Révolution industrielle. Préindustrialisation et proto-industrialisation. Régions et désindustrialisation.

RÉGIONS ET DÉSINDUSTRIALISATION

La théorie de la localisation régionale, dont les bases furent posées au XIXe siècle par J.H. von Thünen, puis dans la décennie 1930 par A. Weber, a donné lieu depuis 1950 à d'importants travaux, en particulier ceux de W. Isard. En matière de localisation industrielle, ce dernier a développé une analyse de type économétrique, en termes de coûts comparatifs, coûts des matières premières, des transports, de la main-d'œuvre. Si ces trois facteurs de localisation sont sûrement fondamentaux, ils ne sont pas les seuls que l'historien de la Révolution industrielle doit faire entrer en ligne de compte, car il ne traite pas d'une économie partant d'une situation sans industrie ; une géographie préindustrielle existait déjà, avec sa force de résistance au changement. Les analyses régionales des historiens, et plus encore des géographes, ont conforté l'approche de F. Perroux, en termes de « pôles de développement », avec une ou plusieurs industries « motrices » qui se succèdent, avec leur dynamique interne et les complexes échanges qu'ils entretiennent avec les régions voisines. La Révolution industrielle se fit à partir de quelques « pôles de développement » peu nombreux : en France par exemple, le Nord, où textile, charbonnages, sidérurgie et chimie se développèrent en interaction, l'Alsace textile, la région Centre-Sud-Est, s'appuyant sur les bassins houillers, le textile et la chimie lyonnais, l'ensemble métallurgique de la Loire, du Rhône, de l'Allier et de la Saône-et-Loire, et enfin le pôle parisien, surtout artisanal, mais où une transition se faisait vers l'industrie (construction mécanique par exemple). La Lorraine sidérurgique ne se développa qu'après 1870. À côté d'eux, la Haute-Normandie textile faisait figure de pôle secondaire, isolée dans un environnement rural. L'échelle régionale transcende le cadre national ; le nord de la France était intégré à un ensemble qui comprenait aussi la Belgique et la Rhénanie-Westphalie ; l'Alsace, la Suisse, la Souabe étaient une même grande région textile. Mais, inversement, l'arbitraire des découpages politiques n'était pas non plus sans influence sur les évolutions économiques régionales, à en juger par les différences entre les trois parties de la Silésie partagée entre la Prusse, l'Autriche et la Russie.

L'étude de la Révolution industrielle pose le problème des continuités et celui des changements de localisation. Quatre cas sont envisageables : celui d'une région préindustrielle qui devient industrielle, celui d'une région non industrielle qui le reste, celui d'une région non industrielle qui s'industrialise, et enfin celui de la désindustrialisation. Les cas de continuité semblent les plus simples ; les mêmes facteurs de localisation continuent de jouer : par exemple, l'attraction d'une métropole nationale comme Paris ou Berlin, ou plurirégionale comme Lyon, avec leurs traditions artisanales, leurs marchés de consommation, leurs capitaux et leurs réseaux de communication. Mais de nouvelles raisons peuvent venir renforcer une localisation. Le nord de la France avait une importante proto-industrie textile et de bonnes voies de communication. Elles furent les bases du développement textile du XIXe siècle, favorisé par la proximité des mines de charbon, qui, de peu d'importance au début, allaient devenir au cours du siècle un moteur de la croissance. La proximité de la Flandre belge, source de main-d'œuvre bon marché, et des charbonnages belges étaient d'autres atouts. Après 1850, l'extension rapide du bassin houiller du Pas-de-Calais devait aider au développement de l'industrie lourde.

Les régions qui n'avaient jamais connu d'industries et qui s'industrialisèrent au XIXe siècle le firent parce qu'elles possédaient des ressources naturelles qui les y prédisposaient, comme la Lorraine où une puissante sidérurgie se développa sur les mines de fer à partir de 1870. De même, la Ruhr fut jusqu'au milieu du siècle une zone rurale ; la sidérurgie traditionnelle était localisée dans l'Eifel et le Siegerland. Puis le cœur industriel de la Rhénanie-Westphalie se déplaça vers le nord, vers les mines de charbon, et s'étendit en fonction des nouveaux forages.

L'analyse des désindustrialisations traite de cas anormaux, ceux de régions proto-industrielles qui auraient pu s'industrialiser. En France, entre 1780 et 1880, l'industrie jusqu'alors largement présente dans la moitié ouest-sud-ouest, bascula à l'est d'une ligne Le Havre-Marseille. Le Calvados fut jusqu'à 1860 une grande région de textile rural. Avant la Révolution, les régions de Quintin, Loudéac, Morlaix, Cholet tissaient le lin, le Languedoc faisait de la draperie ; le Sud-Ouest aussi était industriel : draps de Montauban, corderies de Bordeaux, de Marmande, de Tonneins, draperies et tuileries d'Auch, métallurgie du Périgord, etc. Ces régions se désindustrialisèrent au XIXe siècle, certaines précocement comme le Sud-Ouest où, dès le Premier Empire, la plupart des activités industrielles avaient fortement régressé, d'autres plus tardivement, comme la Bretagne où les métiers à bras se maintinrent jusque vers 1850, mais où, peu à peu, les anciens tisserands redevinrent paysans. À quelques exceptions près, comme à Mazamet, où l'industrie lainière continua à se développer, l'industrie moderne ne prit pas le relais de la proto-industrie. Quatre raisons principales peuvent l'expliquer : les modifications des marchés et des courants commerciaux, celles des systèmes de communications, les hauts prix du charbon et l'absence de motivation industrielle des détenteurs de capitaux.

La ruine de la France de l'Ouest et du Sud-Ouest eut pour origine la perte, durant la Révolution puis surtout à cause du Blocus continental, des marchés d'outre-mer pour lesquels elle travaillait. Mais après 1815, l'industrialisation ne se fit pas non plus, soit que d'autres marchés n'aient pu être retrouvés, soit que les circuits commerciaux n'aient pu se reconstituer, soit que d'autres facteurs de désindustrialisation aient pris le relais.

Le rôle des transports est aussi souvent évoqué. Bien avant la construction des voies ferrées, l'ouest et le sud-ouest de la France étaient sous-équipés en routes et en voies navigables ; mais, au XVIIIe siècle, ce n'était pas un handicap puisqu'une grande partie de la production était exportée par Bordeaux et Nantes. En revanche, après 1815, les marchés s'étant déplacés ver le nord-est, ces régions leur devinrent périphériques. Cette infériorité fut accentuée par la construction des chemins de fer, qui fut plus précoce et plus dense dans la France du Nord et de l'Est. Inversement, cependant, la liaison d'une région aux principaux pôles industriels par la voie ferrée ne fut pas toujours bénéfique ; elle pouvait aussi amoindrir des rentes de situation. Mais ceci se produisit davantage dans le cas de l'agriculture que dans celui de l'industrie pour laquelle les spécifités climatiques jouent peu.

Quant au manque de charbon, ou à son coût élevé du fait de l'éloignement des mines ou du tracé du réseau ferré, son rôle ne doit sans doute pas être exagéré. L'Ouest et le Sud-Ouest en étaient médiocrement pourvus (Carmaux), mais le charbon ne devint une matière première fondamentale qu'à partir du milieu du XIXe siècle. L'industrie textile de Haute-Normandie, comme celle de la Suisse ou des États-Unis, utilisa longtemps l'énergie hydraulique. De plus, l'Ouest français aurait pu importer par mer du charbon britannique à un prix raisonnable. D'après M. Hau, il n'y a pas de corrélation entre les mouvements des prix et les volumes de charbon consommé entre 1847 et 1907 dans la plupart des départements de l'Ouest et du Sud-Ouest. Car le prix du charbon avait surtout de l'importance pour la sidérurgie. Le changement de technologie, devenu indispensable après le traité de commerce de 1860, fut fatal aux nombreux hauts fourneaux traditionnels au charbon de bois, largement disséminés dans l'Ouest et le Sud-Ouest : ils disparurent. L'entreprise moderne de Saut-du-Tarn, proche de la houille de Carmaux, resta une exception.

Le comportement de ceux qui possédaient les capitaux semble en revanche avoir été déterminant. Un trait était commun de la Normandie à l'Aquitaine : l'absence de projets industriels due à l'attrait du placement foncier et du genre de vie aristocratique. On a souvent opposé, ainsi, le patronat normand à celui du Nord ou de Mulhouse. De fait, dans le Sud-Ouest et la Bretagne où l'agriculture était pauvre, les capitaux étaient certes limités; en Normandie, inversement, en raison de la prospérité de l'élevage, les détenteurs de capitaux préférèrent des placements fonciers bien rémunérés aux risques de l'entreprise industrielle. Même dans la région industrialisée de Rouen-Elbeuf-Louviers, les entrepreneurs investissaient dans la propriété foncière. Une étude systématique des rentabilités des placements industriels et fonciers pour chaque région éclairerait sans doute le problème de la désindustrialisation.

D'autres facteurs, sans doute, contribuèrent aux échecs de l'industrialisation. Ainsi l'industrie textile normande était, par rapport à celle du Nord ou de l'Alsace, handicapée par des salaires élevés, qui ne peuvent s'expliquer qu'en fonction de la rentabilité de l'agriculture, des caractéristiques démographiques et du coût de la vie. Mais des bas salaires, comme en Flandre intérieure belge, ne furent pas non plus une garantie d'industrialisation. Ce type d'explication renvoie donc à tout l'environnement socio-économique. Enfin restent des niveaux explicatifs mal connus : réfléchissant sur l'échec de la Normandie, où lui semblaient réunies toutes les conditions du démarrage industriel, P. Chaunu proposait aussi de rendre compte des mentalités économiques malthusiennes par un malthusianisme démographique précoce.

Orientation bibliographique

Armengaud A., « À propos des origines du sous-développement industriel dans le Sud-Ouest », *Annales du Midi*, vol. LXXII, fascicule I, 1960.
Crouzet F., « Les origines du sous-développement économique du Sud-Ouest », *Annales du Midi*, vol. LXXI, fascicule I, 1959.
Desert G., *Une société rurale au XIXe siècle. Les paysans du Calvados. (1815-1895)*, 2 vol. Thèse dactylographiée, Lille, 1975.
Léon P., Crouzet F., et Gascon R. (éd.), *L'industrialisation en Europe au XIXe siècle*, Paris, 1972.
Pollard S. (éd.), *Region und Industrialisierung*, Göttingen, 1980.
—, « Peaceful Conquest. The Industrialization of Europe (1760-1970) », *Revue du Nord*, numéro sur la proto-industrialisation, n° 24, janvier-mars 1981.
Sur la théorie des localisations :
Isard W., *Méthodes d'analyse régionale*, 2 vol., Paris, 1972.
Perroux F., *L'économie du XXe siècle*, Paris, 1969.
Thünen J.H. von, *Der isolierte Staat, in Beziehung auf Landwirtschaft und National-ökonomie*, 1842 (rééd., Stuttgart, 1966).

Cf. Chemins de fer et croissance économique. Commerce maritime au XVIIIe siècle. Entrepreneurs. Krupp (Alfred) et la Révolution industrielle dans la Ruhr. Modèles théoriques de la Révolution industrielle. Petits pays : Belgique, Pays-Bas et Suisse. Proto-industrialisation et Révolution industrielle.

RÉVOLUTION AGRICOLE AU XVIIIe SIÈCLE EN FRANCE : UN MYTHE ?

Voltaire ironisait : « Vers 1750, la nation [...] se mit enfin à raisonner sur les blés [...]. On écrivit des choses utiles sur l'agriculture ; tout le monde les lut, excepté les laboureurs. On supposa au sortir de l'opération que la France avait prodigieusement du blé à vendre » *(Dictionnaire philosophique)*. Sans doute exagérait-il quelque peu; mais, malgré l'« agromanie », les innovations prônées par les ouvrages théoriques n'étaient guère appliquées, s'il faut en croire Arthur Young.

En se fondant sur les évaluations des contemporains — Vauban, Quesnay, Lavoisier —, J.-C. Toutain a évalué la hausse de la production céréalière à 44 % et celle du produit agricole à 60 % durant le siècle, le produit animal évoluant plus rapidement encore. Mais depuis, des études à partir des témoignages micro-économiques contemporains directs comme les comptes d'exploitation et les recettes de métayage, ou indirects comme les dîmes, ont renouvelé la question : ces cas individuels ne sont pas obligatoirement représentatifs, mais leur grand nombre est là pour rassurer, et la convergence des évolutions régionales n'est pas sans convaincre. M. Morineau les compare à la seule référence statistique, l'enquête agricole de 1840, et conclut à la stabilité des rendements du blé entre le début du XVIIIe siècle et cette dernière date. Si la productivité du sol n'augmenta pas, la production aurait pu croître par extension des surfaces cultivées. Il y eut des défrichements au XVIIIe siècle ainsi que des remises en culture, simple récupération après les abandons de terre du XVIIe siècle. Malgré la politique incitatrice du ministre « physiocrate » Bertin, les surfaces arables, à quelques exceptions régionales près, comme la Bourgogne ou la Bretagne, n'augmentèrent que peu, guère plus de 3 % au total, et l'accroissement de la production ne put qu'être inférieur, car les défrichements portaient sur des terres de qualité médiocre, comme les communaux ou les landes, ce qui, en outre, portait préjudice à l'élevage et aux droits communautaires, et donc mécontentait les paysans pauvres et perturbait l'équilibre des systèmes culturaux anciens.

Mais ce constat de stagnation pose problème, car la population a augmenté : or, au lieu d'une aggravation du bilan alimentaire, il semble plutôt qu'il y ait eu des variations de récoltes moins fortes et des disettes moins fréquentes. Il y aurait donc eu des progrès, une continuation des lentes évolutions antérieures, non pas des bouleversements, mais « une somme de petites trouvailles, une succession d'essais obscurs, persévérés, abandonnés, repris » (M. Morineau) : un lent recul de la jachère, une extension de productions autres que les céréales et dont le rendement alimentaire par unité de surface était plus grand, ou la part commercialisée plus forte.

Le recul de la jachère s'est opéré moins par abandon de l'assolement triennal, qui occupait encore en 1840 27 % des terres labourables, que par passage du biennal, ou de modes de culture encore plus extensifs, au triennal : ainsi, dans les montagnes d'Auvergne, où l'on comptait jusqu'à cinq ans de jachère par année de culture, ou dans le Toulousain où le maïs s'associait à une rotation triennale.

Le maïs et la pomme de terre, introduits en France au XVIe siècle, contribuèrent régionalement à nourrir une population croissante qui faisait de plus en plus pression sur les subsistances. L'un se répandit dans le Sud-Ouest et le Sud-Est, remontant le couloir rhodanien jusqu'à la Bourgogne et l'Alsace ; dans le Toulousain et l'Albigeois, il était à la fin du siècle un appoint alimentaire appréciable qui représentait 15 à 20 % du total des grains. L'autre se cultivait en

Bretagne, en Lorraine et dans les régions montagneuses, en fait sur les terrains « pauvres » où le blé venait mal. On recourait aux deux fautes de mieux : on les considérait comme des nourritures inférieures, mais leurs rendements étaient élevés. Leur développement correspondit à un accroissement des difficultés alimentaires qui obligea à accepter, selon les critères de l'époque, une dégradation qualitative : tout le contraire donc d'une révolution. Mais quantitativement l'amélioration fut évidente et ces cultures contribuèrent à limiter la dépendance envers la conjoncture céréalière et à éviter les disettes.

La croissance des villes continua de soutenir le développement des cultures maraîchères, des vignobles et de l'élevage. Le vin était déjà une boisson populaire dès le milieu du XVIIe siècle. L'approvisionnement en viande pouvait se faire à partir de régions éloignées car le bétail voyageait sur pied. Le principal fournisseur des marchés parisiens était la Basse-Normandie. Dans le pays d'Auge et le Bessin, on coucha en herbe les terres les moins favorables à la céréaliculture. Plusieurs régions passèrent ainsi d'une agriculture à dominante céréalière à une agriculture à dominante herbagère, contrastant par leur dynamisme avec l'immobilisme environnant, et faisant naître par endroits une classe d'éleveurs capitalistes, comme les emboucheurs nivernais. À la demande alimentaire des villes s'ajoutait celle de l'industrie. Le textile consommait plus de laine que les 20 millions d'ovins n'en pouvaient fournir vers 1780 : il fallait importer. L'élevage du ver à soie et la culture du mûrier, activité rémunératrice liée à un marché de luxe, s'étendaient dans le Sud-Est, gagnaient le Sud-Ouest, et remontaient jusqu'en Poitou et en Touraine.

Toutes ces évolutions se sont combinées, et, grâce à l'amélioration des transports, qui permirent un début de spécialisation régionale, finirent par entraîner un réel progrès du produit agricole, quoique difficile à évaluer : sans doute de 20 à 40 % durant le siècle. Elles allaient s'affirmer dans la première moitié du XIXe siècle, mais sans que jamais les progrès comportent une rupture révolutionnaire.

La pression des hommes s'est accentuée sur le marché des subsistances : c'est là probablement la raison de la hausse longue des prix au XVIIIe siècle. Croissance agricole et hausse des prix se conjuguèrent pour augmenter sensiblement les revenus réels des propriétaires, car la rente foncière fut la grande gagnante. Les paysans qui commercialisaient une partie de leur production en profitèrent aussi. En revanche le revenu du petit paysan et le salaire du journalier augmentèrent moins vite que le coût de l'alimentation. Il ne s'agit sans doute pas là d'une paupérisation absolue, d'une part parce que l'ouvrier agricole était le plus souvent rémunéré en nature ou en services, par le prêt d'un attelage ou d'un lopin de terre, et d'autre part parce que le recul du pouvoir d'achat a été combattu par un surcroît de travail sur le lopin personnel, par des journées supplémentaires chez les propriétaires ou les fermiers, et par un travail artisanal accru. Telle fut une des raisons de l'extension rapide de la proto-industrialisation. Mais il y eut en tout cas paupérisation relative : l'inégalité des pouvoirs d'achat s'accrut entre une minorité de gros propriétaires et fermiers et la majorité des classes populaires rurales. Cela se combinait en outre avec un phénomène de concentration de la propriété et de prolétarisation, moins massif qu'en

Grande-Bretagne, mais patent cependant à la veille de la Révolution. Une évolution différentielle des prix plus favorable allait permettre, dans la première moitié du XIXe siècle, une répartition moins inégale des fruits de la croissance agricole (+ 78 % d'après M. Lévy-Leboyer entre 1815 et 1852).

Une des raisons de la lenteur des progrès était l'inertie de la structure de la propriété et de l'exploitation, et la résistance des systèmes culturaux anciens, qui allaient mettre encore plus d'un demi-siècle à se défaire. L'individualisme agraire ne gagna que peu à peu sur les communautés paysannes. La Révolution française consolida une majorité de petits paysans parcellaires, dont la propriété devait s'émietter de plus en plus du fait de la législation napoléonienne sur l'héritage. La Révolution et l'Empire sacrifièrent ainsi l'efficacité économique à la stabilité des campagnes. Le remembrement, l'insuffisante concentration de l'exploitation, le manque de ressources financières pour investir, tels sont les problèmes que le passé devait léguer à la France du XXe siècle.

Orientation bibliographique

Garnier B., « La mise en herbe dans le pays d'Auge aux XVIIe et XVIIIe siècles », *Annales de Normandie*, 1975.

Morineau M., *Les faux-semblants d'un démarrage économique : agriculture et démographie en France au XVIIIe siècle*, Paris, 1971.

—, « Révolution agricole, révolution alimentaire, révolution démographique », *Annales de démographie historique*, 1974.

Toutain J.-C., *Le produit de l'agriculture française de 1700 à 1958*, 2 vol., Paris, 1961.

Cf. Agriculture ancienne (Stagnation de l'). Agriculture et Révolution industrielle. Crise économique de type ancien. Démographie et Révolution industrielle. Enclosures. Révolution agricole en Angleterre : une réalité ?

Révolution agricole en Angleterre : une réalité ?

On a longtemps surestimé l'ampleur et surtout la rapidité des transformations de l'agriculture anglaise. On parlait d'une « révolution agricole du XVIIIe siècle », ce qui est inexact, car il s'agit d'une évolution lente remontant au moins au milieu du XVIIe siècle et allant jusqu'au milieu du XIXe siècle. Ce passage d'une agriculture de subsistance à une agriculture capitaliste en grandes exploitations a été rendu possible par le progrès des techniques agricoles et le remaniement des structures foncières. L'historiographie a longtemps centré son attention sur le phénomène des « enclosures » et sur ses conséquences sociales : mais elles ne constituent pas la « révolution agricole », elles n'en sont qu'un préalable qui n'entraîne pas automatiquement un progrès de la production et de la productivité.

Dès la fin du Moyen Âge on pratiquait dans les Flandres une agriculture intensive du fait de la concentration de la population sur un territoire restreint. Des rotations complexes entre grains, herbe, fourrages artificiels et cultures industrielles permettaient d'éviter la jachère, de dégager un surplus important et de nourrir le bétail, producteur de viande et de fumier. Cette association de la culture et de l'élevage, proche du jardinage, parvenait à rompre le cercle vicieux de l'assolement triennal et à subvenir à l'alimentation d'une population urbaine déjà plus nombreuse au XVIIe siècle que la population rurale. Il en allait de même en Italie du Nord.

Les Anglais s'intéressèrent tôt à ces méthodes, à en juger par la publication en 1645 de *A Discourse of*

Husbandry Used in Brabant and Flanders de R. Weston, qui ouvrit la voie aux ouvrages des agronomes du XVIIIe siècle. Nombre de *landlords*, en particulier dans le Norfolk, essayèrent de les appliquer : Tull et Townshend systématisèrent leurs expériences.

Des travaux récents accréditeraient même l'idée d'une révolution agricole entre la fin du XVIe siècle et le dernier quart du XVIIe siècle, fondée sur l'irrigation des prairies, les labours continus, des assolements plus variés, le développement de l'élevage et l'emploi d'amendements comme la marne. Mais le terme de révolution semble forcé, car la nouvelle agriculture n'était le fait que d'une minorité, et que d'une partie de l'Angleterre, le Sud et le Sud-Ouest. À la fin du XVIIe siècle, un quart du royaume était toujours en friche et une moitié restait exploitée en *openfield*, selon la tradition. Mais il y avait cependant progrès, sans doute parce que, dans un système aussi peu productif que le système ancien, de très légères améliorations purent avoir des résultats sensibles. Ainsi, les prix des grains variaient moins selon les années, soit du fait d'une réduction des fluctuations de la production, soit du fait d'une commercialisation plus importante par suite du développement de grandes exploitations capitalistes. Les progrès de l'élevage étaient aussi incontestables. Ces améliorations permirent l'atténuation des crises démographiques à la fin du XVIIe siècle et une croissance de la population plus précoce qu'ailleurs.

Cette lente transformation, par intensification du travail, recul de la jachère et développement de l'élevage, se poursuivit au XVIIIe siècle. L'Angleterre de la première moitié du siècle était un des grands pays exportateurs de céréales. Mais malgré la croissance de la production, qui passa de 15 millions de quarters vers 1700, à 17 millions vers 1770, la croissance démographique de la seconde moitié du siècle devait réduire les surplus exportables et conduire à importer, d'autant que les rendements céréaliers ne firent plus de progrès entre 1770 et 1830. Les caricatures françaises représentaient alors l'Anglais comme corpulent et mangeur de gros rôtis. Cette introduction de la viande de bœuf dans le régime alimentaire était vraie pour les classes supérieures et moyennes. La consommation de mouton, viande populaire, était sans doute plus large. Globalement l'agriculture fut capable de nourrir le pays dans sa première phase d'industrialisation, mais cela ne doit pas cacher l'ampleur de la pauvreté, si grande qu'elle suscita des mesures sociales.

Avec les difficultés d'importation, conséquence des guerres napoléoniennes, les prix du blé se maintinrent à des niveaux élevés, très rémunérateurs pour les *landlords* et les *farmers*, mais aussi pour les paysans propriétaires, les *yeomen*. Après 1815, les changements s'accélérèrent avec la baisse du prix des grains. Mais ils furent plus rapides pour les structures de la propriété et de l'exploitation que pour les techniques et la production. En 1840, l'Angleterre était un pays d'agriculture capitaliste. Les techniques agricoles étaient les plus modernes d'Europe, mais le machinisme et l'utilisation massive d'engrais, qui constituent plus effectivement une révolution agricole, ne devaient pas se généraliser avant la seconde moitié du XIXe siècle, voire le XXe siècle. Cette révolution agricole fut la fille de la Révolution industrielle, et non le préalable.

Orientation bibliographique

Chambers J.D. et Mingay G.E., *The Agricultural Revolution (1750-1880)*, Londres, 1966.

Jones E.L., *Agriculture and Economic Growth in England (1650-1815)*, Londres, 1967.

Parker R.C., *Coke of Norfolk. A Financial and Agricultural Study (1707-1842)*, Londres, 1975.

Turner M., « Agricultural Productivity in England in the Eighteenth Century : Evidence from Crop Yields », *The Economic History Review*, vol. XXXV, n° 4, novembre 1982.

Cf. Agriculture et Révolution industrielle. Agronomie. Bairoch P. (Modèle explicatif de). Démographie et Révolution industrielle. Enclosures. Révolution agricole au XVIIIe siècle en France : un mythe ?

Révolution des transports au XVIIIe siècle

La production industrielle de masse ne pouvait se développer que s'il y avait des voies de communication pour la mettre en relation avec les marchés de consommation intérieurs ; elle supposait un réseau adapté aux nouveaux flux de marchandises. En Grande-Bretagne, la construction des canaux a coïncidé avec les débuts de l'industrialisation, alors que les progrès plus lents sur le continent ne devaient devenir décisifs qu'à l'âge des chemins de fer.

La Grande-Bretagne jouissait de conditions très favorables aux transports par eau : la mer n'est jamais très éloignée, et surtout de nombreux estuaires pénètrent profondément le pays. Un intense cabotage mettait en relation les grands ports comme Newcastle, où l'on embarquait le charbon, Hull, Londres, Bristol. Les rivières permettaient ensuite de transporter les produits pondéreux dans l'intérieur (1 600 kilomètres de voies navigables en

1750). De 1750 à 1800, un réseau de canaux allait relier les principaux bassins hydrographiques. Il ne fut pas construit par l'État, mais par des propriétaires de mines et des hommes d'affaires soucieux de développer leurs activités en diminuant les coûts de transport.

Ainsi le duc de Bridgewater dépensa 250 000 livres pour relier sa mine de Worsley à Manchester, de 1759 à 1761, ce qui divisa par deux le coût de transport de son charbon. Il prolongea ensuite le canal jusqu'à l'estuaire de la Mersey. Puis, en 1763, il décida de relier la Mersey à la Trent, en traversant les districts minier du Cheshire et industriel des Poteries. Cet important projet de Canal Central (*Grand Trunk*) exigeait d'énormes capitaux qu'il réunit en associant des propriétaires miniers et des industriels, dont le maître potier J. Wedgwood en une société par actions (580 actions de 200 livres). De 1790 à 1800, de nombreux travaux furent entrepris pour assurer le transport du charbon ; le canal Wolverhampton relia à la Severn les établissements métallurgiques des Midlands et se brancha sur le *Grand Trunk*, assurant la liaison entre Bristol, Liverpool et Hull. 13 millions de livres furent drainés entre 1758 et 1802 par des sociétés par actions, avec une moyenne annuelle de un million de livres dans la dernière décennie. Plus tard, entre 1815 et 1845, le réseau de canaux devait être fortement densifié, surtout dans le sud du pays. Mais dès 1800, il desservait bien les régions industrielles du Centre et du Nord, et était capable de transporter à bas prix les matières premières pondéreuses.

Jusqu'au milieu du XVIIIe siècle, les routes anglaises étaient très mauvaises. Pour améliorer la circulation, des routes à péage (*turnpike roads*) furent construites par des associations locales de propriétaires fonciers, de marchands et d'industriels qui empruntaient le capital nécessaire à 4 ou 5 %.

De 1760 à 1790, l'investissement routier aurait été de 200 000 livres par an. Toutes les routes n'étaient pas aussi bonnes que celles construites dans le Nord par Metcalf : Arthur Young se plaignait des déficiences. Mais, dès 1800, le réseau routier était déjà bien meilleur et s'articulait avec les canaux, ce qui permettait de relier les centres industriels du nord à ceux des Midlands, à Londres, au bassin de la Severn et à l'Atlantique.

Alors qu'en Grande-Bretagne, les travaux de voirie furent assumés par des particuliers et financés par du capital foncier, marchand et industriel, en France, ils furent effectués par l'administration. Au XVIIIe siècle les efforts pour construire des canaux furent limités et mal coordonnés ; différents projets restaient inachevés à la fin de l'Ancien Régime. Les régions les mieux desservies par les voies d'eau intérieures étaient le nord de la France et le nord-est du Massif central, de la Seine à la Loire et à la Saône. En revanche le réseau routier retint toute l'attention. Le contrôleur général Orry instaura en 1738 la corvée des chemins, ce qui revenait à faire exécuter les travaux par les paysans, et simplifiait donc les problèmes de financement.

En 1787, ce système, mal supporté, fut remplacé par une contribution en argent. Le directeur des ponts et chaussées, Trudaine, allait doter le pays d'un corps d'ingénieurs de valeur. Des moyens importants furent dégagés : 3 millions de livres par an, et 9 à la fin du siècle. Le projet était de construire un réseau de routes « royales », larges, rectilignes reliant Paris à toutes les grandes villes et ces dernières entre elles. À la veille de la Révolution, il était à peu près réalisé, mais les réseaux locaux restaient à faire. Sur les axes principaux l'accélération des temps de transport était certaine. D'après les *Indicateurs fidèles*, guides à l'usage des voyageurs, publiés de 1764 à 1785, il fallait cinq jours pour aller de Paris à Tours en 1765, deux jours en 1780 ; sur Paris-Bordeaux, le temps passa de quatorze à cinq jours et demi.

Mais le réseau routier présentait de fortes inégalités régionales. La France du Nord était plus densément desservie, en particulier un axe nord-sud, de la Loire à la mer du Nord ; les routes y étaient de bonne qualité, souvent pavées. L'Ouest breton et l'Alsace-Lorraine avaient aussi un réseau dense et homogène. Dans le Sud, les routes étaient plus rares et nombreux étaient les chemins de terre, à l'exception de deux couloirs bien desservis, le long de la Garonne et du Rhône. Au nord de la France, routes et voies d'eau se doublaient, offrant un choix de voies de communication ; au sud, elles se complétaient.

Le cabotage maritime donnait enfin une importance particulière aux ports dans le système des transports. La France du Nord et les ports étaient donc bien desservis et bien reliés, mais le reste du pays n'avait que des réseaux régionaux mal coordonnés. Cette géographie des transports gênait la construction d'un marché national, mais elle était aussi le reflet de son imperfection. Si un progrès eut lieu durant le siècle pour les coûts de transport, ceux-ci restaient très élevés ; ils étaient en outre grevés par les nombreuses douanes intérieures et droits d'entrée de ville, coûteux, même si l'on ne prend pas pour argent comptant les doléances des contemporains qui les jugeaient exorbitants. En revanche, il n'y eut jamais de routes à péage en France, à l'exception de l'expérience malheureuse des barrières, de 1798 à 1806. Malgré ses lacunes importantes, qui allaient s'aggraver sous la Révolution et l'Empire faute d'entretien, le réseau routier français était le meilleur du continent à la fin de l'Ancien Régime.

Dans les pays germaniques, les routes furent très mauvaises jusqu'au début du XIXe siècle. Les premières routes empierrées dataient de l'administration Stein en Prusse, et des réalisations à but militaire que Napoléon fit entreprendre dans les territoires occupés.

Outre leur contribution essentielle à la circulation des marchandises et des personnes, les routes et les canaux concoururent à former des ingénieurs, qui, comme les Telford ou les McAdam, firent fortement progresser au début du XIXe siècle les techniques des travaux publics. La construction des voies ferrées allait profiter de cet acquis.

Orientation bibliographique

Arbellot G., « Les routes de France au XVIIIe siècle », *Annales ESC*, 1973.

Ashton T.S., *An Economic History of England. The 18th. Century*, Londres, 1969.

Cavaillès H., *La route française. Son histoire, sa fonction*, Paris, 1946.

Lepetit B., *Chemins de terre et voies d'eau*, Paris, 1984.

Szostak R., *The Role of Transportation in the Industrial Revolution. A Comparison of England and France*, Montreal-Kingston-Londres-Buffalo, McGill-Queen's University Press, 1991.

Cf. Révolution des transports au XIXe siècle.

Révolution des transports au XIXe siècle

Dans la première moitié du siècle, les travaux d'infrastructure routière et fluviale reprirent. En Grande-Bretagne, le réseau des *turnpike roads* fut complété et de nouveaux canaux furent construits, en particulier pour livrer le charbon et le fer dans le sud du pays jusqu'alors sous-équipé. Leur longueur passa de 2 690 à 3 470 miles entre 1800 et 1840. En France, un programme de canaux fut lancé à partir de 1822 : leur longueur devait tripler avant 1848. Leur but principal était d'abaisser le coût de transport de la houille. Le canal de Saint-Quentin (1827) reliait ainsi Paris au charbon belge, et les canaux de Bourgogne (1834) et du Centre (1838) améliorèrent les communications du pôle sidérurgique et minier du Centre. Les trafics par eau ne cessèrent d'augmenter jusqu'au milieu des années 1850, où ils furent dépassés par les trafics par voie ferrée. Cependant le réseau navigable français n'atteignit jamais la qualité et la densité des réseaux anglais, belge ou néerlandais. Le réseau routier, qui avait souffert de manque d'entretien durant la Révolution et l'Empire, fut d'abord restauré, puis la loi de 1836 décida la construction des routes départementales et des chemins vicinaux, qui devaient contribuer à désenclaver les campagnes. Le trafic routier augmenta très vite jusqu'à la fin des années 1850. En Prusse, les routes stratégiques de l'époque napoléonienne furent complétées par des sociétés de routes à péage, et la longueur des canaux fut multipliée par deux durant la première moitié du siècle.

Cette première vague d'investissement infrastructurel consomma beaucoup de capital : 8,7 % de l'investissement total en Grande-Bretagne de 1821 à 1830, 6,9 % entre 1831 et 1840, décennie pendant laquelle l'investissement ferroviaire prit le relais avec 9,5 %. En France, la part de l'investissement routier et fluvial fut comparable, mais son volume resta massif plus longtemps jusqu'à atteindre un maximum de 298,4 millions de francs courants en moyenne par an entre 1880 et 1890. L'investissement ferroviaire ne le dépassa qu'à deux reprises, dans les années 1850 et dans les années 1880 (d'après M. Lévy-Leboyer). Si l'investissement routier augmenta régulièrement durant le siècle, l'investissement en canaux fut beaucoup plus fluctuant, avec des aspects contracycliques, se traduisant par des baisses lorsqu'il y avait des poussées d'investissement ferroviaire. Routes et canaux jouèrent directement, ou indirectement dans les cas des routes françaises construites par l'État, un rôle majeur sur le marché du capital. Ils anticipèrent sur les problèmes que les chemins de fer devaient lui poser, en obligeant à recourir à des formes sociétaires anonymes pour drainer l'épargne. Malgré les tarifs parfois élevés que maintenaient les compagnies de canaux ou de batellerie, les coûts baissèrent et les conditions de transport s'améliorèrent. Les effets de *social saving* pour l'environnement économique ne doivent pas être sous-estimés, bien qu'on ne puisse les mesurer : ils furent en effet tout de suite court-circuités par la construction des réseaux ferrés.

Les chemins de fer furent construits rapidement, car ils présentaient de gros avantages. Les coûts de transport étaient toujours meilleur marché que ceux effectués par la route, trois à quatre fois moins élevés dans la seconde moitié du siècle en France. En revanche, sauf en Grande-Bretagne, le transport par voie d'eau resta moins coûteux : des luttes tarifaires opposèrent chemins de fer et batellerie dans les années 1850. Mais la voie ferrée avait pour elle la souplesse, la rapidité et le fait de ne pas être arrêtée par la sécheresse ou le gel. Ainsi en Hollande, qui était parfaitement desservie par eau, le chemin de fer fut cependant construit rapidement. Les besoins en transport des industriels étaient pressants ; le coût des transports traditionnels était souvent élevé, et la lenteur des transports par eau, assujettis aux irrégularités saisonnières, obligeait à immobiliser d'importants stocks de marchandises. Mais la demande des voyageurs fut aussi très élastique par rapport au coût et au revenu : le nombre de kilomètres/passagers augmenta aussi vite que celui de tonnes/kilomètres. Si l'on ne peut nier le désir de nouveauté et de progrès, la motivation essentielle des promoteurs fut de faire des profits.

La construction des réseaux fut rapide parce que les groupes financiers se jetèrent sur les chemins de fer pendant la phase où ils rapportèrent beaucoup d'argent. L'État fut aussi partie prenante lorsque l'initiative privée faisait défaut, et lorsque la notion de service public commença à se dégager.

Jusqu'aux années 1880, les chemins de fer furent construits presque exclusivement aux États-Unis, qui possédaient 45,5 % de la longueur des réseaux mondiaux, et en Europe (42,9 %). La construction s'effectua en quatre phases dont la chronologie diffère selon les pays. La première phase fut celle des expériences pionnières : des lignes courtes, financées par des propriétaires de mines et des métallurgistes désireux de faciliter leur communication avec une voie d'eau. Puis la faisabilité technique ayant été démontrée, des promoteurs cherchèrent à convaincre l'opinion publique, à désarmer les intérêts opposés et à encourager les banquiers qui les finançaient à s'engager plus loin : ils construisirent de petites lignes de voyageurs, comme le Paris-Saint-Germain (1837). S'ouvrit alors la deuxième phase, celle des réseaux nationaux, celle de la construction des grandes lignes. Dans quelques pays, l'État prit l'initiative, mais le plus souvent les compagnies furent privées. Elles rivalisèrent pour se faire attribuer des concessions; les rythmes de construction furent inégaux car des difficultés techniques et financières furent rencontrées. En 1850, les lignes qui reliaient Londres aux centres industriels étaient presque toutes achevées, sauf le *Great Northern* qui se terminait à Doncaster et le *South Western* qui n'avait pas encore atteint Salisbury. En Belgique, le réseau était presque aussi avancé : 900 kilomètres étaient exploités. L'Allemagne possédait 6 000 kilomètres de voies, qui formaient un réseau cohérent de la Prusse rhénane à Berlin et à la Silésie. La France était très en retard : le Paris-Le Havre et le Paris-Lille étaient achevés, mais le Paris-Strasbourg s'arrêtait à Reims, le Paris-Lyon à Troyes et le Paris-Bordeaux à Châteauroux. Ces réseaux nationaux furent terminés avant 1865-1870.

La construction entra alors dans sa troisième phase. Les dépenses avaient été plus importantes que prévu· les profits diminuaient. Les compagnies devenaient des administrations lourdes, et la logique du développement des réseaux amenait à construire des lignes secondaires à faible rentabilité; en outre, avec le retournement conjoncturel des années 1865-1870, les taux de profit avaient en général tendance à baisser. La poursuite de la construction avait peu d'attrait pour les compagnies : l'État dut en général intervenir.

Ces différentes phases s'observent bien dans l'histoire de la Compagnie du Nord. De 1852 à 1865, pour F. Caron, le rendement des investissements fut croissant du fait de l'élasticité du trafic. Puis, entre 1867 et 1872, il y eut une crise due à un blocage de l'élasticité : les coûts marginaux se mirent à dépasser les coûts moyens. Enfin, de 1867 à 1883, la Compagnie mena le combat pour redonner son élasticité au réseau : elle y parvint grâce à une politique systématique de progrès technique et d'innovation. Une dernière poussée de construction devait démarrer dans la plupart des pays à partir de 1880-1890, soit avant la fin de la dépression, dans une intention contracyclique de soutenir la conjoncture (plan Freycinet), soit pour accompagner la reprise économique qui devait s'accélérer après 1900.

Mais déjà une quatrième phase était amorcée, dès le milieu des années 1850. Devant la baisse des profits des compagnies, les groupes financiers, en particulier français, se tournaient vers les pays non encore industrialisés d'Europe, puis bientôt vers les autres continents dans lesquels la construction des chemins de fer devait être source de nouveaux profits, ouvrir de nouveaux marchés, accompagner l'exportation des capitaux et être le vecteur de l'impérialisme naissant.

Alors que les espaces continentaux étaient pénétrés par les voies ferrées, les investissements portuaires, les progrès de la marine à vapeur, l'augmentation de la taille des navires, la formation des grandes compagnies maritimes abaissèrent considérablement le coût des transports océaniques et permirent des mouvements massifs d'hommes et de marchandises. Les conditions de l'échange international en furent complètement modifiées. Si les exportations des produits industriels européens en furent stimulées, l'arrivée à bas prix des produits agricoles américains entraîna à partir des années 1870 une longue dépression des agricultures de l'Europe de l'Ouest.

Orientation bibliographique

Cameron R., *La France et le développement économique de l'Europe (1800-1914)*, Paris, 1971.

Caron F., *Histoire de l'exploitation d'un grand réseau, la Compagnie du Chemin de fer du Nord (1846-1937)*, Paris, 1973.

Crouzet F., *L'économie de la Grande-Bretagne victorienne*, Paris, 1978.

Mathias P. et Postan M.M. (éd.), *The Cambridge Economic History of Europe*, vol. VII, Ire partie, Cambridge-Londres-New York-Melbourne, 1978.

Renouard D., *Les transports de marchandises par fer, route et eau depuis 1850*, Paris, 1960.

Cf. Chemins de fer, capital et capitalistes. Chemins de fer et croissance économique. Chemins de fer, États, initiatives privées. Machine à vapeur. Révolution des transports au XVIIIe siècle.

Révolution industrielle et industrialisation

Les historiens ne s'accordent pas sur l'existence de la Révolution industrielle. Certains, sensibles surtout aux continuités, n'utilisent pas cette expression courante depuis la première moitié du XIXe siècle, qui implique une rupture brutale ; ils préfèrent s'en tenir au concept d'industrialisation. Cette thèse évolutionniste est pour l'essentiel confortée par l'étude statistique des indicateurs macro-économiques, qui révèlent des modifications progressives plutôt que des discontinuités. Les travaux sur le *take-off* semblent aboutir, sauf peut-être dans le cas de la Grande-Bretagne, à des conclusions similaires. En fait l'approche quantitative globale convient sans doute mal à la perception des transformations. D'abord le processus d'industrialisation de la fin du XVIIIe siècle et du début du XIXe siècle fut centré sur quelques secteurs peu nombreux, et sur quelques phases de la production, comme la filature dans l'industrie du coton. Même si des changements structurels importants intervinrent, leur perception statistique est évidemment noyée dans l'inertie du reste de l'économie. En outre, l'industrialisation fut un phénomène régional, diffusant à partir de quelques pôles de développement, et donc toute approche comptable à l'échelle nationale ne peut qu'avoir les mêmes effets d'occultation. Enfin la reconnaissance de l'absence de discontinuité n'est pas épistémologiquement très enrichissante. Car, depuis un passé très reculé, les hommes ont pratiqué l'industrie : l'industrialisation n'est pas un phénomène récent. La conception d'une évolution graduelle de l'industrie, de l'âge du fer à aujourd'hui, sans rupture, ne permet guère une meilleure compréhension. Il est plus riche d'essayer de repérer dans les grandes évolutions pluriséculaires des seuils de discontinuité, selon une approche qui n'oppose pas continu et discontinu, mais les éclaire l'un par l'autre. Le discontinu devient alors, selon M. Foucault, « cette intériorisation sur le discours de l'historien qui lui a permis de n'être plus la fatalité extérieure qu'il faut réduire, mais le concept opératoire qu'on utilise : cette inversion de signes, grâce à laquelle il n'est plus le négatif de la lecture historique (son envers, son échec, la limite de son pouvoir), mais l'élément positif qui détermine son objet et valide son analyse. Il faut accepter de comprendre ce qu'est devenue l'histoire dans le travail réel des historiens : un certain usage réglé de la discontinuité pour l'analyse des séries temporelles » *(Réponse au Cercle d'épistémologie)*.

Dans cette approche historique, l'expression « révolution industrielle » signifie une rupture qualitative dans les modes de production, dans la technologie, dans les institutions et l'organisation économiques, dans la vie quotidienne. Des historiens acceptent l'expression de « révolution industrielle », mais situent la rupture à une autre époque. On a pu parler avec pertinence de « révolution industrielle du Moyen Âge » (J. Gimpel) pour désigner le saut de productivité que le moulin à eau permit de faire. Pour D. North, si la « première révolution économique » fut l'invention de l'agriculture aux temps préhistoriques, la seconde serait intervenue vers 1880-1900, avec l'alliance fructueuse de la science et de la technologie, source d'un progrès continu, avec la consommation de masse, avec le travail à la chaîne, l'emploi de formes de production hautement capitalistiques, et la « révolution managériale » (A. Chandler). Pourtant cette nouvelle phase historique nous semble être le développement, sans changement révolutionnaire, de tendances préexistantes. La fin du XVIIIe siècle et le début du XIXe siècle virent se nouer un dialogue et un rapprochement progressif entre science et technique. Le principe d'interchangeabilité des pièces naquit au début du XIXe siècle aux États-Unis, et c'est plutôt une continuité, avec une division du travail croissante, qui va de la fabrication des armes chez Colt à la Ford T. Quant à la naissance des *managers*, terme déjà utilisé par Marx, S. Pollard nous en a retracé l'histoire depuis le début du XIXe siècle.

Nous restons donc fidèles à l'idée d'une révolution industrielle en Europe occidentale et aux États-Unis entre 1760 et les années 1870-1880, où, en effet, des formes déjà en gestation se généralisèrent. Les contemporains en étaient conscients, surtout lorsqu'ils s'interrogeaient sur les transformations de la société : « La Révolution industrielle a complètement changé ou plutôt détruit les rapports qui unissaient le travailleur à celui qui l'employait [...] Dans les grandes manufactures où va s'engloutir la majorité des travailleurs, il n'y a ni apprentis, ni compagnons, ni maîtres; il n'y a que des salariés et des administrateurs de capitaux[1]. »

Cela ne signifie pas que nous ignorons les continuités avec l'économie de l'époque moderne. « L'histoire des origines de la société industrielle s'épuise à découvrir des "révolutions", c'est-à-dire des ruptures alors qu'elle devrait tenter de comprendre les continuités. La société industrielle ne s'est pas construite contre la société moderne : elle a été enfantée par elle » (F. Caron). Un des gros apports des travaux sur la proto-industrialisation fut de montrer que les blocages de la démographie et de la production agricole étaient en train de céder, et que la proto-industrie semble avoir été un préalable de l'industrialisation. Mais la Révolution industrielle ne fut pas seulement « *the evolutionary culmination of a series of prior events* » (D. North). Car, comme le rappelait J.R. Hicks, elle ne marqua pas la naissance de l'industrie, mais celle de l'industrie moderne, différente par sa nature. La Révolution industrielle a entamé un processus de croissance du capital fixe par rapport au capital circulant; elle a enlevé aux marchands le contrôle de la production, inversant

1. E. Buret, *De la misère des classes laborieuses en Angleterre et en France*, 1840, cité par C. Fohlen.

une évolution séculaire; elle s'est accompagnée d'urbanisation, alors que la proto-industrie contribuait à éviter la croissance des villes; elle a créé peu à peu un nouveau type de travail, régulier, et discipliné, dans le cadre de l'usine; elle a surtout modifié le fonctionnement de l'économie, dans laquelle, du fait de l'allongement du cycle de l'investissement et de la complexité croissante des opérations, les difficultés d'adaptation de la production aux demandes des marchés engendrent des crises industrielles d'un type nouveau.

Orientation bibliographique

Caron F., *Le résistible déclin des sociétés industrielles*, Paris, 1985.

Chandler A., *The Visible Hand : the Managerial Revolution in American Business*, Cambridge Mass., 1980.

Fohlen C., *Qu'est-ce que la Révolution industrielle ?*, Paris, 1971.

Hicks J.R., *A Theory of Economic History*, Oxford, 1969.

North D., *Structure and Change in Economic History*, New York-Londres, 1981.

Pollard S., *The Genesis of Modern Management*, Harmondsworth, 1965.

Cf. Crises et fluctuations économiques à l'époque de la Révolution industrielle. Invention et innovation. Marx et la Révolution industrielle. Modèles théoriques de la Révolution industrielle. Niveaux et conditions de vie des classes populaires urbaines durant la Révolution industrielle. Préindustrialisation et proto-industrialisation. Proto-industrialisation et Révolution industrielle. Régions et désindustrialisation. Rostow et les étapes de la croissance. *Take-off.*

Rostow et les étapes de la croissance

Pour Rostow, dans *Les étapes de la croissance économique*, toutes les économies développées passèrent par cinq étapes successives : société traditionnelle, conditions préalables au *take-off, take-off,* maturité et ère de la consommation de masse. Ces deux dernières étapes ne nous concernent pas.

La société traditionnelle est celle « dont la structure est déterminée par des fonctions de production limitées, fondées sur la science et la technologie pré-newtoniennes... ». La productivité agricole et industrielle bute sur des limites qu'elle ne peut dépasser; la plupart des ressources sont consacrées à acheter des produits agricoles et la hiérarchie sociale est dominée par les propriétaires fonciers. Toutefois Rostow ne considère pas cette société comme immobile : « Cette conception de la société n'implique pas de caractère statique; elle n'exclut pas des accroissements de production. »

Il y a trois conditions préalables au *take-off* (décollage en parlant d'un avion). Il doit d'abord y avoir un accroissement de la productivité de l'agriculture. En effet, d'une part cette dernière va avoir à nourrir une population croissante, en particulier urbaine, d'autre part les revenus des agriculteurs doivent augmenter pour que le développement du marché intérieur stimule l'industrie; enfin, le surplus agricole aura à mettre à la disposition de l'industrie le capital nécessaire à l'investissement, soit directement, soit par le biais de la fiscalité, soit par celui de l'exportation. Le deuxième préalable est la mise en place d'une infrastructure, en particulier de transports. C'est là un gros investissement dont la rentabilité n'est pas immédiate; aussi les gouvernements y ont-ils souvent un rôle à jouer. « Pour que puisse se développer une structure industrielle moderne, des changements tout à fait révolutionnaires sont nécessaires dans deux secteurs non industriels, l'agriculture et l'infrastructure, en particulier les transports. » Le troisième préalable n'est pas économique : « Une nouvelle élite, de nouveaux chefs, doivent apparaître et avoir les coudées franches pour commencer à construire une société industrielle moderne. » Comme tout préalable sociologique, cette condition pose problème. On est conduit à se demander pourquoi l'attitude des hommes envers l'économie changerait sans que cette dernière se modifie préalablement.

Il ne faut pas trop accuser Rostow de schématisme : il cerne en effet à grands traits un modèle général, mais il précise : « Rappelons que nous devons nous attendre à ce qu'en matière de croissance économique, tout comme en biologie, l'histoire propose aussi bien des cas hybrides que des types purs. » Le *take-off* est le moment où, après avoir roulé (conditions préalables), l'avion quitte le sol, avant de prendre sa vitesse de croisière (croissance autosoutenue). Différents stimulis peuvent le déclencher, d'ordre technologique comme en Grande-Bretagne, ou politique comme la Restauration Meiji, ou économique (conjoncture heureuse de prix, ouverture d'un marché).

Avec le *take-off*, l'économie, qui désormais va croître exponentiellement, doit présenter trois caractéristiques.

D'abord le taux d'investissement net change d'ordre de grandeur. Rostow cite, par exemple, l'hypothèse du doublement, de 5 à 10 % du PNB, dans le cas d'une croissance démographique de 1 à 1,5 % par an et d'un coefficient de capital marginal de 3,5 à 1. Ce taux de 10 % n'est donc pas valable partout et toujours, puisqu'il dépend de la fonction de production et de la démographie. Si Rostow l'avance, c'est parce que, du fait de la pénurie de matériel statistique rétrospectif vers 1960, il ne raisonne que sur quelques cas marginaux (Suède, Canada...). L'accumulation de capital qui a permis le décollage peut aussi être d'origine variable : redistribution de la rente foncière par l'État (Japon, Russie), ou par un transfert à l'occasion de mouvements relatifs de prix, accumulation par le commerce extérieur, importation de capitaux...

Il y a ensuite développement de *leading sectors* dans l'industrie de transformation, comme le coton en Grande-Bretagne. En fait Rostow élargit sa définition, puisqu'il cite le chemin de fer « comme l'agent le plus puissant des *take-off* », par les baisses de coût des transports, et l'effet d'entraînement sur la sidérurgie, la construction mécanique et les houillères. Les industries de l'armement purent aussi jouer ce rôle (Russie, Japon, Allemagne).

La dernière condition est enfin « l'existence ou mise en place d'un appareil politique, social et institutionnel qui exploite les tendances à l'expansion ».

En tenant compte des connaissances historiques disponibles vers 1960, Rostow propose la chronologie suivante des *take-off* :

Grande-Bretagne	1783-1802	Belgique	1833-1860
Allemagne	1850-1873	France	1830-1860
États-Unis	1843-1860	Suède	1868-1890

Son ouvrage pionnier a suscité de nombreuses critiques de la part des historiens. Les préalables ont été discutés, les chronologies contestées à l'aide d'études historiques nouvelles. Mais l'apport de Rostow est très grand au niveau méthodologique, car il a mis, en particulier, l'accent sur deux concepts essentiels.

Le *take-off* est devenu un outil courant de l'analyse en histoire économique. L'approche est différente de celle de « révolution industrielle ». Cette dernière, dans la tradition marxiste, est une transformation qualitative de l'organisation et des rapports sociaux de production, qui ne peut que se constater dans l'évolution de longue durée, ou se déduire des changements dans le fonctionnement de l'économie, comme le passage de la crise d'ancien type à la crise industrielle. Le *take-off* recouvre aussi « des transformations massives et progressives des structures des économies et des sociétés où elles se produisent », mais il est le moment précis où a lieu un décrochage dans les rythmes de croissance du PNB et de l'investissement. Une révolution industrielle sans *take-off* est donc concevable, si elle se produit très progressivement, alors que l'inverse n'a guère de sens.

Le *leading sector* est un autre concept essentiel, car il repose sur l'idée que l'effet multiplicateur sur l'économie globale n'est pas le même suivant le secteur auquel s'applique l'investissement. Il oriente donc vers des études de type économétrique sur l'interdépendance des secteurs et la mesure des effets réels induits.

Orientation bibliographique

Rostow W.W., *The Stages of Economic Growth*, Cambridge, 1960; Trad. franç. : *Les étapes de la croissance économique*, Paris, Le Seuil, 1963.

Supple B., « Revisiting Rostow », *The Economic History Review*, 2e série, vol. XXXVII, n° 1, février 1984.

Vilar P., « Développement historique et progrès social. Les étapes et les critères », *La Pensée*, n° 98, juillet-août 1961.

Cf. Agriculture et Révolution industrielle. Bairoch P. (Modèle explicatif de). Capital et Révolution industrielle. Chemins de fer et croissance économique. Gerschenkron (Modèle d'*economic back-*

wardness de). *Leading sectors*. Marx et la Révolution industrielle. Modèles sociologiques de l'industrialisation. Modèles théoriques de la révolution industrielle. Révolution industrielle et industrialisation. *Take-off*.

Science et technologie

Les rapports entre science et technologie durant la Révolution industrielle font l'objet d'une controverse. « L'influence de la science sur les techniques n'a commencé à s'exercer d'une façon assez générale qu'après la période à laquelle on a donné le nom de Révolution industrielle » (M. Daumas). « Il est maintenant tout à fait évident qu'il y a eu collaboration fructueuse entre industriels et savants, et des applications de la science dans différents domaines » (A.E. Musson). En fait personne ne soutient des thèses extrêmes et incompatibles. Les inventeurs ne furent ni des artisans quasi illettrés trouvant par hasard un procédé nouveau, ni des ingénieurs de haut niveau scientifique parvenant à un résultat au terme d'un programme de recherche. La réalité est plus nuancée.

Des exemples exceptionnels, donc peu significatifs, peuvent venir conforter les deux thèses. Les premières innovations dans le textile vinrent, en effet, d'artisans soucieux d'améliorer leurs métiers, ou de « bricoleurs » ingénieux. John Kay était fabricant de peignes pour métiers à tisser, Hargreaves était tisserand. Mais si les historiens ont donné une importance plus grande à la navette volante et à la *spinning jenny* qu'au métier à tricoter de W. Lee ou qu'au métier à la barre de Sonnevelt (1604), c'est parce que, rétrospectivement, y apparaissent des principes précurseurs des métiers du XIXe siècle. Sans céder aux tentations de l'histoire contrefactuelle, on peut remarquer que le développement technique ultérieur n'était pas inscrit nécessairement dans ces premières améliorations, et qu'elles convenaient encore parfaitement à des structures proto-industrielles. Quant à Arkwright, il était barbier, et possédait mal la grammaire et l'orthographe. D'ailleurs le *water frame*, à dire vrai, ne devint une innovation capitale que du jour où il fut accouplé à une machine à vapeur. On attache une particulière importance aux innovations du textile parce que le coton a été considéré comme un *leading sector* de la Grande-Bretagne ; or sa croissance spectaculaire n'aurait sans doute pas été possible sans l'invention de Watt. La Révolution industrielle fut avant tout l'application de la machine à vapeur à des machines de plus en plus nombreuses. Certes, le moulin à eau resta pendant longtemps une source d'énergie primordiale — comme dans le cas des fabriques textiles des vallées cauchoises ou vosgiennes —, et permit dans le cas exceptionnel de la Suisse le démarrage de la Révolution industrielle. Mais la poursuite de l'industrialisation a exigé la machine à vapeur.

Si la conception des machines textiles, très simples dans leurs principes, ne supposait que peu de connaissances scientifiques, il n'en allait pas de même pour la chimie. Scheele isola le chlore ; Berthollet étudia ses propriétés décolorantes, puis passa à l'application industrielle. Dans ce passage de la théorie à la pratique, les connaissances scientifiques préalables étaient indispensables. Watt ne serait pas parvenu à un résultat sans les travaux du professeur Black.

Les recherches récentes insistent sur la culture scientifique des industriels et sur l'ampleur des contacts entre scientifiques et praticiens. Certains industriels étaient passés par des universités, surtout en Écosse; d'autres étaient autodidactes. Wedgwood était un chimiste compétent, et employait Alexander Chisholm, un universitaire, ancien assistant de laboratoire du fameux Dr. William Lewis. David Mushet, le maître de forges écossais, écrivit plusieurs articles dans le *Philosophical Magazine* sur les applications de la chimie à la minéralogie et à la sidérurgie. Même dans le textile, nombre de filateurs et d'ingénieurs de Manchester et de Birmingham étaient aussi versés en théorie qu'en pratique. Les contacts entre industriels et savants étaient étroits dans les nombreuses sociétés scientifiques provinciales, comme la célèbre *Lunar Society* de Birmingham, la *Literary and Philosophical Society* de Manchester, dont faisait partie le filateur John Marshall qui avait participé à la fondation d'un institut de mécanique et qui devait entrer au conseil de direction de l'université de Londres. Au niveau national, la *Royal Society* et la *Society of Arts*, qui regroupaient beaucoup de dilettantes éclairés, mais aussi des personnalités de la science et de la technique, témoignaient des efforts de l'État pour encourager le progrès. Des institutions comparables existaient en France, en Prusse, en Suède, en Russie... Les livres, les périodiques, les encyclopédies et les dictionnaires diffusaient largement les connaissances scientifiques et techniques.

On a souvent insisté sur le très grand nombre de dissidents parmi les innovateurs : écossais presbytériens comme Watt et Black, quakers comme Darby et Huntsmann, baptistes comme Newcomen. Plutôt qu'une confirmation des thèses wébériennes et une manifestation d'une « éthique protestante », cette coïncidence s'explique simplement par la supériorité de l'éducation et de l'enseignement non conformistes, plus tournés vers les études modernes, et en particulier les mathématiques. Nombre d'innovateurs furent formés à l'université de Glasgow ou dans les académies dissidentes. Les non-conformistes formaient la fraction la plus instruite de la classe moyenne, dans une société dont le niveau d'éducation était en général supérieur à celui de la France.

Les savants aussi s'intéressaient à la technique. La conception de la science était utilitariste : Bacon était pénétré de l'idée qu'elle devait être utile. Les préoccupations des scientifiques relevaient aussi bien de la spéculation pure que de la philosophie ou de l'application à un problème pratique. Les savoirs n'étaient pas aussi différenciés qu'ils allaient le devenir au cours du XIXe siècle. La science avait encore vocation d'universalité. La distinction entre science pure et science appliquée est quelque peu anachronique lorsqu'on la projette sur la fin du XVIIIe siècle.

La collaboration entre savants et praticiens fut fréquente et fructueuse. Mais c'est un autre problème que de se demander dans quelle mesure le savoir scientifique constitué a pu aider au progrès industriel. Il faut distinguer la relation entre les hommes et celle entre les savoirs : c'est là le cœur de la controverse sur la relation entre science et technologie. Car si les hommes coopérèrent, le savoir scientifique ne participa que peu à la résolution des grands problèmes techniques. La mise au point des nouveaux procédés sidérurgiques fut empirique et se fit avant la publication des *Divers états du fer* de Berthollet et Vandermonde (1788). La science apprit plus de la technique que la technique de la science.

La réflexion sur la machine à vapeur permit par exemple aux savants de développer la thermodynamique. Et l'on peut aussi remarquer qu'un savoir scientifique lacunaire ou faux a pu induire des innovations techniques valables. Les chimistes de la fin du XVIIIe siècle pensaient que le chlore était obtenu par oxydation de l'acide chlorhydrique, et que le blanchiment des tissus au soleil s'expliquait par l'action de l'oxygène de l'air : il était logique de chercher à remplacer l'action du soleil par celle du chlore. La Révolution industrielle fut une période de transition, car la liaison systématique entre science et technique que nous connaissons aujourd'hui ne se structura vraiment qu'après 1850. Les progrès de la chimie organique et de l'électricité n'allaient plus être dus à des tâtonnements empiriques. La collaboration entre laboratoires, universités et usines, qui commença à se développer dès 1880 en Allemagne, préfigure en revanche la recherche opérationnelle du XXe siècle.

Il ne faut donc pas sous-estimer la part de l'empirisme dans la Révolution industrielle. La mise en œuvre des techniques supposait une familiarité du technicien avec le matériau et la machine, une *technical skill*. Tant que la chimie et la métallographie ne permirent pas une compréhension précise des opérations, la métallurgie resta un « art » empirique, dans lequel le succès dépendait de la nature du minerai et du combustible et de l'appréciation des durées et des températures. Cela explique la difficulté de la diffusion technologique à l'étranger : la connaissance théorique du procédé, ou la possession de la machine ne suffisaient pas ; il fallait en outre le *technical skill*. On accuse souvent la Révolution industrielle d'avoir fait perdre au travail son intérêt, d'avoir remplacé le travail qualifié des artisans par un travail de manœuvre. Elle a en effet déqualifié les tisserands, mais elle a suscité le développement d'une masse d'ouvriers techniciens et fait naître de nouveaux types de qualifications.

En fait, ce qui a permis l'épanouissement des innovations, ce fut moins un savoir scientifique préalable qu'une méthode et une attitude scientifiques, fondées sur l'observation, l'expérimentation systématique, sur la mesure, voire sur la croyance au progrès qui devait assurer le bonheur. Roebuck n'était pas un chimiste industriel comme son associé Garbett, mais sa formation de médecin lui donnait une approche scientifique des problèmes. La Révolution industrielle s'est faite dans une société « qui de plus en plus s'intéresse, bouge, fait, tente, dans un désir grandissant d'expérimenter et une volonté accrue de s'améliorer » (P. Mathias). Cette attitude sociale était commune à toute l'Europe éclairée. Les idées et les écrits traversaient les frontières. Si la Grande-Bretagne fut le pays où les principales innovations se firent, ce n'est pas parce qu'elle était scientifiquement en avance, mais, parce que, en dernier ressort, c'était là que les stimuli économiques forcèrent le changement.

Orientation bibliographique

Caron F., *Le résistible déclin des sociétés industrielles*, Paris, 1985.

Gille B., *Progrès scientifique, progrès technique et progrès économique*, Quatrième conférence d'histoire économique, Bloomington, 1968; Paris-La Haye, 1973.

Lilley S., « Technological Progress and the Industrial Revolution (1700-1914), *in* Cipolla C.M. (éd.), *The Fontana Economic History of Europe*, vol. III : *The Industrial Revolution*, 6e éd., Glasgow, 1980.

Musson A.E., *Science, Technology and Economic Growth in the Eighteenth Century*, Londres, 1972.

Musson A.E. et Robinson E., *Science and Technology in the Industrial Revolution*, Londres, 1969.

Cf. Fer, fonte et acier. Innovations dans le textile et la chimie. Invention et innovation. *Lunar Society of Birmingham*. Machine à vapeur. Technologie, économie et Révolution industrielle.

SUISSE *(Révolution industrielle en)*

Les conditions du développement économique suisse furent toujours contraignantes : importance de la montagne, pas d'accès sur la mer, agriculture médiocre, surpeuplement, absence de matières premières. Malgré cela, ou à cause de cela, la proto-industrialisation y trouva un terrain d'élection. Il y avait abondance de capital, dont les sources étaient le mercenariat, exutoire du surpeuplement, et le réseau commercial et financier genevois. Du fait de la pression démographique, le travail était bon marché, et qualifié grâce à une longue tradition industrielle et un haut degré d'alphabétisation ; la spécialisation sur l'élevage rendait la main-d'œuvre disponible, mais dans un cadre rural.

J.-F. Bergier, traitant de l'industrie du XVIIIe siècle, parle de « révolution anticipée ». Il y eut en effet des progrès et des innovations remarquables, mais dans des structures proto-industrielles. Le filage et le tissage du coton étaient dispersés sur tout le plateau, et l'organisation commerciale était concentrée à Genève : vers 1780, l'industrie cotonnière employait 150 000 personnes et absorbait 23 % de la production mondiale de coton, contre 58 % pour la Grande-Bretagne. Les marchands genevois avaient créé de grandes indienneries qui travaillaient pour le marché français. D'autres industries exportaient aisément leur production, car elle était très spécialisée et de haute qualité : tissage de la soie à Zurich, rubannerie et passementerie à Bâle, horlogerie à Genève. Les difficultés de l'agriculture obligeaient la Suisse à exporter des produits industriels : qualité et spécialisation furent toujours ses réponses aux défis des concurrences étrangères.

La fermeture du marché français pour les indiennes suisses, puis la Révolution industrielle anglaise firent perdre tous leurs marchés aux filés et tissus de coton suisses ; les indienneries parvinrent à se maintenir, mais en travaillant des filés importés. Le chômage frappa 15 % de la population, le produit national régressa de 30 à 40 %. Devant cette catastrophe, nombreux étaient ceux qui prêchaient un retour à l'agriculture : ce n'était pas possible, car faute de révolution agricole, il fallait importer la moitié de l'alimentation ; la Suisse était condamnée à exporter. Ce fut la médiocrité de l'agriculture qui l'obligea à répondre au défi anglais et à faire précocement sa révolution industrielle. L'absence de charbon, de minerai de fer, de matières premières, l'étroitesse du marché intérieur fractionné en cantons, les coûts élevés de transport étaient des contraintes auxquelles il fallut s'adapter en exploitant les quelques atouts du pays.

La Révolution puis l'Empire apportèrent des facteurs favorables : suppression des corporations, meilleure unité du marché, et surtout relative protection contre la concurrence anglaise. Le Blocus causa des difficultés d'approvisionnement, il fallut importer du coton américain par la Russie et Leipzig, mais tout un marché oriental était ouvert. Le capital était disponible. Les négociants et financiers ne voulurent pas s'engager dans le risque industriel, mais ils offraient le crédit pour le capital circulant, beaucoup plus important que le capital fixe de démarrage, et l'indispensable infrastructure commerciale. Les salaires étaient de 15 % inférieurs à ce qu'ils étaient en France ou en Grande-Bretagne au début du siècle, et les journées étaient plus longues. La Suisse ne pouvait se permettre d'importer du charbon : l'industrialisation se fit sans machines à vapeur. Les usines se localisèrent le long des abondants et nombreux cours d'eau pour utiliser l'énergie hydraulique. Cela évita aussi le développement de grosses agglomérations industrielles et ouvrières et les problèmes sociaux dus à la formation du prolétariat. Grâce à la haute technicité proto-industrielle, la transition vers la mécanisation se fit plus facilement. Comme les moyens étaient limités, le démarrage industriel ne concerna que quelques cantons et ne porta que sur la filature du coton, parce que le coton, qui était une matière première importée pour tous les concurrents, égalisait un peu les chances et atténuait les handicaps.

Le Vaudois Pellis fut le premier à fonder une filature à Saint-Gall en 1801, suivi en 1805 par Caspard Escher à Zurich. Les entreprises se multiplièrent ; les crises et les faillites les sélectionnèrent et accrurent la concentration. En 1814, 6 000 ouvriers produisaient 680 tonnes de filés à la machine, ce qui était peu comparé aux 1 500 tonnes produites artisanalement en 1780. Mais la mutation structurelle était faite, car les 100 000 fileuses à la main du XVIIIe siècle avaient disparu, ce qui n'était pas sans causer, dans ce pays surpeuplé, une extension de la misère. La réouverture de la Suisse aux produits anglais, en 1815, devait révéler s'il y avait eu jusqu'alors une industrialisation dans des conditions artificielles, ou si le décollage avait eu lieu. La solution protectionniste n'était guère envisageable, car l'économie suisse dépendait trop de l'exportation. Les faillites furent nombreuses, mais les entreprises les plus solides et les plus chanceuses continuèrent à se développer après 1820, profitant de leurs fermes positions sur les marchés américains. Pour lutter contre les concurrences anglaise et alsacienne, elles se concentrèrent économiquement et financièrement. Le capital était abondant et bon marché, et revenus de leur méfiance, les banquiers, surtout bâlois, qui soutenaient aussi le textile mulhousien et souabe, étaient plus disposés à l'investissement industriel. En 1843, 150 filatures produisaient 7 000 à 8 000 tonnes de filés, concentrées dans les cantons de Zurich, de Saint-Gall (dans le Toggenbourg) et d'Argovie.

Les effets d'entraînement furent longs à se manifester sur les autres secteurs. Seule la construction de machines démarra précocement. Escher, Wyss et Cie commencèrent par fabriquer leurs propres métiers à filer, puis se mirent à les vendre ; pour éviter de subir les fluctuations de la demande, ils diversifièrent leur production ; en 1839, ils sortirent leurs premières machines à vapeur. Les autres secteurs continuèrent dans leurs structures proto-industrielles. L'industrialisation était donc dualiste. Pour le coton, le nombre de tisserands à domicile doubla de 1780 à 1842 : les ouvriers travaillant alors sur machines dans les grandes entreprises de Zurich ou du Toggenbourg étaient dix fois moins nombreux. Mais une spécialisation s'était faite entre les usines produisant pour l'exportation, et le *Verlagsystem* fabriquant des tissus plus grossiers pour le marché intérieur. En revanche, la soierie zurichoise, la rubannerie bâloise et l'horlogerie, qui produisaient toujours dans les structures anciennes, connurent un développement rapide fondé sur l'exportation.

Au milieu du siècle, cet équilibre dualiste fut mis en cause, car, si le marché mondial s'étendait avec la hausse des niveaux de vie, la concurrence des pays industriels se faisait plus dure. La réponse de la Suisse, plus dépendante qu'aucun autre pays de l'exportation, fut de mieux s'intégrer au système capitaliste international, de généraliser le machinisme et de se spécialiser dans des secteurs encore plus étroits. S'intégrer au système international, ce fut d'abord une politique de traités libre-échangistes. Mais le principal problème était l'inexistence quasi totale des chemins de fer : vingt-cinq kilomètres en 1850. Rien n'avait été entrepris du fait de l'absence d'un État veillant à l'intérêt général, et par insuffisance de moyens financiers. L'industrialisation ne pouvait continuer sans transports bon marché : les frais de transport étaient dix fois plus élevés pour un industriel du Toggenbourg que pour ses concurrents les mieux placés. La nouvelle Confédération de 1848 permit de dépasser quelque peu les intérêts locaux. Pour réunir les capitaux, les compagnies suscitèrent la naissance de banques du type Crédit mobilier, comme le Crédit suisse (1855), mais la plupart des fonds furent fournis par des capitalistes étrangers (Rothschild, Pereire). Si, en 1870, le plateau était à peu près desservi, il restait à traverser les Alpes, ce qui était indispensable pour conserver à la Suisse sa fonction de transit. Le percement du Gothard devait durer de 1872 à 1880 et coûter des sommes considérables. La construction ferroviaire ne fit pas naître la sidérurgie, mais donna une impulsion à la construction mécanique, avec la fondation de Saurer en 1853 et de la Fabrique suisse de locomotives en 1871.

Après 1850, le *Verlagsystem* régressa rapidement.

La mécanisation l'emporta dans le tissage et la rubannerie. Dans l'horlogerie, Vacheron et Constantin s'étaient équipés dès 1839 de machines-outils très perfectionnées, mais leur exemple ne fut largement suivi qu'après 1870. La disparition du *Verlagsystem* fut une des raisons des poussées d'émigration, de la crise de 1846-1847 aux maxima de 1880-1890.

Pour mieux exporter, l'industrie se spécialisa encore plus dans des produits de haute qualité ou de technologie de pointe. Le textile était toujours le *leading sector*, mais il se centra de plus en plus sur la soierie, la broderie et la rubannerie. Avec l'électricité, la Suisse avait un nouvel atout : elle se tourna vers l'électrotechnique. Comme il n'était pas possible de lutter avec la chimie lourde allemande, elle se spécialisa dans les colorants et la pharmacie. Enfin, elle innova dans deux secteurs, l'industrie alimentaire, jusqu'alors traditionnelle, dont elle fit une industrie de pointe, et le tourisme qu'elle inventa.

À la fin du XIXe siècle, après une révolution industrielle discrète, précoce et originale, la Suisse est un des premiers pays industriels du monde. De 1840 à 1900, P. Bairoch la situe à la quatrième place de son classement de niveau de développement industriel, devant la France et l'Allemagne.

Orientation bibliographique

Bairoch P., « Niveaux de développement économique au XIXe siècle », *Annales ESC*, 1965.

Bergier J.-F., *Histoire économique de la Suisse*, Lausanne, 1984.

Biucchi M., « The Industrial Revolution in Switzerland (1700-1914) *in* Cipolla C.M. (éd.), *The Fontana Economic History of Europe*, Londres, 1969.

Veyrassat B., « Les centres de gravité de l'industrialisation suisse au XIXe siècle (aspects géographiques et sectoriels). Le rôle du coton », *in* Léon P., Crouzet F., Gascon R. (éd.), *L'industrialisation en Europe au XIXe siècle*, Paris, 1972.

—, *Négociants et fabricants dans l'industrie cotonnière suisse (1760-1840)*, Lausanne, 1982.

Cf. Belgique (Révolution industrielle en). Petits pays : Belgique, Pays-Bas et Suisse. Préindustrialisation et proto-industrialisation. Proto-industrialisation et Révolution industrielle.

« TAKE-OFF »

Pour Rostow, le *take-off* est le moment où l'économie décolle, c'est-à-dire où les taux de croissance du PNB se font plus élevés et surtout plus réguliers, car dans la période de « croissance autosoutenue » il ne doit plus y avoir de ralentissement. Pour qu'il y ait progrès, ces taux de croissance doivent être mesurés par tête. Avec un coefficient marginal de capital de 3,5 à 1, valeur extrapolée de données plus récentes, mais dont on ne peut savoir si elle s'applique à des économies plus anciennes, et dans le cas d'une croissance démographique de 1 à 1,5 % par an, le taux d'investissement *net* doit passer de moins de 5 % du PNB à plus de 10 %, pour permettre une croissance du produit par tête de 1 à 2 %. L'hypothèse d'une croissance démographique de 1 à 1,5 % est un peu forte pour la Grande-Bretagne du XVIIIe siècle. Vers 1770, avec une croissance démographique de 0,5 % par an, un gain du produit annuel par tête de 1 % supposerait un passage de l'investissement net de 1,75 à 5,25 %; pour une hausse de 2 % du produit par tête, il devrait passer à 8,8 %. En 1780, avec une croissance démographique de 0,8 % l'investissement net devrait passer à 6,3 % ou 9,8 %. En France, dans la première moitié du XIXe siècle, l'accroissement naturel fut de 0,5 %, ce qui ramène à l'hypothèse britannique de 1770. En fait ces chiffres sont hautement conjecturaux, car il y a deux inconnues. La première est le coefficient marginal de capital; elle surestime sans doute le calcul, car on peut supposer que, plus le niveau technique d'une économie est bas, plus un petit investissement aura un effet multiplicateur important. La deuxième inconnue est le taux d'amortissement. S'il faut un passage de l'investissement *net* à près de 10 % du PNB, cela correspond à un taux d'investissement *brut* très supérieur, sans que l'on puisse vraiment préciser de combien. Or toutes les estimations auxquelles les auteurs ont procédé pour l'investissement sont toujours brutes. Kuznets pense que la durée de l'amortissement est rapide, parce que les premières machines s'usaient vite ; mais on peut remarquer qu'au contraire, leur obsolescence technologique était lente du fait de la lenteur des progrès techniques. Donc la simplicité mathématique du critère rostovien du taux d'investissement comme moyen de repérer et de dater le *take-off* n'est en fait qu'apparente : il faut une très sensible augmentation du taux *brut* d'investissement par rapport au PNB, sans que l'on puisse vraiment la chiffrer.

En Grande-Bretagne, le taux de croissance annuel de la production par tête serait passé de 0,2 % (estimation de Deane et Cole) ou 0,3 % (estimation de Floud et McCloskey) entre 1710-1740, à 0,3 % (Deane et Cole) entre 1740 et 1780, et à 1 % entre 1780 et 1800. Il y aurait donc une rupture dans les années 1780, qui est confirmée par la croissance du produit industriel, qui, de 0,9 % annuel entre 1740 et 1780, monterait à 2,8 % entre 1780 et 1800, pour se stabiliser ensuite entre 3,5 et 4 % (estimations de Deane et Cole) dans la première moitié du XIXe siècle. P. Deane et H.J. Habakkuk, après avoir aussi examiné le taux brut d'investissement, concluaient dans leur étude de 1963 : « La conclusion qui ressort de l'étude est que les changements dans les taux de croissance, dans les fonctions de production et dans les taux de formation du capital dans les années 1783-1802 ne sont pas en eux-mêmes assez décisifs pour constituer un *take-off* selon la définition de Rostow. » Ils songeaient plutôt à une accélération graduelle de la croissance qui aurait culminé avec la construction des chemins de fer. Plus récemment S. Pollard confirmait cette impression de progression graduelle, nuancée par un léger recul pendant les *French wars* : le taux brut d'investissement serait passé de 6,5 % vers 1770, à 9 % vers 1790, à 8 % vers 1815, puis à 11 % vers 1830-1835. Mais l'estimation la plus récente (Feinstein, 1978) souligne en revanche un décrochage entre 1760 et 1790, et une absence de progression au XIXe siècle : la formation *brute* de capital fixe, investissement outre-mer exclu, serait passée de 8 % vers 1761-1770, à 12 % en 1781-1790, puis à 13 % en 1791-1800, pour redescendre à 10-12 % dans les années 1860. La construction des chemins de fer ne ferait pas remonter le taux; le taux le plus élevé de la période serait celui de la dernière décennie du XVIIIe siècle. Cette estimation redonne donc vigueur à l'idée d'un *take-off* britannique entre 1770 et 1800.

Pour la France, les auteurs s'accorderaient plutôt sur l'absence de *take-off*, mais avec des nuances différentes. Au colloque sur le *take-off*, en 1960, J. Marczewski ne parvenait pas à trouver de *take-off* au XIXe siècle; il distinguait seulement trois périodes d'accélération de la croissance, 1796-1844, 1855-1884 et 1895-1913, séparées par des périodes de ralentissement; la croissance la plus intense, 3,52 % pour la production industrielle, aurait été centrée sur la monarchie de Juillet. Quant au taux d'investissement net, il aurait crû régulièrement. La croissance du XIXe siècle aurait donc été progressive et cyclique. Et s'il fallait absolument trouver un *take-off*, J. Marczewski le reporterait au XVIIIe siècle, pour lequel il donne un taux annuel de croissance industrielle de 1,9 % avec une sensible accélération entre 1750 et 1785, et il choisirait la date de 1750. Trois indices de la production industrielle ont été élaborés depuis. T. Markovitch est prudent dans ses conclusions, il insiste sur les taux élevés de la période 1815-1845, mais renonce à définir un *take-off*. M. Lévy-Leboyer distingue deux périodes de croissance plus forte au XIXe siècle, avec 2,5 à 3 % comme taux de croissance de la production industrielle jusque vers 1860, puis une dépression, suivie d'une forte reprise entre 1890 et 1913. Mais comme ces deux périodes sont de nature différente, il conclut à l'absence de *take-off* : « Le *take-off*, entendu comme une transition brève permettant à l'économie de se détacher de ses traditions agraires, ne se retrouve pas en France, parce que l'industrialisation s'est appuyée sur deux structures opposées : dans un premier temps, les marchés ruraux traditionnels, unifiés par le chemin de fer ; les marchés urbains à partir de 1880 attirant à eux la population des campagnes. On en conclura à la souplesse d'adaptation de l'économie et à la vigueur de l'élan industriel qui a continué, après la guerre, dans les années 1920. Il n'y aurait, de ce point de vue, un *take-off* que dans les pays qui doivent accomplir les deux étapes en même temps et qui n'ont pas connu l'expansion relativement harmonieuse qui a caractérisé la France du XIXe siècle » (M. Lévy-Leboyer). Le plus récent indice de la production industrielle, élaboré par F. Crouzet, montre une croissance régulière et continue, avec une première accélération de 1815 à 1824, suivie par un ralentissement, puis par une hausse continue des taux de 1840 au milieu des années 1850. La décélération postérieure de la croissance, jusqu'à la forte reprise de la fin XIXe-début XXe siècles, observable aussi en Grande-Bretagne, traduirait pour ces deux pays, selon F. Crouzet, « une maturité précoce ». La dernière approche du *take-off* peut se faire à partir des évaluations des taux de formation brute de capital effectuées par M. Lévy-Leboyer. Elles reflètent la même évolution. Pour la formation intérieure en francs courants, le taux croîtrait régulièrement de 1818-1819 (7,1 %) à 1850-1859 (12 %), pour se stabiliser ensuite jusqu'aux années 1910. En conclusion, c'est la régularité de la croissance qui domine en France : il n'y a guère de rupture, et donc de *take-off*. La croissance démarrerait tôt, au XVIIIe siècle, et globalement s'accélérerait jusqu'au plafonnement des années 1850-1860. La similitude avec la chronologie anglaise est frappante, bien que, dans ce dernier pays, une rupture soit perceptible entre 1770 et 1800.

Le cas allemand est aussi très complexe, car il y a eu plusieurs flambées de croissance : la première à l'époque napoléonienne avec la mécanisation de la filature, la deuxième dans les années 1830 avec la formation du Zollverein, la troisième dans les années 1850 avec le développement de l'industrie lourde, la quatrième après 1870. On situe souvent le *take-off* vers le milieu du siècle, mais des auteurs comme W.G. Hoffmann le dateraient plutôt des années 1830. Quant au taux d'investissement, il montre une progression continue. La formation de capital « semble avoir été particulièrement concentrée dans la période 1830-1850 [...]. Cependant bien que les chiffres montrent un progrès, ils ne permettent pas de qualifier la période antérieure à 1850 de révolution industrielle ou de *take-off*. En comparaison avec l'accroissement de l'investissement dans la période 1850-1913, ces premiers gains étaient très modestes » (R.H. Tilly)[1].

Ce bref survol met surtout en valeur la diversité des expériences nationales. Il est normal que les décrochages dans les taux de croissance ou d'investissement soient toujours très difficiles à déceler, car il ne faut pas sous-estimer la pondération très importante des secteurs traditionnels, qui donnent aux indices une grande inertie. La Révolution industrielle, ou le *take-off*, s'ils existent, ont été soutenus par des secteurs étroits de l'économie.

Orientation bibliographique

Nombreuses contributions *in* Mathias P. et Postan M.M. (éd.), *The Cambridge Economic History of Europe*, vol. VII, Ire partie, Cambridge-Londres-New York-Melbourne, 1978.

Crouzet F., « Un indice de la production industrielle française au XIXe siècle », *Annales ESC*, janvier-février 1970.

—, *Capital Formation in the Industrial Revolution*, Londres, 1972.

Lévy-Leboyer M., « Croissance économique en France au XIXe siècle », *Annales ESC*, juillet-août 1968.

Marczewski J., « Le produit physique de l'économie française de 1789 à 1913 (comparaison avec la Grande-Bretagne) », *Cahiers de l'ISEA*, série AF, 4 juillet 1965.

Rostow W.W., *The Economics of Take-Off into Sustained Growth*, Londres-Basingstoke, 1963.

Cf. Rostow et les étapes de la croissance.

1. In Mathias P. et Postan M.M. (éd.), *The Cambridge Economic History of Europe*, *op. cit.*

Technologie, économie et révolution industrielle

La pression de l'économie fut plus déterminante pour le progrès technologique et surtout pour sa diffusion que l'évolution de la science, facteur plutôt permissif. L'inventeur ne travaillait pas au hasard. Il ne pouvait découvrir, sauf exceptions, que ce qu'il cherchait, c'est-à-dire la solution d'un problème posé par l'environnement socio-économique. Cela explique la fréquence des cas de duplication de l'invention : Bourdon et Nasmyth conçurent en même temps le marteau-pilon. Les motivations de l'inventeur étaient complexes ; parmi elles, il y avait la curiosité scientifique et le désir de promotion sociale et de renommée. L'aspect économique — l'espoir de gagner de l'argent lors de l'application industrielle — joua sûrement un rôle majeur. La diffusion de l'invention était encore plus liée aux conditions économiques. Si elle ne répondait pas à un besoin, elle ne se diffusait guère. Philippe de Girard inventa le métier à filer le lin, qui n'eut que peu de succès en France, mais se répandit rapidement en Grande-Bretagne, d'où il revint ensuite sur le continent. De même, l'industrie du blanchiment chimique, à l'origine de laquelle étaient les travaux de Berthollet, se développa surtout en Grande-Bretagne, car elle permettait de résorber un goulet d'étranglement engendré par la croissance accélérée de la production textile. Il serait en effet erroné de penser qu'une nouveauté technique est bonne en soi, parce qu'elle est nouvelle et progressiste. Un nouveau procédé donne parfois un produit de qualité inférieure, comme la fonte au coke par rapport à celle au charbon de bois. L'industriel ne l'adopte que s'il lui permet de diminuer ses coûts, d'augmenter son bénéfice ou d'améliorer sa position sur le marché. C'est pourquoi les maîtres de forges anglais n'imitèrent les Darby qu'avec plusieurs décennies de retard, car la fonte au coke était plus coûteuse à fabriquer et se vendait moins cher. Seuls les Darby en tiraient profit, grâce à leurs secrets de fonderie. Cette innovation fut ensuite longue à se diffuser sur le continent ; la cause n'en était pas seulement la difficulté du transfert de technologie ou le conservatisme des maîtres de forges ; c'était surtout parce que ces derniers n'en voyaient pas l'avantage, puisque le charbon était cher.

L'innovation était donc une réponse à un besoin économique et dépendait d'un système de prix relatifs des facteurs de production et d'une structure d'organisation de la production. Elle intervenait pour rétablir un équilibre perturbé, dans la mesure où l'environnement scientifique, intellectuel et institutionnel permettait la naissance de l'invention qui la sous-tendait. En Grande-Bretagne, au XVIIIe siècle, l'impulsion motrice vint sans doute de la pression que l'accroissement des demandes interne et externe exerçait sur l'économie, sur l'approvisionnement en matières premières et sur le système proto-industriel. Le procédé de Darby anticipa quelque peu sur la pression économique. Mais il ne se diffusa largement, après 1750, que lorsque le coût du charbon de bois se mit à augmenter, non que l'Angleterre manquât de bois, — la sidérurgie utilisait en effet les taillis et non les futaies —, mais parce que les coûts d'abattage et de carbonisation croissaient du fait de la tendance à la hausse du prix du travail. La mécanisation du textile, dont les premières phases (navette volante, *spinning jenny*) étaient compatibles avec le système proto-industriel, buta sur les limites de ce dernier lorsque la croissance de la demande de cotonnades le rendit de plus en plus lourd à faire fonctionner et de plus en plus coûteux en salaires. Le travail dispersé ne pouvait s'étendre indéfiniment sur des aires de plus en plus larges. De plus le plein emploi était réalisé ; si les enclosures chassaient des *cottagers*, les modernisations de l'agriculture exigeaient beaucoup de main-d'œuvre, et de toute façon les transferts régionaux de force de travail n'étaient pas assurés entre régions agricoles et régions industrielles. La concentration des ouvriers en fabriques et l'emploi de la machine à vapeur, plus souple que le moulin à eau, et susceptible de produire de l'énergie de manière illimitée, étaient les solutions économiques logiques, devant la hausse des coûts marginaux du travail. Par ailleurs le facteur capital était bon marché. L'optimisation économique allait dans le sens du remplacement du travail par du capital. La plupart des innovations furent en effet économisatrices de travail *(labour-saving)* et plus coûteuses en capital *(capital intensive)*. La machine à vapeur avait même l'avantage de coûter en capital fixe moins cher qu'un moulin à eau de même puissance. T.S. Ashton constata une corrélation négative entre le nombre de brevets déposés et le taux d'intérêt qui exprime le coût du capital. Mais cela ne permet pas de conclure que, à court terme, les baisses de prix du capital encourageaient l'invention. Car cette dernière ne donnait pas toujours lieu au dépôt immédiat de brevet, et surtout il est difficile de quantifier l'intensité de l'innovation à l'aide du nombre de brevets, car tous n'avaient pas la même importance.

Une fois lancés certains processus innovateurs

dans des secteurs importants, la technologie acquérait alors une relative autonomie dans son développement, par le jeu des interdépendances et des goulets d'étranglement maintes fois constatés : entre filage, tissage et blanchiment, entre extraction du charbon, sidérurgie, machine à vapeur, puis chemin de fer, entre sidérurgie, machine à vapeur et machine-outil... Le progrès technique fut une somme d'innovations qui se cumulaient, s'étendaient à d'autres secteurs, se répondaient.

En privilégiant les coûts relatifs des facteurs dans l'analyse du surgissement et de la diffusion technologiques, on comprend mieux pourquoi le transfert ne se fit pas toujours aisément sur des économies différentes. Un procédé nouveau n'était pas universel, puisqu'il correspondait à des conditions socio-économiques particulières. Le facteur travail était bon marché sur le continent ; en revanche, sauf en Rhénanie-Westphalie, le charbon était cher et très coûteux à transporter. L'incitation à adopter la fonte au coke et la machine à vapeur était donc faible. Et même, en Suisse, dont la balance commerciale aurait été déséquilibrée par l'importation de charbon, mais où les rivières étaient abondantes, les filatures de coton continuèrent jusque vers 1850 à utiliser l'énergie hydraulique. Il est significatif aussi que les ingénieurs français se soient attachés à baisser la consommation en combustible des locomotives, ce qui n'était pas la préoccupation de leurs collègues britanniques.

Ce modèle explicatif global (s'appuyant sur l'économétrie) du changement technologique, fonction du coût des facteurs, doit être nuancé. Tout d'abord le changement technologique est un processus qui n'a que peu de souplesse d'adaptation. Il n'y a pas mille combinaisons possibles entre le travail et le capital, mais le plus souvent deux, l'une *capital intensive* et l'autre *labour intensive*. Le passage de l'une à l'autre suppose des mutations profondes des types d'organisation. Il n'y a pas eu une adaptation continue aux variations des coûts des facteurs, mais un saut qualificatif entre système proto-industriel, parfois lent d'ailleurs à disparaître, et système industriel, c'est-à-dire un profond changement dans l'organisation et la localisation de la production, la structure des revenus et des groupes sociaux, dont il ne faudrait cependant pas sous-estimer l'inertie. De l'économique, on est donc renvoyé aux capacités d'adaptation de l'environnement.

D'autre part la relation quantitative entre capital, travail et progrès technique est complexe. F. Caron insiste sur le fait que les innovations sont adoptées, non obligatoirement à l'occasion d'investissements nets supplémentaires, mais largement lors d'opérations de renouvellement des équipements ; aussi, de gros progrès de productivité peuvent intervenir sans que le stock de capital fixe s'accroisse sensiblement. Ce dernier n'est pas homogène ; il est la somme d'équipements d'âges différents. Pareillement, la productivité du travail peut aussi progresser sans dépense supplémentaire de capital, grâce à un phénomène d'« apprentissage », de meilleure maîtrise de la nouvelle technologie.

Enfin, il est un peu mécaniste d'imaginer que la demande du système économique suscite immédiatement, dans le court terme, une réponse du système technique. La solution technique n'est pas immédiate, car la demande de l'économie n'est pas formulée en termes techniques : une transcription est indispensable, qui dépend en particulier du niveau scientifique. La lecture rétrospective de l'histoire introduit souvent des perspectives explicatives optimistes, car elle s'intéresse aux succès et non aux échecs. Mais les inventions « nécessaires » mettent quelquefois fort longtemps à voir le jour car les difficultés techniques sont souvent immenses.

« On pouvait penser que l'innovation ne peut jamais être autre chose qu'une tentative pour faire face à une situation économique donnée. En un sens c'est vrai. Pour qu'une innovation soit possible, il doit toujours y avoir des "conditions objectives" et des "besoins objectifs" à satisfaire; mais ils sont rarement, sinon jamais, seuls à déterminer quel genre d'innovation les satisfera, et, en règle générale, ils peuvent être satisfaits de plusieurs manières différentes. Et surtout, ils peuvent rester insatisfaits durant une période indéfinie, ce qui montre qu'ils ne sont pas en eux-mêmes suffisants pour produire une innovation[1]. »

Orientation bibliographique

Caron F., *Le résistible déclin des sociétés industrielles*, Paris, 1985.
Landes D.S., *L'Europe technicienne*, Paris, 1975.
Lévy-Leboyer M., « Les processus d'industrialisation : le cas de l'Angleterre et de la France », *Revue historique*, avril-juin 1968.
Musson A.E., *Science, Technology and Economic Growth in the Eighteenth Century*, Londres, 1972.
Milward A. et Saul S.B., The *Economic Development of Continental Europe*, Londres, 1973.
Wrigley E.A., « Le processus de modernisation et la révolution industrielle en Angleterre », *Annales ESC*, mars-avril 1973.

Cf. Fer, fonte et acier. Innovations dans le textile et la chimie. Invention et innovation. Machine à vapeur. Science et technologie.

1. J. Schumpeter, *Business cycles*, New York, 1939, cité par E.A. Wrigley.

Ternaux (Guillaume) et la modernisation de l'industrie lainière française

L'industrie lainière était à la veille de la Révolution la seconde du royaume par la valeur de sa production. À en croire Tolosan cette dernière était de 92,5 millions de livres, alors que le produit de la toilerie dépassait 160 millions. Les tissus de laine étaient également le second poste des exportations. Leurs débouchés principaux étaient le Levant et les pays ibériques, l'Espagne surtout, car la Grande-Bretagne, pour laquelle les lainages étaient le principal produit d'exportation, dominait le marché portugais. Une partie des ventes en Espagne et au Portugal était destinée à être reexportée vers les colonies américaines. À côté des draperies communes, camelots et étamines, la draperie fine était le fait de quelques centres. La fabrique languedocienne souffrait du déclin des ventes au Levant, son principal débouché. Les tissus de la plus belle qualité étaient fabriqués à Elbeuf, le premier centre français, et surtout à Louviers et Sedan. Ils utilisaient comme matière première la laine des moutons mérinos importée d'Espagne.

À Sedan vingt-six entreprises employaient quelque 14 000 ouvriers, dont la plupart travaillaient dans le cadre d'une organisation proto-industrielle : le filage occupait la main-d'œuvre paysanne sur une zone très large, le tissage était concentré dans un cercle de plus faible rayon, les teintures, les finitions étaient effectuées en ville par des ouvriers, qui, comme les tondeurs, étaient parfois une main-d'œuvre revendicative et remuante. Le père de Guillaume Ternaux, qui avait débuté avec quelques métiers en 1756, était un petit manufacturier, sans commune mesure avec les quatre grandes manufactures privilégiées de la ville. Guillaume commença son apprentissage de négociant dans la maison paternelle à quatorze ans. Lorsqu'il eut dix-huit ans, en 1781, son père, dont les affaires allaient médiocrement, résolut d'agrandir l'échelle de ses opérations, en partant à Paris monter le magasin de vente indispensable pour acquérir une réputation, confiant à Guillaume la responsabilité de la fabrication, et à son second fils la tâche de voyager pour élargir la clientèle. La maison profita des commandes militaires et lorsque, contraint par ses choix politiques, Guillaume Ternaux émigra en Suisse en 1794, laissant la gérance à son frère, ses actifs se montaient à un million. Ses quatre années d'exil furent mises à profit pour fonder une maison de négoce à Livourne — une des places centrales du commerce méditerranéen, qui, destinée d'abord à écouler des tissus de laine allemands, devait ensuite commercialiser les produits du groupe Ternaux — et pour se lier à Antoine de Gonzenbach, qui était à la tête d'une entreprise intégrée de fabrication de toiles de lin dans la région de Saint-Gall et dont il allait épouser la fille en 1800. Peut-être cet exemple l'incita-t-il à construire avec opiniâtreté, après son retour en France en 1798, un empire industriel entièrement autosuffisant, depuis l'élevage du mouton jusqu'à la commercialisation des produits.

Le rapide succès de Ternaux, qui n'était pas l'héritier d'une grande dynastie industrielle, n'avait que peu de capitaux et qui retrouvait alors une entreprise qui avait traversé la Révolution mais n'était pas dans une situation florissante, fut dû à son esprit d'innovation en matière de techniques et de produits à un moment où la conjoncture économique hésitante pouvait tourner à l'avantage de ceux qui osaient entreprendre. Un petit réseau familial servit de point de départ, comme l'alliance avec son beau-frère, d'une famille de négociants rémois, les Jobert, point d'appui d'une implantation manufacturière dans une seconde région de tradition drapière.

La mécanisation de cette industrie supposait une adaptation des métiers à filer le coton, relativement aisée pour la laine cardée, beaucoup plus difficile pour la laine peignée. Elle nécessitait aussi la mise au point de machines originales pour le nettoyage des laines, le cardage ou la tonte. Elle commença à se développer en Angleterre et à Verviers, puis à Liège, où le mécanicien gallois Cockerill équipait, depuis 1800, les fabricants de ses assortiments. Lorsque le constructeur de machines anglais Douglas s'installa en 1802 à Paris, il fut soutenu par l'aide des pouvoirs publics, et par la Société d'encouragement à l'industrie nationale, dont faisait partie Ternaux, et dont l'objet était de stimuler la modernisation de l'industrie française afin de lui faire rattraper son retard par rapport à la Grande-Bretagne. L'État devait, pour cette raison, acheter en 1809 à Douglas ses inventions afin de les mettre dans le domaine public. Le gouvernement avait favorisé Douglas, qui vendait ses machines cher, alors que d'autres fabricants travaillaient également à Paris, et qu'à partir de 1807 Cockerill, dont les machines étaient supérieures, commençait à exporter en France : il équipait Poupart de Neuflize à Sedan. Ternaux avait acheté des machines à Douglas et s'était efforcé de les perfectionner dans ses ateliers, qu'il confia à plusieurs mécaniciens, dont l'un venait de chez son beau-père et l'autre, Dobô, devait être très inventif. Il s'occupa de développer la filature de la laine peignée; sa filature de Bazancourt, près de Reims, fut la première, en 1811. À partir de la fin des années 1810, la contribution des techniciens employés par Ternaux à la mise au point de mécaniques nouvelles fut plus importante, à en juger par le nombre de brevets déposés.

Le nom de Ternaux était devenu un nom commun, synonyme de châle. Il fut en effet de ceux qui comprirent l'importance de l'innovation de produits. La réputation de Sedan était fondée sur le drap fin, noir de préférence, de la plus belle qualité. Dans la continuité de cette tradition de luxe, Ternaux imita avec de la laine fine, pure ou mélangée de soie, les châles de cachemire, faits de la laine des chèvres tibétaines, dont les premiers furent importés au tournant du siècle, à des prix astronomiques. Ternaux faisait visiter à la haute société sa fabrique de châles, localisée à Saint-Ouen, où il avait acheté un château et donnait des réceptions recherchées. L'effet publicitaire était certain, sur le cercle étroit des acheteurs potentiels. L'impératrice Marie-Louise porta des Ternaux. Mérimée raconte l'anecdote suivante datée de 1815. M. Ternaux et l'un de ses amis « étaient l'un et l'autre entrés chez un célèbre marchand de schalls [*sic*] de la Cité [Londres], et après avoir examiné ce qu'il y avait de plus beau dans la boutique, M. Ternaux montra un des schalls de sa fabrique : "Voilà, dit le marchand anglais, le schall le plus parfait d'exécution que j'ai vu; le dessin européen des ornements prouve qu'il a été fait exprès. — Monsieur, il sort de ma manufacture. — En ce cas, vous devez être Monsieur Ternaux". » En 1818, il envoya l'orientaliste Jaubert en Russie avec mission de rapporter un troupeau de chèvres d'une espèce voisine de celles du Tibet afin de les acclimater en

France. Dans les années 1820, il fabriquait en grandes quantités des châles de cachemire, dont une bonne part était exportée. Ses tissus de pur mérinos — on lui donna le sobriquet de « Prince des mérinos » — étaient également des produits de haut de gamme.

Ces produits, réservés à une clientèle aisée, alors que Nîmes ou Paisley en Écosse produisaient des châles de qualité plus ordinaire, avaient un marché peu élastique. Si les fabricants français avaient une réputation dans les produits de luxe, la Grande-Bretagne, en avance techniquement, affirmait dès la fin du XVIIIe siècle sa supériorité pour les tissus de laine de qualité moyenne, dont le marché était plus important, reposant sur des catégories sociales plus larges, et plus dynamique. Le nouvel essor de l'industrie lainière française à partir des années 1820-1830 allait être fondé sur l'invention de tissus nouveaux, dits de « nouveautés », souvent mélangés, qui permettaient d'exploiter des phénomènes de mode. Dans ce domaine Ternaux avait anticipé le mouvement, en inventant des tissus nouveaux, par leurs dessins et leur tissage ou bien par leur matériau, poils de chèvre ou de vigogne seuls ou en mélange avec de la laine ou du coton, comme les *sati-draps*. Dans les années 1820, il s'efforça de développer des tissus à plus bas prix, pour toucher un public de classes moyennes, auxquelles s'adressait un de ses magasins de détail, le « Bonhomme Richard ». En 1827, une redingote y coûtait trente-huit francs, soit l'équivalent d'une quinzaine de journées de travail de manœuvre, une somme peu considérable pour un budget petit-bourgeois.

La totale intégration de l'« empire Ternaux » était sans doute moins un trait de modernité qu'une forme d'archaïsme, d'esprit négociant appliqué à l'industrie, et qu'une réaction à une période de pénurie et de désorganisation des circuits commerciaux. À l'époque moderne, les plus belles laines venaient d'Espagne. Les troubles et les guerres de 1792 à 1815 rendirent de plus en plus difficile l'approvisionnement en laines espagnoles, qui finirent par manquer lorsque la guerre civile ruina le pays. Les matières premières furent rares durant tout l'Empire, et même ensuite — la laine saxonne s'imposa dans les années 1820. Un des soucis du gouvernement était de favoriser l'élevage du mouton en France et de développer celui du mérinos. Il était logique qu'un manufacturier cherchât à se mettre à l'abri de toute pénurie en intégrant vers l'amont, en contrôlant ses matières premières. C'est ce que fit Ternaux, qui importa des moutons espagnols et des chèvres, possédait ses propres troupeaux, et dans les années 1820, s'intéressa à l'élevage ovin dans les pays de l'estuaire de La Plata. À une époque où le secteur de la construction de machines était encore mal défini, mal organisé, et en pleine évolution technique, il possédait ses propres ateliers à Saint-Ouen et rue Mouffetard. La commercialisation était assurée par plusieurs comptoirs à l'étranger, par de nombreux dépôts ou par des formes d'association diverses avec des marchands locaux en province, par le magasin de gros et de détail de la place des Victoires à Paris et par le « Bonhomme Richard ». Le contact direct avec le public que donnait la maîtrise de ce réseau permettait de mieux faire circuler l'information, du consommateur vers le fabricant, et du fabricant vers le consommateur, ce qui était précieux, lorsqu'il s'agissait de lancer de nouveaux produits sur le marché. Un navire, le *Ternaux*, exportait vers le continent américain.

À son apogée, vers 1825, l'empire Ternaux devait assurer de 10 à 12 % de la production de l'industrie lainière. Il employait 19 000 personnes, dépendant de 40 établissements, dans quatre grandes régions, celle de Sedan, celle de Reims, la Belgique, et celle de Louviers et d'Elbeuf. S'y ajoutaient les installations de Paris et Saint-Ouen, ateliers mécaniques, lavoirs de laine, commerces, centre « administratif » du groupe à l'hôtel Massiac où travaillaient plus de 150 commis, sans compter les silos de blé, la fabrique de polenta et de *terouen* (mélange desséché de pommes de terre, de bouillon de viande, de carottes, dont le nom regroupait la première syllabe du patronyme de son inventeur et la dernière de son lieu de fabrication), distribués aux ouvriers et aux nécessiteux. À la fin des années 1820, Ternaux chercha à diversifier ses activités vers la filature linière et la fabrique de toile.

Le revers de l'intégration était la lourdeur de la gestion et le manque de flexibilité du groupe, alors que les marchés des tissus étaient très sensibles aux fluctuations conjoncturelles. L'effondrement de l'empire Ternaux à la fin de la décennie 1820 fut le résultat de circonstances familiales et d'immobilisations exagérées. Il prouvait la vulnérabilité d'un groupe intégré. Les filatures et tissages de coton intégrés faisaient au même moment des expériences similaires. L'organisation qui allait s'imposer dans l'industrie textile jusqu'à la fin du siècle fut davantage le réseau d'entreprises indépendantes liées par des relations familiales et des participations croisées dans les capitaux sociaux.

Orientation bibliographique

Bergeron L., « Douglas, Ternaux, Cockerill : aux origines de la mécanisation lainière en France », *Revue historique*, n° 1, 1972.
Gayot G. et Minard Ph., « Les entrepreneurs de l'an II », *Le Monde des Affaires*, 8 juillet 1989.
Lomüller L.M., *Guillaume Ternaux (1763-1833), créateur de la première intégration industrielle française*, Paris, éd. de la Cabro d'Or, 1978.

Cf. Entrepreneurs. France et Grande-Bretagne II : Révolution, Empire et industrialisation. France et Grande-Bretagne III : l'industrialisation jusqu'à l'ère des chemins de fer (de 1815 à 1830-1840). Innovations dans le textile et la chimie. Oberkampf, Christophe-Philippe (1738-1815) et la fabrique de Jouy.

Transfert de la technologie

Les principales innovations du XVIIIe et du début du XIXe siècle avaient vu le jour en Grande-Bretagne. Le transfert de la technologie au continent fut long et difficile. Autant la diffusion scientifique était rapide en Europe — la correspondance entre savants et académies et la propagation des livres et des périodiques rendaient le monde de la science international —, autant l'adoption des nouvelles techniques se heurtait à de gros obstacles, tout d'abord d'ordre économique : les prix relatifs des facteurs, la nature et les prix des matières premières, l'organisation et la qualification du travail, la nature et l'ampleur des marchés. L'innovation n'était pas obligatoirement rentable sur le continent.

Mais il ne faudrait pas sous-estimer les difficultés proprement techniques. Une technique est un élément d'une chaîne de techniques interdépendantes. On ne peut en adopter une sans que se posent des problèmes d'adaptation aux processus d'amont et d'aval. Il en résultait non seulement des coûts d'investissement plus élevés, mais aussi une modification si grande des conditions de la production qu'elle pouvait faire hésiter l'entrepreneur. L'innovateur se lançait dans une opération qui n'allait pas sans éléments d'inconnu. Ainsi, lors de l'établissement des premiers réseaux ferroviaires, les prévisions de coût de construction furent toujours très largement dépassées. Mais l'obstacle majeur était le fait que l'adoption des nouvelles techniques supposait une familiarité avec elles, car la part d'empirisme, de savoir-faire, de *technical skill* était grande. Certaines premières tentatives d'imitation furent pour cette raison des échecs, car il ne suffisait pas de parvenir à se procurer des plans de construction ou quelques exemplaires de machines anglaises, dont l'exportation allait être interdite par le gouvernement britannique jusqu'en 1842 ; encore fallait-il savoir les faire fonctionner, les régler, les réparer, et les adapter à des conditions de production différentes. L'utilisation des procédés sidérurgiques anglais avec des minerais de fer ou des cokes dont les propriétés chimiques n'étaient pas les mêmes qu'en Grande-Bretagne soulevait quantité de difficultés. Le problème d'adaptation était évidemment différent suivant le type de technique. Si les machines textiles, simples, surtout au début, ne posaient que peu de problèmes, il n'en allait pas de même de la fonte au coke, du puddlage, de la machine à vapeur et de la construction mécanique.

C'est pourquoi les vecteurs du transfert jusque vers 1830 furent principalement les hommes. La diffusion technique nécessitait le déplacement d'entrepreneurs, de techniciens et d'ouvriers anglais pour initier, par la pratique, les continentaux aux nouveaux procédés. La sortie d'ouvriers qualifiés fut d'ailleurs interdite par le gouvernement britannique jusqu'en 1825. Mais pour eux comme pour les machines, les règlements ne pouvaient suffire à endiguer le flux. Au XVIIIe siècle, les entrepreneurs et techniciens anglais furent à l'origine des principaux transferts. John Kay, qui, à la suite de procès, avait été spolié du bénéfice de son invention, émigra en France, où il fut nommé moniteur de filage et de tissage à l'Inspection des manufactures. John Holker fit passer, en 1754, vingt-quatre ouvriers, un mécanicien et des machines en France ; il démarra la Fabrique royale de coton de Rouen, et fut nommé en 1755 « inspecteur des manufactures étrangères ». Les Milne introduisirent les *water frames* et montèrent un atelier de construction au château de la Muette. Après avoir essayé d'acquérir une machine de Watt sans payer de droits à l'inventeur, les Périer durent se rendre en Angleterre pour traiter avec Watt et Boulton (1779), puis très vite parvinrent à les fabriquer intégralement dans leur établissement de Chaillot. William Wilkinson, le frère du grand métallurgiste, fut appelé en France par le gouvernement pour implanter les nouveaux procédés. Il fonda d'abord la fabrique de canons d'Indret (1778), puis démarra, avec Ignace de Wendel, les hauts fourneaux et forges du Creusot, où la première coulée de fonte au coke fut réalisée en 1785. Les Cockerill créèrent une industrie lainière moderne en Belgique, puis des entreprises métallurgiques à la pointe du progrès à Seraing. Le gouvernement français donna une forte impulsion à la diffusion technologique. Il attira techniciens et entrepreneurs anglais en leur offrant des conditions exceptionnelles de travail, en leur versant des salaires et des pensions élevés, en mettant des locaux à leur disposition, et en leur donnant des fonctions administratives importantes. Il envoya aussi nombre d'observateurs en mission pour étudier les fabriques anglaises, comme celle de l'ingénieur des Mines Jars en 1765, ou celles de Roland de La Platière en 1781 et 1784. À côté de ces voyages officiels ou semi-officiels, il y avait aussi de l'espionnage industriel, qui n'était pas sans danger comme dans le cas d'Albert, envoyé en Grande-Bretagne par Boyer Fonfrède pour ramener des machines, qui fut pris et condamné à cinq ans de prison.

Les guerres de la Révolution et de l'Empire coupèrent le continent de son modèle technologique. Après 1815, les voyages se firent de plus en plus nombreux. Les entrepreneurs et ingénieurs d'outre-Manche se déplacèrent moins, mais, en revanche, les entreprises continentales cherchèrent à attirer par de hauts salaires des contremaîtres et des ouvriers anglais, surtout dans la sidérurgie et la construction mécanique. Il y en avait 2 000 vers 1825. Les industriels les considéraient un peu comme un mal nécessaire, car ils n'étaient pas toujours irréprochables : ceux qui venaient sur le continent étaient souvent ceux dont ne voulaient pas les bonnes entreprises anglaises. Ainsi, François de Wendel, qui avait envoyé son contremaître anglais en mission en Angleterre en 1824, lui écrivait : « Votre absence me nuit beaucoup ; je paie vos ouvriers et ils ne travaillent pas ; le charpentier est un ivrogne, on ne peut pas l'employer[1]. »

En Prusse, le gouvernement mena une politique de contacts avec la technique britannique ; Beuth s'y

1. Cité par D.S. Landes.

consacra. Il fit lui-même deux voyages approfondis en 1823 et 1826 pendant lesquels il visita les ateliers Maudslay et Bramah, les usines sidérurgiques des Midlands, le textile de Manchester, les usines chimiques Talbot à Glasgow. Il envoya en 1820 des techniciens comme Eggels, qui, à son retour, monta, grâce à une aide officielle, une entreprise de construction de machines à Berlin. Dans ce premier tiers de siècle, la France, et surtout la Belgique, commençaient à devenir des relais dans le transfert de la technologie britannique. Les Cockerill, en particulier, furent en contacts officiels avec la Prusse. John Cockerill créa une filature de laine à Berlin, et Beuth essaya en vain de le persuader de s'établir définitivement aux usines sidérurgiques de Peitz. Par leurs ventes de machines à l'étranger, les Cockerill contribuaient à diffuser les techniques, car le matériel était accompagné d'un mécanicien chargé d'instruire le client du fonctionnement, qui, devant les offres qu'on lui faisait, restait parfois sur place.

Le transfert des techniques sur le continent n'était qu'un premier pas : elles s'implantaient dans quelques établissements de pointe comme les Cockerill, mais le niveau technique moyen du secteur restait très inférieur. À la limite, dans un pays aussi peu développé que la Hongrie, pouvaient exister des entreprises utilisant des techniques très modernes, comme les minoteries de Pest, et la société de construction mécanique Gans, suscitées par l'initiative du comte Szechenyi. La diffusion à l'intérieur de chaque pays, elle, était longue et difficile. De même, si le premier fourneau au coke allemand fut construit en 1794-1796 par l'Écossais John Baildon, il fallut encore plusieurs décennies avant que la sidérurgie allemande se transforme.

Mais à partir de 1830-1840, le transfert technologique fut plus aisé. Les contacts entre pays étaient fréquents. Les ingénieurs se rencontraient. La Grande-Bretagne ne cherchait plus à empêcher l'exportation technologique; au contraire, les constructeurs de machines étaient désireux d'étendre leurs marchés. Les grandes écoles en France et en Europe avaient déjà formé une génération d'ingénieurs et de techniciens d'un niveau au moins comparable à celui de leurs homologues britanniques. Les Expositions universelles, dont la première se tint à Londres en 1851, allaient permettre de comparer les produits. Seuls désormais des obstacles d'ordre économique pouvaient être un frein à la diffusion des techniques.

Orientation bibliographique

Crouzet F., « Quelques problèmes de l'histoire de l'industrialisation au XIXe siècle », *Revue d'histoire économique et sociale*, n° 4, 1975.

Landes D.S., *L'Europe technicienne*, Paris, 1975.

Mathias P., « La Révolution industrielle en Angleterre : un cas unique ? », *Annales ESC*, n° 1, janvier-février 1972.

Cf. Allemagne (Révolution industrielle en). Cockerill (La famille). Enseignement technique et grandes écoles. État et industrialisation. État et industrialisation en Prusse. États-Unis (La Révolution industrielle aux). Fer, fonte et acier. Innovations dans le textile et la chimie. Machine à vapeur. Machinisme et machines-outils. Science et technologie. Technologie, économie et Révolution industrielle.

WRIGLEY E.A. *(L'analyse de la Révolution industrielle britannique de)*

Les grandes interprétations globales de la Révolution industrielle, conséquence d'une révolution technologique ou résultante d'une accumulation préalable de capitaux, ont dès les années 1970 montré leurs limites. La théorie de la proto-industrialisation, loin de résoudre tous les problèmes, a débouché sur de nouvelles questions et attiré de nouveau l'attention sur les formes d'organisation du travail préindustriel — proto-fabriques ou ateliers urbains —, qui sont différentes de la pluriactivité rurale. Les approches en termes de « préalables » ont révélé leur tendance à la circularité. Des « préalables », comme un degré d'alphabétisation important, une organisation bancaire adéquate ou une structure de petits propriétaires-exploitants agricoles plutôt que de *latifundia*, furent au mieux des conditions nécessaires à l'industrialisation ; elles ne furent en aucun cas des conditions suffisantes.

E.A. Wrigley a eu l'originalité d'aborder l'analyse de la Révolution industrielle britannique d'une manière très différente, en décomposant ce phénomène considéré habituellement comme unitaire et homogène en deux processus historiques distincts, qui ne furent pas, selon lui, liés par une relation de nécessité logique. Le premier fut une croissance économique dans le cadre de l'économie préindustrielle, que Wrigley qualifie d'« organique » parce qu'elle tirait son énergie et ses matières premières de la sphère du vivant : travail des hommes ou des animaux, bois, fibres textiles, plantes oléagineuses ou tinctoriales. Cette économie ancienne fut capable de progrès : la productivité agricole britannique dut doubler entre le XVIe et le début du XIXe siècle, la consommation de produits industriels se développa. Au XVIIIe siècle, elle était devenue une « économie organique avancée », beaucoup plus « moderne » que celle des pays voisins. Adam Smith était très conscient de ces avancées qu'il attribuait à la division et à la spécialisation du travail, à l'extension des marchés, à l'urbanisation. L'organisation proto-industrielle concourait à une meilleure division du travail, puisqu'elle réservait les tâches spécialisées à des artisans qualifiés en ville et confiait les activités non spécialisées aux ruraux. Elle permettait une extension des marchés, puisque souvent sa production était l'objet du grand commerce international.

Mais, comme l'analysait Smith, qui prédisait la survenue d'un « état stationnaire », cette croissance ne pouvait que ralentir. Elle se faisait avec des rendements décroissants, car elle était fondée sur la capacité de la nature à fournir des matières premières, du combustible, de l'énergie hydraulique et à nourrir les hommes et les animaux, seconde source d'énergie cinétique. En effet la croissance de la production agricole britannique, qui aurait été en moyenne de 0,6 % par an entre 1700 et 1760, semble ensuite s'essouffler, comme si elle butait sur une limite. De plus, il y avait une concurrence entre l'alimentation des hommes et les besoins de l'industrie. La vieille plainte de l'époque des Tudors, « les moutons dévorent les hommes », doit être prise au sérieux. La brasserie, la briqueterie, le travail du métal exigeaient beaucoup de combustible ; les multiples transports, les manèges demandaient l'entretien d'un nombre croissant de chevaux, qu'il fallait nourrir au détriment des céréales consommées par les hommes.

Le second processus, selon Wrigley, fut le passage à la *mineral-based energy economy*, qui, précocement en train de se faire en Grande-Bretagne, put au cours du XVIIIe siècle prendre le relais. Elle seule pouvait soutenir une croissance exponentielle, sans limite désormais, parce que fondée sur l'utilisation de matières premières et de sources d'énergie d'origine minérale. La spécificité britannique fut d'exploiter et d'utiliser la houille dès le XVIIe et le XVIIIe siècles à grande échelle, de soulager donc la pression que la demande de combustible exerçait sur la sylviculture, et de permettre le développement des industries qui en étaient de grosses consomma trices. La brique tendait à remplacer le bois dans la construction. La vieille dépendance de l'économie envers la matière première agricole commençait à se réduire. L'agriculture avait de plus en plus pour unique fonction de nourrir les hommes. Cette mutation se fit lentement, car au milieu du XIXe siècle encore, beaucoup de matières premières, dont les fibres textiles, étaient d'origine agricole ; l'énergie fournie par l'homme, l'animal et le moulin à eau dépassait celle que libérait la machine à vapeur. Mais la nouveauté révolutionnaire était que chaque avancée, au lieu de tendre à ralentir la croissance par un processus de rendement décroissant, avait, selon Wrigley, pour effet d'accélérer l'industrialisation.

Un des arguments avancés à l'appui de cette interprétation est le cas des Provinces-Unies, le pays le plus avancé et le plus « moderne » d'Europe au XVIIe siècle, avec une spécialisation et une division des tâches plus poussées qu'ailleurs, un taux d'urbanisation élevé, des activités financières développées, des capitaux abondants, un recours précoce à des machines mues par la force du vent. Néanmoins il ne connut qu'une révolution industrielle tardive. Pour Wrigley, qui se fonde sur des travaux de De Zeeuw, la croissance hollandaise aurait été fondée sur l'utilisation de la tourbe comme combustible, permettant le développement d'industries grosses consommatrices de chaleur. Mais les réserves de tourbe auraient été limitées et, avec leur épuisement, la croissance se serait grippée. En revanche, en Grande-Bretagne il y avait un stock considérable de charbon aisément exploitable. Mais bien d'autres raisons, sans doute plus pertinentes, expliquent le déclin relatif des Provinces-Unies au XVIIIe siècle : marginalisation dans le système du commerce international, niveau élevé des salaires, orientation de la production industrielle vers des produits coûteux.

L'analyse de Wrigley emporte la conviction lorsqu'il évoque la succession ou le chevauchement de deux types de croissance, l'une dans le cadre de l'économie et de la société préindustrielles, l'autre au moyen des changements des techniques et des organisations du travail que l'on recouvrait autrefois du qualificatif commode de « révolution industrielle ». Il y eut bien une croissance industrielle durant tout le XVIIIe siècle qui se fit avec des techniques anciennes, non pas certes figées, mais en évolution plutôt qu'en révolution, et qui fut le fruit du travail rural à domicile, des ateliers des villes ou des protofabriques. Certains auteurs la qualifient de « croissance smithienne », pour la distinguer de la « croissance schumpétérienne » ultérieure. Mais l'analyse de Wrigley soulève deux objections.

L'importance accordée à l'énergie et aux matières premières d'origine minérale peut sembler exagérée, ou anachronique. De nombreux pays, dont la France et les États-Unis, firent leur industrialisation grâce au moulin à eau, et même en Grande-Bretagne, vers 1850, la machine à vapeur n'était largement utilisée que dans quelques secteurs industriels seulement, comme la filature de coton ou la sidérurgie. Le remplacement des matières premières d'origine végétale ou animale par des matières premières d'origine minérale fut le fait des années 1870 à 1914, avec l'extraction du pétrole qui remplaça les huiles végétales pour l'éclairage, avec l'invention des colorants synthétiques et des matières plastiques. Ce qui auparavant commença à desserrer le lien entre les industries et les agricultures occidentales fut davantage le recours à des matières premières importées, coton américain ou laines de La Plata, que le remplacement par des produits synthétiques : les textiles artificiels furent beaucoup plus tardifs. La *mineral-based energy economy* est plutôt le fait du XXe siècle ; encore ne faudrait-il pas négliger l'importance, pour des pays comme la France, la Suisse ou la Norvège, de l'énergie fournie par l'électricité d'origine hydraulique.

Le concept de « modernisation » est très flou et risque de verser dans la tautologie. Il a été forgé par les économistes du développement qui se sont aperçus, dans les années 1960, que les politiques d'aide technique et d'investissement n'avaient que peu d'effet dans les pays du tiers monde parce qu'elles ne pouvaient compter sur les structures d'accueil qui étaient indispensables à leur succès : des transformations sociales et mentales devaient d'abord se faire. Les pays asiatiques abordèrent ainsi beaucoup mieux l'industrialisation que les pays africains, parce qu'ils étaient déjà plus « avancés », parce que leurs sociétés et leurs économies étaient déjà plus complexes, plus « modernes ». Si un consensus peut se faire sur l'idée que l'industrialisation fut l'aboutissement d'un processus de développement antérieur que l'on peut qualifier de « modernisation », en revanche les auteurs ne s'accordent pas sur la signification concrète de cette expression et sur les critères qui permettent d'en juger. Doit-on la caractériser par le taux d'urbanisation? par le degré d'alphabétisation? par l'attitude face à l'idée de progrès? par le développement commercial? par l'intensité et la complexité des échanges? par le degré de développement des services? On est renvoyé à un ensemble de pistes qui ont déjà été examinées. Pour les marxistes, l'industrialisation ne peut se faire avant que soient écartés tous les héritages de la féodalité, que soit affirmée la propriété bourgeoise pleine et entière, que le marché du travail ne soit libre. Pour les continuateurs de Fernand Braudel, le capitalisme industriel apparaît comme le résultat du développement d'une « économie-monde », d'une extension à l'échelle de la planète du capitalisme commercial et de ses « jeux de l'échange ». Pour d'autres auteurs, un choix éclectique peut privilégier soit les structures de la propriété ou de l'exploitation agricole, soit les facteurs culturels, soit les facteurs institutionnels ou politiques. Pour d'autres, l'analyse retrouve la problématique des « préalables ».

Orientation bibliographique :

Verley P., « La Révolution industrielle anglaise : une révision », *Annales ESC,* n° 3, mai-juin 1991.

—, *L'échelle du monde. Essai sur l'industrialisation de l'Occident vol. I : Les marchés,* Paris, Gallimard, 1997.

Wrigley E.A., « The Supply of Raw Materials in the Industrial Revolution », *Economic History Review,* 2e série, vol. XV, 1962.

—, « Le processus de modernisation et la Révolution industrielle en Angleterre », *Annales ESC,* n° 2, mars-avril 1973.

—, *Continuity, Chance and Change. The Characters of the Industrial Revolution in England,* Cambridge-New York-New Rochelle-Melbourne-Sydney, Cambridge University Press, 1988.

Cf. Modèles sociologiques de l'industrialisation. Modèles théoriques de la Révolution industrielle.

« Z-GOODS MODEL » DE TRANSITION ENTRE PROTO-INDUSTRIALISATION ET INDUSTRIALISATION[1]

Nous résumons brièvement ce modèle de passage entre les deux systèmes économiques stationnaires à partir de J. Mokyr, qui l'a élaboré pour expliquer la différence entre les cas belge et néerlandais en modifiant le modèle d'économie à excédent de travail de Lewis, Fei et Ranis. Il propose un cadre théorique de réflexion pour les industrialisations d'« imitation » technologique dans les pays où le XVIIIe siècle a marqué un développement proto-industriel.

Les hypothèses de base du modèle sont :

1. La Révolution industrielle a été une transition entre industrie ancienne et industrie moderne, comme le notait Hicks. Le problème de l'accumulation primitive du capital ne se pose pas, car on part d'une situation où le capital n'est pas nul.

2. La technologie est considérée comme facteur exogène, ce qui exclut le cas britannique, où elle est endogène.

3. Il n'y a pas de marché du capital : l'accumulation naît uniquement de l'autofinancement, ce qui correspond globalement aux résultats des recherches historiques.

4. Les travailleurs de l'industrie moderne viennent du secteur proto-industriel, et non de l'agriculture : l'industrialisation a été un processus de modifica-

1. L'expression *Z-goods* pour désigner la production proto-industrielle, utilisée par les historiens américains, a été empruntée à Hymer S. et Resnick S., « A Model of an Agrarian Economy with Non-agricultural Activities », *American Economic Review*, n° 4, septembre 1969.

tion interne au secteur industriel. Cette condition se rapporte à un système où il y a eu spécialisation interrégionale au XVIIIe siècle entre régions purement agricoles et régions de proto-industrie (cas flamand).

5. Le développement de l'industrie moderne n'entraîne pas de hausse du salaire industriel, car le niveau de ce dernier est fixé par le salaire moyen proto-industriel : cela permet des profits élevés et la baisse des prix industriels.

L'analyse est néo-classique et suppose une unicité du marché. Le premier schéma détermine le volume du travail consacré à la proto-industrie en fonction de la productivité du travail proto-industriel (z-z') et de la production marginale du travail agricole sur une surface constante (ce qui exclut le cas américain), donc soumise à la loi des rendements décroissants (courbe Pma), alors que z-z' est une droite, car la productivité marginale proto-industrielle est égale à la productivité moyenne, fonction du rapport des prix des biens industriels et des prix agricoles sur un marché à demande parfaitement élastique.

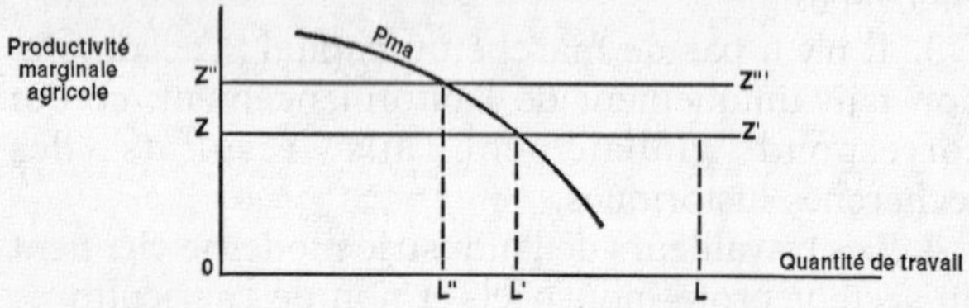

Si la quantité de travail par travailleur est L, elle se divise logiquement en OL', travail agricole, et L'L, travail proto-industriel. Si les prix des biens industriels augmentent, la droite z-z' remonte à z''-z''', et L' se transforme en L''. Si la productivité agricole augmente, la courbe Pma se décale vers le haut, et la proportion de travail agricole augmente, ce qui explique *a contrario* le fait que la proto-industrie est un phénomène de régions agricoles pauvres ou surpeuplées. En réalité, le schéma est un peu plus complexe, car il faut tenir compte des différentes saisons, qui font que la courbe annuelle est la somme des quatre courbes saisonnières pour lesquelles ne varie que le niveau de Pma.

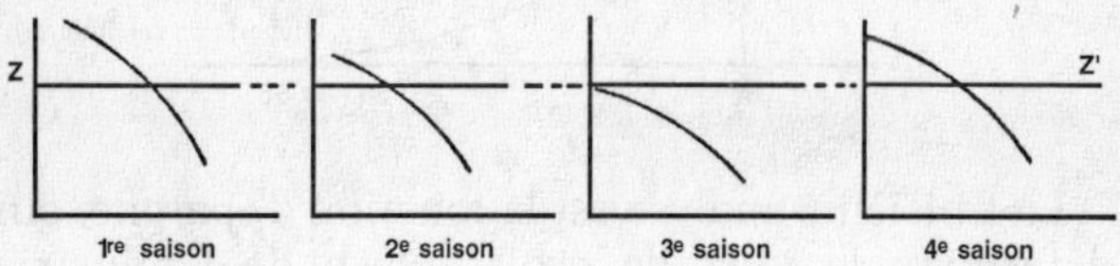

La deuxième analyse est celle de la répartition entre salaires et profit dans l'industrie moderne. Les hypothèses de base sont :

1. La productivité du travail est supérieure à celle de la proto-industrie.
2. Le type de production est le même dans les deux secteurs, par exemple textile, et se vend au même prix sur les mêmes marchés.
3. La quantité de machines peut être accrue sans difficulté et on ne tient pas compte de l'obsolescence.
4. Les travailleurs ne consomment que des produits agricoles et la production est achetée par les régions agricoles spécialisées.
5. La seule source de capital est le profit.
6. La population et la technologie sont des constantes.

Dans ce cas, le salaire moyen proto-industriel w est une variable exogène qui détermine le taux de profit p. Les capitalistes ne consomment pas tout leur profit wS, mais seulement une partie wC ; la différence CS est réinvestie, c'est l'autofinancement.

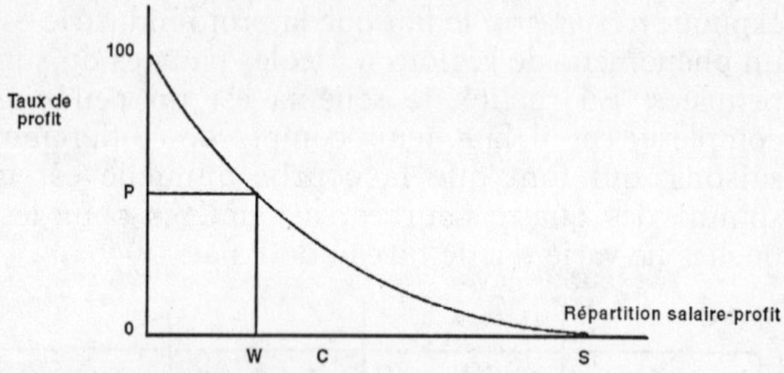

La troisième analyse est la fonction d'épargne, qui détermine le taux de croissance h de l'industrie moderne en fonction de l'autofinancement CS. Si la fonction de production a des paramètres constants, l'augmentation du capital investi a pour conséquence une augmentation proportionnelle du travail industriel.

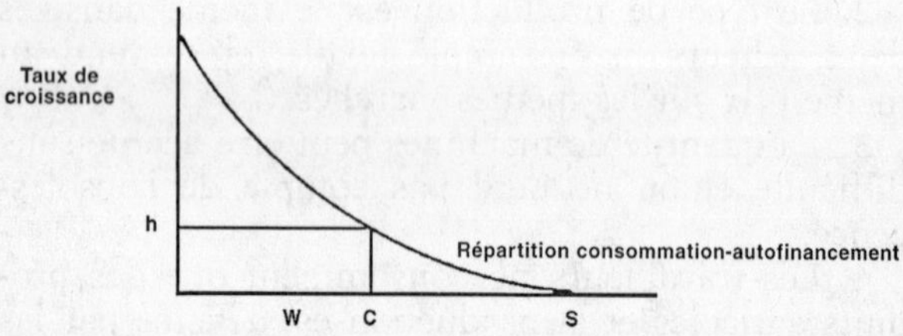

En combinant les analyses 2 et 3, on comprend que le niveau du salaire w détermine le taux de croissance h. En combinant les trois analyses, on obtient le modèle de croissance autosoutenue de l'industrie moderne, dont le profit est la variable fondamentale : il ne dépend pas ici de la productivité marginale du capital, mais du fait qu'il existe deux secteurs concurrents, ce qui assure une rente de situation au plus moderne, tant que les salaires payés sont les mêmes, c'est-à-dire tant que c'est le secteur proto-industriel qui en assure la fixation.

Le cadran nord-est est la fonction de production du secteur moderne. Le niveau de capital K_1 suppose une quantité de travail L_1 qui est payé au taux de salaire W_0, tant que L_1 n'atteint pas L', volume du travail disponible pour l'industrie ou la proto-industrie, qui est déterminé par le prix Z du produit industriel et par la productivité marginale agricole Pma. Le taux de salaire W_0 entraîne un taux de croissance h, qui, à technologie inchangée, fait passer le niveau de capital à $K_2 = K_1 (1 + h)$. Lequel détermine L_2, puis K_3, et ainsi de suite jusqu'à ce que L_n ait atteint L', c'est-à-dire que le système ne soit plus de transition, mais ait basculé dans un système industriel moderne, où la proto-industrie a disparu.

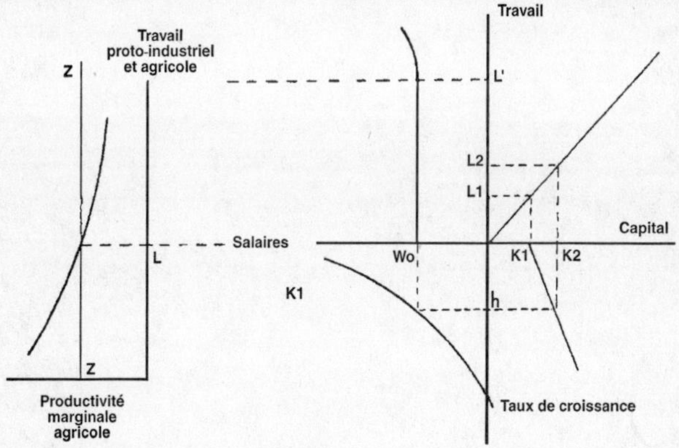

J. Mokyr complique ensuite ce modèle de base, en levant certaines hypothèses de constance, au niveau du progrès technique, des prix, de la population, de la productivité marginale du capital, mais le principe explicatif reste le même. L'intérêt majeur du modèle est de permettre de comprendre que l'industrie jouit d'une rente de situation, certes érodée rapidement par la chute des prix industriels, tant que le système proto-industriel n'entre pas en désagrégation : des profits élevés sont ainsi dégagés, qui induisent une croissance autonome par autofinancement.

Orientation bibliographique

Mokyr J., *Industrialization in the Low Countries (1795-1850)*, New Haven-Londres, 1976.

Cf. Agriculture et Révolution industrielle. Belgique (Révolution industrielle en). Économétrie et industrialisation. Modèles théoriques de la révolution industrielle. Petits pays : Belgique, Pays-Bas et Suisse. Préindustrialisation et proto-industrialisation. Proto-industrialisation et Révolution industrielle.

ANNEXE STATISTIQUE

(pour les principaux pays d'Europe, dans les frontières de 1914)

Population en millions d'habitants *(pour les années ci-dessous ou des années proches)*

	1750	1800	1820	1840	1860	1880
Allemagne	—	—	25,0	31,4	36,2	45,2
Autriche	—	—	14,0	16,6	18,2	22,1
Hongrie	3,5	5,0	—	14,0	15,4	15,7
Belgique	2,2	3,1	—	4,1	4,5	5,3
Espagne	8,2	10,5	—	—	15,7	16,6
France	21,0	27,3	30,5	34,2	37,4	37,7
G.-Bretagne	7,4	10,5	14,1	18,5	23,1	29,7
Italie	16,0	17,2	19,7	22,9	25,0	28,5
Pays-Bas	1,6	2,1	—	2,9	3,3	4,0
Suède	1,8	2,3	2,6	3,1	3,9	4,6
Suisse	—	—	—	2,2	2,5	2,8

Population des dix plus grandes villes *(en 1880) (en milliers d'habitants)*

	1800	1850	1880	
Berlin	172	419	1 122	
Constantinople	600	—	—	(1 200 en 1910)
Glasgow	77	345	587	
Liverpool	82	376	553	
Londres	1 117	2 685	4 770	
Moscou	250	365	612	
Naples	350	449	494	
Paris	547	1 053	2 269	
Saint-Pétersbourg	220	485	77	
Vienne	247	444	726	

Production de céréales *(moyennes annuelles en millions de quintaux)*

	1701-10	1751-60	1781-90	1815-24	1835-44	1855-64	1875-84
Allemagne	—	—	—	—	—	153,7	24,4
Autriche	—	—	—	—	49,4	60,6	59,3
Hongrie	—	—	—	—	51,0	68,1	70,8
France	59,1	61,5	95,3	104,0	131,4	158,5	161,8
G.-Bretagne	27	29	35	49,5	—	68	—
Italie	—	—	—	—	—	57,2	72,8
Russie	—	—	—	—	310,1	381,2	451,0

Production de charbon et de lignite *(moyennes annuelles en millions de tonnes)*

	Allemagne	France	Royaume Uni	Belgique
1800	—	—	11,2	—
vers 1815	1,2	0,9	16,2	—
1820-1824	1,2	1,1	17,7	—
1830-1834	1,9	2,0	22,8	2,4
1840-1844	4,4	3,5	34,2	4,1
1850-1854	9,2	5,3	50,2	6,8
1860-1864	20,8	10,0	86,3	10,2
1870-1874	41,4	15,4	123,2	14,7
1880-1884	65,7	20,2	158,9	17,5

Production de fonte *(moyennes annuelles en milliers de tonnes)*

	Allemagne	Autriche	Hongrie	Belgique
1781-1790	—	—	—	—
1800-1814	—	—	—	—
1820-1824	75	73		—
1830-1834	111	cnviron 100		95
1840-1844	160	118	27	97
1850-1854	245	173	48	201
1860-1864	613	216	93	366
1870-1874	1 579	305	146	594
1880-1884	2 893	440	151	699

	France	Italie	Royaume Uni	Russie	Suède
1781-1790	141	—	69	—	—
1800-1814	200	—	248	200	—
1820-1824	—	—	418	—	—
1830-1834	244	—	700	167	—
1840-1844	395	—	1 465	184	118
1850-1854	561	—	2 716	231	155
1860-1864	1 065	25	4 219	297	205
1870-1874	1 211	24	6 480	375	322
1880-1884	2 893	23	8 295	477	418

Consommation de coton brut *(moyennes annuelles en milliers de tonnes)*

	Allemagne	Autriche-Hongrie	France	Italie
1761-70	—	—	—	—
1781-90	—	—	4,0	—
1801-14	—	—	8,0	—
1815-24	—	—	18,9	—
1825-34	3,9	6,8	33,5	—
1835-44	11,1	14,3	54,3	—
1845-54	21,1	26,5	65,0	—
1855-64	42,0	32,7	74,1	—
1865-74	85,6	40,8	85,9	11,2
1875-84	134,3	67,1	99,5	30,7

	Royaume-Uni	Russie	Suède
1761-70	1,7	—	—
1781-90	8,1	—	0,1
1801-14	31,8	0,9	0,3
1815-24	54,8	1,0	0,2
1825-34	105,6	1,8	0,2
1835-44	191,6	6,1	1,1
1845-54	290,0	21,5	3,1
1855-64	369,4	34,3	5,1
1865-74	475,8	53,1	6,4
1875-84	605,0	109,6	9,1

Chemins de fer *(longueur du réseau en kilomètres)*

	1840	1850	1860	1870	1880
Allemagne	469	5 856	11 089	18 876	33 838
Autriche-Hongrie	144	1 579	4 543	9 589	18 507
Belgique	334	903	1 730	2 897	4 112
Espagne	0	2	1 917	5 442	7 490
France	497	2 915	9 167	15 544	23 089
Grande-Bretagne	2 390	9 797	14 603	21 558	25 060
Italie	20	620	2 404	6 429	9 290
Russie	27	501	1 626	10 731	22 865
Suède	0	0	527	1 727	5 876
Suisse	0	25	1 051	1 426	2 575

Orientation bibliographique

Le lecteur trouvera des séries plus complètes ou plus spécifiques in *Annuaire statistique de la France*, Édition rétrospective, 1966.

Crouzet F., « Essai de construction d'un indice annuel de la production industrielle française au XIXe siècle », *Annales ESC*, janvier-février 1970.

Hoffmann W.G., *Das Wachstum des deutschen Wirtschaft seit der Mitte des 19. Jahrhunderts*, Berlin-Heidelberg-New York, 1965.

Lévy-Leboyer M., « La croissance économique en France au XIXe siècle », *Annales ESC*, juillet-août 1968.

Lévy-Leboyer M. et Bourguignon F., *L'économie française au XIXe siècle*, Paris, Economica, 1985.

Markovitch T.J., « L'industrie française de 1789 à 1964 », *Cahiers de l'ISEA*, vol. IV, série AF, n° 119, novembre 1966.

—, « Les cycles industriels en France. Essai d'élaboration préalable d'indices annuels de la production industrielle pour le XIXe siècle, *Le Mouvement social*, avril-juin 1968.

Mitchell B.R., *International Historical Statistics, Europe 1750-1988*, Londres, Macmillan, 1992.

Mitchell B.R., *International Historical Statistics, The Americas 1750-1988*, Londres, Macmillan, 1993.

U.S. Bureau of the Census, *Historical Statistics of the United States*, Washington, 2 vol., 1976.

LEXIQUE DES TERMES TECHNIQUES OU ÉTRANGERS

Capital (labour) intensive : se dit d'une technique ou d'une fonction de production qui utilise massivement le facteur capital (travail).

Capital (labour)-saving : se dit d'une technique ou d'une fonction de production qui économise le capital (le travail).

Coût marginal : coût de la dernière unité produite.

Domestique (système) : organisation préindustrielle du travail dans laquelle l'artisan indépendant travaille à domicile et commercialise lui-même sa production. Certains auteurs l'utilisent comme synonyme de *putting out system.*

Élasticité de la production par rapport au capital (travail) : pourcentage dont la production s'accroît lorsque la quantité de capital (travail) s'accroît de 1 %.

Elle est donc la dérivée logarithmique $\frac{x}{y} \cdot \frac{\Delta y}{\Delta x}$ d'une fonction de production.

Fabrique : nom français pour le *putting out system.*

M1 : définition la plus restrictive de la masse monétaire, ne comprenant que la monnaie métallique, la monnaie fiduciaire (billets) et la monnaie scripturale (constituée par les dépôts ban caires).

Proto-industrialisation : concept récent qui donne au *putting out system* une place centrale dans l'explication de la Révolution industrielle.

Putting out system : organisation préindustrielle du travail par laquelle un marchand manufacturier ou entrepreneur urbain (*putter out, Verleger*) fait travailler à domicile une main-d'œuvre rurale.

Verlagsystem : nom allemand pour *putting out system.*

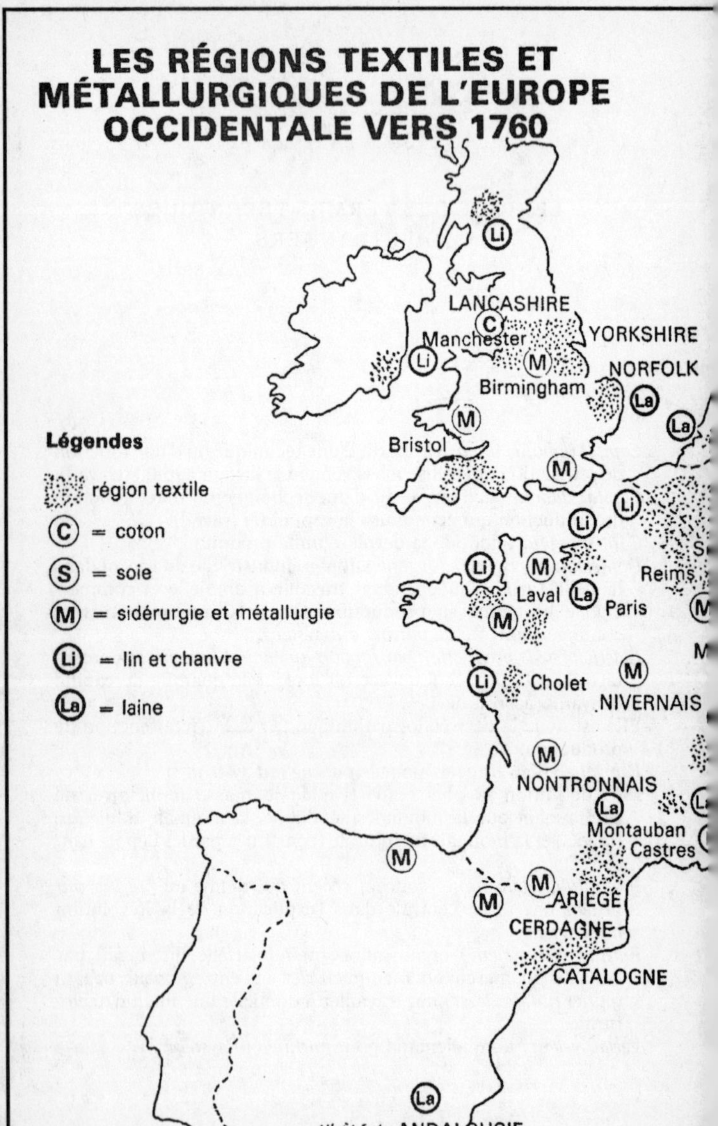
LES RÉGIONS TEXTILES ET MÉTALLURGIQUES DE L'EUROPE OCCIDENTALE VERS 1760
Légendes
région textile
C = coton
S = soie
M = sidérurgie et métallurgie
Li = lin et chanvre
La = laine
LANCASHIRE
Manchester
YORKSHIRE
NORFOLK
Birmingham
Bristol
Reims
Laval
Paris
Cholet
NIVERNAIS
NONTRONNAIS
Montauban
Castres
ARIÈGE
CERDAGNE
CATALOGNE
ANDALOUSIE

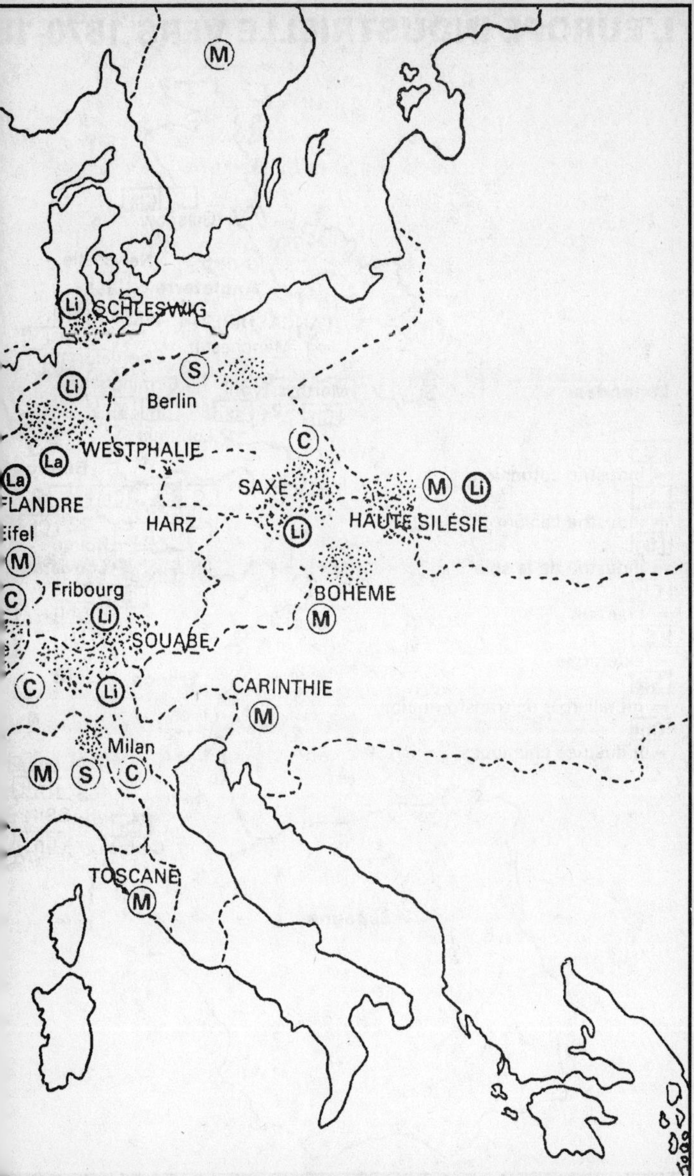
M
Li SCHLESWIG
S
Li
Berlin
C
La WESTPHALIE
La
FLANDRE
SAXE
M Li
HARZ
Li
HAUTE SILÉSIE
Eifel
M
C
Fribourg
BOHÊME
Li
M
SOUABE
C
Li
CARINTHIE
M
Milan
M S C
TOSCANE
M

L'EUROPE INDUSTRIELLE VERS 1870-18

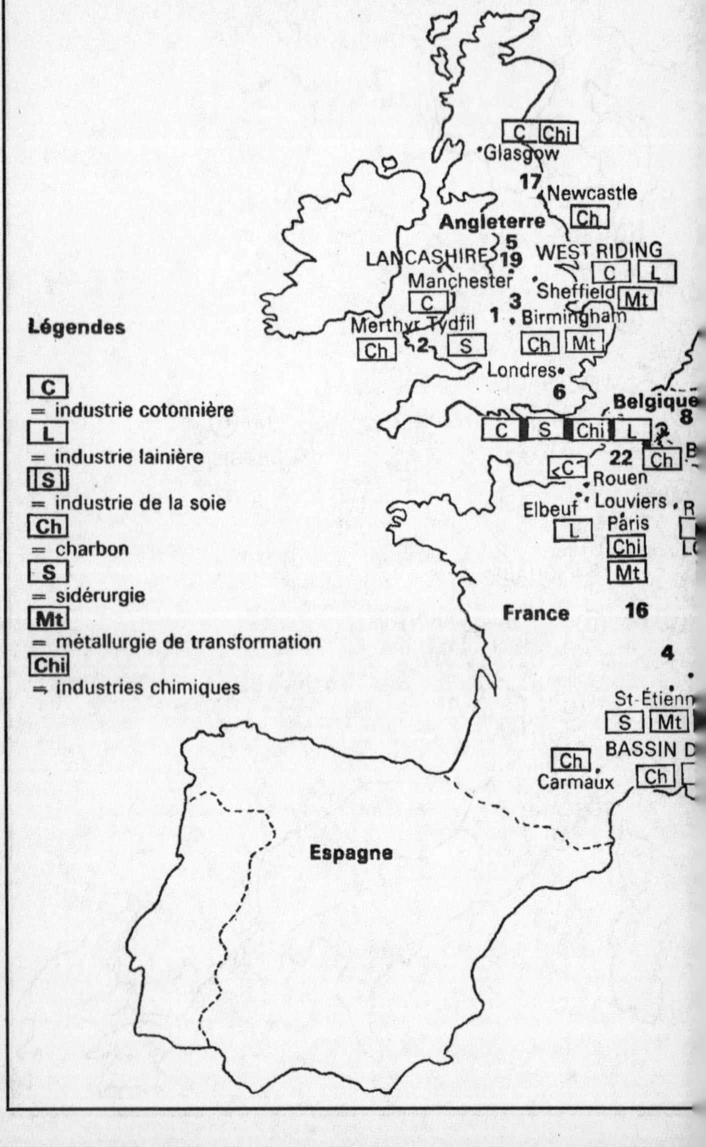

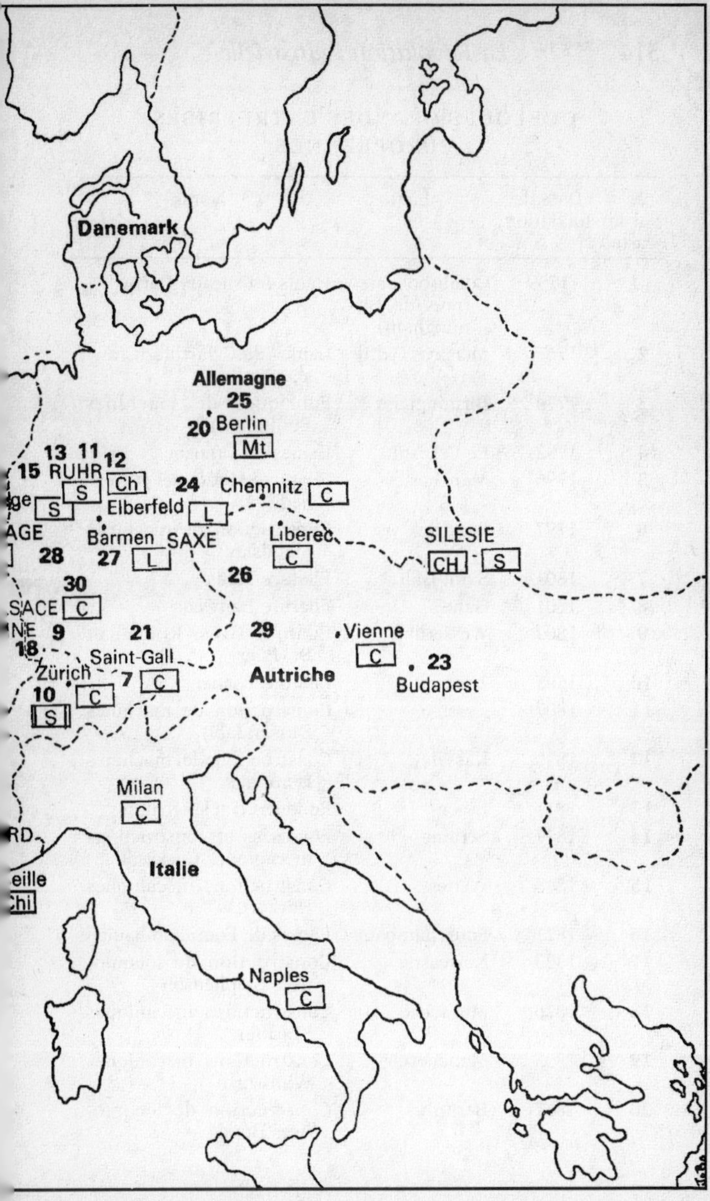
Danemark
Allemagne
25
20 Berlin
Mt
13 11
12
15 RUHR
S
Ch
24
Chemnitz
C
S
Elberfeld
L
Barmen
SAXE
Liberec
C
SILÉSIE
CH
S
28
27
L
26
30
C
9
21
29
Vienne
C
18
Saint-Gall
23
Budapest
Zürich
7
C
Autriche
10
C
S
Milan
C
Italie
Naples
C

QUELQUES GRANDES ENTREPRISES EUROPÉENNES

N° sur la carte	Date de fondation	Lieu	Noms
1	1709	Coalbrookdale (près de Birmingham)	Hauts fourneaux Darby
2	1765	Merthyr Tydfil	Usines de Cyfarthfa (Crawshay)
3	1774	Birmingham	Fabriques de machines Boulton-Watt
4	1782	Le Creusot	Usines du Creusot
5	1796	Manchester	Filatures McConnel et Kennedy
6	1797	Londres	Construction de machines Maudslay
7	1801	Saint-Gall	Filature Pellis
8	1801	Gand	Filature Bauwens
9	1802	Wesserling	Filature Gros, Roman et Davillier
10	1805	Zürich	Filature Escher
11	1807	Essen	Construction de machines Dinnendahl
12	1810	Kassel	Construction de machines Henschel
13	1811	Essen	Fonderie d'acier Krupp
14	1817	Seraing	Fonderies et constructions mécaniques Cockerill
15	1818	Wetter	Constructions mécaniques Harkort
16	1821	Fourchambault	Forges de Fourchambault
17	1823	Newcastle	Construction de locomotives Stephenson
18	1826	Mulhouse	Constructions mécaniques Koechlin
19	1833	Manchester	Constructions mécaniques Whitworth
20	1837	Berlin	Construction de locomotives Borsig

21	1839	Munich	Constructions de machines Maffei
22	1842	Roubaix	Filature Wattine-Bossut
23	1844	Budapest	Constructions mécaniques Ganz
24	1846	Iena	Ateliers d'optique Zeiss
25	1847	Berlin	Construction de matériel électrique Siemens-Halske
26	1859	Pilsen	Constructions mécaniques Skoda
27	1863	Francfort	Industrie chimique Höchst
28	1863	Leverkusen	Industrie chimique Bayer
29	1864	Steyr	Constructions mécaniques de Steyr
30	1865	Ludwigshafen	Badische Anilin und Soda Fabrik (BASF)

REPÈRES CHRONOLOGIQUES

1709 A. Darby réussit la première coulée de fonte au coke à Coalbrookdale.
1710-1712 Première machine à vapeur de Newcomen.
1733 Navette volante de John Kay.
1764 La *spinning jenny* de Hargreaves.
1769 Le *water-frame* de Richard Arkwright; Watt dépose un brevet sur la machine à vapeur.
1776 Les premières machines de Watt sont installées aux mines de Bloomfield et chez le maître de forges Wilkinson.
1780 Les Milne arrivent en France et vont construire des machines à filer le coton.
1783 Claude Jouffroy d'Abbans fait naviguer le premier bateau à vapeur.
1785 Première coulée de fonte au coke au Creusot; Berthollet étudie les propriétés décolorantes du chlore.
1786 Traité de commerce franco-anglais.
1790 Samuel Slater introduit le *water-frame* aux États-Unis.
1791 Suppression des corporations en France; révolte de Saint-Domingue.
1794 Fondation de l'École polytechnique.
1797 Fondation de l'entreprise de construction mécanique de Maudslay à Londres.
1802 La Société Gros, Roman et Davilier monte une filature de coton à Wesserling.
1807 Le Code de commerce français; le navire à vapeur le *Clermont* assure un service régulier sur l'Hudson.
1815 La locomotive *Blücher* de Robert Stephenson.
1819 Le navire le *Savannah*, qui utilise la vapeur, traverse l'Atlantique.
1822 Brevet du Français Frédéric Sauvage sur l'hélice marine.

1829 Fondation de l'École centrale des arts et manufactures.
1830 Inauguration du chemin de fer Liverpool-Manchester.
1836 Loi prévoyant la construction des chemins vicinaux en France ; les frères Schneider deviennent gérants du Creusot.
1837 August Borsig fonde une entreprise de construction de machines à Berlin ; lancement d'un paquebot transatlantique géant, le *Great Western* (71 mètres de long), dessiné par Isambard Kingdom Brunel.
1838 Liaison ferroviaire Londres-Birmingham.
1839 Daguerre invente la daguerréotypie ; le Français Bourdon invente le marteau-pilon en même temps que l'Anglais Nasmyth.
1840 Enquête de Villermé sur les conditions de vie des ouvriers.
1841 Loi, en France, interdisant le travail des enfants de moins de huit ans ; Borsig fabrique sa première locomotive.
1842 Loi prévoyant la construction du réseau ferré français.
1846 Abolition des *Corn Laws* en Grande-Bretagne.
1847 L'Allemand Helmholtz énonce le principe de la conservation de l'énergie ; fondation de la Compagnie maritime Hamburg-Amerika.
1848 Publication du *Manifeste du parti communiste* de Karl Marx et des *Principes d'économie politique* de John Stuart Mill ; la locomotive Crampton sort des ateliers parisiens Derosne et Cail.
1849 Le Français J. Monnier invente le béton armé.
1851 Exposition universelle au Crystal Palace de Londres.
1852 Fondation du Crédit mobilier et du grand magasin parisien *Au Bon Marché*.
1853 Haussmann commence les grands travaux parisiens.
1855 Exposition universelle à Paris ; le convertisseur Bessemer permet de produire de l'acier à moindre coût.
1859 Forage du premier puits de pétrole en Pennsylvanie ; fondation, à Paris, du Crédit industriel et commercial ; début des travaux du canal de Suez ; Brunel construit encore plus grand, le *Great Eastern* mesure 211 mètres de long.
1860 Traité de commerce franco-britannique ; premiers essais du convertisseur Bessemer en France.
1863 Loi sur les SARL ; fondation du Crédit lyonnais ; lancement, en France, du *Petit Journal*.
1864 Naissance de la Ire Association internationale ouvrière ; loi française sur le droit de grève ; fondation de la Société générale ; mise au point du four Martin pour fabriquer de l'acier.
1867 Parution du premier volume du *Capital* de Karl Marx ; loi française sur les sociétés anonymes.
1869 Inauguration du canal de Suez ; Zénobe Gramme met au point le premier générateur électrique.

NOTE BIBLIOGRAPHIQUE

Afin d'alléger les orientations bibliographiques qui figurent à la fin de chaque article et sont volontairement limitées à cinq ou six titres, les manuels et ouvrages généraux « classiques » qui figurent ci-dessous ne sont plus signalés ensuite.

Pour une initiation à l'histoire économique

Bouvier J., *Initiation au vocabulaire et aux mécanismes économiques contemporains* (XIX-XXe siècle), 4e éd., Paris, 1982.

Ouvrages sur la Révolution industrielle

Ashton T.S., *La révolution industrielle (1760-1830)*, trad. franç., Paris, 1955.

Fohlen C., *Qu'est-ce que la Révolution industrielle?*, Paris, 1971.

Mantoux P., *La Révolution industrielle au XVIIIe siècle*, Paris, 1906 (rééd., 1959).

Verley P., *L'échelle du monde. Essai sur l'industrialisation de l'Occident*, vol. I : *Les marchés*, Paris, Gallimard, 1997.

Manuels d'histoire économique européenne ou mondiale

Postan M.M. et Habakkuk H.J. (éd.), vol. VI; Mathias P. et Postan M.M. (éd.), vol. VII, *The Cambridge Economic History of Europe*.

Cipolla C.M. (éd.), *The Fontana Economic History of Europe*, vol. III et IV.

Landes D.S., *Prometheus Unbound*. Trad. franç. : *L'Europe technicienne*, Paris, 1975.

Léon P. (éd.), *Histoire économique et sociale du monde*, vol. III et IV, Paris, 1978.

Milward A. et Saul S.B., *The Economic Development of Continental Europe (1780-1870)*, Londres, 1973.

Milward A. et Saul S.B., *The Development of the Economies of Continental Europe (1850-1914)*, Londres, 1977.

Quelques manuels d'histoire économique par pays

Aubin et Zorn W. (éd.), *Handbuch der deutschen Wirtschafts- und Sozialgeschichte*, vol. II, Stuttgart, 1976.

Caron F., *Histoire économique de la France (XIXe-XXe siècle)*, Paris, 1981.

Crafts N.F.R., *British Economic Growth during the Industrial Revolution*, Oxford, Clarendon Press, 1985.

Crouzet F., *L'économie de la Grande-Bretagne victorienne*, Paris, 1978.

Kiesewetter H., *Industrielle Revolution in Deutschland (1815-1914)*, Francfort, Suhrkamp Verlag, 1989.

Labrousse E. (éd.), *Histoire économique et sociale de la France*, t. II et III, Paris, 1976.

Lévy-Leboyer M., (éd.), *Histoire de la France industrielle*, Paris, Larousse, 1996.

Mathias P., *The First Industrial Nation. An Economic History of Britain (1700-1914)*, Londres, rééd. 1974.

Postan M., Hill C. et Hobsbawm E.J., *Histoire économique et sociale de la Grande-Bretagne*, 2 vol., Paris, 1977.

Verley P., *Nouvelle histoire économique de la France contemporaine*, vol. II : *L'industrialisation (1830-1914)*, Paris, La Découverte, 1989.

Woronoff D., *Histoire de l'industrie en France du XVIe siècle à nos jours*, Paris, Le Seuil, 1994.

Il existe par ailleurs deux ouvrages qui ont synthétisé la littérature en leur temps :

Marx R., *La révolution industrielle en Grande-Bretagne*, Paris, Colin, 1970, 2e édition 1992.

Rioux J.-P., *La révolution industrielle, 1780-1880*, Paris, Seuil, 1971.

INDEX THÉMATIQUE

(Les thèmes en majuscules correspondent aux titres des articles)

INDEX DES NOMS PROPRES

Composition Euronumérique
et impression Bussière Camedan Imprimeries
à Saint-Amand (Cher), le 20 novembre 1998.
Dépôt légal : novembre 1998.
1er dépôt légal dans la collection : février 1997.
Numéro d'imprimeur : 985541/1.
ISBN 2-07-032769-8./Imprimé en France.

89612